ARBEITEN ZUR LITERATUR UND GESCHICHTE DES HELLENISTISCHEN JUDENTUMS

XX

JACQUES CAZEAUX

LA TRAME ET LA CHAÎNE, II

LA TRAME
ET LA CHAÎNE, II

LA TRAME ET LA CHAÎNE, II

Le Cycle de Noé dans Philon d'Alexandrie

PAR

JACQUES CAZEAUX

E.J. BRILL
LEIDEN • NEW YORK • KØBENHAVN • KÖLN
1989

ISSN 0169-7390
ISBN 90 04 09179 3

PRINTED IN THE NETHERLANDS BY E. J. BRILL

Avertissement au lecteur : *L'auteur se trouve être également le prote de cet ouvrage, lequel sera donc imparfait. Les fautes me sont imputables; l'effort également, bref, le résultat, en bien, en mal.*

AVANT-PROPOS

Un midrach et son mode de clarté

L'exégèse dont Philon d'Alexandrie fait l'objet, lui exégète de Moïse, doit de ce fait observer des règles spécifiques. Un principe clair, trop clair même, pourrait guider la recherche : du moment que Philon «explique» un autre Texte, qu'il tient pour sacré, d'une part, et, d'autre part, pour relativement caché, obscur, réservé aux pieux, on doit admettre que l'«explication» sera, elle, évidente, claire, révélatrice de ce qui était donc enfoui. Malheureusement, ce principe répond bien à notre rationalisme, mais il ne peut être purement et naïvement postulé lorsqu'il s'agit d'un *midrach*. Or, c'est bien du côté du rabbinisme qu'il faut se tourner en priorité à propos de Philon, l'Alexandrin ou le Juif. Et le plan de simplicité, de clarté, d'explication, d'évidence où évolue le *midrach*, même s'il est pensé et rédigé en grec, n'est pas nécessairement celui de nos clartés. On peut admettre alors que le traité philonien reste lui-même à déchiffrer. Supposé qu'il soit «apologétique», qu'il soit ponctué de passages «protreptiques», cela ne sera pas exact au point de le définir. Si c'était le cas, en effet, la clarté devrait en être la première vertu. À la vérité, je ne me le demande plus, pour avoir si longtemps arpenté l'œuvre de Philon. L'apologétique m'y apparaît comme un bénéfice obtenu de surcroît. L'essentiel réside, à mes yeux, dans le parcours intelligent de l'Écriture, dans la vérification désintéressée de la cohérence formidable des mots de l'Écriture, dans l'expérience difficile, peu claire en soi, que le lecteur de la Bible, puis de Philon doit faire nécessairement : c'est l'expérience de l'Unité - qui harmonise plusieurs plans, celui des phrases inspirées de Moïse, celui d'une raison humaine désireuse du bien, celui du résultat littéraire, c'est à dire du discours mesuré qui forme le commentaire lui-même. Ces trois plans «logiques» (du Logos) ressortissent à une esthétique plutôt qu'à une preuve rationnelle. Par «esthétique» j'entends le rythme d'une mémoire ou d'une imagination de type particulier. Aussi le principe guidant l'exégète de Philon devra-t-il tout d'abord s'accommoder d'un solide empirisme. En ouvrant un traité, on est sûr, sans aucun doute, d'y trouver agissant le système de base, élémentaire, d'une suite de *quaestiones-solutiones*. On est sûr, sans aucun doute, d'avoir à parcourir une série de textes bibliques subordonnés les uns aux autres. Mais ces instruments du discours ne sont que des instruments : ils servent autre chose qu'eux-mêmes. Et donc, nul ne peut prévoir exactement[1] au départ l'orientation d'un traité philonien. Il faudra se laisser conduire humblement et se rendre sensible à des systèmes dont on verra qu'ils sont semblables souvent et pourtant divers. Ainsi, le statut des citations secondaires, qui prennent le relais de la citation de base et le gardent plus ou moins longtemps, ce statut peut varier : on peut rencontrer soit une simple confirmation, à la rigueur une illustration locale, soit se trouver en présence d'un chaînon dialectique. Quand un critique d'art aura appréhendé le foyer mental, le principe générateur du style chez Vermeer ou Chagall, il sera toujours surpris, s'il n'est pas un philosophe trop tôt satisfait de pures généralités, devant chacune des toiles de Chagall ou de Vermeer. De même, en philonisant.

Philon nous amème où il veut, et parfois là où nous ne voudrions pas aller de nous-mêmes. Le fait qu'il écrive et pense en

---

1. Des critiques de mes commentaires de Philon me procurent un certain amusement. Ils m'imaginent armé d'un système de lecture préétabli, applicable à tout passage de Philon. Cette idée leur vient de ce que, me lisant assez vite, ils aperçoivent les rythmes semblables dans lesquels se coulent les résultats de la lecture - par exemple, la construction *en berceau*. Mais c'est qu'ils reportent sur mon «invention» ce qui est avéré dans la rigueur propre de Philon. Autant reprocher à un physicien de voir partout des molécules, des atomes, des ions... une gravitation. L'idée commune que le discours de Philon est ordonné par une cohérence *moyenne*, ni trop lâche ni trop rigoureuse, est commode : elle permet de donner raison ou tort à tous les commentateurs à la fois. Elle autorise l'impressionnisme ou le refuge érudit du côté des sources de Philon. Elle permet la question naïve et désarmante : Pourquoi votre commentaire ne nous donne-t-il pas un Philon qui ressemble au Philon *que nous lisons dans ses ouvrages* ? Si ce Philon existait, pourtant, s'il était si limpide, quitte à se voir un peu synthétisé à l'aide d'un fichier thématique, ou bien il ne vaudrait guère plus d'un mois de lecture dans une vie, ou bien il n'aurait pas suscité déjà tant de commentaires et des commentaires si divergents.

grec contribue à l'illusion d'optique : et nous croyons qu'il participe uniquement à la lumière hellénique ou à la recherche d'une évidence et démonstration. Le fait que nous ayons de lui à la fois des traités organisés et les *Quaestiones in Genesin - in Exodum* suggère l'idée que les Traités restent des extensions de ces *Quaestiones*. Mais les *Quaestiones* peuvent bien n'être pour Philon que des catalogues rassemblant des étymologies, par exemple, et des embryons d'exégèse[1] : il stocke, pour ainsi dire, des données allégoriques brutes. Ces données servaient peut-être de carrière et procuraient aux exégèses suivies des instruments commodes. Mais le discours propre des Traités, en les utilisant éventuellement, les prend autrement, les anime, les subordonne entre elles et en tout cas à une finalité neuve, issue du commentaire local. Bref, il les élabore à nouveaux frais. Et il serait abusif de passer sans méthode d'une série à l'autre, des *Quaestiones* aux Traités. Les premières peuvent donner une «grammaire», mais les seconds relèvent du «style» et de la création.

Le rythme contemplatif de la Lectio Divina

Pendant dix ans, j'ai proposé à des lecteurs non débutants la lecture suivie, intégrale et raisonnée, d'une douzaine de Traités de Philon. Cette école - ou cette épreuve réjouissante - constitue une expérience et un contrôle. L'exégèse de Philon peut ressembler à un labyrinthe, et il est vrai que son lecteur est promené dans d'étranges corridors, violemment arraché à une «idée» pour se voir imposer une «image» déroutante, ou pour glisser dans une association imprévue, que guide une allégorisation à laquelle il lui est difficile d'accorder autant de sérieux qu'à l'«idée». Nous allons parcourir ensemble le *De gigantibus* et le *Quod Deus sit immutabilis* (deux titres pour un seul ouvrage, en fait, et deux titres sans rapport entre eux : le premier part du lemme; le second, d'un vague résumé théologique). Or, il m'arrivera de m'en prendre occasionnellement au commentaire, dit «de structure», qu'en a donné le regretté V.Nikiprowetzky, mais qui se contente en réalité d'y découper une suite de *quaestiones-solutiones*. À supposer même que Philon ait voulu, dans chaque «chapitre», poser et ré-

---

1. J'en suis venu à réfléchir sur le «nom propre» et sa portée : il est le seul à recevoir une étymologie symbolique. Voir *Allégorie et obsession de la Totalité*, dans «Études sur le Judaïsme hellénistique», coll. Lectio Divina, n. 119, 1984, éd. du Cerf, Paris, pages 267-320 (voir les pages 269s). Voir aussi dans mon analyse du *De sacrificiis* (à paraître dans le volume collectif des *Brown Judaic Studies*) le résumé théorique que je donne de l'exégèse de Philon, selon moi.

soudre un problème, le commentateur ne réussit déjà plus à cerner chaque fois la question. Mais surtout, il évite de descendre dans le détail, de suivre le tissu serré de la «preuve» philonienne. Quand il s'y aventure, c'est pour dénoncer une prétendue incohérence. Du coup, voilà que le Traité flotte entre un mouvement vague et des lieux-communs théologiques, que l'on aimerait voir démontrer par des voies tout autres, au demeurant. Si nous disons qu'on peut aller plus loin et avec plus de confiance dans la cohésion interne de Philon, ce n'est pas sous l'impulsion d'un préjugé décidément optimiste, encore moins par la volonté obscure elle-même de découvrir du compliqué derrière du simple. Les textes éprouvés par le temps, solides, dont me semble faire partie le corpus philonien, sont plus grands et plus forts que nous. Trop de commentaires «clairs» les réduisent, les dominent, les jugent, nous permettent d'y retrouver à peu de frais ce que nous croyons déjà savoir et croire. Mais les considérer avec plus d'exigence et de respect en même temps, cela revient à nous obliger : il faudra tout lire en eux, et non les «meilleures» pages ou les «belles» phrases. L'intelligence que nous en prenons devient alors, il est vrai, quelque chose de moins abstrait, puisqu'elle participe du *mouvement*. On est parfois amené à se demander avec irrévérence si les exégètes *éprouvent* du dedans ce que c'est que d'écrire. Ils parcourent en conquérants le champ des autres, l'estiment, le jaugent, le comparent - comme chose acquise et mesurable. Il ne faudrait pas beaucoup de psychologie, pourtant, ni beaucoup d'attention portée aux suggestions modernes en ce qui concerne le langage, l'image, l'expression, pour inviter le lecteur et le commentateur à se montrer plus circonspect en présence de ce qu'on peut appeler le «jeu de l'écriture» comme acte. Philon partait du principe de l'époque, voulant qu'un Texte sacré, en particulier, dise et cache tout ensemble. Sans tomber dans le maniérisme, il est permis de considérer que de telles conceptions et les ouvrages qu'elles ont guidés ne font en réalité que manifester de façon plus marquée le sort de tout discours solide, et même le sort littéraire des grands commentaires de ces discours : de la Bible, par exemple, puis de ses *midrachim*, tel notre Philon. Ces commentaires peuvent en effet devenir des œuvres, à leur tour, et non de simples tables d'orientation où s'offrirait commodément un sens balisé, aplani et statique.

Les analyses complexes qui vont suivre ici n'ont pas d'autre fin que de nous obliger, le patient lecteur et moi, à *lire* en vérité tout le texte de Philon - dans ces traités consacrés à Noé, ou plutôt aux ch. 6 - 9 de la *Genèse*. Pas plus que Philon à partir de sa Bible, elles ne prétendent procurer au lecteur un «résultat» conceptuel, transportable, séparable de la lecture faite. La difficulté reste toujours la même, ici : à savoir que mon analyse suppose un lecteur assis devant son Traité de Philon. Parce que le texte de Philon n'est pas facile, et que sa propre durée importe avant tout, je ne peux le résumer pour simplifier. Un itinéraire se parcourt, et il ne se résume point. Résumé, un texte de Philon devient ou absurde ou exsangue, en tout cas indéchiffrable en sa teneur réelle[1]. Momentanément détaché de concepts philosophiques, le lecteur s'apercevra - paradoxe prévisible - qu'il trouve dans Philon une puissance philosophique, véhicule de sa *lectio divina*, capacité de dire et de montrer, sans se dire vraiment elle-même, instrument et servante du Logos.

1. Une édition de Philon devrait se contenter de sous-titres qui marquent les divisions objectives, celles qu'impose le lemme suivi par l'exégèse. Toute autre intervention de l'éditeur risque de défigurer le discours et d'égarer définitivement le lecteur.

INTRODUCTION

On distingue encore communément le *fond* d'une œuvre et sa *forme*. Il est bien entendu que la *forme* ressortit à l'esthétique pure; qu'elle habille ou sert plus ou moins étroitement le contenu idéel du *fond*. Pourtant, les leçons déjà anciennes de M.Proust sur le style devraient être depuis longtemps passées dans les habitudes des critiques. Si un texte est ordonné, sa beauté même, sa *forme*, désigne par ses propres contours, par sa propre lumière, un objet idéel, mais qui n'est pas nécessairement (qui n'est peut-être jamais) l'objet contenu dans ce qu'il est habituel de désigner par ce *fond*. L'intention explicite, plan du *fond*, recèle un premier objet du discours : une théorie, une volonté de convaincre ou tout autre contenu; mais à la surface de sa *forme*, le *même* discours rend sensible les contours d'un *autre* objet, ou du même objet, *autrement* appréhendé.

Ce n'est pas à dire que le discours philonien soit «beau». Mais il possède une *forme*, stricte, rigoureuse, définie. Et cette forme rend donc sensibles les contours d'une «idée» qui déborde les mots exprès, les idées volontairement énoncées, le bagage philosophique ou la croyance juive de ce Juif. Si bien que le rassemblement, aussi savant que possible, des pensées de Philon, de ses emprunts à Platon ou à tout autre, voire à Moïse, n'offrira de son contenu qu'une maigre radiographie. Ce sont l'épaisseur, la vivante organisation, le mouvement, qu'il convient de rendre sensibles. Faute de quoi, le lecteur de Philon sera toujours déçu. On pourrait, il est vrai, accepter cette déconvenue en admettant que Philon reste un auteur médiocre. Persuadé du contraire, et qu'il faut arriver à percevoir chez lui une mystique très concrète, j'offre au lecteur cette difficile voie de mon propre commentaire.

Contenu de l'ouvrage

Ce volume présente une même lecture «structurale» de nouveaux traités philoniens[1]. Il s'agit des six ouvrages, plus ou moins complets, qui subsistent de Philon sur le Texte des chapitres 6 à 9 de la *Genèse*, c'est à dire sur l'histoire de Noé, et donc du Déluge. Ces six livrets portent les titres suivants : *De gigantibus - Quod Deus sit immutabilis - De agricultura - De plantatione - De ebrietate - De sobrietate*. Le premier titre rappelle au lecteur une donnée directement rattachée à la narration biblique, l'union des «fils de Dieu» et des filles des hommes, d'où naissent les «Géants». Les autres titres, selon le système anarchique des titres anciennement attribués aux ouvrages de Philon, hésitent entre une notion globale du traité considéré, ainsi celui du *Quod Deus sit immutabilis*, au risque de laisser entendre qu'il s'agit là d'un ouvrage philosophique, ou, d'autre part, un compromis entre la notion générale et un résumé de la narration alors évoquée, tel le titre du *De ebrietate* - encore ce mot de *De ebrietate* est-il facilement compris du côté de la philosophie morale, du fait de son voisinage avec le *De sobrietate*. Les seuls titres convenant aux traités de Philon devraient revenir à l'énoncé pur et simple du Texte qu'ils recouvrent, et ce serait affirmer du même coup que Philon est d'abord un exégète - évidence qui, même affirmée, ne guide pas suffisamment l'interprétation. Les six traités considérés commentent le début et la fin de l'histoire propre de Noé, le Déluge n'y entrant qu'à peine, dans les allusions inévitables du *Quod Deus*. La fin de l'histoire de Noé, soit l'aventure de sa vigne, l'ivresse et le scandale provoqué par le fils maudit, Cham, père de Canaan (ce peuple qui occupait la Terre promise avant l'arrivée des Hé-

1. «Structurale» : là où, par exemple, une lecture plus classique voit une contradiction et conclut à l'incohérence du propos, à l'oubli, et de toute manière au caractère impertinent de la pensée en cause, le «structuraliste» admet que la contradiction *désigne* un terme nouveau, décisif pour le sens.

breux), sert de fond de tableau à la série homogène et cependant incertaine des quatre derniers ouvrages, du *De agricultura* au *De sobrietate*. Ces quatre ouvrages posent des problèmes de division et d'achèvement. Nous les abordons dans une seconde partie, et de façon plus légère. Il est clair que la méthode globale, synthétique, appuyée sur les unités que nous appellerons des «chapitres», qui est la nôtre de toujours, s'y trouvera mise à l'épreuve de manière immédiate et excitante. Sans apporter de révélation, nous montrerons simplement que, s'ils sont amputés, les ouvrages en question le sont proprement, c'est à dire à la fin de sections qui, elles, gardent sens et unité. Nous pourrons, chemin faisant, manifester le *mouvement* qui anime l'exégèse de Philon, l'esprit *synthétique* des «chapitres» qui la distribuent, suivant les *procédés* dont nous avons tenté la description et l'inventaire, par exemple, dans le premier volume de *La trame et la chaîne*, comme dans d'autres publications. Aussi croyons-nous pouvoir ici nous dispenser de philosopher à nouveau. Principes, bibliographie, conséquences sur la conception de l'Allégorie, ce phénomène surprenant au titre d'exploration mentale mais dont nous vivons, nous, modernes au moyen d'autres codes, avec d'autres clefs et pour d'autres fins, politiques, par exemple - tout cela se trouve dans notre premier volume.

Une *première partie* analysera donc avec plus de précision le texte des deux premiers traités, lesquels peuvent n'en faire qu'un, au demeurant : le *De gigantibus* et le *Quod Deus sit immutabilis*. Par commodité, plutôt que par souci polémique, nous confronterons de loin notre lecture avec l'étude de V.Nikiprowetzky, parue récemment et dont nous avons déjà touché un mot ci-dessus. L'étonnant pessimisme de cet auteur nous a paru attendre une réaction, et c'est elle qu'on trouvera également ici. Au morcellement et au hasard nous montrerons qu'il faut substituer la cohérence, l'intentionnalité, bref le *mouvement intérieur* sans lequel Philon est trahi, et que l'on réclame parfois sans trouver sa preuve.

Une *seconde partie* proposera des quatre traités litigieux, sur la Vigne de Noé, *De agricultura - De plantatione - De ebrietate - De sobrietate*, un plan raisonné, un survol analytique précis et l'esquisse des systèmes d'unification qui les commandent. Nous avons pensé, en variant la présentation et en faisant plus bref, rendre un service plus immédiat aux lecteurs de Philon. Il nous a paru que la définition d'un «plan» raisonné permet de mesurer l'intention *réelle* de Philon. L'étude thématique ne pourra qu'y gagner, et l'objectivité se voir mieux assurée. Il semble qu'un premier *consensus*, de base pour ainsi dire, pourrait être établi auprès de tous les interprètes de Philon : il porterait sur la composition des traités, sur le modèle exégétique des sections, sur l'organisation des éléments du commentaire (diatribe, citations enchaînées). Bien des discussions portant sur *ce que* Philon d'Alexandrie a dit devraient alors être examinées à neuf, grâce à la lumière émanant des lectures qui se seraient contenté de poser d'abord la question : *comment* parle-t-il ?

Il m'a été reproché deux tendances extrêmes et contraires. Ou bien j'introduis dans Philon une subtilité qu'il ignorait, ou bien je me cantonne dans une simple paraphrase de son discours. Je crois tout net que quiconque refuse de la subtilité à Philon ne le lira plus longtemps. Quant à l'inutilité d'une *paraphrase* de Philon, je reste sceptique... Paraphraser ? *Utinam !* Sans doute ce reproche qui m'est adressé cherche à réduire l'utilité de mes analyses, entendant par «paraphrase» un accompagnement quelque peu parasitaire, un doublage bienveillant. Mais pour «paraphraser» un discours comme celui de Philon, il faut en avoir aperçu les articulations... *réelles*. Il suffit de parcourir les sommaires que certaines éditions fournissent en tête de chaque ouvrage, pour noter que l'opération que j'appelle «réelle» présente des difficultés. Faut-il diviser suivant les expressions du lemme adopté par Philon ? Et déjà faudrait-il avoir traduit le texte biblique en fonction du commentaire de Philon, et non d'après nos textes modernes. Faut-il suivre de préférence le fil conducteur d'une logique, en prenant pour guide soit un emboîtement de concepts, soit une théorie morale ou une «spiritualité» ? Faut-il combiner les deux ? Et ce doit être la bonne direction : mais comment, par quelles voies, avec quelles précautions pour ne pas tordre l'un des deux systèmes ? Dans ces conditions, la paraphrase devient un art difficile. Et je ne prétends pas y avoir réussi parfaitement. En approchant d'une formule souple, on s'aperçoit que toutes les données du texte de Philon se trouvent «sauvées». Or c'est bien là une finalité acceptable pour un commentaire, et c'est même un résultat scientifique, de «sauver ce qui est visible» - tout ce qui est à la surface des apparences, et qui, chez Philon est si déroutant au premier regard. En ce sens, la «paraphrase» reste un idéal; elle rejoint l'intention platonicienne, modestement, qui attend de pouvoir diviser le réel suivant ses articulations, tel un bon artisan respectueux des inflexions inattendues de la vie.

PREMIÈRE PARTIE

ANALYSE DÉTAILLÉE

DU *DE GIGANTIBUS*

ET DU *QUOD DEUS SIT IMMUTABILIS*

VUE D'ENSEMBLE

Les deux traités distingués par la tradition n'en forment qu'un seul. Admettons les vagues notions, selon lesquelles dans le *De gigantibus* la «chair» ne retient pas de façon «stable» un Dieu qui est en Lui-même «immuable», comme le dira le *Quod Deus*, et nous aurons le contraste des deux propositions permettant donc de les associer en une sorte de synthèse couvrant les deux traités. Pourtant, la première partie que constitue alors le *De gigantibus* possède son autonomie. En effet, son début propose l'image du Soleil dissipant dans son unique lumière les ténèbres innombrables, d'ailleurs stigmatisées par le qualificatif de la féminité. Or, le début du *Quod Deus* réunit à nouveau la féminité, comme un mal innombrable aussi, les ténèbres et leur disharmonie. Seulement, le mouvement est renversé dans le *Quod Deus* : désormais, les ténèbres attendent la disparition de la Lumière pour obscurcir l'âme, alors que le début du *De gigantibus* montrait que la Lumière apparaissant chasse immédiatement les ténèbres. Les «pseudo-anges» qui occupaient les par. 4b-18 du *De gigantibus* reviennent aussi dans les par. 1-3 du *Quod Deus*. Nous verrons que tout se passe comme si le traité commençait par assurer dans la mémoire du lecteur ou résumer les données du *De gigantibus*. Par là, celui-ci est reconnu dans une certaine autonomie, mais il est soigneusement relié au second traité : il y aura continuité.

L'autonomie du *De gigantibus* ressort également du fait simple qu'il possède lui-même une conclusion qui rappelle son début. La fin du *De gigantibus* est consacrée aux fameux «Géants» (par. 58-67) en un commentaire qui calque celui des premiers héros du mal, les «pseudo-anges» du début (par. 6-19). Le traité est donc fermé sur lui-même. C'est la considération du système exégétique utilisé de part et d'autre qui nous conduit à cette *symétrie*. Voici les quatre remarques nécessaires.

1) Anges ou Géants, Philon ne veut pas qu'on voie là une mythologie (par. 7a et 60a);

2) des deux côtés, il fait appel à une sorte d'anagogie nous menant jusqu'au «ciel» (par. 7b et 60, avec une métaphore filée de part et d'autre);

3) avec les Anges du début, Philon trouve l'occasion de nous engager dans une division *intérieure* au concept : il y a les bons et les mauvais anges (par. 16-18); et, avec les Géants de la fin, il établit une division encore, mais cette fois une division *externe* : ces Géants sont le premier terme, le plus bas degré, terrestre, d'une échelle allant de la terre jusqu'au ciel et jusqu'à Dieu même (par. 60 et sv.);

4) enfin, le début se déploie dans le *macrocosme*, en étudiant philosophiquement la nécessité qu'il y a d'affirmer la présence d'âmes dans tous les cantons de l'univers; mais la fin propose l'image d'un Abraham à la fois sujet et objet d'une relation privilégiée avec Dieu, c'est à dire un être achevé en *microcosme* moral, mystique et plus proche de la Bible.

Homonymies et différences font ensemble ressortir la correspondance des par. 7-19, du début, avec la fin, des par. 58-67. On peut ajouter qu'avant cette conclusion des par. 58-67, Philon a marqué une césure qui la fait mieux ressortir comme conclusion. Il s'agit des étranges par. 55-57. Philon semble y refuser l'explication des «cent vingt ans» de vie que l'Écriture accorde à des hommes condamnés aussi bien qu'à Moïse, le parfait. Cette sorte d'hésitation ou d'apparente dérobade du commentateur attire en fait l'attention sur la suite, comme nous le dirons en son temps. Les par. 58-67 apparaîtront aussi comme une *accélération* de l'allégorie, c'est à dire, selon notre code, comme une conclusion serrée, qui marque une récapitulation et un temps de repos, qui fournit une moisson au terme de plus laborieuses préparations.

La reprise par le début du *Quod Deus* empêchera l'autonomie du *De gigantibus* de tourner à l'indépendance. Déjà, le début du *De gigantibus* a noté que la Lumière permettait au Sage de voir l'Être et les Puissances, c'est à dire de bénéficier d'une vision où un *Nombre sublimé*, intermédiaire entre le nombre innombrable de l'indéfini et même de la perversion, d'une part, et, d'autre part, l'*Unité* inaccessible de l'Unique. Or, nous serons amenés à faire de la réflexion ultérieure, celle du *Quod Deus*, sur les Puissances, une sorte d'échelle de Jacob, où le rôle des *nombres* ne sera pas négligeable.

Il ressort de ces premières observations[1] que :

1) le *De gigantibus* doit être isolé comme une première partie de l'ensemble formé des deux traités;

2) que Philon compose véritablement, et qu'il ne se contente pas de juxtaposer des *quaestiones-solutiones* sans lendemain. Nous rencontrerons de nouveaux repères du même ordre à l'intérieur du *Quod Deus*;

3) le mouvement ainsi donné au commentaire suppose aussi que les éléments d'exégèse établissent par leur *position* même (leur place remarquable, en début et en fin, leur symétrie éventuelle, leurs échos gradués, voire leurs proportions, et enfin ce que j'appelle leur inévitable «dialectique») un plan homogène, une intention partout agissante dans le discours - bref une unité de pensée qui dépasse la somme des éléments;

4) à partir de là, enfin, l'exégète de Philon ne devra pas juger sommairement : les étrangetés de l'allégorie ou du cours même de son exploitation, les silences, les exégèses suspendues ou les développements inattendus, ne seront pas taxés de digression ou d'embarras. Chaque difficulté devra au contraire exiger du commentateur de Philon le détour par un présupposé de sympathie plus large, plus modeste, plus compréhensif, et non pas le recours à la solution de facilité consistant à écarter ou à condamner, ou à négliger.

Quelques principes

Dans la présentation qui suit, comme toujours, j'arrêterai mon commentaire au moment où le détail et l'ensemble auront trouvé leur commune mesure. Ici, comme toujours, je considère le passage d'un verset à l'autre, de la part de Philon, comme infranchissable, quitte à assouplir ensuite les effets de la césure. Ici, comme ailleurs, nous verrons que les cellules du discours sont de grandeur matérielle variable. Ici comme dans d'autres traités, Philon connaît d'avance le terme de son allégorie : il pratique une exégèse prospective, *téléologique*. Certaines données apparaissent d'abord à l'improviste, qui plus loin recevront leur épanouissement. L'une de ces données, dans nos deux traités conjoints, regarde la *conscience*

1. Ce ne sont encore, au vrai, que des notations destinées à engager la confiance à l'endroit de Philon. De toute manière, c'est le recoupement ou le nombre de ces observations qui forme leur véritable «preuve» : non pas la justification d'une méthode, mais leur propre utilité par rapport à la lecture de Philon.

objective - ἔλεγχος - qui prend de plus en plus de relief au fur et à mesure que le commentaire avance. Mais nous verrons que ce thème précis, tout à fait organique dans nos traités, rejoint une valeur systématiquement exploitée dans l'exégèse de Philon - ce qui ouvre une perspective sur les rapports d'un traité avec l'inspiration globale de Philon.

Si l'on voulait risquer, pour guider par avance le lecteur, une esquisse du programme réalisé sur le plan de l'«idée» par le *De gigantibus* et le *Quod Deus*, on pourrait proposer l'itinéraire suivant : *L'âme doit quitter le nombre efféminé de la matière pervertie, pour percevoir le Nombre sublimé*[1] *des Puissances et de l'Être, jusqu'à entrevoir même l'Unité de l'Unique.* Mais ce propos ramené à une sorte de «thèse» ne devrait pas satisfaire la curiosité, au point de faire oublier que nous allons nous enfoncer patiemment dans un savant *midrach*, une allégorie au décor maniéré, mêlant puissance et apparence dérisoire. C'est que Philon a choisi de n'écrire que des commentaires. Cette voie particulière, redisons-le, combine nécessairement deux «textes» pléniers, celui du discours hérité, ici la Bible grecque, et celui du commentateur, dans la mesure, ici très large, où il n'a pas abdiqué ses représentations et une intention propre. Il existe nombre de commentaires qui abdiquent précisément, en ce sens qu'ils servent en principe le texte qu'ils ont pris pour objet : même si le commentateur possède ses idées, il les applique de façon ponctuelle; il revient périodiquement au texte, et il produit de ce fait une œuvre discontinue. Philon commentateur produit une œuvre continue en même temps. Ce mariage presqu'impossible doit être respecté, admis, pris en compte dans la lecture. Comme nous l'avons dit, c'est tout de même une première obligation du lecteur de Philon, que de repérer les césures imposées par le lemme. C'est pourquoi nous allons entrer dans le *De gigantibus* en notant d'un survol les divisions du Texte biblique.

1. Dans ce théorème, le mot «sublimé» évoque la nécessaire purification noétique; et il correspond donc, dans le texte de Philon, à tous les passages de nos deux traités où Philon parle des «anthropomorphismes» de l'Écriture, et que l'on classe un peu vite dans le souci «apologétique» ou «protreptique» de Philon. On verra qu'il est préférable de chercher la mystique de Philon. Entre le «mystère» d'un Goodenough et le système mécanique et inerte de Nikiprowetzky, les faits littéraires tracent une voie moyenne - souhaitons qu'elle reste «voie royale».

1. - COMMENTAIRE STRUCTURAL DU *DE GIGANTIBUS*

Le *De gigantibus* commente le drame qui débouchera sur le Déluge. En dépit du titre, qui ne retient que les «Géants», c'est la décision de Dieu qui forme le plus clair du traité : *«Mon souffle ne restera pas continuellement dans les hommes, parce qu'ils sont des chairs»*. Le tableau ci-dessous comprend en retrait les citations annexes, qui servent de relais aux versets du lemme principal.

- § 1-5 *«Il y eut, quand les hommes commencèrent à devenir nombreux, que des filles aussi furent engendrées pour eux»*

- § 6-18 *«Les Anges de Dieu, voyant que les filles des hommes étaient belles, prirent en femmes parmi toutes, dont ils firent choix»*

    § 17 (*«Anges»* ?) *«Il désenvoya vers eux la colère de sa fureur : fureur, colère et oppression, c'est un envoi par anges mauvais»* (Psaume 77, v. 49).

- § 19-55 *«Le Seigneur dit : Mon souffle ne restera pas continuellement dans les hommes, parce qu'ils sont des chairs»*

    § 22s (*«Souffle»*) *«Le souffle de Dieu se mouvait au-dessus de l'eau»* (Genèse, ch. 1, v. 2).

    «Dieu appela en haut Beçaléel et le remplit de l'Esprit divin, de sagesse, de science, pour réfléchir à toute œuvre» (Exode, ch. 31, v. 2s).

    «J'ôterai de l'esprit qui est sur toi, et Je le placerai sur les soixante-dix Anciens» (Nombres, ch. 11, v. 17).

    § 32-55 (*«chair»* ?) *«Un homme-homme, de tout parent de sa chair ne s'approchera pas, pour découvrir son indécence - Moi, Seigneur»* (Lévitique, ch. 18, v. 6).

§ 47-55 (*stabilité de Moïse*) :
- Moïse et l'Arche immobile (Nombres, ch. 14, v. 14);
- *«Tiens-toi droit avec Moi»* (Deutéronome, ch. 5, v. 31);
- *«Pourquoi es-tu seul assis ?»* (Exode, ch. 18, v. 14);
- *«Moïse planta sa Tente...»* (Exode, ch. 33, v. 7).

- § 55-57 *«Leurs jours seront cent vingt ans»*.
- § 58-67 *«Les Géants étaient sur la terre dans ces jours-là»*

§ 61-64 *«Moi, Je suis ton Dieu : sois agréable en face de Moi et deviens irréprochable»* (Genèse, ch. 17, v. 1);

§ 65-67 - *«Les deux devinrent en une chair»* (Genèse, ch. 2, v. 24);
- *«Lui, il commença à être géant sur la terre»* (Genèse, ch. 10, v. 8).

Voilà donc les césures du commentaire. L'impression première est que nous sommes sur un terrain solide, en possession de repères objectifs. En fait, qui se fierait à ce tableau n'aurait jamais que les plombs du vitrail. Il faut maintenant s'interroger sur la valeur effective des citations secondaires, ou «relais». Implicitement, on les considère souvent comme de fonction univoque : illustration, extension du lemme. Or, ici par exemple, on notera l'absence de citation-«relais» dans le premier développement (§ 1-5); l'importance matérielle de la règle de pureté énoncée par le *Lévitique*, et servant au commentaire du mot *«chair»* (§ 32-55), au centre du traité. On notera surtout la complication introduite par l'allusion à l'âge de Moïse (§ 55-57). Il y a plus.

Seule, l'hypothèse qu'il existe pour animer ce «chapitre» une véritable dialectique permettra de sauver les § 47-55, chargés qu'ils sont d'une série de citations-«relais» qui prennent le contrepied du thème alors en course, celui de l'abandon par le Souffle divin d'une homme trop lié à la chair : soudain, nous apprenons la *stabilité* du Sage - qui reste un homme, cependant. Il ne faut pas longtemps pour observer le croisement des données : l'Esprit était *instable et s'en allait*; maintenant, quelqu'un qui participe de l'humanité charnelle devient *stable*. Nous voici alertés : le développement réel passe par des chemins plus complexes. La conclusion de la règle de pureté du *Lévitique* était signée, pour ainsi dire : *«Moi, le Seigneur»*. On sait que Philon utilise cette force du pronom personnel, *«Moi»* majuscule, divin, pour clamer l'éternelle stabilité de Dieu. Mais ici, Philon n'aurait jamais appuyé sur cette expression de la permanence divine, si le lemme de base (§ 19) ne disait le *contraire* : à savoir le départ et donc la mobilité de l'Esprit, soit une *instabilité.* Son projet est donc plus large et plus caché que celui d'une illustration ou d'une *quaestio-solutio.* Finalement, la *permanence* du Sage, de l'homme sage par excellence, Moïse, ne venait fournir à la *fuite* divine un terme splendide. Ainsi, les § 47-57 entrent en tension dialectique avec le § 19. Par la force des choses, nous sommes contraints à plus de circonspection. C'est donc à une logique différente que nous devrons recourir, et tout de suite combiner les repères fournis inévitablement par les divisions du lemme avec un itinéraire mental qui les domine, les bouscule parfois sans les annuler. Le tableau précédent ne permet pas de deviner, entre autres impuissances de son honnête répartition, que les § 58-67 sont rattachés solidement à la section qui les précède, celle des § 55-57. Cette courte section a elle-même bien plus d'importance que son style et sa brièveté ne le laisseraient supposer - la *prétérition* nous en avertit.

Essai de présentation «réelle»

Sans altérer la division du lemme pratiquée par Philon, complétons-la de quelques remarques synthétiques.

- § 1-5 *«Et il y eut donc, quand les hommes commencèrent à être nombreux sur la terre, que des filles aussi furent engendrées pour eux»* (Genèse, ch. 6, v. 1).

  L'exégèse est brève; elle est centrée sur deux mots, *«nombreux»* et *«filles»*. Ces deux termes, nombre et féminité sont en harmonie réciproque.

- § 6-18 *«Les Anges de Dieu, voyant que les filles des hommes étaient belles, prirent pour eux comme femmes parmi toutes, dont ils firent choix»* (v. 2).

  L'exégèse est ici plus développée; elle est d'ordre «philosophique», appuyée sur le souvenir du *Phèdre*; elle est centrée sur l'existence d'«âmes» dans tous les cantons de l'Univers, et sur la nature perverse de certaines d'entre elles. Philon cherche à conjurer la mythologie, ici, comme il le fera au terme du traité, à propos des «Géants» - c'est donc là un premier développement apologétique. Mais on notera que le § 17b célèbre de nobles *«Filles du Logos»*, ce qui donne une proposition contraire à celle du début, où la *féminité* se situait du côté du mal.

- § 19-54 *«Le Seigneur Dieu dit : Mon Esprit ne restera pas continuellement dans les hommes, parce qu'ils sont des chairs»* (v. 3).

L'exégèse est ici encore plus développée; elle traite successivement des deux termes en contraste : *«Esprit«* - *«chairs»* (les § 22-27, puis 28-47). Mais le mot καταμένειν - *«rester continuellement»* - est traité deux fois : d'abord rapidement (§ 20-21), en parlant de la Divinité, dans le sens du Texte ; puis de façon appuyée (§ 48-57), et en parlant cette fois du Sage Moïse. Il faut noter que la suite du Texte biblique, *«Leurs jours seront cent vingt ans»*, arrivera en corollaire de l'exégèse présente. Mais l'essentiel réside ici dans la contrariété du début et de la fin de cette section : le *mouvement* de l'Esprit contraste avec la *stabilité* du Sage. Cette section centrale possède donc une dialectique essentielle, formulée au travers d'une «contradiction» apparente, ou plutôt d'un «transfert» d'une note divine à un homme. Nous verrons justement par le *Quod Deus* que l'homme passe de l'Apparence multiple du Divin (*les* Puissances) à la Vérité de son Unique Bonté. Ici, la *fuite* apparente de l'Esprit correspond à une *immobilité* surhumaine du Juste. Ici, le «sujet» du mystère; bientôt, l'«Objet» (le *De gigantibus* parle davantage de l'homme; et le *Quod Deus*, davantage de Dieu).

- § 55-57 *«Leurs jours seront cent vingt ans»*.

L'exégèse, ici, est *refusée*. Voilà qui complique la situation, et qui reste peu explicable par la théorie des *quaestiones-solutiones*. Nous sommes devant une énigme. Le point précis est le suivant : l'ambiguïté de l'Écriture, le caractère diamétralement opposé de deux longévités identiques, celle de méchants, celle de Moïse. Nous verrons que le refus de s'expliquer de la part de Philon est simplement une réserve : il réserve pour le *Quod Deus* l'interprétation de contrariétés diverses. Nous verrons donc que ces § 55-57 jouent, par leur silence même, un rôle d'indication méthodologique : Philon ruse avec les ruses de l'Écriture. Rappelons que les *«cent vingt ans»* de Moïse achèvent la démonstration de sa *stabilité*.

- § 58-67 *«Les Géants étaient sur la terre en ces jours-là»*.
  L'exégèse est de durée moyenne; elle prend les choses par *division* : à partir de la «terre», la région des Géants, Philon remonte d'abord au «Ciel», objet de l'astronomie qui occupait Abraham (§ 62-64); puis il rattache la «terre» de ces Géants» à la valeur misérable des «chairs», dont l'exégèse précédait. Une sorte d'*accélération* sert ainsi de conclusion au traité. Nous avons dit également comment cette conclusion renouait avec le début du traité. Ajoutons qu'en mettant en scène le personnage décisif d'Abraham, Philon ramène la foule dangereuse à la singularité d'un Juste; l'Univers à la conscience. Et cela, en soulignant un jeu de mots qui se trouve dans l'Écriture : Abraham est *«homme de Dieu»* au moment où Dieu se dit Lui-même *«Dieu de lui»* - Abraham. On devine que Philon s'intéresse à l'*équivoque* provoquée par l'Écriture. Or, ce n'est point par souci apologétique ni par aucune nécessité extérieure qu'il a parlé de ces deux formules opposées. Leur contrariété lui suffit. Elle approfondit les autres surprises de la Bible, avec ses «anthropomorphismes». Par la réciproque, il faut admettre que ses refus du mythe entrent dans une intention qui rejoint son intérêt pour les *ambiguïtés* du Logos et donc la mystique - son exégèse.

Les césures objectives du lemme ont été respectées. Mais le lecteur devine que les amorces de commentaire exigées par le *contenu* des sections trace un autre dessein : les couleurs et même la figure des personnages d'un vitrail débordent les plombs. Disons par exemple qu'à force d'amener sur le devant du décor des personnages unifiés et sublimés, tels Moïse puis Abraham, Philon détourne son exégèse du domaine sinistre où elle aurait pu, sinon dû, s'engager : le thème du ch. 6 de la *Genèse* est celui des causes infâmes du Déluge. Pourtant, Philon nous entraîne vers la paix, la stabilité, l'échange qui transfère de Dieu à l'âme des humains une *unité* qui vient faire un barrage au Déluge, au *nombre* désastreux du début (§ 1-5). C'est là une conversion qui ne doit rien au hasard ni à l'enchaînement improvisé.

Hasard ou «idée» ?

En lisant un traité de Philon, il est utile de prendre en compte des procédés qui sont d'ailleurs banalisés dans son œuvre. Ainsi, comme le *Quis heres*, notre *De gigantibus* commence par des traductions philosophiques : c'est un raisonnement d'ordre philosophique, cosmologique, sur la nécessité de combler d'âmes tous les cantons de l'Univers, qui remplit les § 6-18, même si la citation du *Psaume* 77, au § 17, a une importance décisive, comme nous aurons à le dire en son temps. Mais ce premier passage, de «philosophie», destiné à écarter la mythologie, et donc à réconcilier déjà l'Écriture, qui parle d'êtres aériens, et la Philosophie, qui permet de concevoir le Monde comme un *continuum*, a pour correspondant, à la fin du traité, un autre passage d'allure semblablement apologétique : les «Géants» ne sont pas non plus des êtres de mythologie. Mais cette seconde apologie est conduite, cette fois, par des voies uniquement bibliques : les § 58-67 montrent le sens du Texte biblique par la Bible. Il faut donc, suppose Philon, que la «philosophie» du début et la seule Écriture de la fin soient en harmonie; il faut même que le lecteur ait pour ainsi dire suivi d'abord l'école de la «philosophie», mais se soit par la suite suffisamment instruit pour la retrouver, lui rester fidèle et l'avoir dépassée, à même le Texte de l'Écriture. C'est bien là une «apologétique», sans doute, mais une apologétique seconde, plus profonde que la justification d'*un* mot étonnant ou scandaleux de la Bible. Plus vivante, plus large que l'explication des «Anges» puis des «Géants», cette tension entre le début et la fin du traité rejoint la mystique, celle d'un itinéraire mental, celle qui admire l'unité de l'esprit humain et du Logos. Mais cette conclusion reste simple. Elle se contente de prendre au sérieux la *composition* du traité. Elle propose de croire que Philon œuvre de bout en bout; qu'il dépose dans la mémoire du lecteur les *logoi spermatikoi* de sa contemplation. Elle suppose que les deux termes distants, «Anges» et «Géants», tous deux exposés à une interprétation superstitieuse ou dérisoire, entrent dans un jeu commun; que par leur position et leur valeur, ils servent de pôles et qu'entre eux donc le reste de l'ouvrage tisse une «dialectique» équilibrée - les extrêmes laissant présager la tenue du milieu. Dans ce milieu, l'inclusion formée par les deux commentaires opposés du verbe-clef *καταμένειν*, par exemple, nous a suggéré une même confiance dans l'«idée» philonienne qui préside à l'équilibre du traité et qui exclut le hasard.

1.- Les données de base : les § 1-5

La loi des contraires (§ 3) règle le commentaire de la première phrase du Texte, *«Et il y eut, quand les hommes commencèrent à être nombreux sur la terre, que des filles aussi furent engendrées pour eux»*. Philon[1] s'arrêtera sur deux termes : *«nombreux»*, qu'il poussera jusqu'à parler de *surpopulation*; et les *«filles»*. Les deux termes apparaissent nous dit Philon, par opposition simple. Noé, en tant que Juste, était forcément seul, *«rare»* (§ 1), et sa valeur ne pouvait que faire voir l'immense foule des méchants (§ 2). De même et dans le même sens péjoratif, puisque Noé eut des *fils*, les fils du Juste étant en accord de principe avec lui et donc justes eux aussi, il reste que les méchants, déjà disqualifiés par leur nombre, ne puissent engendrer que des *filles* (§ 4-5). Voilà donc, sommairement rappelée, la connivence habituelle chez Philon du nombre, de la féminité restée telle et de la perversion : qui tient l'un de ces trois éléments voit venir les autres, de plus ou moins près.

Il importe de noter que cette prolifération féminine est connue grâce à la Justice de Noé et des enfants mâles (§ 3). Le *«soleil»* fait ressortir la *«ténèbre»*, qui, elle aussi, est par nature du côté de l'*«innombrable»* - τὸ μυρίον σκότος (§ 3). Philon prépare ainsi sans insister le rôle du *«témoin«* et du Juge - l'Ἔλεγχος, qui sera développé au long du *Quod Deus*. Plus loin, Philon réunira dans son exégèse les deux propositions contrastées : les hommes sont condamnés; Noé se voit sauvé (c'est la longue exploration du *Quod Deus*, § 70-139). Réfuter les uns revient à sauver l'autre - par la même loi des contraires.

Cette «ouverture» ressemble à d'autres dans Philon. Elle est sobre. Elle paraît banale, et elle le serait en effet si Philon n'y déposait les cadres élémentaires dont il ne se départira plus par la suite. Il le fait sans effort apparent pour solliciter l'attention du lecteur, et c'est aussi sans y prendre garde que ce lecteur enregistre l'*«unicité»* du Soleil, comme l'indéfinie multitude de la Ténèbre (§ 3a); il est davantage sollicité par la notion de clarté qui refoule l'obscurité, et la question du Nombre peut lui échapper.

---

1. Philon va demander pourquoi l'humanité grandit tellement avec Noé. La question n'est pas obvie, et nous devons expliquer son choix.

En effet, *«nombre»* contre *«unité»*, cette opposition sera répercutée longuement, sous la forme philosophique du *«changement»* et de la *«stabilité invariable»*, les maîtres-mots de toute la suite. Il reste pourtant vrai que l'Introduction du *Quod Deus*, parallèle à celle-ci, nous apprendra que la Justice de Noé consiste à voir d'une vision positive et *lumineuse* Dieu et ses Puissances (§ 3), au lieu de la *Ténèbre*.

2.- L'échelle continue des êtres et les repères de l'immobile et du mouvement comme condition de la vie morale (§ 6-18)

Assurément, Philon va maintenant lire et expliquer la suite du lemme. Assurément, il voudra éviter que le lecteur prenne l'histoire de la transgression des Anges comme une fable grecque, mariant les Dieux à des mortelles. Mais ces deux nécessités, l'une matérielle, et l'autre, morale, seront dépassées par l'exégèse. Une remarque permettra de confirmer la hauteur de vue propre au *De gigantibus*. La fin de ce nouveau développement évoquera les *«Filles du Logos»*, sciences et vertus (§ 17b). Or, les § 4-5 ne prévoyaient pour les rejetons féminins que des valeurs péjoratives, et rien n'y laissait prévoir une «division» entre «filles» et «Filles»; *féminin - efféminés - femelles - filles*, ce n'était que perversion et nombre malsain. Rencontrant dans le v. 2, qu'il commente ici, les mots *«filles des hommes»*, du même ordre que les premières, donc, Philon prend pourtant occasion de cette surdétermination, *«des hommes»*, pour exploiter une division *interne* du féminin, et donc l'excellence d'autres *«Filles»*. Le lecteur doit soudain comprendre que les «filles» ne sont pas, de façon univoque, des êtres mauvais, mais qu'on peut distinguer des êtres de la terre, voués au mal et à la dispersion, au sensible, puis des êtres célestes, sans doute immédiatement rachetés de leur féminité et devenant par grâce et par rapprochement de l'Unique, des êtres *«mâles - virils»*[1]. Peut-être Philon ne se borne-t-il pas à enchaîner des *quaestiones*, mais veut-il initier son lecteur à la subtile *équivocité* des mots de sa Bible, instrument et gage de sa remontée spirituelle. Car la suite, et en particulier le *Quod Deus*, reposera sur cette donnée : anthropomorphismes, mots qu'il faut retourner dans un sens puis dans le sens opposé[2] - bref *ÉQUIVOCITÉ*

1. Le § 17, très dense, suppose en filigrane ces conversions du «féminin» que tout philonien connaît; Sara quittant tout *«ce qui est des femmes»*, en est l'exemple majeur.

2. Par exemple, *«Dieu est comme un homme»* - *«Dieu n'est pas comme un homme»* (du *Quod Deus*, § 53-69).

comme moyen de *réfuter et de convaincre l'âme* (ce sera le thème appuyé de l'῎Ελεγχος), je pense que nous sommes avec ces notions au courant de ce qui guide Philon durant nos deux traités réunis : la réflexion sur les ruses du langage sacré de la Bible. Nous allons voir immédiatement que l'exégèse du v. 2, sur les *«Anges»*, relève du même jeu que celui du couple *«filles - Filles du Logos»*.

Le lecteur reste sceptique, à première vue, sur le caractère démonstratif des § 6-18 - indépendamment même de l'argument de fond, sur l'échelle complète des âmes. En particulier, il se demande ce qu'apportent les § 7-15 : on pourrait les omettre et passer directement de la fin du § 6 au § 16, puisque l'équation *δαίμονες - ἄγγελοι - ψυχαί* est posée de part et d'autre sans progrès du § 6 au § 16. Les § 7-15 ne prouvent pas le bien-fondé de cette équivalence des trois noms, mais ils décrivent un Univers complet et serré où tout est animé d'âmes. Autre surprise : les § 16-17a apportent deux indications, l'une de bon sens, l'autre inspirée, et tendant à distinguer dans les Anges des *bons* et des *mauvais*. Cette division suffit au propos apologétique : les Anges descendus vers les filles des hommes sont des Anges mauvais - et rien dans les § 16-17a ne vient rappeler la chute, l'engloutissement, la perversion acquise de ces Anges. Il faut même imaginer une réponse toute autre grâce à une division nouvelle : les Anges, dont le nom signifie un rôle, celui de *«messagers»*, peuvent être soit des messagers de bien, soit des messagers de la *«Colère»* divine. Dans ce second cas, ils prennent par figure le nom de «mauvais anges» - par métonymie, du message au porteur du message. Mieux, si les § 6-15 permettaient de caractériser les Anges pervers comme des âmes déchues, il en résulterait que ces êtres, dont l'identité formait toute la question, ne se distingueraient plus des hommes pervers [1]...

Ces trois difficultés peuvent témoigner d'un «à peu près» de l'exégèse. Elles peuvent aussi montrer que le propos de Philon suit une autre logique; il peut utiliser une dialectique, plus souple. Il convient, par exemple, de noter d'abord le style même des § 16-18, la conclusion de cette section : ils sont denses, et le § 17 pourrait même être isolé comme un *compendium* de la philosophie morale de l'Alexandrin, où chaque mot servirait de prétexte à des renvois très nombreux dans l'œuvre toute entière. Mais cette den-

1. Aussi bien V.Nikiprowetzky conclut-il son commentaire sur un aveu d'illogisme de la part de Philon : *«Ou alors il faut supposer que ces âmes viennent simplement grossir les rangs de l'humanité, selon l'optique de Philon, la plus basse et la plus commune»* (page 13). Il fallait penser à cette aporie ou à ce cercle vicieux avant d'entreprendre le commentaire des § 6-18, et prendre alors les choses par un biais qui y fasse droit.

sité s'explique. Dans ces § 16b-18, Philon donne une exégèse allégorique de *tous* les éléments du Texte de base :

- ἄγγελοι reçoit la traduction attendue, de *«messagers»*;
- ἄγγελοι Θεοῦ : l'expression entière est expliquée, car les *«messagers de la Colère»* divine sont par métonymie, appelés *«anges pervers»* (on peut ici penser à la théorie philonienne des «meurtriers involontaires, par exemple - instruments de la Punition);
- θυγατέρας τῶν ἀνθρώπων : l'expression entière attire par division logique *«Filles du Logos»*;
- ἰδόντες... ὅτι καλαί εἰσιν est expliqué logiquement : *«anges»* et *«beauté»* étant tous deux du côté de l'erreur, du mal, la *«beauté»* restera une illusoire vénusté (fin du § 17);
- ἀπὸ πασῶν ὧν ἐξελέξαντο, enfin : ces mots reçoivent une exégèse synthétique, accentuant pour des raisons de stratégie générale, sans doute, la dégénérescence du mot «tout» jusqu'à la «dispersion» dans l'indéfini (§ 18).

Voilà donc un solide rassemblement de symboles. Revenons à l'ensemble des § 7-18.

Mouvement et mouvement...

Ce commentaire mot à mot dans les § 16b-18 occupe exactement deux fois moins de place matérielle que les § 7-15, où nous est offert le tableau de l'Univers animé. La question reste toujours de savoir si le «mouvement» des âmes décrit aux § 7-15 produit ou non quelque chose dans les § 16-18. Or, l'on voit que les mouvements ne correspondent pas dans les deux séquences. Au § 12, les Anges semblent mis à part, et ils avoisinent les Astres[1], et ils sont incorporels, bien décidés à le rester, servant Dieu au titre de présidents des créatures. Les Anges du § 12 et du § 16 restent à l'écart du mouvement dramatique des § 13-15; au § 16, même, s'ils servent d'*«ambassadeurs»* pour justifier leur nom de «messagers», Philon évite de décrire leurs déplacements et il suppose que leurs mouvements sont toujours bons. Le tableau inspiré du *Phè-*

1. Pour ne pas dire plus : le résumé des 4 éléments, au § 8, propose comme premier emploi du mot *«âme»* le cas des Astres, dans l'Éther. Le lecteur naïf, arrivé au § 12 puis au § 16, est tenté de rapporter les êtres chaque fois les plus purs au même substrat, celui des Astres.

dre (§ 13-15) montre les âmes, au contraire, choisissant entre les deux mouvements, l'un de remontée, qui est bon, et l'autre de catastrophe. Le § 16, reprenant le mot même d'«Anges», *bons - mauvais*, ne s'appuie pas sur l'aventure précédente du choix, mais sur une division admise par l'usage. Mieux : au § 17a, le *Psaume* entraîne une sorte de transposition du mouvement, réservé d'ailleurs aux seuls mauvais Anges. C'est un mouvement... logique, du langage. En effet, certains êtres sont *appelés* Anges, qui ne le sont pas en réalité : il y a équivoque. Nous avons laissé prévoir depuis le début de cette analyse la place que nos deux traités feraient à la considération de l'*équivocité* des vocables de l'Écriture. Ici, le verbe utilisé, *ὑποδυόμενοι - «habillés, revêtus»*, n'indique pas que les pervers soient des hypocrites, se revêtant du nom flatteur d'Anges pour tromper les autres hommes. Il signifie que le Texte biblique les a revêtus de ce nom - inexact, équivoque. C'est le Logos, pourrait-on gloser, qui les affuble d'un nom d'emprunt. Et là nous touchons le problème majeur chez Philon de l'«anthropomorphisme» dont il sera question tout au long du *Quod Deus*[1]. La conclusion issue de ces remarques peut être formulée en dilemme : ou bien Philon procède de manière floue, ou bien il montre et exploite l'équivocité intelligente de la Bible. Reprenons les faits.

L'air est un continuum, une «échelle»

Les § 6-15 établissent en réalité que les «Anges» (les vrais) restent là-haut, touchant aux Astres, participant au gouvernement du monde. D'autres «âmes» (au risque de trahir l'équation donnée par le § 6...) sont en mouvement, elles. La pensée s'habitue ainsi à meubler l'air. Pourtant, la considération de Platon, si elle corrobore en gros la description de la Bible, en affirmant la *chute*, produit un autre effet, et permet de dire que le Cosmos est un *continuum*, voire une *«échelle»*, pour revenir à une transposition nouvelle de la Bible. Qui dit échelle continue, dit possibilité de monter et de descendre[2] - et, moralement parlant, responsabilité. Car le *«mythe»* ou la *«crainte des démons»* (§ 7a et 16a) consiste à imaginer peureusement un «vide» dans le monde - l'Air étant invisible. Par

1. Le *De gigantibus*, § 62-64 déclare Abraham à la fois sujet de Dieu (il est appelé par Dieu qui se présente comme *«Dieu de toi»*) et objet (on le qualifie d'*«homme de Dieu»*. Là, l'équivocité est pour ainsi dire supportée et rendue saisissable par le changement de nom, d'Abram en Abraham. Mais, comme nous l'avons dit, plus loin encore, Philon nous laissera réfléchir seuls sur les *«cent vingt ans»* mesurant éventuellement la vie des sages et celle des impies.

2. Le *De somniis* II, § 135-142 commentent de la même manière l'*«échelle»* de Jacob.

ce vide peut surgir soudain un être, peut-être divin ou malfaisant, un «démon». Si j'exorcise cette notion du «vide», c'est l'âme que je vois alors parcourir les Airs. Cette âme a quelque chose à voir avec *mon* âme : elle est moi. Je vois alors que je suis placé entre deux pôles de mon activité morale : l'Ange ou la bête. Loin d'être vide et donc de me terroriser et de m'excuser en même temps, l'Air est le lieu de mon choix, à moi. Il n'y a pas seulement des Anges, en soi pour ainsi dire, et tels qu'on doive se demander comme un spectateur ce que veut dire leur accouplement avec des mortelles. Il portent un *nom-vecteur*, qui dit à la fois des Anges et mon destin à moi; qui dit Cosmos et microcosme appariés.

La citation du Psaume, *pivot de la dialectique*

Continuons. Les § 16-17a dépendent en réalité dans leur teneur de la citation du *Psaume*. Or, que fait le Texte du psalmiste ? Il transforme le mouvement quasi physique inscrit dans les éléments comme l'Éther ou l'Air, en mouvement logique - du langage. En effet, c'est ici que l'exégèse du Texte de base, sur les Anges, va trouver son axe d'équilibre. Le Texte secondaire du *Psaume* 77, v. 49 fournit la clef verbale de tout le développement qui fait des Anges à la fois des... anges et des hommes. Il faut le traduire en rigueur : *«Il a désenvoyé... leur Envoi par des anges mauvais»* - *ἐξαπέστειλεν... ἀποστολήν*. C'est là un *oxymoron* qui sert de pivot à l'équivocité dont nous parlons. Le Texte du Psalmiste fait et défait la nature angélique, qui est d'être ici *«messager»* (le § 16 vient de l'établir simplement par étymologie du nom ἄγγελος). Elle parle d'un *«envoi»* de messagers, à la fin, et par ce mot elle rappelle la nature propre d'un Ange; mais elle commence par un verbe qui annule cette nature, puisque l'envoi se trouve *«désenvoyé»* : le sujet étrange qui reste existe au titre de la *«Colère»* divine. On s'explique alors la conclusion : *«Ce sont* (ces êtres désignés par le *Psaume*), *ce sont les pervers, qui sont revêtus du nom d'Anges»* - nom devenu vide, équivoque.

En bref, le *Psaume* défait *et* fait les Anges. S'il en est ainsi, propose Philon, tu dois, lecteur, lire dans la *Genèse*, plus sibylline, que le mot Anges, dans la phrase entière, fait *et* défait les Anges. Le mot Anges exprime *de soi* (*κυρίως*) un Ange toujours bon, et il désigne par métonymie (*τροπικώτερον*) un homme perverti. Or, ce pivot dialectique, formé par la citation du Psalmiste et sa durée, parle lui-même de la *«colère»* divine[1] : précisément, le *Quod Deus*

1. Le § 12 contenait au contraire des expressions qui déterminent le *«service»* de l'Ange, et elles annonçaient le § 16 : de sorte que l'*«Ange»-ange* reste toujours du côté de la Bonté pure.

réfléchira longuement sur le caractère réel de cette notion de Colère en Dieu, et il distinguera précisément les emplois faits *κυριῶς* et *τροπικώτερον* du mot *«colère»*. Nous rencontrerons d'ailleurs une autre subtilité dans ce passage du *Quod Deus,* du moment que la Colère concerne la Puissance de châtiment, le Κύριος. Ici, Philon joue sur le contraste du verbe initial et du substantif final, *«désenvoyer... l'envoi»*. On demandera pourquoi le ressort de cette lecture n'est pas clairement souligné. Mais Philon n'avertit pas toujours; la densité dont nous avons parlé à propos des § 16-17, qui suivent, n'est pas assortie de la moindre précaution oratoire. Ici, Philon use de façon banale d'un des outils de l'allégorie. Il constate que le Psalmiste emploie en *redondance* un verbe et un substantif de l'*«envoi»*, de telle sorte que l'*«envoi»* se trouve lui-même *«renvoyé»*, chassé. De plus, le substantif est *séparé* du verbe par une longue suite de mots, une série modulée de termes disant de façon également *redondante* la vengeance de Dieu. Tout concorde pour annoncer une courbe du sens. Le lecteur initié observe alors que le verbe n'est pas l'image anticipée du substantif, mais son inversion. Le lecteur de Philon s'explique alors aussi pourquoi le § 16 ne contient pas deux propositions symétriques à partir de la définition étymologique des *«Anges»* : Philon décrit d'abord les bons Anges dans leur *«mission»* double, de Dieu aux hommes et des hommes à Dieu; mais, arrivant aux mauvais anges, établis par la division du sens commun, il dit : *«en admettant que les autres au contraire sont sans sainteté et indignes de l'appellation»*. Tout se tient et s'enchaîne, grâce à la transformation réglée que le *Psaume* assure dans le mot «Anges». Et soulignons encore que ce Texte du *Psaume* n'est pas appelé par hasard ou pour la commodité immédiate, puisqu'il renferme dans son énoncé le thème majeur de l'«anthropomorphisme» biblique [1] - la Colère de Dieu; il contient les développements futurs du *Quod Deus*, précisément les effets de l'anthropomorphisme biblique avec sa solution, le bienfait de l'*équivocité* comme voie spirituelle [2] .

1. L'anthropomorphisme regarde la noétique, et pas seulement l'apologétique.

2. Ainsi, le discours de Philon revêt les apparences d'une simple apologie, écartant la Vérité biblique du mythe et de la superstition (il faut d'ailleurs réunir ces deux mots, le § 7 et le § 16, là ou V.Nikiprowetzky donne pour chacun une formulation différente). Mais l'apologie n'est qu'une effet secondaire, une surabondance, de la perception mystique, celle qui met au jour le secret dessein du Logos à travers les mots et les phrases de la Bible. Je souligne que le Texte du Psalmiste, sans être développé par Philon, contient dans son phrasé même l'idée dialectique : les mots qui séparent *«désenvoyer»* de l'*«envoi»* sont redondants, et leur place induit une réflexion toute de souplesse.

Nous avons répété qu'à la fin du *De gigantibus* Philon semble refuser l'explication des *«cent vingt ans de vie»* accordés *par équivoque de la part du Texte* à Moïse, le Sage, aussi bien qu'aux pervers. Mais pourquoi Philon dirait-il une fois de plus ce qu'il vient de suggérer ici ? Dans le contexte où il refuse l'interprétation d'un mot de son Texte, il fait également appel à l'*«initié»*, et ce n'est pas en vain : cet initié doit comprendre seul que l'*univocité* qu'il souhaiterait peut-être pour ce chiffre de *«cent vingt»* contredirait la loi souple et miséricordieuse de l'*équivocité* du Logos. Elle est souple, en effet, et même subtile, cela ressort de ces premières analyses. Elle est aussi miséricordieuse : c'est ce que le double rôle de l'"Ελεγχος se chargera de montrer dans la suite, puisqu'en humiliant, il sauve. Ici, sans que Philon le dise, les deux Puissances, du *«Seigneur»* et de la *«Bonté»*, sont à l'œuvre : la *«Colère»* relève de la Puissance seigneuriale, mais la simple existence du Cosmos ordonné, continu et plein, praticable aux âmes, couronné par des Anges-Astres qui sont dotés de leur Immobile mouvement, assure au lecteur que la *«Colère»* est dominée par la *«Bonté»*, le châtiment par l'Unité de l'Existant qui a fait participer autant que possible le Cosmos à son Unité, grâce à la solidarité des cantons de la création : elle est sauvée de l'indéfinie dispersion du *nombre* malsain; elle imite autant que possible la subsistance divine. C'est trop dire ici, il est vrai. Mais lorsque le début du *Quod Deus* résumera les données que nous parcourons ici pour la première fois, il attribuera au Sage la vision unifiée et unifiante de l'Être et de ses Puissances : la symétrie entre le début du *Quod Deus* et celui du *De gigantibus* permet de prévoir ce jeu, et de deviner les canons qui font aller le discours de Philon. Le jeu de miroir qui règle souvent dans Philon les relations de la Seigneurie et de la Bonté se retrouve déjà entre les § 1-5 de notre *De gigantibus* et ses § 6-18, que nous scrutons maintenant. En effet, les § 1-5 parlaient de l'éclipse du Soleil devant la ténèbre du nombre féminisé et la troupe envahissante des pervers; les § 6-18 partent également d'un Texte négatif, le crime des Anges, mais c'est pour aboutir à la présence des *«Filles du Logos»*, anti-types des premières *«filles»*. C'est de même l'occasion de raccrocher la catastrophe morale d'une chute au point fixe des Astres : en haut de l'échelle, ils marquent le but de l'existence et sa possibilité. C'est donc en fin de compte l'occasion d'enfermer la Colère elle-même dans la Providence. L'occasion est aussi donnée au lecteur de sortir de sa *«peur des démons»*, qui faisait de lui un être irresponsable, excusé par le «vide» qu'il croyait pouvoir affirmer dans l'Air. Délivré, ce lecteur deviendra un adepte, un *«initié»*, de la lecture souple d'un Texte *équivoque*. Ce Texte est lui-même une sorte d'échelle *continue*, sur laquelle on peut soit descendre et lire la *«Colère»*, soit remonter et supplier la *«Bonté»* : voilà pourquoi Philon a engagé l'exégèse des mauvais anges dans la question «philosophique» du *continuum*.

Les § 6-15 sont bâtis de souvenirs philosophiques, dont le *Phèdre* vulgarisé (§ 12-15). Mais cette place de la philosophie est calculée; elle annonce l'intérêt d'Abraham pour le ciel. À la fin du livre, nous le verrons scruter le Ciel, en *philosophe*, pour ainsi dire, en «Physicien». L'on doit pouvoir affirmer que Philon propose ici le contenu effectif de l'attitude qu'il résumera dans les § 60b-64. Dans cette fin du livre, l'*équivocité* sera déclarée, ne fût-ce que par le changement de nom, d'*Abram* en *Abraham*. Ici, la philosophie des § 6-15 vient buter et s'éclairer en même temps à l'exégèse purement biblique des § 16-18, deux fois plus ramassée, de type mystérique et non plus déductif. La mystique enveloppe l'«apologétique», puisque Philon y remplace la δεισιδαιμονία par la Crainte de la *«Colère»* divine, et par la responsabilité - qu'il désignera plus loin par la *«liberté»* - ἐλευθερία. Le monde, dit-il en substance, n'est pas «vide» : il est sillonné de *tes* chemins possibles.

Résumé

Quant au chemin littéraire de Philon, il est ici balisé de trois étapes, en progression vers l'intériorité de la *conscience*... Et Philon donne en premier lieu le spectacle, philosophie aidant, de tous les vivants du Cosmos : par là, il établit que le Cosmos est un *continuum*, où rien d'étranger ne saurait donc se glisser, fût-ce un «démon», par exemple (§ 7-15), où surtout on pourra apercevoir une tension très forte entre les Âmes indéfectibles, les vrais Anges (§ 12), et les âmes englouties, trompées, assimilables à un simple «corps» (§ 15), perdues qu'elles sont dans le domaine du «non-fixe» (les ἄστατα καὶ τυχηρά du même § 15). Les repères sont ainsi fournis, ceux de l'existence vraie, avec les Anges-astres, là-haut, et de la responsabilité personnelle, dont témoigne la chute possible.

En deuxième lieu, nous quittons, à partir du § 16, ce spectacle relativement extérieur par rapport à la conscience, pour nous en approcher. L'homme est sans cesse relié à Dieu, soit par les Anges-anges, les messagers allant et venant sur l'échelle continue des l'Air et toujours heureux dans leur *«service»*, soit par quelque réalité terrible, un *envoi* d'Anges qui sont *«mauvais»*, parce que Dieu les tient en sa main comme des instruments d'un *Envoi... désenvoyé* : c'est la dialectique résumée par le texte du Psalmiste.

Cette dialectique reflète, du côté de Dieu, celle qui transforme une *«âme»* en une *«âme-corps»* (§ 15).

En troisième lieu, enfin, le lecteur doit être convaincu et converti par la Lettre même du Texte, celui du *Psaume* qui me montre la duplicité que j'ignorais dans le Texte-frère, celui de la *Genèse*. L'*équivocité* les désigne tous deux comme formant une échelle continue d'un pôle à son contraire, le lieu d'un parcours possible, du choix moral. Les superstitieux n'y liront qu'un mythe extérieur et plus ou moins crédible; mais les *initiés* y percevront l'écho de leur aventure d'*«âmes»*, en même temps que ses repères extrêmes : la stabilité du côté des Anges-Astres, et la dispersion indéfinie, labile, du côté des *filles*, du *nombre*, de la *nuit*. Stabilité ontologique, du bon côté, donc : mais elle est aperçue par le lecteur de la Bible à partir de ce point de vue étrange, fondateur de l'Allégorie, d'ailleurs, qui est ce qu'on peut appeler la stabilité fluide des mots de la Bible. Nous verrons comment le *Quod Deus* associe et reconduit l'une à l'autre ces deux stabilités, en participation l'une avec l'autre, celle de Dieu et des Anges, intangible celle-là, et celle des mots de l'Écriture inspirée. Le rôle de l'"Ελεγχος serviable sera justement situé à mi-chemin entre l'Immuabilité de l'Être et le flux indéfini des sophismes, puisque les questions de la substance et du langage sont connexes. La *«Colère»* divine t'envoie des Anges, qui n'en sont plus, pour que tu apprennes par leurs coups qu'il existe des Anges, au moment même où tu es convaincu de dispersion et de légèreté, et où d'«âme» tu t'es perdu en «corps».

On le voit, c'est le Texte du *Psaume* qui est responsable du développement des § 6 à 18. Son contenu, expression de la *«Colère»*, déchaînera le Déluge; sa forme, la ruse verbale d'un *«Envoi... désenvoyé»* et la répétition redondante et donc modulée des mots intermédiaires, variations de la «Colère», ouvriront l'intelligence de l'initié. Ajoutons que c'est en commentant l'expression du lemme de base, *«Anges de Dieu»*, que Philon explore les effets de la Colère : or, *«Dieu»* représente la Puissance de Bonté, et il y a donc ce qu'on peut appeler, en empruntant le vocabulaire de la philosophie chrétienne à propos des Personnes de la Trinité, un «échange des idiomes», c'est à dire des notes propres de chaque Puissance. Ici, la Puissance de Maîtrise emprunte les voies de la Puissance de Bonté. Reste à savoir quel sera leur route commune, et jusqu'où elle le restera : le *Quod Deus* amenuisera la Maîtrise au profit de la Première Puissance, de Bonté Créatrice.

Le rôle propédeutique des § 6-15 doit être bien perçu, par rapport aux § 16-18. Philon y prouve deux fois la présence d'âmes dans l'Air, et donc sa nature de «plein - continuum». Il y a des âmes dans l'Air comme partout ailleurs, en dépit de l'invisibilité de cet élément, l'Air : la terre et l'eau sont visibles et renferment des vivants visibles, si le Ciel, bien qu'invisible en lui-même, contient ces dieux visibles que sont les Astres. Les mouvements des âmes dans l'Air, montant et descendant, confirment bien la continuité du Cosmos. Aussi, laissons la peur des «démons» ou de ces êtres qui surgiraient d'un «vide» interrompant la continuité du monde, et au lieu de redouter leur invasion aléatoire et maléfique, nous ferons mieux en nous regardant nous-mêmes : l'échelle est la nôtre et c'est nous qui sommes sollicités par le choix. L'Air redouté devient le chemin de la liberté. Or, à cette grande étoffe cosmique le Logos de l'Écriture inspirée a donné une image : le Texte de Genèse, ch 6, v. 2 la contient mystérieusement, mais le *Psaume* en révèle le mystère, en montrant comment un concept, ici celui d'Ange, se monte et se redescend, pour ainsi dire, grâce à l'échelle également continue des mots, ici des mots qui *séparent* l'Envoi du verbe «désenvoyer».

3.- Le développement central du Traité : l'Esprit et les chairs (§ 19 à 57)

Les § 19-57 forment l'essentiel du *De gigantibus*. Ils commentent plus longuement leur sujet, le lemme du v. 3, *«Le Seigneur dit : Mon Souffle ne restera pas continuellement dans les hommes à jamais, parce qu'ils sont des chairs»*. Si le v. 2, qui précède (ce sont les § 6-18), était lié de l'intérieur déjà au v. 1 (ce sont les § 2-5 qui le commentent), Philon prend soin d'enchaîner le v. 3, que voici maintenant, à tout ce qui précède : *«Dans de tels êtres il est infaisable que reste continuellement le Souffle de Dieu et qu'il y soit à jamais, comme le montre le Législateur lui-même»*. Et suit immédiatement la citation du lemme (§ 19). Que ce nouveau développement soit organique, nous l'avons suggéré. Le mot qui pourrait évoquer la «stabilité», surtout lorsqu'il s'agit de l'Esprit de Dieu, le mot *«rester»*, va subir deux exégèses : l'une, au début, rapide mais précise (§ 20-21), et l'autre, plus élaborée, plus longue et surtout de sens contraire, puisque Moïse y trouvera cette fameuse stabilité d'un séjour permanent (§ 47-54), qui semble refusée à l'Esprit. Entre les deux commentaires du verbe «rester», l e texte de Philon va se partager essentiellement les deux mots en opposition, *«Esprit»* et *«chairs»* - le pluriel compte, bien entendu, dans ce dernier vocable. On notera que l'idée importante de plénitude ou d'achèvement, avec le double sens de complétude et d'*initiation*, figure au § 26 et, vers la fin, aux § 45 et 57 [1]. Le développement consacré à l'*«Esprit-Souffle»* établit qu'il est justement tout à fait stable en lui-même, contrairement à ce que pourrait faire croire le verbe qui suit, *«Le Souffle ne restera pas continuellement...»* (§ 22-27); en sens contraire, le développement consacré aux*«chairs»* condamne normalement tout ce qui participe du nombre, du plaisir toujours nombreux, de la dispersion, de l'engloutissement des âmes, mais se trouve relevé vers la fin (§ 45-46) pour parler désormais de la stabilité du Sage : le retour du verbe *«rester»* se fait au § 47. Et, pour achever cette série d'observations préliminaires, destinées à laisser prévoir la tenue du ce nouveau «chapitre», disons que l'ensemble en est gouverné par les références à l'Écriture, au point que les courtes diatribes elles-mêmes en dépendent étroitement (§ 29b-31;34b-35a; 37-38).

La suite du lemme de base, *«leurs jours seront de cent vingt ans»*, n'ouvre pas à proprement parler une nouvelle section, mais Philon en use au contraire pour mettre le sceau au «chapitre» précédent. Si, d'autre part, le projet de Philon était d'apologétique, on ne comprendrait pas bien pourquoi il s'est étendu longuement sur un Texte qui ne présente pas de difficulté, personne ne devant trouver incompréhensible en bonne morale que l'Esprit et la chair soient en opposition, ni pourquoi il se dispense maintenant d'expliquer une difficulté réelle, ni non plus pourquoi il a passé sur la question des Anges mauvais, problème délicat s'il en est, trois fois moins de temps que sur la dialectique de l'Esprit et des êtres de chair. Dire que tous les termes de la Bible *«font difficulté»* (comme le dit V. Nikiprowetzky, *ad locum*), c'est jouer sur les mots. Sans doute, la décision de faire un commentaire continuellement allégorique prend pour postulat que chaque mot de l'Écriture est plein d'une signification cachée, et en ce sens propose une difficulté de lecture. Mais l'idée que Philon se lance dans une apologie sur certains passages, c'est déplacer le sens du mot difficulté, et songer à une aporie extrinsèque, d'un autre ordre que la mystérieuse invitation du Logos en chacun de ses mots. Disons que tous les mots ont un sens mystique; qu'il faut les comprendre de

1. Dans cette finale, la présence redoublée du mot *«initié»* suggère qu'on ne peut séparer les § 55-57 de ce qui les précède, comme s'il s'agissait de *Quaestiones-solutiones* distinctes.

telle manière qu'ils entrent dans une relation intérieure les uns avec les autres, s'ajustent, déterminent un plan moral unifié, entrent eux-mêmes et comme ensemble dans une gravitation réglée qui fait d'eux un Univers mental; et disons aussi que le côté abrupt de certains mots *ajoute* effectivement une difficulté extrinsèque, mais en précisant tout de suite que l'apologie éventuelle entrera alors dans le projet mystique, et qu'elle ne constitue pas un îlot spécifique, avec son genre littéraire arrêté à lui-même : toute section apologétique se double d'une portée dialectique inscrite de plain-pied avec le reste de l'ouvrage.

C'est cette dialectique, exigeant par nécessité une certaine durée, que nous allons surveiller.

a.- *«Mon Souffle ne restera pas continuellement»*

Les brefs § 19-21 prennent pour procédé une distinction de vocables : *καταμένειν* dit plus que le simple *μένειν*[1]. Pour étoffer son commentaire, Philon y enfermera pour ainsi dire le commentaire suivant, celui du mot *«esprit»* : il répètera en effet au § 28 la même distinction entre les deux formes verbales de «rester». Ainsi, Philon crée une assise plus large au thème des § 19-21 et un équilibre meilleur pour son «chapitre», dont l'ensemble peut être alors survolé de cette façon :

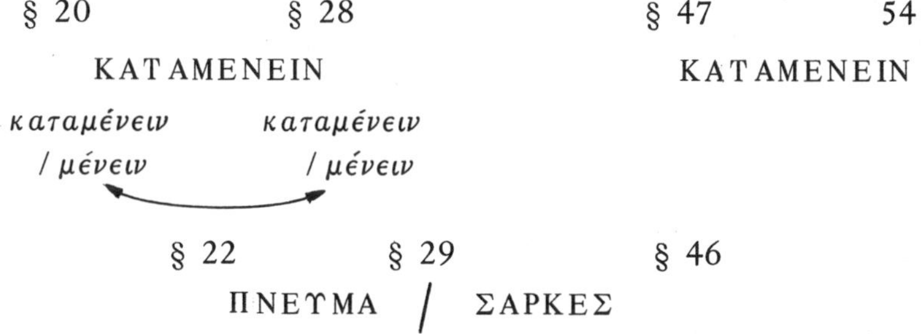

Le procédé utilisé durant les § 20-21 est savant, en même temps que simple. La division logique permet de distinguer deux séjours : l'un, qui dure, et l'autre, temporaire. Philon prend les choses du côté de Dieu, d'abord; puis du côté de l'homme. Le *nombre* qui marque le mot pluriel, les *«chairs»*, suffit à limiter le séjour du Souffle divin : il *restera* simplement. Du côté de l'homme, d'autre part (§ 20), on constate en effet que le plus déraisonnable perçoit tout de même une pensée du Meilleur. Mais l'incapacité des

1. Le § 17 nous a donné un premier exemple du procédé : ἐξαπέστειλεν... ἀποστολή.

fous rejette le Souffle de Dieu (§ 21a). Au terme, nous découvrirons soudain que le fait de *«rester»* simplement, de la part de ce Souffle divin, *était* une condamnation (§ 21b). Il existe donc une sorte de parcours, à la fois sur le plan du réel, pour Philon, et sur celui de l'exégèse, un parcours semblable à celui des § 6 à 18. Car le premier séjour divin (§ 20a) paraissait positif, de bon augure et paisible, alors que la descente effective dans l'âme perfide (§ 20b) nous oblige à corriger rétrospectivement cette impression favorable. C'était déjà au titre de *«Conscience - témoin - reproche»* que l'Esprit ou la présence de Dieu se rapprochait de l'homme. On aurait le droit d'accentuer légèrement et de dire qu'il y avait équivocité : de même que les Anges, naguère, paraissaient exister dans l'Air, mais se dissolvaient finalement à l'intérieur du méchant, de même ici le séjour divin, d'abord perçu comme un bien, se range-t-il en réalité du côté de la Colère, aboutissant au même point que le § 17, donc. Le chiasme résumera bien ce parcours :

§ 20a — *Le divin «reste» un peu*
§ 20b — *Le fou en aperçoit un peu*
§ 20c - 21a — *Le fou ne peut le garder*
§ 21b — *Le divin* était *reproche*

Le début était positif, mais la seconde moitié tourne au négatif. Il s'agit d'une sorte de conversion des mots, ici encore.

Enfin, ne l'oublions pas pour la suite du commentaire, le Divin est incapable de *«rester continuellement»* au milieu du nombre et donc de la perversion. Le verbe *«rester»* devra changer de valeur et qui plus est, de sujet, dans la fin du «chapitre» (§ 47-54). On devrait ajouter dès maintenant que, par choc en retour, le «reproche» final sera tout de même un bien, retournant en fin de compte à la Bonté par l'aiguillon attribuable cependant à la Colère, suivant l'échange entretenu par les Puissances majeures.

b.- *Le «Souffle» et le* nombre *rationnel* (§ 22-28)

Le § 28 sert de transition entre l'exégèse du *«souffle»* et celle des *«chairs»*. Les § 22-28 concernent donc le *«souffle»* divin. L'exégèse est soutenue par trois citations, en progrès vers la *communauté rationnelle*. Le premier Texte invoqué est celui de la *Genèse*, ch. 1, v. 2 : il fait allusion à la *Κοσμοποιΐα*, et la rapide explication du mot *«au-dessus de l'eau»* suffit à marquer la cohésion des éléments. Le deuxième Texte invoqué est celui de la confection de l'Arche dans le Désert : là, par un beau glissement, nous rencontrons, non plus la *Κοσμοποιΐα*, mais un *«ouvrier»* : son œuvre sera l'Arche, un calque du Cosmos, et il reçoit la Sagesse pour faire *«toute œuvre»* (§ 23). Ces sortes de «définitions» - ὁρικῶς... ὑπογράφεσθαι sont *«esquissées»* en vue de leur exercice dans le Texte majeur, qui est le troisième évoqué, celui des *Nombres*, ch. 11. Ce passage retrace la scène importante qui se pose comme une réflexion politique, derrière la narration concrète : la relation du prince unique avec ce Peuple qui est un Peuple de... princes, de *«rois»*. Ici, Philon spécule sur la perfection du nombre *«soixante-dix»*. Grâce à lui, le Souffle Créateur placé en Moïse, qui figure le *Beçaléel* par excellence, ne se disperse pas, en dépit du chiffre élevé, mais Il circule du *Un* à l'*Hebdomade* que multiplie la *Décade*, bref aux *«Soixante-dix»*. Notons que Beçaléel est rendu capable de faire *«toute œuvre»*, ce qui implique une multiplicité à tout le moins potentielle, mais une bonne multiplicité, du fait que ces œuvres imiteront le nombre unifié de la Création du Monde, aux Origines. Notons que le titre même d'*«Anciens»* suffit à souligner dans ces personnages du Nombre sacré le caractère rationnel de ce Nombre. Et Philon peut célébrer la communication sans division (§ 25). À leur tour, cependant, les § 25-26 ne proposent pas une célébration débridée, aléatoire. Il y a des chances, en effet, pour que la succession propédeutique qui y est envisagée reflète la séquence même des Patriarches : la *«science»* fait penser à Abraham; l'*«exercice et le souci»* font parti du blason de Jacob; et si celui-ci est conduit à l'*«initiation de totalité»* - τελειότης ὁλόκληρος - qui est en principe celle de Jacob devenu Israël, nous rejoignons en Israël le domaine de l'achèvement en Isaac [1] . Quoi qu'il en soit de la distribution sur les Pères d'Israël de ce Souffle divin, Philon insiste sur l'indivision, la plénitude (§ 27). Initiation et accomplissement, Philon aura besoin des deux valeurs en une, pour conclure notre «chapitre» (§ 54 et 57).

Soulignons : Philon célèbre ici quelque chose qui intéresse son sujet global. Les hommes du début (§ 1-5) se noient dans le nombre irrationnel. Voici l'exemple sauveur d'une dispersion progressive et rationnelle de l'«Un» jusque dans un Nombre, dispersion surveillée et commandée même par l'Esprit. Son Unicité à Lui se manifestera mieux, en un sens, dans les Soixante-dix que dans le point focal de son action originelle, trop pur et trop ramassé pour

---

1. Mais les caractères propres d'Isaac ne sont pas évoqués, sinon peut-être par les mots même de *«perfection»* (voir le *De mutatione*, § 12), d'ἀστεῖος (voir le *De somniis*, I, § 171; *De Abrahamo*, § 52). Dans le *De mutatione*, § 12, Philon définit d'un mot chacun des trois Patriarches, et Isaac est alors donné simplement comme τελειότης, donc comme ici.

être saisissable. En rayonnant, au lieu de se perdre, Il se resserre, comme la source du § 25b, qui devient plus douce à être partagée (faut-il soupçonner là un raccourci exégétique utilisant le souvenir des Sources du Désert, celle où burent les Fils d'Israël - voir la fin du *De fuga* ?). Ce n'est donc pas seulement la stabilité du Divin dans le Πνεῦμα en Soi qui vient s'opposer au *nombre*, mais à ce *Nombre rationnel*, gouverné par l'«Esprit» et par lui rendu stable, unifié, total. La stabilité du Souffle est productive, transitive. Enfin, peu importe qu'ici Philon transpose une philosophie composite, car le lecteur moderne acquiescera au raisonnement : les trois références bibliques faites au *«Souffle»* sont liées de façon impressionnante et «réelle» à nos yeux - admissible en ce que nous considérons d'ordinaire comme saine exégèse.

c.- *Les «chairs», lieu paradoxal du retour à la stabilité* (§ 28 - 55)

Une exégèse paradoxale

Le Souffle de Dieu *«ne reste pas continuellement»*, donc. Son «instabilité» objective ne fait que traduire l'instabilité subjective de tout ce qui est humain (§ 28). De sorte que dire :*«l'Esprit ne restera pas continuellement»*, c'est en réalité confesser au sujet de l'homme qu'il ne peut pas, lui, *«rester continuellement»*. Comme la trajectoire des «Anges» devenait *«réfutation»* - ἔλεγχος pour l'âme, de même l'«instabilité» du Souffle. Or, conformément à la réciproque de ce paradoxe, Philon va conduire l'exégèse de la faiblesse congénitale de l'homme de telle sorte qu'elle soit relevée et parvienne, en Moïse, à la stabilité. Les § 47-55 mêleront avec génie cette stabilité de Moïse et la question redoutable de sa perception à travers le langage équivoque de la Bible (cette question souvent confondu avec le souci apologétique pur et simple).

Une exégèse orientée

Nous possédons tout de suite un indice de la manière dont Philon domine son discours. Au § 29a, nous lisons ceci : *«les affaires humaines admettent changements continuels sur changements continuels. Et la cause principale de cette impossible science*[1] *est la chair ainsi que la parenté avec la chair»*. Le mot *«parenté»* - οἰκείωσις - ne détonne pas, dans le contexte philosophique des § 28-29a. Mais en fait il nous annonce la citation maîtresse qui, ap-

1. C'est la *«science»* que caractérisait la stable communicabilité (§ 27).

paraissant au § 32, nous conduit jusqu'à la fin du développement. Elle dit : *«Un homme-homme, de tout parent de sa chair ne s'approchera pas* [*lui-même*] *pour découvrir son indécence»*. Il s'agit de l'interdiction touchant l'inceste, au *Lévitique*, ch. 18, v. 6, où le sens normal se voit détourné par Philon [1]. Ainsi, dès les § 28-29a, Philon sait que son analyse sera nuancée par le jeu inévitable *«parent de sa chair»*. Il sait surtout que l'équivocité du langage biblique doit le ramener de l'apparente instabilité du Souffle divin à la stabilité du Sage, héritier privilégié du Souffle. Il sait que le lecteur doit d'abord percevoir cette équivocité, et c'est même pourquoi le nerf de l'exégèse sera montré durant les § 52-57, et qu'il sera confirmé dans les § 55b-57, grâce à la fameuse dérobade sur les âges semblables de Moïse et des mécréants.

Les § 28-32

Voici une introduction «philosophique», opposant aux âmes que le corps alourdit ces âmes célestes qui contemplent sans mélange et par *«amour»* les réalités célestes, en souvenir du *Phèdre* et du résumé que Philon en a utilisé naguère (§ 12-15). Il s'agit d'une traduction du mot biblique *«chair»* en un mot plus familier, *«le corps»* ou la *«terre»*. Cette traduction est effectuée habilement dans la succession des deux adjectifs ouvrant le § 31, *Ψυχαὶ μὲν γὰρ ἄσαρκοι καὶ ἀσώματοι*... Il en va ici comme dans d'autres cas, par exemple celui du *Quis heres*, § 33 [2] - une simple conjonction permet à Philon de glisser une équivalence, de la philosophie à l'Écriture ou inversement. Comme dans Platon et comme dans le Texte biblique, qui parlait de ces mariages funestes d'Anges et de mortelles, le § 32 en reste à cette image sexuelle. Et c'est bien au Texte se rapportant aux mariages interdits que Philon va demander l'explication du mot *«les chairs»*. C'est un beau Texte, dont la courbe plus évidente nous fera retrouver la courbe dissimulée dans le Texte de base. La phrase du *Lévitique* imite et donc révèle celle de la *Genèse*, ch. 6, v. 1-3. On dirait plus justement que chacun de ces deux Textes forme comme un demi-cercle ; leur rapprochement permet de dessiner le cercle parfait : le Texte de base descendait des Anges aux mortelles; le Texte de la Loi sur l'inceste remonte de l'union interdite à l'Unicité du *«Seigneur»* qui rétablit en

1. Sans doute faut-il rétablir dans la citation le pronom *αὐτός*, que Philon reprendra dans les § 35b-38. De façon obvie, la citation veut dire : «Tu ne découvriras pas le sexe de ton parent», et la formule est un euphémisme. Philon va l'interpréter de façon subjective.

2. Voir dans *La trame et la chaîne*, vol. I, pages 197-198.

Moïse l'immobile mouvement du Logos. L'équivocité du langage biblique est surmontée par la superposition réglée de plusieurs Textes - sachant que la *Genèse* est ordinairement plus plane, plus sobre et donc plus insaisissable au premier abord que les récits de l'*Exode*; les lois non écrites sont plus pures aussi, et donc plus éloignées des non-initiés, que les lois transcrites.

Le texte-relais

Les § 32-45 reprennent mot par mot le précepte du *Lévitique*, tissant des cinq premiers mots une sorte de diatribe (§ 33-39), et accélérant ensuite le mouvement dans le commentaire de la clausule, *«Moi, le Seigneur»* (§ 40-47) : nous aurons là une exégèse dédoublée, plus philosophique pour commencer (§ 40-44, où la diatribe précédente s'achève), plus intérieure ensuite, attirée qu,elle sera par le jeu des Puissances (§ 45-47, où *«Seigneur»* nous rapproche de la Colère, et en tout cas, de l' Ἔλεγχος). La transition sera faite alors avec le second commentaire du verbe de départ, notre *«rester continuellement»*.

1) le § 33 : *οἰκεῖον σαρκός... ἄνθρωπος - ἄνθρωπος*

Le début du § 33 résume par avance les interprétations qui suivront, tout en expliquant le mot *«parent»*. S'il ne faut pas fréquenter la *«parenté»* de la chair [1] , il faut donc s'en tenir soi-même *«éloigné comme un étranger»* : cette exigence semble venir au confluent du mot que Philon lit dans le *Lévitique*, et qui est son contraire, *«parenté»* disant proximité, et du pronom qu'il faut sans doute suppléer dans la citation même, *«soi-même»* (ce pronom réfléchi a d'ailleurs été souligné par Philon, de façon allusive mais nette, au § 33 : *«spontanément»*). En fait, la *«parenté de la chair»* est marquée aussi par un pluriel, puisque l'expression globale n'est autre que celle-ci : *«de tout parent de sa chair»*, où la précision *«tout»* évoque autant d'effets qu'on voudra, et donc un pluriel potentiel. D'où pour Philon la possibilité de désigner la séquelle ordinaire du nombre par le pluriel *«voluptés»* : pluriel et féminin vont ensemble.

---

1. On peut chercher le dosage de mépris où Philon tenait ou non les réalités de la «chair», du monde. Bien sûr, il possède le repère, de philosophie moyenne, que le monde est vain, instable au regard du Ciel. Mais ce qui compte, ce sont les voies de son commentaire, et, ici, que le lieu de l'instabilité devienne celui de la stabilité. Il explique ailleurs comment la perfection d'Israël est au sein de Canaan, dont le nom se traduit *«agitation»* (dans le *De sacrificiis*, § 90). Il y a là plutôt un refus de fuir le monde.

Philon combine, de plus, un résumé global, le commentaire de la *«parenté»* et enfin celui du premier mot, désignant l'Homme véritable grâce au redoublement qui figure dans l'hébraïsme *«homme-homme»*, expression du distributif, «chacun». La légende de Diogène et de sa lanterne permet de souligner l'ironie et l'équivocité des mots : l'apparente lumière du soleil éclairant des apparences d'hommes devrait céder la place à une autre Lumière, celle qui va illuminant un Homme invisible.

La combinaison de plusieurs commentaires en un, la connivence affichée de l'exemple philosophique et de l'Écriture, ce ne sont pas là des facilités. Le § 33, dans sa simplicité étudiée, manifeste au contraire le principe fondamental de l'exégèse philonienne, à qui veut bien l'apercevoir. La «redondance» relative des mots d'une phrase biblique permet de les ajuster sur un plan mental uniforme. C'est pourquoi Philon dit lui-même : *«Il ne dissuade pas seulement, mais il démontre...»* (§ 33a)[1].

2) les § 34-35ab, *οὐ... πρὸς πάντα*

Par opposition simple, Philon dira : si la Loi interdit de fréquenter *tout* parent, au sens distributif du mot tout, il faut conclure qu'on doit choisir et admettre, au contraire, certaines fréquentations de données corporelles, les biens indispensables à l'existence. La part de ces réalités admissibles est désignée d'un mot - *ὀλιγοδεΐα*, dont le mérite est d'avoir une valeur à la fois morale, quelque chose comme *«sobriété, modicité des besoins»*, et quasi arithmétique, en suggérant le contraire du grand nombre et de ce qui risquait de submerger l'âme sous le flux de l'indéfini qui pointait sous le qualificatif «tout». La Loi écarte le nombre : Tu ne rejoindras pas le tout du corps... Avec «peu de besoins», l'âme se trouve ainsi progressivement libérée de la condition charnelle, dont le nombre reste le symbole et pour ainsi dire la sanction immanente.

3) les § 35c-39, *οὐ προσελεύσεται αὐτὸς ἀποκαλύψαι ἀσχημοσύνην*

Voici encore une exégèse jumelée : Philon saisit ensemble les deux thèmes, celui qui a pour point d'appui le pronom *«lui-même»*, désignant l'initiative personnelle, et celui qui a pour point d'appui les mots *«il découvrira son indécence»*. For-

1. L'adverbe employé, *παγίως*, convient tout à fait : comme «avec un clou», restant à la fois solide et capable de fixer ensemble plusieurs éléments...

mellement, le commentaire du mot important, *«de soi-même»*, occupe seul les § 36-38, mais le § 39 se charge pour sa part de la honte encourue. En fait, du moment que l'initiative personnelle, marquée par le *«de soi-même»*, conduit l'âme à chercher dans le superflu une valeur d'excellence sociale qui lui fasse gloire et lui apporte l'honneur - *τὴν δόξαν* (placée entre l'argent et la vigueur physique, deux fois au § 37), il en résulte que l'*«indécence»* ruine paradoxalement la vanité mondaine. D'autre part, Philon traite à deux reprises le pronom litigieux, *«soi-même»*. Une première fois, c'est dans le sens attendu : l'initiative de l'âme entraînée vers le nombre la rend coupable de suffisance, tout en la punissant par où elle a péché en faisant d'elle quelque chose d'ignoble, une esclave. Une seconde fois, plus subtilement, Philon reprend le mot et suggère qu'il y a une bonne manière d'être *«soi-même»*, et c'est alors d'être *«en possession de soi»* - *«au dedans de soi»*, comme le suggèrent les premiers mots du § 38, *«mais ceux qui sont à l'intérieur d'eux-mêmes...»*. Le vocabulaire philosophique de la diatribe est celui du bonheur, de la maîtrise, de la domination, de l'abstention cynico-stoïcienne. Mais l'effet proprement philosophique est conforme à ce que nous voyons s'imposer patiemment depuis le début du *De gigantibus*. Ici encore, un mot sert d'échelle fatale ou, au contraire, de remontée pour l'âme. Il y a équivocité pratique à l'intérieur du mot *«lui-même»*. La condamnation qui résulte des termes négatifs de la loi interdisant l'inceste doit être reversée à un moment donné dans son contraire, la bienheureuse autonomie morale, celle qui rend aussi à l'âme le bon usage du mot équivoque de l'Écriture[1].

La fin du § 39 prend l'image de la place publique, où se contractent les marchés de dupes, où circulent les rêves : tout cela rappelle la quête d'un Diogène à la lanterne. Diogène réclamait un échange salutaire, de l'apparence d'hommes à l'homme véritable et libre; ici, l'échange est désastreux : de l'honneur vrai à la vanité[2].

---

1. C'est d'*autonomie* que Caïn souffre et finalement périt. On retrouve la même dialectique des deux autonomies, par exemple dans le *De posteritate Caini*, § 75. Ce traité roule presque tout entier, d'ailleurs, sur le thème du *«pour soi»*, déjà important dans le *De Cherubim*, § 40-130, *etc.* C'est le crime majeur de l'*ἀσέβεια*, l'impiété radicale.

2. Le lecteur me pardonnera de commenter les pages faciles avec le même détail que les plus difficiles. Certaines erreurs de perspective, dans la Critique, sont attribuables au choix opéré : on scrute les difficultés, ou ce qui est devenu tel à nos yeux; on revient sur les passages problématiques, ou déclarés beaux et décisifs. Mais c'est l'étoffe continue du discours qui doit être suivie, sans privilège ni omission. Que dirait-on d'un véhicule qui ne roulerait qu'en montagne ?

Au total, les § 36-39 composent une fort jolie diatribe, d'une harmonie à peine sensible, où le lieu-commun de la morale entre finement dans le projet d'ensemble. On observera que le milieu en est marqué par les mots ἡ... πρόσοδος οἰκεία, soit deux vocables du lemme secondaire : l'un est repris tel quel, la *«parenté»*, et l'autre est rappelé par son synonyme, πρόσοδος - προσελεύσεται (§ 37, fin). D'autre part, je pense qu'il faut maintenir le texte, au début du § 37 : οὐκ ἀγαθὸν μόνον, ἀλλὰ καὶ μέγιστον κακόν, car c'est la formule classique de l'ambiguïté des biens secondaires, et c'est, ici pour nous, la formule même de ce que nous appelons l'équivocité. L'âme peut ou monter ou descendre une même échelle des valeurs.

4) les § 40-45, Ἐγὼ Κύριος - première exégèse, celle de la *forme*

La clausule sanctionnant le précepte qui interdit l'inceste, *«Moi, le Seigneur»*, entre pour Philon dans la trame de la loi elle-même. Ce qui veut dire, selon son exégèse ordinaire, que la loi en reçoit une coloration et, réciproquement, qu'elle dépend de lui au même titre que les autres expressions de la phrase inspirée. Précisons : l'*«indécence»* des pseudo-valeurs apparentées à la chair va prendre comme *«antithèse»* (c'est le mot qu'on trouve au § 40, *«mets en face...»* - ἀντίθες) la *«beauté»* de la vertu (§ 43 et 44, sans compter l'adverbe inaugural, παγκάλως, au § 40). La vérité de Dieu, le contraste aperçu entre la phrase précédente, qui condamne une abomination, l'inceste, et maintenant le Nom du Seigneur, sont interprétés par Philon comme une exhortation à garder une noble attitude, une attitude *«belle»*. En fait, c'est le contraste violent qui reste le guide du commentaire des § 40-44, autrement dit, la forme du verset biblique. Butant soudain contre cette sorte de mur, *«Moi, le Seigneur»*, l'âme doit faire puis défaire la comparaison des plaisirs avec l'Être. En effet, nous commençons par voir dans cette juxtaposition violente, *«indécence - Moi, le Seigneur»*, un premier enseignement (παιδευτικῶς du § 40) : *«Mets en face l'un de l'autre...»*. Mais cette «comparaison incomparable» est en effet une propédeutique, une échelle intelligible, car les valeurs d'animé, de rationnel, de parité, de lumière, de Jour, sont encore relativement comparables à l'inanimé, à l'irrationnel, à l'impair, aux ténèbres, à la Nuit - dans notre monde créé (§ 41-42a), même s'il faut admettre en asymptote que, dans le monde de l'Incréé, un divorce absolu doit être affirmé par rapport au créé (§ 42b). Alors, l'*«antithèse»* initiale se transforme en option tranchée : ἀντιπεριάγουσα τὴν ὄψιν κατίδε... (§ 44). Tout le développement est tendu entre ἀντίθες (§ 40) et ἀντιπεριάγειν (§ 44). L'opposition encore praticable du début est, à la fin, devenue réellement impraticable. Entre les deux moments, Philon a finement disposé une apparente contrariété qui reste une échelle souple, conduisant de l'alternance relative des valeurs dans le monde créé à l'opposition absolue de ce monde créé avec l'Increé : les § 41-42 décrivent la propédeutique (physique, musique, mathématique, astronomie) dans son utilité mystique. Ils reflètent encore le contenu de la méditation d'un Abraham, contemplateur du monde et patient élève de la Science, cet Abraham dont parlera aussi la fin du traité.

Le § 43 exploite dans une comparaison militaire la même intuition du contraste formel surgissant entre *«l'indécence»* et *«Moi, Seigneur»*. Le concept de *«beauté»*, déjà central dans Platon, confine à celui de courage, ou de valeur, d'*«excellence»* (c'est le verbe *ἀριστεύειν* du § 43), ou de *«virilité»* (c'est ce que présuppose son contraire, l'*ἄνανδρον* du même § 43)[1]. Et Philon introduit le thème de la possible *«désertion»* - *αὐτομολῆσαι* (§ 43), qui servira dans la conclusion du traité (les § 65-67, autour du personnage de Nemrod) et que le thème inverse de la *«fidélité au pacte»* prolongera dans le *Quod Deus*, § 5, 11, 34. La *«désertion»* est exprimée par le mot grec *αὐτομόλησις*, qui contient donc le pronom maudit, *αὐτός*. On peut voir dans ce passage une sorte de «strette» regroupant des thèmes du lemme secondaire. La *κοινωνία* - *συγγένεια* du § 42, les *φίλοι*, au sens d'*«alliés au combat»* (§ 43) : ces mots exploitent une dernière fois l'expression *πάντα οἰκεῖον*, pour en ruiner définitivement le crédit. Tout ce qui est du côté de la chair ou prétend à la noble idée de solidarité par le biais d'une *«parenté»* avec la chair, ne fait en réalité que *«trahir»* - déserter. Le pronom *αὐτός*, qui voudrait aussi désigner la stabilité, la présence de soi à soi, la responsabilité et le mouvement propre, l'autonomie vraie en somme, ne sert plus qu'à produire la *«désertion»*. Et de là vient la comparaison avec l'*«ordre»*, le *«rang»* - *τάξις*, d'autant mieux en place ici même que le contexte cosmique du *Phèdre* rappelle bien le réflexe de Platon, comparant la vertu à la fidélité de l'homme au rang que la Divinité lui a assigné. On le voit enfin, l'apparition sou-

1. Le sens de *κεκλασμένη* est tout simple, *«brisé - défait»*. On trouve cet emploi, avec le même contexte relativement militaire, dans le *De Cherubim*, § 82 (voir aussi le *De posteritate Caini*, § 47). Le plaisir est toujours stigmatisé comme féminin ou féminisé, impropre au combat viril, et pour ainsi dire répandu dans le nombre, à force d'être divers, épars, fragmenté (voir ici, les § 5, 15 et 18). La torture de Leisegang montre bien qu'on lit trop souvent Philon phrase après phrase, d'un regard myope.

daine du Seigneur dissipe d'un seul coup le reste d'ambiguïté qui se maintenait dans le vocabulaire du précepte condamnant l'inceste. Et c'est là une vérité mystique, chère à Philon exégète. En particulier, dans nos traités *De gigantibus* - *Quod Deus*, la progressive révélation de l'inexistence affectant tout ce qui semblait avoir une existence, devient un procédé systématique : les Anges seront *«désenvoyés»*; ici, la *«parenté»* avec la chair est le lieu d'une trahison ou d'une *«désertion»*. La simple juxtaposition de l'expression noble, *«Moi, Seigneur»*, et des autres mots du lemme symbolise, sur le plan verbal, cet effet premier du *«Soleil»* qui, tel Noé le Juste, déclare, dénonce et réfute [1] les *«ténèbres»* - tel était le thème des § 1-5. Profitant de cette apparition dans le texte du *Lévitique*, venu nous aider à interpréter celui de la *Genèse*, ch. 6, qui évoquait les *«chairs»*, Philon va nous dire que le mot initial de la phrase de base, le mot *«demeurer»*, nous réserve un sens convertible. Tel sera l'objet des § 47-54. Mais déjà le commentaire de la clausule, *«Moi, Seigneur»*, participe de ce mouvement de sublimation anagogique : ce second commentaire suivra non plus la forme, c'est à dire comme nous l'avons expliqué, la position, des mots *«Moi, Seigneur»*, mais leur contenu (dans les § 45-47) [2].

5) les § 45-47, le Κύριος -seconde exégèse, de *fond*

C'est la valeur propre du nom, *«Seigneur»*, quittant donc la visée globale de la Divinité incommunicable pour désigner la Puissance de Seigneurie, de Surveillance et de Maîtrise par coercition, qui prend maintenant le pas. On notera que le début du § 45 traduit en concept, en contenu de fond, ce que les § 40-44 diaient à partir de la forme remarquable du texte de *Genèse*, ch. 6 v. 3. Et c'est le concept de Souveraineté qui paraît ensuite dans le *«Seigneur»*. Mais, s'il en va bien ainsi, Philon est retourné subrepticement au commentaire par la forme. En effet, *«Seigneur»* veut dire *«Maître, capable de frapper des coupables»*. Mais Philon soulig-

1. Le souci de Philon prend la forme d'une quête intellectuelle : l'âme est suivie dans son itinéraire moral comme l'est une intelligence, un esprit, dans son voyage intellectuel. D'où l'étape de la réfutation des sophismes, comme figure du progrès de l'adoration. Le mouvement de conversion des mots, symbole de la conversion de l'âme, est encore repérable à certains détails : la fin du § 44 accumule des expressions fortes du désir, qui transposent l'ἔρως et l'attirance coupable que les mortelles exercèrent sur les Anges (§ 31).

2. Le choc des mots était donc interprété par Philon. On sait que le texte massorétique évite de faire se rencontrer le nom de Dieu, et surtout sous la forme du Tétragramme sacré, et des mots impurs. Ainsi, dans le début du livre de *Job*, *«bénir Dieu»* remplace le blasphématoire *«maudire...»*.

ne plutôt la présence préventive, la proximité de la Puissance redoutable servant plutôt de rempart et d'avertissement. Comme s'il retenait encore le phénomène tout formel de cette arrivée inattendue en fin de loi, *«... l'indécence - Moi, Seigneur»*; comme s'il traduisait : «Moi, Je suis là, comme Seigneur», Philon veut que la Puissance de Maîtrise évite désormais à l'homme de pécher, donc de *«laisser partir»* l'Esprit. Autrement dit, Philon est pressé de rejoindre en Moïse le cas de l'homme qui fait rester l'Esprit divin, et il faut considérer cette façon d'escamoter la valeur punitive du Seigneur comme l'effet de l'anticipation : la seconde lecture qui va être faite du verbe *«rester continuellement»*, lecture positive, colore par avance l'exégèse du mot *«Seigneur»*; elle ne lui laisse qu'à peine le temps de préciser que «Seigneur» suppose «Maîtrise». Seulement, comme tout se tient dans Philon, et les Puissances en particulier, «Bonté» et «Maîtrise», voici que le commentaire ultérieur du verbe *«rester continuellement»* (§ 48-54, annoncé dès le § 47) regardera du côté de la Divinité comme telle, l'Être dont la Bonté créatrice et la Maîtrise de gouvernement sont les Puissance majeures. Notons que la définition conceptuelle, qui est donnée *a posteriori* de la première exégèse (soit celle des § 40-44), présentait également les choses du côté de la Bonté - au § 45, on lit : *τέλειον καὶ ἄφθαρτον καὶ πρὸς ἀλήθειαν ἀγαθόν* [1], et c'est au moment où Philon s'apprête à faire usage de la valeur particulière de «maîtrise» qu'il attribue au mot «Seigneur».

♦ 6) les § 48-57, Ἐγὼ Κύριος - *καταμένειν bis* [2]

De la sorte, il est permis de considérer les § 48-55 comme une conséquence des commentaires précédents du *Lévitique*, bien que les termes en aient été épuisés un à un et que la coupure scolaire puisse être située précisément au § 47. Les § 48-55 sont également un retour au mot initial, *«rester»*. Enfin, nous venons de voir que ces mêmes § 48-55 avaient joué comme la finalité qui transformait l'exégèse inchoative de «Seigneur» et la faisait tourner court. Mais il faut souligner l'essentiel, qui est la transformation du vocable *«rester continuellement»*. Cette trans-

1. Le Dieu *τέλειος* attend les *μύσται*, les *initiés* des § 54 et 57 - dans la conclusion. D'autre part, on pourrait noter que Philon utilise encore le procédé du glissement sémantique, ou d'équivalence : pour arriver à la *«crainte»* (ici *φόβος*), il énonce la définition du *«Seigneur»* - *ἄρχων καὶ ὁ βασιλεὺς καὶ ὁ δεσπότης* (§ 45). Or, on sait que pour Philon *δεσπότης* contient le mot *«crainte»*, sous la forme *δέος*.

2. Je franchis délibérément les césures du lemme, pour souligner un mouvement que V. Nikiprowetzky dénie.

formation repose sur la bonne équivocité du langage biblique : oui, le Sage *«demeure continuellement»*, et c'est que le mot est devenu positif. Au lieu de s'appliquer à l'Esprit divin et de l'éloigner, il en vient à sauver l'homme. C'est Moïse, le Sage, qui trouve la stabilité. Le verset-relais, emprunté au *Lévitique*, ch. 18, v. 6, nous a permis de descendre puis de remonter l'échelle dont le *Phèdre* vulgarisé faisait déjà l'application morale ou métaphysique. La dialectique de Philon prend ici comme ressort le contraste des deux parts du précepte lévitique, le choc déjà expliqué par nous et qui résulte du rapprochement matériel des deux expressions, *«indécence - le Seigneur»*.

Ce développement des § 48-57 est accéléré; il est complexe et fort beau en même temps. La vigilance de Philon exégète s'y fait aussi précise qu'ailleurs. On peut dire que ce passage revient de façon réflexe sur l'exégèse elle-même et sa méthode : la lecture d'un logos ambivalent y est située, et c'est elle qui prend même la première place dans la cruelle prétérition qu'on trouve donc aux § 56-57, à propos des *«cent vingt ans»* - cruelle ou ironique, ou propédeutique... Il ne faut pas beaucoup de subtilité pour admettre que les § 48-57, tout occupés du personnage de Moïse, forment une seule page et que les nouvelles expressions, soit du lemme, soit d'un texte parallèle ou de relais, servent élégamment à conclure en même temps qu'à faire progresser la *lectio divina*.

Moïse pendant ces 22 lignes de texte philonien, puis le Grand-prêtre, ou Logos, durant 12 lignes, et à nouveau Moïse pendant 22 lignes : c'est une construction régulière et simple. Elle souligne le caractère positif de tout ce qui précède : le commentaire pouvait nous entraîner dans le noir pessimisme de la «chair»; on nous propose, par une sorte de doublage intérieur des mêmes mots, une vision positive du Sage par excellence, Moïse, Mais précisément, ce n'est pas d'un Moïse détaché, planant absolument auprès de Dieu, que Philon va se préoccuper maintenant. La stabilité qui va fixer ce Moïse étonnera un Jéthro (§ 50-51), c'est à dire qu'elle sera visible paradoxalement au milieu des tourbillons et de la mer déchaînée. De même, à la fin, le mot de l'Écriture accordant à Moïse les fameux *«cent vingt ans»* comme mesure de son existence plonge, pour ainsi dire, et ce chiffre et cette réalité au cœur de la misère humaine, puisque ces mêmes cent vingt ans définissent aussi bien la vie des misérables, celle même que Dieu a diminuée pour leur punition. L'équivocité finale des mots de l'Écriture n'est pas autre chose que la transposition propédeutique de la leçon recueillie auprès de Jéthro, précédemment. Lorsqu'il semble refuser son explication, Philon laisse entendre que toutes les explications précédentes relevaient d'un déchiffrage de l'équivocité. Comment lisait-il tout d'un coup des *«Filles du Logos»* au milieu d'un univers féminin condamné ? Comment lisait-il le retour à la *permanence* dans un texte où l'Esprit s'enfuit de la terre, devenue son ennemie ? Alors, pourquoi ne lirait-on pas qu'il y a nombre et Nombre, dans le même chiffre, mettons ce *«cent vingt»* ? Toutes ces lectures (et Philon n'a qu'un souci, celui de la juste Lecture) supposent qu'on descende mais aussi qu'on remonte l'échelle des mots inspirés. Prenons à notre tour les pages de Philon, pour les lire exactement et donc dans la subtilité qu'elles admettent pour l'Écriture.

Moïse «reste continuellement» (§ 47c-51) :

L'échelle divine fait que la Stabilité transcendante, préservée par le retrait même de l'Esprit par rapport aux «chairs», est communiquée à celui qui monte de la chair vers le Ciel. Le § 48 énonce un couple, *«debout ou assis»* : c'est en fait l'annonce des deux citations à venir, celle du *Deutéronome*, ch. 5, v.31, *«Toi, reste là debout avec Moi !»*, puis celle d'*Exode*, ch. 18, v. 14, disant *«Pourquoi toi, es-tu seul assis ?»*. Très habilement, une troisième citation va précéder ces deux exemples contrastés, et ce sera une citation doublement utile. En évoquant la position de l'Arche et de Moïse, *«Moïse et l'Arche n'étaient pas en mouvement»*, Philon donne par avance aux deux verbes, «être debout«, «être assis», une commune valeur de stabilité. C'est là un premier bénéfice. Le second vient de la forme négative : Philon veut que la stabilité de Moïse forme une énigme, un scandale, un paradoxe et une sorte de miracle, au milieu de la tempête environnante. Dire d'abord qu'il n'est *«pas en mouvement»*, c'est précisément nier le mouvement et donc colorer la stabilité d'une note de victoire sur les forces contraires. Cette victoire, insistons encore, sera complète dans l'identité apparente des âges : *«cent vingt ans»* de l'un condamnent les années des misérables et triomphent d'elles. Philon a besoin ici d'une valeur spectaculaire et de contraste. Jéthro et son étonnement ne feront qu'amplifier le spectacle.

L'équivocité du Grand-prêtre-logos (§ 52-53) :

Un exemple qu'on pourrait simplement dire choisi *a contrario*, coupe celui de Moïse. Le *«langage exprimé»*, dont Aaron, frère et appui de Moïse, reste le type ordinaire, ne *«fréquente pas continuellement»* les saintes conceptions (§ 52), mais seulement une fois l'an, où il pénètre dans le Sanctuaire. S'agit-il pour Philon de récuser simplement le langage au titre de sa participation à la «dyade», évidemment inférieure à la Monade, qui, elle, reste étrangère au devenir ? Oui et non. Oui, si l'on songe à un texte du *De Somniis*, II, § 229-236, où Philon argumente de cette discontinuité de la présence d'Aaron dans le Sanctuaire pour lui attribuer aussi une stabilité relative. Non, si l'on observe qu'ici Philon va nous conduire au pôle contraire, celui de la Monade : à cet effet, il propose et commente une phrase du Texte biblique, assez ample pour contenir une dialectique et donc précisément amener ce Grand-prêtre participant effectivement de la dyade, jusqu'au service de la Monade. La citation du *Lévitique*, ch. 16, v. 2 et 34, veut que le Prêtre entre une fois l'an dans le Sanctuaire : mais, pour Philon, en portant le mouvement à sa limite paradoxale, ce Prêtre devient digne d'entrer *continuellement*. L'Aaron du § 53b prend alors les traits plus nobles de Moïse, et c'est par une sorte de glissement ou de substitution que le § 54 retrouve alors ce Moïse. Moïse refera les gestes d'Aaron, mais dans la perfection qui lui permet de *«rester continuellement»*. Loin d'être une visée simplement *a contrario*, l'évocation du logos humain aura permis de descendre jusqu'à lui, sous la figure d'Aaron, mais ensuite de le faire remonter jusque dans la pensée divine, pure, Unique, désignée comme le terme de l'initiation. Avec sa virtuosité coutumière, Philon trouve le moyen de dire dans les quelques lignes des § 52-53 plusieurs valences du mot *«rester continuellement»*. Le langage *«ne reste pas»*, mais il devient digne de *«rester»* ; le Souffle de Dieu *«ne reste pas»*, mais il *«fréquente»* l'âme unifiée par la *«nudité»*. La *«dualité»* (§ 52) est une plaque tournante de ces ambiguïtés : à partir d'elle, il est loisible d'opter pour la multiplication et les πολλά des πολλοί (§ 53a), ou, en sens contraire, de revenir à l'Unique. Or, c'est le *«langage exprimé»* qui est désigné comme symbole de la Dyade-dualité. Et donc, le lecteur de Philon reçoit pour ainsi dire la clef de sa lecture. Le *«langage exprimé»*, qui a traduit le premier la pensée pure de Moïse, c'est l'Écriture. Toutes les phrases bibliques déchiffrées jusqu'à présent dans le *De gigantibus* partent du *nombre* et arrivent à l'*Un*. Elles commencent avec la *chair*, mais elles butent contre les remparts de l'expression pleine, *«Moi le Seigneur»*. Ou bien, inversement, elles évoquent les *«Anges»* pour dénoncer le *mal*, et supposent la présence du Souffle divin *bénéfique*, avant d'être à la fin porteuses d'un message de la *Colère*. Ici, Aaron, tenu d'abord à l'écart, finit par se glisser en Moïse, si l'on veut, et en tout cas mériter son accès permanent du côté de la Monade. Qu'ici il s'agisse bien en filigrane de l'Écriture comme truchement de ces dialectiques, Philon nous le prouve alors, en invoquant en Moïse le guide de l'*«initiation»*.

Moïse, initié et initiateur (§ 54-57) :

Les phrases du § 54 sont encore très denses. Le texte de l'*Exode*, ch. 33, v. 7, montre Moïse *«fichant»* sa tente définitivement hors du sensible. Mais Philon marque alors l'accomplissement qui en résulte : Moïse est *«initié»*. Or, la circonstance de cette émigration de Moïse continue d'intéresser Philon, qui ne se contente donc pas du verbe et du geste. Moïse reçoit loin du Camp tous les Hébreux qui ont à consulter Yahvé, et là il rend la justice de Yahvé. Autant dire, dans le contexte, qu'il *«enseigne et sert de hiérophante»*. Ce qu'il livre, c'est ce qu'il a obtenu pour lui-même. Les jugements *«droits»* seront le symbole de la *«route droite»*, ou de la *«Voie royale»* dont Philon parlera longuement dans la Conclusion du *Quod Deus* (ses § 140-fin); cette nouvelle stabilité sera celle d'un voyage, mais d'un voyage assuré parmi les vicissitudes, ce que laissait prévoir le *De gigantibus*, puisqu'il ne parle pas tant de la Stabilité divine que de la participation à cette Stabilité par les âmes remontant vers l'Unique.

À partir de là, il est difficile de ne pas voir dans l'«équivoque» des § 56-57 une application de cette nature «double» du langage. Le langage de l'Écriture, au premier chef, contient ce qu'il faut pour suggérer sa duplicité et pour la lever : l'histoire d'Ésaü et de Jacob, ces *«doubles - jumeaux»*, n'offre-t-elle pas le même clivage (car c'est des deux frères qu'il s'agit dans l'allusion du § 56) ?

Philon ne refuse pas réellement son commentaire. Il en donne ce qui convient exactement : *«Au (dessein) actuel il suffira qu'on dise ceci : les termes homonymes ne sont pas toujours semblables, et souvent ils peuvent même diverger complètement d'espèce; ou ceci encore : le misérable peut avoir par rapport à l'homme de bien des chiffres et des temps égaux, puisque (le Texte) le donne comme jumeau, pour des notes essentielles pourtant distinctes et fort éloignées les unes des autres»* (§ 56b-57). Cette réponse est de forme, de principe exégétique. Elle ne cache pas le moindre embarras. Si le lecteur nous a suivi, elle propose plutôt une sorte de formule algébrique, simple et précise, calquant le processus de l'exégèse antérieure. La question de l'*«homonyme»* rejoint ce que nous appelons équivocité. Deux termes homonymes ne sont pas seulement libres de différer de façon aléatoire, mais ils peuvent s'opposer diamétralement. Là où l'Écriture propose deux termes identiques, l'exégète - entendons finalement l'*«initié»*, et même au terme le lecteur tout court (voir le § 54) - l'exégète peut et doit envisager un couple de réalités contraires, comme Jacob fut le frère ennemi d'Ésaü, ou comme Caïn fut le frère ennemi d'Abel. L'un renvoie mystiquement à l'autre. Et lire la *Colère*, ce n'est pas sombrer dans le désespoir du châtiment de Colère; c'est apercevoir aussi l'aurore de la Bonté essentielle de l'Être.

Cette formule nous *«suffira»*. Et, suffisante, elle nous est même nécessaire à la lecture du *De gigantibus* et du *Quod Deus*. La rhétorique qui violente le système simpliste de la quaestio-solutio ici même, se fait rigueur quasi mathématique, et Philon, à son tour *«initiateur»* en Écriture biblique, offre la clef de son développement passé comme de son exégèse à venir : c'est la règle d'or de la bonne équivocité. Ajoutons, contre les amis... équivoques de Philon, ceci : on voit mal pourquoi Philon serait véritablement embarrassé par ces *«cent vingt ans»*. Il a vu d'autres mots difficiles, et il en abordera d'autres, sans doute plus difficiles, bientôt, telle cette «lèpre» dont il faudra dire qu'elle est plus favorable si elle est totale que si elle reste partielle (*Quod Deus*, § 122-130). L'aporie où s'engage le commentateur de Philon n'est pas nécessairement celle où Philon s'est trouvé engagé. Elle devrait au contraire suggérer à son interprète que c'est peut-être lui qui s'égare, faute de faire confiance, et qui manque la «voie royale», simple au demeurant. On demande à Philon un autre enseignement que celui auquel il prétendait nous ouvrir. Il convient d'admettre au départ, au moins à titre provisionnel, que Philon possède un véritable génie dialectique. Il ne convient pas de l'approuver ici, pour le reprendre ailleurs en le tançant comme un écolier incertain ou malhabile. C'est sa propre rigueurqui nous juge, et non notre jugement qui doive le taxer d'absence de rigueur. La sienne est celle d'une sorte de Rabbin, et non d'un philosophe.

d.- *Dernier tableau et conclusion du traité : les Géants* (§ 58-67)

Symétrie du traité

Ces § 58-67 poursuivent la lecture de la *Genèse*, ch. 6. Le v. dit que *«Les Géants étaient sur terre en ces jours-là»*. Philon va proposer de ces mots, capables de mythologie, une exégèse qui rappelle le début, les § 6-18, à propos de ces premiers êtres d'allure surnaturelle, les *«Anges»*. Dans les deux cas, je l'ai déjà souligné en commençant, Philon parle de *«mythe»*; dans les deux cas, il résout l'analyse par une distinction de type contrasté, mais semblable : les Anges nous ont paru se diviser en bons et mauvais, partageant du dedans leur espèce ou leur genre, alors que les Géants de la conclusion vont permettre, par une division externe, d'apercevoir une espèce ou un genre dont ils formeront la première moitié, la part de la «terre» formant avec la part du «Ciel» une totalité; à propos des Anges, Philon dressait une sorte de cosmologie grandiose, alors qu'il va inscrire maintenant le commentaire des Géants dans le destin d'une personne unique, Abraham - microcosme reflétant et interprétant le *«Ciel»* (mot qui figure dans les § 6-18 et, ici, aux § 60, trois fois, et 62). Nous avons également vu comment la réflexion d'Abram, contemplant en Chaldée le Ciel divin, était pour ainsi dire détaillée par avance dans la cosmologie des § 7-18. Enfin, nous avons répété que l'équivocité et le rôle d'échelle intelligible joué par les mots de l'Écriture se trouvaient ici vérifiés : le changement de nom, d'Abram en Abraham, accompagne en effet la conversion opérée par Philon, lorsqu'expliquant le terme péjoratif de *«Géants»*, il parvient à nous laisser l'image du héros de Dieu, Abraham, comme héros de la *«Voie droite, royale» - «celle de l'Unique»*. Voici les étapes de ce beau développement.

Le cadre politique

Le cadre imaginaire sera *politique*. Parlant déjà du *«mythe»*, Philon dira qu'on chasse de la véritable Cité les fauteurs de mythologie et des arts de tromperie (§ 58). Comme si penser et parler avec justesse des figures bibliques était, non pas un préalable, mais une disposition inhérente à la nature de l'honnête citoyen, Philon ajoute ensuite, passant au point de vue du fond, que les Géants obligent à distinguer des amis de la terre et des amis du Ciel. Ceux-ci sont adonnés aux arts de vérité, l'astrologie valant propédeutique. Ce faisant, Philon oppose alors le *«chasseur»* - c'est à dire déjà Nemrod - et le *«Père sublime»*, c'est à dire Abram. Pour rester dans l'ordre symbolique de la Cité, Philon présente ensuite Nemrod comme un *«Archonte»* (§ 65b), et il il lui donne une *«capitale»*, Babylone, éponyme de tout *«changement»*. Ce changement est le thème contradictoire de celui qui sera développé plus loin, de l'Immuabilité ou même de la franche *«Voie royale»*.

Le citoyen des Idées suit la voie droite, sans dévier *«à droite ni à gauche»*. Si l'on demande ce que vient faire ici la parabole de la République, qu'il suffise au lecteur de savoir qu'elle reviendra dans le *Quod Deus*; que l'hésitation entre la droite et la gauche, marquant les vicissitudes du chemin terrestre, y introduira aussi l'idée des changements politiques, signes de la mutabilité des choses humaines. Autrement dit, la similitude des § 140-183 du *Quod Deus* avec nos § 58-67, plus modestes, du *De gigantibus*, répond suffisamment pour la maîtrise de Philon, l'harmonie de son dessein dans les deux traités réunis, la concertation de ses visées exégétiques et de ses moyens d'expression, sa faculté d'anticiper, c'est à dire de conduire tous les éléments des exégèses partielles vers une finalité unique, dépassant leur somme. Par là, ce Rabbin est aussi un philosophe, converti tel Socrate d'une recherche des causes antécédentes à la contemplation de la Fin en toutes choses, êtres visibles ou paroles.

L'unité intérieure de Philon se voit bien ici. Il réunit le fond et la forme du Texte : l'homme du Ciel, auquel les *«Géants de la terre»* doivent nous faire penser, est précisément une âme digne de la République des justes sciences. Qui est le héros des § 60b-61 ? Le lecteur qui évite d'emblée l'erreur dénoncée aux § 58-59 comme mythologie... C'est le cercle du sens et de la lecture. Ce cercle il a pour nous depuis longtemps le nom de l'équivocité. Poursuivons.

Une équivocité : changement et changement...

Nemrod comme *«chasseur»* est déjà la figure du Géant-*«sur la terre»*. Il occupera les § 65-67. Mais il sert pour l'instant (§ 60a) à introduire son vis-à-vis, l'ami du Ciel, Abram, l'*astronome*. L'opposition de Nemrod et d'Abram est accusée dans la tradition juive, et le *Targum de Jonathan*, sur *Genèse*, ch. 11, v. 27sv., ou le Pseudo-Philon, dans les *Antiquités bibliques*, ch. 6, font état d'un duel entre Nemrod et Abraham, se déroulant à Babylone, justement : Abraham y risque la fournaise où les impies cuisent les briques destinées à l'édification de la Tour insolente[1], c'est par la double étymologie de Nemrod et de sa ville, Babylone, qu'il définit le Géant comme appartenant au domaine de l'instabilité, au *«changement»*, et, puisque la parabole générale est celle d'une Cité, par l'infamie de la *«trahison - désertion»*. Celle-ci est fondée sur la pernicieuse autonomie - *αὐτομόλησις* (§ 66). De Nemrod, *«changement de désertion»*, à Abram-Abraham, on perçoit l'exégèse ironique ou équivoque. Les deux personnages sont soumis au «changement», et pourtant le changement d'Abram en Abraham n'a rien du changement de Nemrod, qui est un changement de rien vers rien.

Les § 62-64, sur le changement de nom accordé à Abraham, supposent plus qu'ils ne les manifestent, les ressorts de l'exégèse de Philon. Le point central, dialectique, en est le verbe *«deviens»*, qui figure dans la citation, *«Moi, Je suis Dieu de toi : sois agréable en face de Moi, et deviens irréprochable»* (de la *Genèse*, ch. 17, v. 1).

1. La Bible oppose directement la prétention des constructeurs de Babel aux promesses dont Dieu gratifie ensuite Abram (voir les ch. 11 et 12 de la *Genèse*). Il suffisait à Philon d'être sensible globalement à cette opposition. Babel - Nemrod, le *«chasseur»* : on sait que pour Philon, le sophiste est un chasseur qui fait flèche de tout bois, comme Ésaü en face de Jacob, Caïn en face d'Abel.

Immédiatement, Philon retourne l'expression *«Je suis Dieu de toi»* - qui paraît exorbitante, puisqu'elle fait de Dieu l'objet d'Abram - en celle-ci : *«Abraham est homme de Dieu»*, où c'est l'homme, ce coup-ci, qui devient l'objet de Dieu. Philon a usé d'une opposition diamétrale, comme il le fait souvent. Il anticipe également : il déclare Abraham homme de Dieu avant de citer le Texte qui lui permettra de l'affirmer, moyennant la conversion des génitifs. Le § 64a vient ensuite justifier cette conversion. Ce qui donne la figure régulière :

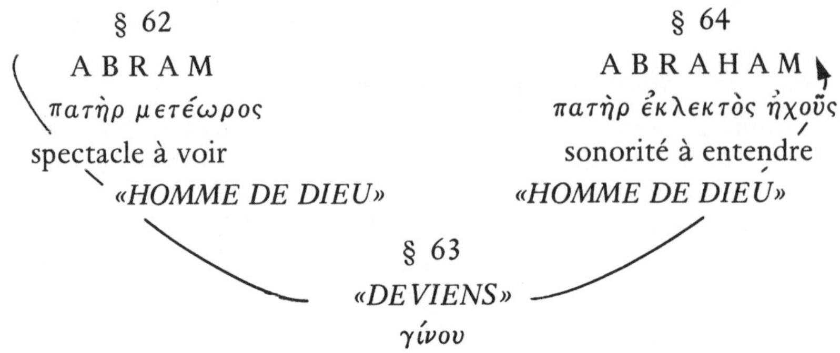

Autrement dit, le *«changement»* d'Abram-Abraham est une modification réglée par la Parole sacrée. Mais ce n'est pas tout. Philon ennoblit encore le changement quand il s'agit d'Abraham. Car le mot *«choisi»* fait penser à Israël qui est choisi par Dieu comme sa *«part»* propre - προσκεκλήρωται Θεῷ. Du même coup, en tant que «part divine», Israël participe à l'Unité et à l'Immobilité. Le «changement» est remplacé par une marche simplifiée sur la *«voie royale, celle de l'Unique et du Roi»*. Car Israël a marché en Édom par la voie du milieu, sans jamais dévier ni à droite ni à gauche : ce sera l'objet du *Quod Deus*, § 140-183. De même, Abraham est opposé à Lot, dans le récit biblique, sous ce même rapport précis : Lot pouvait *«décliner à droite ou à gauche»* [1]. Philon associe rapidement pour l'initié les «blasons» [2] qui ont une valeur commune. Enfin, l'Unicité et la Stabilité, communiquées à un Abraham qui

---

1. Sur ce commentaire philonien de *Genèse*, ch. 13, v. 9, voir le *De migratione Abrahami*, § 146-148, avec le contraste marqué entre les chemins de Lot et la *«Voie royale»*, comme ici.

2. J'appelle «blason» l'ensemble des notes ou des valeurs caractérisant un personnage de Philon (étymologie, Textes, comparses...).

change: ce jeu est tiré par Philon du contraste qu'il aperçoit dans la citation médiane, *«Moi, Je suis Dieu de toi.... deviens....»*, où le verbe absolu, être, s'oppose au verbe relatif, devenir. Cette rencontre est, pour Philon, aussi suggestive que celle des contenus paradoxaux également, *«Dieu - de toi»*.

La désertion

Les Géants ne sont finalement interprétés par Philon que grâce à l'équivalence fournie par le lemme, *«les Géants étaient sur la terre»*. Leur perversion est d'adhérer à la terre, ou équivalemment à la «chair». D'où l'interprétation péjorative du mariage d'Adam et de sa femme : *«Ils devinrent... chair»*. Leur «devenir», leur mouvement les abaisse jusqu'à la chair dont on a parlé jusqu'ici. Mais que le couple soit ainsi passé de la dyade à l'unité - le Texte dit qu'ils *«devinrent en une chair unique»* - cela ne retient pas Philon ici. Ce qui va du côté de la chair ne peut pas s'orienter vers une unité de bon aloi. Là encore, l'équivoque habitant ces mots ailleurs décisifs, *«deux - un»*, doit être résolue grâce au contexte. Sans doute la phrase de la *Genèse*, ch. 2, v. 24, sur l'union de l'homme et de la femme, est-elle appréhendée comme une formule anticipant sur l'histoire suivante, celle de la faute (dans le ch. 3). Adam et la femme ont échangé la vérité pour l'orgueil, pour la volonté de se faire soi-même et d'être à ce titre comme Dieu : c'est bien une *αὐτομόλησις* - une *«rébellion d'autonomie»*, que Philon leur reproche ici même. Voilà un changement, mais cette fois décidément orienté vers le pire (§ 65b).

La révolte d'Adam le dispose à se prolonger, pour ainsi dire, dans le personnange franchement révolté, Nemrod. Et nous voici à même de rejoindre le lemme de base, avec ses *«Géants»*. En effet, si Adam fut le premier homme, Nemrod fut le *«premier à être un Géant sur-la-terre»*. Philon retrouve en même temps le thème de l'hésitation : le § 64 définissait la marche d'Abraham comme une Voie droite, incapable de détours, *«ne déclinant d'aucun côté»*; le § 66 voit dans la trahison de Nemrod un refus de rester sur cette Voie droite, et donc un détournement, une incapacité à *«se tenir»* - *οὐ γὰρ ἐξήρκεσε τῇ παναθλίᾳ ψυχῇ μετὰ μηδετέρων στῆναι*. Babylone est, avec Nemrod, l'initiative même qui commande la décision de trahir : *ἀρχή* désigne Babylone comme une *«capitale»*, et c'est surtout comme *«chef même de cet archonte»*, Nemrod. Une séquence ironique produit deux souverainetés, mais leur subordination malheureuse enfante une situation contraire à la belle politique. Il faut donc être *«sans maison, sans cité, sans place fixe - fugitif»*. Toutes ces privations relèvent de la pseudo-autonomie (§ 67).

L'insistance sur l'*αὐτομόλησις* n'est pas fantaisie : Philon se réserve justement de souligner fortement, à propos du lemme suivant le mot *ἑαυτοῖς*, où éclate l'inanité du *«soi-même»*, grâce à la redondance du Texte. Ce sera au début du *Quod Deus*, juste après le résumé proposé dans les § 1-4a, toujours en fonction du Texte de base, naturellement.

La liaison objective qui réunit le *De gigantibus* au *Quod Deus* peut être ici rappelée, par la simple mention des retours de mots. Le personnage d'Abraham figure dans nos § 62-64, et il reviendra dès le § 4b du *Quod Deus*. D'un côté, la métaphore politique et militaire vient d'introduire le terme de «révolte - désertion», avec le terme opposé, d'«ordre», ou de «rang que l'on garde» - *τάξις* : nous y reviendrons aux § 5, 11, puis 34 du *Quod Deus*. Dans le *De gigantibus*, au § 65, la *σὰρξ ἄψυχος* prépare le *σῶμα ἄψυχον* du *Quod Deus*, § 8. Enfin, les § 1-4a du *Quod Deus* prétendent lire dans le v. 4 du ch. 6 de la *Genèse* un résumé vigoureux des v. 1 à 3, et en même temps accusent la volonté du Texte insiré de mettre en relief le pronom fatidique, *«pour soi-même»* : c'est lui qui va par conséquent tenir à lui seul le commentaire qui va du § 4b au § 19[1].

Lire Philon

Sommes-nous réellement en présence de *quaestiones-solutiones* juxtaposées en vue d'une apologétique ? Je laisserai au lecteur le soin de renoncer à une pareille simplification, plus nuisible à l'intelligence de Philon que les jugements rapides d'A.Festugière ou les habitudes de commisération affichées par bien des commentateurs. Même à supposer que toutes mes observations ne paraissent pas décisives, un faisceau de convergences insistantes témoigne pour l'unité de vue, pour le dessein préconçu, pour une philosophie non philosophique, en tout cas pour une rhétorique sans défaut, celle qui doit permettre à l'âme de monter et de descendre l'échelle du Logos - suivant un ordre. L'allégorie est un feu, rivalisant avec le Feu de l'Écriture. À tous deux, ils fondent les mots du langage équivoque. On peut alors montrer le mouvement du discours philonien.

Nul n'est tenu d'aimer l'allégorie comme moyen de compréhension. Nul ne doit non plus la dénigrer ou la réduire, sans l'avoir longtemps mesurée. Elle a chez Philon la puissance régulatrice de l'aimant : il ordonne en lignes de force répondant à une structure unique et constante tous les atomes du métal. Il ne semble pas qu'on puisse trouver dans le *De gigantibus* une seule phrase qui ne participe étroitement à la Cité u-

---

1. La conclusion du *De gigantibus* est elle-même dense : c'est cet effet de style que j'appelle une «accélération». Sur la *τάξις*, voir dans le *De aeternitate mundi*, les § 37 et 65.

nifiée, pleine, des deux traités réunis. Tout lecteur attentif pourra relever le défi. L'autre défi consisterait à proclamer que l'allégorie tient à la nature du langage, mais ce serait sans doute déborder la tâche du commentateur que de s'y livrer.

Un «chapitre», un traité de Philon possèdent-ils une unité vraie ? Le tableau de la page suivante tente une réponse positive.

★ ★

★

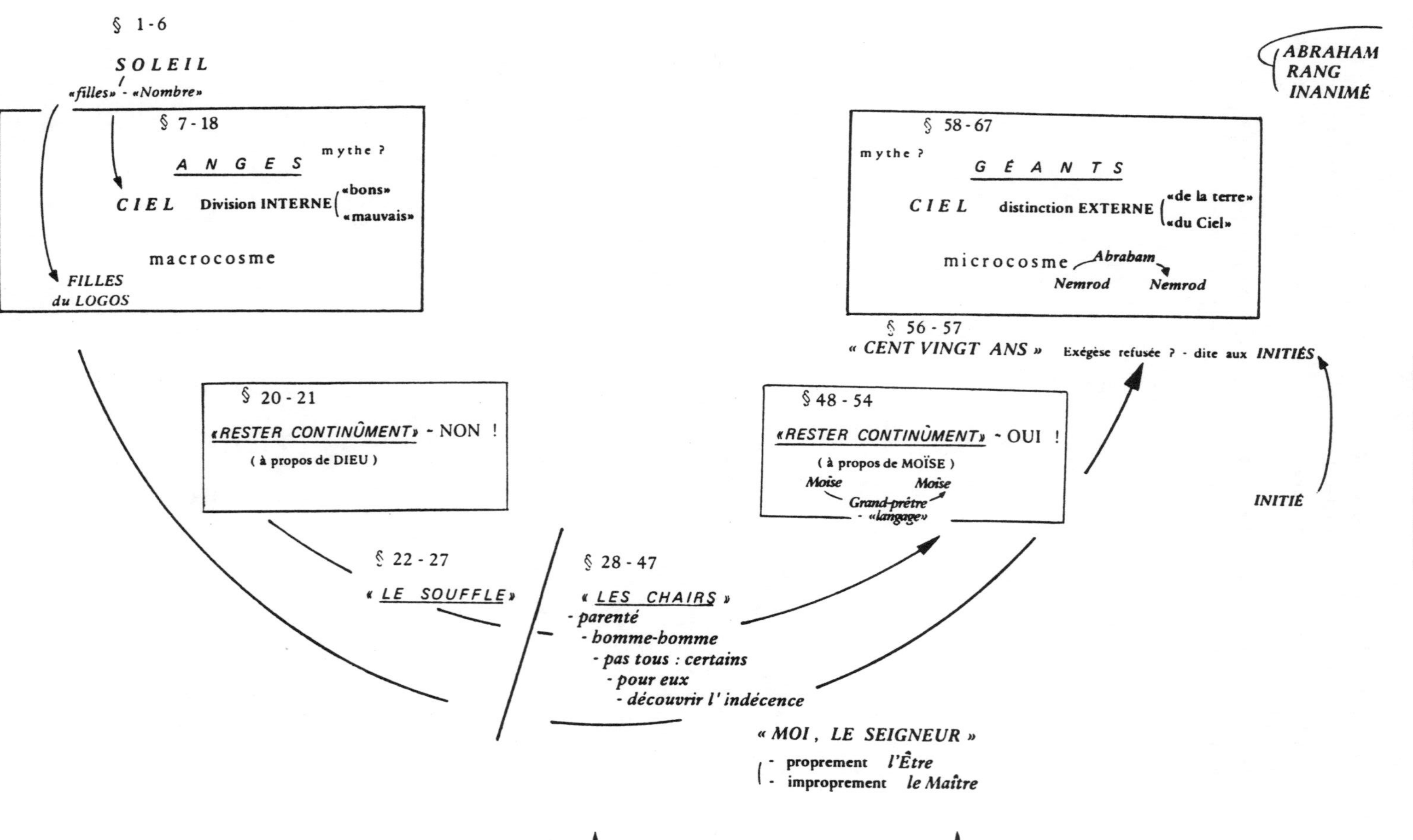
§ 1-6
SOLEIL
«filles» - «Nombre»
§ 7-18
ANGES
mythe ?
CIEL
Division INTERNE
«bons»
«mauvais»
macrocosme
FILLES du LOGOS
§ 20-21
«RESTER CONTINÛMENT» - NON !
(à propos de DIEU)
§ 22-27
« LE SOUFFLE »
§ 28-47
« LES CHAIRS »
- parenté
- bomme-bomme
- pas tous : certains
- pour eux
- découvrir l' indécence
« MOI, LE SEIGNEUR »
- proprement l'Être
- improprement le Maître
EXÉGÈSE SUIVIE DE LÉVITIQUE, 18, 6
§ 48-54
«RESTER CONTINÛMENT» - OUI !
(à propos de MOÏSE)
Moïse
Grand-prêtre
Moïse
- «langage»
§ 56-57
« CENT VINGT ANS »
Exégèse refusée ? - dite aux INITIÉS
INITIÉ
§ 58-67
mythe ?
GÉANTS
CIEL
distinction EXTERNE
«de la terre»
«du Ciel»
microcosme
Abrabam
Nemrod
Nemrod
ABRAHAM
RANG
INANIMÉ

CONCLUSION SUR LE *DE GIGANTIBUS*

Le traité *De gigantibus* confirme son autonomie relative. Plus que d'autres traités, il laisse affleurer les principes de l'exégèse philonienne, unissant plus qu'eux la question du contenu et celle de la forme, quand il s'agit du Texte sacré. Souvent, Philon utilise une semblable équivocité présumée du Texte pour retourner immédiatement un mot dans son contraire, comme ici. Mais ici, cette sorte d'aveu proposé dans le § 52, arguant de la *«dyade»* propre au langage [1] et s'opposant à l'Unité divine, peut être pris comme un symbole de la méthode de Philon. Comme ailleurs, la redondance relative de l'Écriture lui permet de régler l'interprétation de l'équivoque biblique : un verset contient des mots qui se confirment les uns les autres, qui s'annoncent même entre eux; arrive un second verset, dans le prolongement du premier, qui fera se tenir entre eux tous les concepts. Un plan nouveau se dessinera, homogène, souple, et surtout, le discours sera doté d'un *mouvement*. Les commentateurs de Philon partisans d'un certain dynamisme de son discours ne manquent pas. Ils pourraient tirer parti de cet usage philonien de la redondance, qui ruine toute réduction à la *quaestio-solutio*, trop élémentaire. Le système de la *quaestio* scolastique n'expliquera jamais le choix que Philon a opéré des thèmes du développement local, et on devra se réfugier à un moment donné derrière l'*«embarras»* ou la *«philosophie médiocre»*, ou l'*«incertitude»* de l'Alexandrin : mais ce ne sera que pour justifier sa propre déception.

Le *De gigantibus* prépare aussi le *Quod Deus*. Mais il témoigne de la transformation simultanée du langage biblique et du langage de l'âme initiée. Les mots montent et descendent, avons-nous répété, sur l'échelle de Jacob, pour ainsi dire : l'âme peut se reconnaître chez les Anges, voisins du Ciel, ou bien sombrer dans la démesure du nombre indéterminé, indéfini. Alors, la dyade ou les voies de l'homonymie (§ 52 ou 56) deviennent le lieu du choix de l'homme, en même temps que le point de jonction de la Bonté et de la Colère divines. Être moral, c'est identiquement bien lire l'Écriture, après Moïse. Philon ne cherche pas à établir une doctrine de la Bible, mais il réclame de son lecteur l'exercice pratique d'une lecture continue, dont la continuité trace, dans le cours indéfiniment trompeur des apparences mondaines, la double ligne de notre condamnation et de notre salut, de la Colère et de la Bonté de l'Un. Philon rédige des exercices - dans le sens où on doit l'entendre, par exemple, des *Exercices spirituels* d'Ignace de Loyola.

1. Le *De migratione Abrahami* s'ouvre sur l'idée de départ, mais la transforme tout de suite en celle de retour; le *Quis heres* commence par spéculer sur le silence, alors que le Texte considéré proposait une parole d'Abraham - une parole téméraire, d'ailleurs. En pensant à la *dyade*, Philon fait allusion au double formé, selon les Stoïciens, par le *logos intérieur* et le *logos exprimé* - à peu près, pensée et langage, pour nous, mais il la transpose aussitôt dans le système des contraires.

2.- COMMENTAIRE STRUCTURAL

DU *QUOD DEUS SIT IMMUTABILIS*

Le *De gigantibus* et le *Quod Deus* se tiennent, à la fois en ce qui touche le Texte commenté et le mouvement de l'exégèse. Mais on ne peut parler d'un développement tout à fait suivi. Car les § 1-19 du *Quod Deus* ont leur originalité, et ils ne se comprendraient pas de la même manière, ils ne contiendraient pas les mêmes développements, à mon sens, s'ils figuraient dans le cours d'un traité unique [1] . La phrase biblique alors commentée est la suivante : *«Et après cela, comme les anges s'introduisaient auprès des filles des hommes, ils engendraient aussi pour eux-mêmes»*. Cette proposition répète en gros la phrase qui précédait et qu'exploitait le *De gigantibus*. Contrairement à ce qu'il aurait peut-être fait si le commentaire avait été suivi sans aucune césure, à l'intérieur du même traité, Philon néglige cette répétition et il concentre toute l'allégorie sur le mot final, *«pour eux-mêmes»*. À vrai dire, l'omission est consciente et elle n'est pas totale : les § 1-4a se servent de la nouvelle phrase biblique pour donner un résumé linéaire du *De gigantibus*, tout en commentant aussi le premier mot du lemme à venir, *«après cela...»*. Philon passe consciemment un relais, marque une césure qui ne doit pas se voir transformer en coupure. Et comme le Texte, peut-être Philon veut-il repartir de sa base de départ, mais souligner cette fois la *cause* immanente de tout le désordre précédent. L'engloutissement des âmes parmi les chairs dispersées dans le nombre féminin a pour origine le retour sur «soi-même». Le De gigantibus partait de la phrase parallèle, *«Et il y eut donc, quand les hommes commencèrent à être nombreux sur la terre, que des filles naquirent pour eux»* (v. 1 du ch. 6 de la *Genèse*), où l'expression «pour eux» a bien sûr la vedette. Déjà, le *Lévi-*

1. Dans son commentaire, pages 6-7, V.Nikiprowetzky montre qu'il y a une originalité des § 1-19; mais, curieusement, il insiste avec des considérants suspects sur l'harmonie globale des deux traités, pour conclure ensuite à l'absence d'unité du propos, qui va donc rester, au bout du compte, *«sans véritable unité externe ni interne»*. La louange approximative tourne à la déception.

tique marquait le drame de ce *«pour eux»*. La phrase nouvelle se termine comme l'autre par les mots blasphématoires, *«pour eux-mêmes»*. Elle annonce un déroulement symétrique du premier, au demeurant, et non parallèle, puisque le mal vient maintenant des anges vers la terre, du haut vers le bas, mais elle conclut sur le même grief : aux hommes, naguère coupbles d'autarcie, succèdent les anges, coupables d'autarcie. Faut-il que le Législateur initié veuille souligner cet argument ! Et Philon, qui a négligé le mot fatal, «pour eux-mêmes», dans l'analyse du v. 1, y vient maintenant, devant l'insistance du Texte. Pour Philon, je pense, l'Écriture a visé ce mot décisif en le plaçant au terme de deux propositions à la fois semblables et complémentaires. Il s'est alors retenu de déployer un commentaire perpétuel, où chaque fois tous les mots reçoivent leur explication : il a observé la convergence des deux phrases bibliques et il l'a utilisé quand il l'a voulu, pour une raison d'économie générale, montrant par là qu'il domine son discours.

Quant au traité *Quod Deus*, on pourrait sans paradoxe lui donner pour titre *L'équivocité salutaire des Noms divins* - ou : *De la mutabilité divine*. On prendrait ainsi d'emblée le contrepied de la visée apologétique dont le traité souffre souvent, comme si Philon se heurtait au redoutable problème de l'anthropomorphisme. Chez Philon, l'océan de la mystique recouvre les étroits chenaux de l'apologie. Il ne songe pas à démontrer quoi que ce soit : son apologétique est au rang des moyens, des genres d'expression qu'il exploite et bouscule, au même titre que la psychologie, la cosmologie ou la science des nombres ou la diatribe.

Le contenu du traité se coule d'abord dans les limites du Texte biblique, et ce sont ici des phrases assez longues, non des mots, qui guident le commentaire. Voici un aperçu des développements. Au lemme nous ajoutons un mot sur l'organisation :

- § 1-19 : *«Et après cela, comme les anges s'approchaient des filles des hommes, ils engendraient aussi pour eux-mêmes»* (v. 4). L'exégèse est limitée au premier mot, puis au dernier, et elle procède *a contrario* : nous contemplons, non le mal, mais de beaux exemples de démission de soi.
- § 20-50 : *«Voyant le Seigneur Dieu que les vices des hommes s'étaient multipliés sur la terre et que tout (individu) pense dans le cœur les mauvaises (pensées) tous les jours, Dieu eut au-dedans de la réflexion qu'il avait fait l'homme sur la terre, et Il (y) pensa-à-travers. Et Dieu dit : J'effacerai l'homme que J'ai fait de la face de la terre»*. Ici, l'exégèse est double :

a) les § 21-32 : le sens global du *«repentir»* de Dieu;
b) les § 33-50 : le jeu des expressions *«au-dedans... à travers»*.

- § 51-85 : *«...de l'homme jusqu'au bétail, des reptiles jusqu'aux volatiles du ciel, parce que Je me suis mis en fureur de ce que Je l'ai fait»*. L'exégèse est encore dédoublée[1] :

a) les § *52-69 : la valeur des mots humains de la Bible;*
b) les § *70-85 : dualité et unicité des Puissances.*

- § 86-121 : *«Noé trouva grâce en face du Seigneur Dieu : voici les engendrements de Noé : Noé (fut) homme juste, parfait, étant dans sa génération (et) il fut agréable à Dieu»* (v. 8-9). L'exégèse commence par exploiter la première phrase, *«noé trouva grâce en face du Seigneur Dieu»*, mais l'équivalence entre «trouva grâce» du v. 8 et «plut» de la fin du v. 9 permet à Philon de lier les deux versets. Pour son commentaire, il anticipe, à partir du § 109, sur le mot «il plut». Au résultat :

a) les § 86-103 : une analyse triple du mot *«trouver»*;
b) les § 104-121 : une analyse de l'expression entière *«il trouva grâce»*. Philon profite du mot ultérieur, *«il plut»*, qui lui permet d'introduire le personnage de Joseph, un exemple contraire, puisque la *Genèse*, ch. 39, v. 4, dit que Joseph *«trouva grâce devant son maître, et lui plut»*, et que le v. 21 reprend le mot de grâce. Ce qui donne la division suivante :
  - les § 104-110 : *«trouver aue Dieu donne par grâce»* (tel sera le sens final)[2] ;
  - les § 111-121 : Joseph et l'illusion de grâce. Élégamment, Philon oppose les *«engendrements»* de Noé, d'après le lemme, v. 9, aux *«engendrements»* de Jacob par ses concubines - dont Joseph fréquente les enfants. L'élégance permet de plus à Philon d'éviter les noms des fils de Noé...

---

1. Nous verrons que la réalité littéraire est plus complexe. Le fait que Philon évoque, déjà au § 70, le lemme suivant, qui ne sera vraiment exploité qu'à partir du § 86, *«la grâce trouvée par Noé»*, montre que les différentes parties du Texte s'influencent les unes les autres, dans la pensée de Philon. Le système réduit des *quaestiones-solutiones* en apparaît insuffisant et pauvre.

2. Nous verrons là une dialectique, montée par Philon à partir des diverses hypothèses que soulève la discussion de la formule analytique, *«trouver-grâce»* : le verbe *«trouver»* évoluant pour son propre compte, avant de former une locution qui équivaudrait au simple, *«il plut»*.

- § 122-139 : *«la terre fut corrompue en face de Dieu et fut remplie d'injustice»* (v. 11). L'exégèse reste du côté de la forme : la phrase négative, faisant état de la corruption, suit immédiatement la bénédiction positive de Noé. Tel le *«soleil se levant»* - ἀνατέλλων - le Bien révèle et déclare le mal.

  Philon prend le verbe ἀνατέλλω dans le précepte sur la lèpre, et il en développe trois paradoxes, ou plutôt un paradoxe de base (§ 123-126), rendu plus frappant par les deux corrollaires touchant la *lèpre partielle* et la *maison à lèpre*.

  C'est que, par une belle dialectique, l' Ἔλεγχος - le Réfutateur, sauve de la maladie en la déclarant.

- § 140-183 : *«elle était corrompue, car toute chair avait corrompu la voie de Lui sur la terre»* (v. 12). Philon ne donnera d'exégèse que pour l'expression *«voie de Lui»*, entendant «de Dieu»; et cette exégèse utilisera un texte-relais, celui de *Nombres*, ch. 20, v. 17-20, lequel nous conduira jusqu'à Balaam et à son Ange, debout sur la Voie et barrant le passage : cet Ange joue le rôle du *«Réfutateur»*, brandissant le châtiment.

On voit que l'Ἔλεγχος achève les deux dernières séquences : les § 122, puis les § 140-183. Dans les deux cas, il agit pour condamner et pour sauver en même temps. Il entre dans l'âme ou devant l'âme comme représentant de la Puissance du *«Seigneur»*. Mais il incline pourtant à sauver positivement, en communiquant les Oracles divins, et il reconduit l'âme en présence du *Dieu*, de la Bonté - surtout dans les § 122-139. On observera en premier lieu que Philon se trouve, durant tout son commentaire, affronté à un problème spécifique, touchant la forme du Texte sacré. Le ch. 6 de la *Genèse* est, pour lui comme pour nous, d'allure mythique, et il a le style du mythe, volontiers répétitif : presque tous les mots du récit biblique reviennent d'un verset à l'autre. Ainsi, à la fin, la terre est deux fois déclarée *«corrompue»*; auparavant, Noé se trouvait deux fois *«plaire à Dieu»*. Si bien que Philon, déjà sensible d'ordinaire à la redondance de l'Écriture sur elle-même, va ici jouer d'autant plus sûrement son jeu. Il va réunir à distance les valeurs proposées par le sens global de la narration. Si bien que le découpage du lemme par *quaetiones-solutiones* se verra sublimé. Le lecteur a noté que le résumé ci-dessus divise le Traité d'après les articulations du lemme et qu'il néglige donc ce qu'il faut cependant considérer comme l'essentiel, à savoir un ordre des dialectiques. Et le tableau simplifié ne permet pas de faire apparaître à leur place effective les Puissances, dont il est question dans le bel ensemble des § 104-121 : la double distinction, de l'Être aux Puissances, et de la Puissance de Bonté à celle de Maîtrise, est présentée en même temps que leur unité. Le lecteur ne s'étonnera plus, au fil de l'analyse qui va suivre [1], de ne pas y trouver simplement une paraphrase du tableau précédent. Tout en signalant quelques-uns des ressorts de la rhétorique philonienne, il en éteint l'harmonie. La question essentielle, celle de la forme équivoque des mots inspirés, y apparaîtrait mal : ainsi, les § 1 à 50 supposent simplement, au regard de Philon, que le lecteur de la Bible lise correctement les mots de son Texte, alors que la suite suppose que ce même lecteur déchiffre un langage volontairement équivoque : l'équivocité prend d'ailleurs par la suite plusieurs formes, subtilement graduées. Il faudrait enfin pouvoir maîtriser tout de suite la belle image du *Soleil* révélant et chassant l'obscurité - c'est une image et un principe philosophique. Le début du *De gigantibus* en énonçait la formule; le début du *Quod Deus* prend le biais du temps pour exprimer la même lutte (en lisant *«après cela»* - § 1-4); les § 122-139 réunissent le principe et sa projection dans le temps (en lisant *«lorsque dans l'âme la Forme incorruptible se lève, la (forme) mortelle aussitôt est corrompue»*); la fin de l'ensemble en prononcera la nature et le nom : il s'agissait de l'Ἔλεγχος. Bref, il existe pour ordonner le Traité et en faire un itinéraire mental unifié, quantité d'intentions - à déchiffrer.

1. L'exemple du *Quod Deus* est peut-être le plus mal choisi, dans l'œuvre de Philon, pour suggérer que son commentaire perpétuel procède par découpage scolastique. Sans doute Philon y suit-il le Texte, et sans doute reste-t-il possible de signaler le passage d'un mot à l'autre; mais la vivacité avec laquelle il prévoit la suite de son discours et domine l'ensemble du Texte fait qu'à trop parler de ces divisions du lemme, on déferait l'ouvrage élaboré qu'il a conçu. Il est parti des *Quaestiones* pour dessiner une ligne mystique unifiée. V.Nikiprowetzky et d'autres effacent le tableau pour revenir aux éléments, comme un archéologue qui reporterait à la carrière les pierres du Parthénon.

1.- L'introduction des § 1-19 : «Après cela, ils engendraient pour eux-mêmes» :

Philon ne connaît que sa bible grecque, bien entendu. Il n'éprouve aucun embarras, par conséquent, devant cette phrase du Texte. Elle lui permet au contraire de bien serrer le tissu de son exégèse, en résumant les interprétations qu'il a donné précédemment; elle lui permet aussi de reprendre plus à fond un élément qu'il a négligé en ouvrant le *De gigantibus*. On y lisait cette précision de temps, «*...quand ils commencèrent...*», mais c'est ici seulement que la question du temps est abordée : il y a une opposition nette des deux époques, celle du bien, celle du mal - c'est un thème qui revient plusieurs fois dans l'œuvre de Philon [1]. Nous avons déjà vu que le début du *Quod Deus* rejoignait celui du *De gigantibus* par le truchement du thème de la lumière, entre autres valeurs. Quant à la réflexion sur le temps, elle est opportune ici : le *Quod Deus* aura pour dernier développement une belle et longue exégèse de la *Voie royale*, où le souvenir du transit des Hébreux quittant l'Égypte pour Canaan au milieu des attaques et des difficultés oblige à concevoir une durée du combat spirituel. Un détail marquera aux yeux du lecteur combien Philon en est conscient. Au § 3, les faux anges sont désignés du qualificatif de «*compagnons de la ténèbre*»; or, au moment d'entamer l'exégèse consacrée à la Voie du Roi, Philon évoquera de nouveau les figures dangereuses de l'armée ennemie, décidée à barrer la route, et il parlera alors de «*tout compagnon des chairs*» - *πᾶς ὁ σαρκῶν ἑταῖρος*. Et il aura ainsi réparti entre le § 3 et le § 143 les deux épithètes du mal, «*ténèbre*» et «*chairs*» : ce dernier pluriel rappelle avec précision les § 19-57 du *De gigantibus*. L'idée d'une durée, la durée d'un voyage pénible, affleure ici, comme au § 197 du traité *De migratione Abrahami* (avec l'expression «*compagnon du savoir*» - *ἐπιστήμης ἑταῖρος*) : là, il faudra se lancer dans un voyage décisif, qui conduira de Haran à la terre des promesses un Abram âgé de soixante-quinze ans, chiffre mixte, chiffre qui attend sublimation et donc un laps de temps.

1. Dans le *Quod Deus*, au § 123, puis au § 161, pour marquer la soudaineté; dans le *De sacrificiis*, § 3, 14-18, *etc.* L'introduction de V.Nikiprowetzky à sa *quaestio-solutio 6*, page 24 du même ouvrage, nous semble étrange. Pourquoi renvoyer Philon à l'hébreu ? Quelle nouveauté discerne-t-on dans les distorsions subies par le sens obvie de tel ou tel mot, même en grec ? Pourquoi réduire à une seule *quaestio* les § 1-19 ? Ils répondent à deux interrogations. L'«*embarras*» qu'on prête à Philon est en fait celui de son interprète.

Les § 1-4a résument le *De gigantibus*; les derniers mots opposent l'Un et le multiple, sous les mots alternés, *«d'intégrité - sans harmonie»*, conformément au début du *De gigantibus*. L'*«harmonie»* achève de plus par inclusion l'ensemble des § 1-19, et plus loin, nous trouverons un développement sur l'*«harmonie»* (§ 22-23).

La convergence du v. 1, expliqué dans le *De gigantibus*, et du v. 4, apparaissant maintenant, suggère à Philon de donner toute sa place au symbole du mal, l'autarcie. L'expression du lemme, *«filles des hommes»*, redouble cette valeur d'autonomie fatale, que le mot final, *«pour eux-mêmes»*, apporte essentiellement.

Les *«filles des hommes»* (écho du *De gigantibus*, § 1-5) suggèrent par simple division des contraires des *«filles de Dieu»* (écho du *De gigantibus*, § 17). C'est pourquoi Philon va d'abord dévellopper le cas des héros de Dieu qui ne gardent pas pour eux-mêmes leurs enfants, Abraham et Anne (§ 4b-13), avant de stigmatiser le cas d'autarcie majeure d'Onan (§ 14-19). La trame exégétique est habile. Abraham et Anne se ressemblent en ceci qu'ils dévouent au culte divin leur enfant, en vue du sacrifice, du service de l'Arche. L'histoire d'Anne se poursuit dans son cantique, et le cantique contient une phrase qui divise : *«La stérile-solide a enfanté sept; la nombreuse s'est affaiblie en ses enfants»* (§ 10). La division ainsi créée répond aux thèmes majeurs du *De gigantibus* - *Quod Deus*, la stabilité et l'unité - ou leurs contraires. La division permet de redescendre vers le cas négatif, celui d'Onan, qui nous ramène au Texte de base. Déjà le commentaire d'Abraham (§ 4b-c) entrait dans les thèmes majeurs : en retenant du sacrifice d'Abraham le détail de l'entrave, Philon posait, sans avoir l'air d'y prêter attention, la définition du Bien, qui du côté de Dieu est marqué par la *«fermeté inébranlable»*; et qui du côté de la terre reste au contraire *«sans fondation ni stabilité»*.

L'exégèse d'Anne et de Samuel repose sur l'étymologie des noms. Anne signifie pour Philon *«reconnaissance d'elle»*, et Saluel, *«rangé à la bataille de Dieu»* [1] . Le nom d'Anne correspond à la parole, qui rend à Dieu ce que Dieu a donné, en accord avec *Nombres*, ch. 28, v. 2, un texte où la règle des sacrifices est énoncée. Et c'est cette règle que Philon continue de lire durant les § 7-9 : l'insistance des v. 3, 9, 11 *etc.*, de ce texte, sur la nécessité d'apporter à l'autel du sacrifice des bêtes *«sans défaut»* conduit Philon à évo-

1. L'image du *«rang»* auquel se tient le fidèle, ou de son contraire, la *«désertion»*, réunit la fin du *De gigantibus* et le début du *Quod Deus*; ainsi que le personnage d'Abraham et le thème du mal situé vers l'*«inanimé»*.

quer la perspicacité du regard de Dieu [1]. Quant à l'interpétation philonienne de *στεῖρα* comme disant à la fois *«stérile»* et *«solide»*, elle repose sur le premier mot du cantique d'Anne (*I Samuel*, ch. 2, v. 1), Ἐστερεώθη ἡ καρδία μου ἐν Κυρίῳ. La solidité de l'âme se trouve ici précisée : Anne est mère du *«seul»* Samuel, comme si elle était mère de l'*«hebdomade»*. C'est le parcours de l'Unité au Sept. Le commentaire détermine dans les nombres deux chiffres parfaits, le Un et le Sept. Ainsi la dispersion indéfinie du Mal féminin trouve-t-elle un point d'arrêt. Au contraire, la quantité indéfinie de l'autre femme, appelée la *«nombreuse»*, conduit à l'infirmité, ennemie de la solidité, et cette faiblesse a pour cause et pour effet en même temps la présence d'*«enfants»* - un pluriel sans frontière ni limitation.

L'exemple inverse d'Onan donne à la dispersion son véritable nom, la *«mort»*. C'est que le choix met dans le même plateau de la balance autarcie, nombre illimité, mort par rupture de l'harmonie, d'un côté, et, de l'autre, référence au Tout, nombre défini, vie et harmonie. Le juste se place donc de façon extatique au pivot de l'univers. Cet élargissement cosmique fournit déjà une sorte d'échelle des êtres, capable de servir la remontée de l'âme [2]. Il prend une valeur rhétorique puissante, lorsqu'on s'aperçoit que la suite va parler de la destruction universelle. Pour le fond, il ressort que le Juste, unique comme Dieu est Un, devient l'axe du monde, au moment précis où il s'oublie lui-même. Pour la forme, nous verrons que Philon va garder longtemps dans le *Quod Deus* cette habitude nouvelle, de commenter le Texte de façon synthétique, globale, en accrochant ensuite l'exégèse à un mot, choisi parmi tous ceux qui composent la phrase inspirée. Ainsi, le lemme énoncé au § 20 reprend-il en substance les idées de *«multitude»* et de *«perversion»*, et Philon ne s'attachera pas à chaque formule : il spéculera sur la syntaxe des trois verbes pour en montrer la dialectique globale, *«réfléchir au-dedans - penser à travers - effacer»*. Les § 20-32 exploiteront ce jeu des verbes. Plus loin, Philon tirera une nouvelle exégèse de la syntaxe d'une proposition isolée, *«Il réfléchit au-dedans ce que c'était que l'homme qu'Il avait fait sur la terre, et Il pensa à travers»* (§ 33-50). Chaque fois nous aurons un cas d'é-

1. On trouve la même séquence dans le *De Cherubim*, § 84-97 (voir spécialement le § 97); le *De sacrificiis*, § 111 suppose aussi la lecture globale de *Nombres*, ch. 28.

2. Bientôt Philon mettra sous nos yeux la progression des créatures (§ 84-97); ce qu'est l'homme, il faut pour le savoir parcourir la Nature.

quivocité et nous irons du plus extérieur au plus subtil. En attendant, le beau parcours de la véritable «génération» ou «genèse» ramène le sage du Jour-Un au Sabbat : ainsi est refermée l'œuvre de Dieu, que scellent *«repos, stabilité, solidité»*. La distance sans distance de Un à Sept va nous enseigner un parcours plus difficile à travers la Dyade : deux mots qui rendent une phrase équivoque nous conduiront à la contemplation utile des deux Puissances, et finalement à celle de l'Un [1].

1. Il est utile, du point de vue de la méthode, de voir avec précision le rapport que l'on peut et doit chercher dans Philon entre l'idée et la citation biblique locale. Au § 6, Philon éclaire la formule prêtée à la mère de Samuel, Anne, par une loi sur l'offrance : *«Je Te le donne comme donné»* s'expliquera donc grâce à ces autres mots de l'Écriture, *«Mes donations, mes dons, mes fructifications, vous vous préserverez de m'apporter»*. Ce texte, des *Nombres*. ch. 28, v. 2, est utilisé ailleurs par Philon. Ainsi, dans les *Legum Allegoriae*, III, § 196 : là Philon spécule sur l'ordre des mots. Il distingue *«donations»*, qui est plus noble et absolu du fait qu'il vient en premier, et *«dons»*, qui est relatif, qui vient en second dans la phrase. Il néglige le troisième terme, *«fructifications»*, et il ne garde que les deux mots issus de la racine «donner». Dans le *De Cherubim*, au contraire, les trois mots sont expliqués (§ 84) : les deux premiers, suivant la hiérarchie proposée dans les *Legum Allegoriae*, III, § 196, le troisième venant comme une synthèse dynamique. La dialectique du *De Cherubim*, § 84-97 explique ensuite pourquoi ces offrandes doivent être accomplies durant *«Mes fêtes»*, fêtes réservées au Seul Dieu et dont le Sabbat divin reste le modèle. Et Philon oppose alors les Fêtes divines au fêtes misérables des impies : ces dernières sont plutôt des profanations; elles débordent parfois sur les célébrations religieuses, qu'elles viennent souiller par une hypocrisie qui met le sceau à la contrefaçon. Car la Loi qui interdit de présenter à Dieu une bête portant une tare interdit par là de se préenter à Dieu avec des souillures sur l'âme. Dieu, qui voit tout, ne se laisse pas duper. Notons que le développement est parallèle à celui du *Quod Deus*, § 6-9, et que celui-ci, donc, suit aussi en réalité une exégèse de *Nombres*, ch. 28, dont il ne déclare pas tous les mots, au moment même où il s'en sert. Dans le *De sacrificiis*, § 111, Philon ne retiendra du texte des *Nombres*, ch. 28, v. 2, que son caractère positif : il y a des réalités que l'on peut rapporter à Dieu, *«sacrifier»*, directement, même si le reste doit plutôt être retiré du sacrifice. Philon parle, là aussi, de *«fêtes»*, et il évoque derrière le bonheur le Rire d'Isaac. Dans le *De migratione Abrahami*, § 142, le texte est cité pour montrer le cercle du don et du retour par action de grâces, mais aucun commentaire n'en exploite le détail.

Dans notre *Quod Deus*, on peut comprendre, même sans le parallèle fourni par le *De Cherubim*, 84-97, que Philon dépasse le v. 2 qu'il a cité du ch. 28 des *Nombres*. Il est clair que le développement des § 7-9 suppose qu'il interprète sans le citer le détail de la *«bête sans défaut»*. Il interprète même cette règle du sacrifice pur en fonction de son rapprochement avec la loi *«Mes donations, dons, fructifications, vous vous préserverez de M'apporter»*. Car la proximité des deux règles, l'une positive, «apporter», et l'autre, négative, d'apporter une bête «sans défaut», suggère à Philon que la reconnaissance envers Dieu *«purifie»* l'homme (§ 7b). De la pureté rituelle de la bête il passe naturellement à la pureté rituelle exigée des officiants et des fidèles par la Loi elle-même (voir le *Lévitique*), et il revient au mot final de sa diatribe biblique : le défaut ou l'impureté de la bête ou de l'homme ne peut pas échapper au regard de Dieu.

(*suite de la note, page 69*)

(*suite de la note*)

Le développement du *De Cherubim* permet d'affirmer que le *Quod Deus* suit lui aussi une règle précise d'exégèse. Mais le *De Cherubim* exploite le même modèle sous la surveillance d'une autre nécessité locale, propre au *De Cherubim.* Contre l'autarcie d'un Caïn, il établit puissamment l'absolu de l'Agir puis du Voir qu'on doit reconnaître en Dieu. Ici, le thème de l'autarcie existe également, puisque les § 1-19 commentent enfin le réfléchi criminel, «*pour eux-mêmes*», mais il n'est pas le thème de tout l'ensemble littéraire fomant le *Quod Deus*, lequel cherche plutôt à analyser l'opposition de l'Esprit et des chairs. Aussi le § 8 dit-il quelque chose qu'on ne trouvait pas dans le *De Cherubim*, § 84-97.

Enfin, il n'est pas impossible d'entrer dans deux précisions. D'abord, on peut croire que l'allusion à la bête «*sans défaut*» (§ 7b-9) fait écho au mot qui avait simplement l'air philosophique, au § 4a, ὁλόκληροι (cf. *De Cherubim*, § 96a). Ensuite, puisque tout le reste paraît si précisément combiné, pourquoi ne pas chercher l'origine de la triple division qui figure au § 7b, «*dans les paroles et les pensées et les actes*» ? Pourquoi ne serait-elle pas une paraphrase des trois termes de la citation ? «*Les fructifications*», désignant une production active, traduirait les «*actes*»; par division psychologique simple, les deux premiers termes, «*donations - dons*» se rangeraient dans la partie dédoublée, du logos intérieur et extérieur. On peut, il est vrai, éviter de philoniser à l'extrême en commentant Philon et se contenter pour expliquer les paroles, les pensées et les actes d'imaginer que Philon a mécaniquement suivi la revue de l'activité humaine, telle que le préverbe de διατηρήσετε peut suffire à le suggérer.

Quoi qu'il en soit, le texte des *Nombres*, ch. 28, v. 2 et suiv., se présente comme une sorte d'atome doté de valences ou comme une constellation. Quand Philon est amené à le produire, il choisit par quel côté on devra le prendre en fonction du contexte local. Le lecteur devra se souvenir que Philon a devant les yeux la forme complète. Ce modèle n'a rien de bien compliqué, dans le cas présent. Il pourrait être schématisé ainsi :

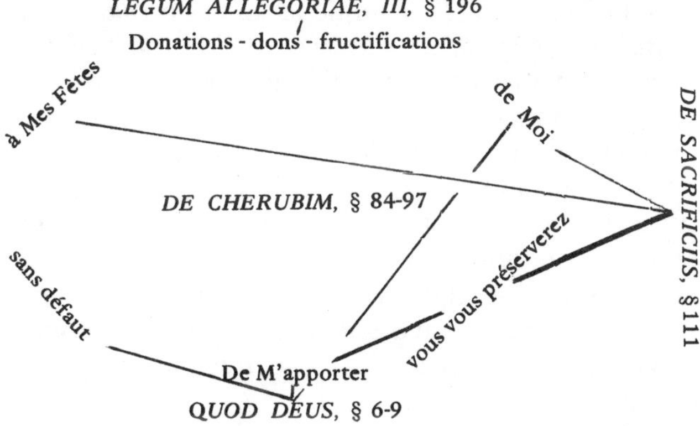

Il se trouve que le système complet est utilisé par le *De Cherubim*. Rien ne prouve que Philon n'ait pas eu à sa disposition une fiche plus complète - une constellation plus riche - mais dont aucune occasion ne s'est présentée d'offrir tous les termes. Il en va ainsi, chez Philon, des textes cités, mais aussi des personnages et des notions morales. La conjonction de ces trois modèles préétablis, textes, personnages, valeurs, rendrait compte de tout le mouvement des traités de Philon. Elle rendrait compte, du moins, des mécanismes élémentaires de son exégèse.

2.- *Les § 20-50 : «Voyant donc le Seigneur que les vices des hommes... Il eut au-dedans réflexion qu'Il avait fait l'homme sur la terre et Il pensa continuellement - et Dieu dit : J'effacerai l'homme que J'ai fait de la face de la terre» :*

Le § 33 marque une pause dans le développement des § 20 à 50[1] : *«Nous avons suffisamment exposé comment l'Être ne peut avoir de repentir : nous allons rendre compte de ce que représentent les mots : Dieu eut au-dedans réflexion, qu'est-ce qu'Il avait fait l'homme sur la terre, et Il pensa continuellement. Il existe une pensée au-dedans et une réflexion continue, (allant) à travers (les choses)»*. Ce sont les deux verbes, ἐνεθυμήθη... διενοήθη, qui vont fournir, par leur opposition de l'immobilité au mouvement, un argument de dialectique allant du § 34 au § 50, au moins. Il reste la préparation de cette dialectique, les § 20-32. On y lit une apologétique : Dieu ne peut pas avoir de repentir, en dépit de ce que suggère l'apparence du Texte, car le repentir suppose un mouvement dont la stabilité divine est incapable. Commençons par là.

a.- *Les § 20-32, l'«apologétique»*

Le développement reste de bout en bout philosophique, et l'unique citation, au § 23, évoque le texte du *Deutéronome*, ch. 5, v. 31, *«Mais toi, reste là debout avec Moi !»*, sans cependant que Philon avance aucun autre commentaire que global et philosophique. C'est qu'il envisage effectivement le lemme dans son entier : il paraît négliger les mots dans leur détail et apercevoir comme tout le monde la contradiction de ce Dieu qui a créé l'homme et qui va le détruire. La proposition finale du lemme porte cette contrariété : *«J'effacerai l'homme que J'ai fait»*. Les § 21-32 seraient alors un *excursus* philosophique restant sans ce lien intérieur, verbal et si curieusement précis, qui assure d'ordinaire le discours de Philon. À cela évidemment on ne peut objecter une confiance de principe, du moins sans l'éprouver.

Une première exégése - de la syntaxe

Les § 22 et 23 soulignent que déjà certains hommes - *«philosophes»*, si l'on s'en tient à la tradition humaine, ou le *«Sage»* con-

1. Nous retrouverons le même système dans le «chapitre» suivant (celui des § 51-85) : le § 70, en effet, nous dira de même que ce qui précède constituait seulement une préparation de l'exposé réel, et Philon reprendra le lemme comme à nouveaux frais.

firmé par Dieu même et l'oracle du *Deutéronome*, si l'on se tourne vers la tradition plus philosophique de Moïse - refusent de varier dans leurs opinions. Le mot est celui qu'on attend, ταῖς γνωμαῖς. Mais ne traduit-il pas le verbe διενοήθη du Texte de base (§ 20) ? Philon n'est pas devenu ici soudain et absolument philosophe. Par exemple, il se souvient de son interprétation récente de la *«stérile-solide»* (Anne, celle des § 5-15) et il combine l'*«harmonie»* avec la *«solidité»* du commentaire précédent (voir la fin du § 22). L'*«harmonie»* devient alors le thème principal des § 24-25. Il s'agit de l'âme du Sage, et Philon pourra conclure, au § 26, que Dieu doit *a fortiori* posséder le calme, l'immobilité. Mais cette harmonie n'est pas exactement synonyme de stabilité. Pourquoi donc Philon oriente-t-il son image dans ce sens ? L'harmonie des § 24-25 est le résultat d'une tension habile entre les «contraires», et elle doit être gardée *«constante»* - soit δι' ἴσου. Si le verbe δι-ενοήθη dans le Texte de base, placé qu'il est entre le verbe ἐνεθυμήθη et le verbe ἀπαλείψω, marquait aux yeux de Philon la continuité et l'harmonie de deux contraires, la réflexion positive de Dieu et sa décision négative, nous aurions le trait décisif de tout ce commentaire. Dieu pense continuellement - διενοήθη - c'est à dire dans la tension souveraine de la Création, œuvre du Θεός, et du châtiment, résolution du Κύριος. La suite du *Quod Deus* nous conduira jusque là, et, en dépit des divisions que nous honorons, à partir du lemme, le commentaire de Philon poursuit une pensée unique. On observera que le verbe *penser continuellement*, placé au milieu du verset biblique, reste sans complément, entre deux propositions qui elles, sont transitives et semblables :

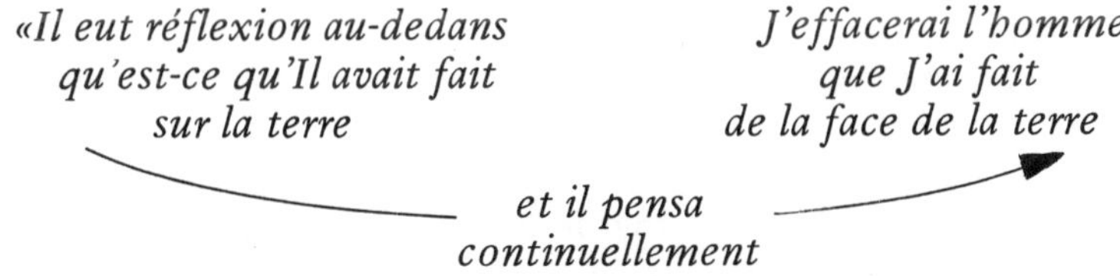

L'équivocité déclarée des deux termes extrêmes, l'un de présence et d'intériorité, *«réfléchir au-dedans»*, et l'autre, de retrait et de négation, *«J'effacerai - ἀπό»*, trouve sa résolution *harmonique* (§ 24) dans le verbe médian et médiateur, «penser continuellement». Le lecteur n'est-il pas préparé à cette lecture de l'élément δια- par la longue discussion du verbe analogue, διαμένειν - *rester continuellement* (les § 19-55 du *De gigantibus*) ? Ainsi le développement actuel du *Quod Deus*, § 21-32 reposerait sur l'utilisation de la syntaxe du Texte de base, considéré comme une sorte de balance, avec ses deux plateaux équilibrés et son fléau. Enfin, une preuve arrivera de la suite immédiate, que cet équilibre est voulu.

Une seconde exégèse cachée, ἐποίησεν par δημιουργός

Les § 27-32 proposent un second commentaire du même δια-, «*penser continuellement*». Les hommes, qu'on a voulu considérer par hypothèse comme susceptibles parfois de stabilité (§ 21-26), ne le sont pas en réalité. Philon envisage successivement ces hypothèses :

a) instabilité volontaire (§ 27-28a), clairement indigne de Dieu;
b) instabilité involontaire (§ 28b-32), qui fait paraître la stabilité divine.

Mais l'instabilité de l'homme est considérée sous l'angle du temps, surtout l'instabilité involontaire. C'est même pour Philon l'occasion de remonter jusqu'à la domination par Dieu du Temps lui-même. Nous allons y revenir. On observe alors que, pour introduire la seconde hypothèse, celle de l'instabilité involontaire, Philon attribue à l'homme une décision, un désir de «*penser continuellement*» : c'est le verbe médiateur du Texte de base qui figure au § 28, *Καὶ μὴν ἔστιν ὅτε διανοούμετα μὲν ἐπιμένειν κριτηρίοις τοῖς αὐτοῖς*. C'est que la volonté fidèle ne suffit pas : Dieu seul connaît le Temps, et notre ignorance nous empêche au contraire de prévoir les changements des autres éléments du monde. La déclaration disant que Dieu domine le passé, le futur en un éternel présent (fin du § 32) apparaît comme l'ultime commentaire de notre διενοήθη - «*Il pensa continuellement*». Ainsi, loin de scandaliser, le Texte de base propose une vérité transcendante. Loin d'appeler la destruction du monde des hommes, il nous reconduit à la Création : le § 31 établit la genèse en cascade de l'Univers et du Temps. Il établit tout ce qui commente en fait le mot ἐποίησα–ἐποίησεν du Texte de base. La Création participe de la stabilité absolue de Dieu. L'image du Logos invisible, c'est le Monde; et ce Logos invisible, resté sans changement auprès du Père, est son Fils premier-né, garant de la stabilité de sa propre image, le Monde. Philon établit comme une chaîne des «*fabrications*» de Dieu. Il conjugue le verbe deux fois énoncé dans le Texte, «*Il a fait - que J'ai fait*», à la mesure sans mesure de la stabilité, du préverbe δια- «*continuellement*».

On le voit, pour terminer, Philon commente deux fois notre δια-; et, la seconde fois (§ 27-32), l'exégèse recoupe avec une géniale simplicité un autre terme de l'Écriture, *«Il a fait»*, dont *«penser à travers»* sépare justement et réunit les deux emplois, exposés qu'ils étaient à la contrariété d'une création suivie de destruction. On le voit, l'exposé philosophique n'en avait donc que l'apparence.

La clef exégétique, pour Philon, était ici la médiation du verbe placé de façon remarquable (comme on dit en géométrie), entre deux verbes ennemis. C'était bien une question d'*«harmonie»*. Philosophie et apologétique se voient sublimées. En même temps, Philon a expliqué, par une réelle prétérition, des mots du Texte apparemment oubliés. Ainsi, le début du lemme parle des hommes qui ont mérité la destruction, et il est dit d'eux que *«chacun pense continuellement en son cœur et avec zèle des méchancetés tous les jours»* (§ 20) : Philon résume d'une seule expression, *«voyant à fond leur impiété»* (§ 21), les éléments de base. Mais tout le développement sur la stabilité divine et la domination du temps par le coup d'œil divin viendra ensuite, par un effet rétroactif, disqualifier cette pseudo-«pensée *continue*» comme la durée de «tous les jours» que les méchants paraissaient avoir, au profit de la continuité de la présence divine et de son Temps.

Aussi le système exégétique peut-il être étendu à tout le lemme, alors que la philosophie ou une apologétique extrinsèque semblaient seules en cause ici. Tout tient au verbe médian, διενοήθη : la permanence qu'il implique fait que les deux propositions apparemment contraires s'équilibrent; elle fait aussi que le contenu du verbe répété de part et d'autre, *«Il a fait - J'ai fait»*, soit lui-même assuré de stabilité et de permanence :

Ainsi, l'ensemble des § 1 à 19 s'achevait sur l'*«harmonie»* de soi à la totalité du Monde; maintenant, l'ensemble des § 20-32 le fait sur la synthèse divine du Temps et de l'échelle intelligible du temps à l'univers, au Logos. C'est là une indication du *mouvement immobile*. L'échelle de l'expression biblique, quant à elle, se laisse descendre : telle est la proposition exprimée dans sa lettre, puisque l'homme y est condamné au Déluge ou à la mort; mais elle se remonte également : l'itinéraire mental assuré par la double analyse du mot *«penser à travers»* donne à contempler l'échelle du Monde et la permanence de Dieu, toutes visions de résurrection et non plus de mort. L'exégèse trouve et utilise l'équivocité dissimulée, celle des deux parties du Texte de base, comme elle utilise directement l'équivocité bien visible des deux propositions, de Destruction et de Création. Enfin, si le *«J'ai fait»* reste sans repentance de la part de Dieu, au total, c'est parce que Dieu prévoit Noé.

b.- *Les § 33-50, la pleine dialectique*

Philon reprend donc une partie du Texte de base, *«Dieu fit réflexion en-dedans : ce qu'Il avait fait l'homme sur la terre, et Il pensa continuellement»* (§ 33). Cette fois, c'est le rapport dialectique entre les trois termes qu'il va élucider. D'abord, les deux verbes lui fournissent un nouvel équilibre : *«Il réfléchit au-dedans - Il pensa continuellement - à travers (les choses)»*. Cette fois, le *δια-* joue de sa valeur spatiale et non plus temporelle. Du coup, l'immobile et le mouvement trouvent à s'opposer de façon adéquate; du coup, apparaissent les deux supports en Dieu de tout ce jeu, à savoir les Deux Puissances majeures. L'une, fixée dans le sens de *«au-dedans»* - *ἔννοια*, s'accorde aux êtres qui ne changent pas eux-mêmes, et c'est la Puissance de Bonté, de Position dans l'être; l'autre, celle de Maîtrise, voire de châtiment, s'élance dans le monde[1], elle s'extériorise pour ainsi dire, d'après la formule contraire, le *«à travers»* (§ 34, et son *ἡ νοήσεως διέξοδος*). Ainsi, la cellule plus petite de cette proposition reproduit l'équilibre déjà assuré par la lecture globale du Texte durant les § 19-32[2].

Or, les autres mots, *«quelle chose Il avait faite l'homme»*, vont être à leur tour soumis à interprétation (§ 35-48). Mais ils vont l'être précisément dans un parcours de toutes les créatures Apprendre l'essence de l'homme, savoir *«ce que c'est que l'homme»* - puisque évidemment Philon, ici, coupe *ὅτι* en *ὅ τι* - c'est à la fois contempler l'Idée la plus immuable en Dieu, sa décision bonne de créer, et aussi assurer le chemin de l'intelligence spirituelle qui progresse : on peut voir dans les § 35-50 l'apprentissage d'un Abraham, celui que suggèrent par exemple les § 176-197 du traité *De migratione Abrahami*.

La réflexion divine *contient* (c'est le *ἐν-*) et elle *parcourt* (par le *δια-*) les quatre parties possibles de l'essence (du *ὅ τι*), à savoir : l'*être-là*, puis la *croissance*, puis l'*âme*, et enfin la *pensée*. La description inspirée des Stoïciens a ceci de remarquable, qu'elle note bien le mouvement dans chacun des quatre stades de la création[3].

---

1. Philon rattache ce mouvement du Seigneur au mouvement des créatures, et celui-ci au cas du misérable chasseur, Nemrod, dont il a parlé dans le *De gigantibus*, § 43 et 65, sous le titre de la *«désertion - changement»*.

2. Très élégamment, Philon reprendra la prososition suivante, *«J'effacerai l'homme de la face de la terre»*, pour la rattacher à la suite (voir les § 51-85). Les bonnes allégories montrent des systèmes multiples, révélant le dynamisme du Logos et la cohésion vivante du discours qui l'applique ou le révèle.

3. Chaque étape manifeste un mouvement, au sens aristotélicien, son devenir, ses changements, et donc, pour Philon, son instabilité. Pour cette chaîne des êtres, voir aussi le traité *De aeternitate mundi*, § 75.

Le *«souffle»* qui assure la cohésion du monde inerte imite la course des athlètes, et c'est un mouvement régulier, de type spatial; la *«nature»*, presque par définition, comporte mutations et saisons et âges, la fixité de l'espèce corrigeant l'agitation de l'individu (fin du § 40) et ramenant ce mouvement désordonné à une variante du précédent; quant à l'*«âme»*, la multiplicité des sensations, la mémoire passant aussi en oubli, la répulsion ou l'attirance disent assez le changement qui l'affecte. Reste le degré sublime, celui de l'esprit. Philon le détache donc de tout le reste. Ce qui paraît essentiel dans l'affirmation de la nouvelle *«liberté»*, c'est qu'elle substitue à tous les mouvements antérieurs un choix, une orientation, qui font de l'être λογικός un être dont les *mouvements* s'harmonisent avec les Deux Puissances de l'Être et non plus avec quelque nécessité circulaire, comme en ont subie et l'âme et la nature et l'être-là. Les variations vers le Bien ou vers le Mal mettent l'homme sous l'immédiate action des Puissances. Alors, l'expression biblique, *«ce qu'est l'homme qu'Il a fait»*, est harmonieuse : la définition de l'homme (son ὅ τι) se comprend grâce au mouvement allant du premier verbe, *«Il réfléchit au-dedans»*, au second verbe, *«Dieu pensa à travers»*. Philon n'a pas déployé une sorte d'Histoire Naturelle comme par entraînement, mais il a fait ressortir la définition de l'homme comme par nécessité de langage, la nécessité cohérente du langage biblique. La Nature de l'homme se déduit en premier lieu des deux pôles qui enserrent sa formulation à même le Texte; le mouvement d'une Puissance à l'autre appelait ensuite l'autre type de mouvement, celui du monde inférieur, fixe d'une fixité non-divine - logiquement, même si l'énoncé place ce mouvement avant dans la rédaction philonienne).

Le § 50 rappelle en inclusion le § 24, avec l'harmonie des contraires. Les Puissances, que nous avions supposées par avance là-bas, sont ici clairement désignées, et le § 50 répercute aussi le § 34, début de ce développement. Il reste à Philon la tâche difficile de montrer que ces Puissances proposent par leur simple alternance la *Dyade* bienheureuse, qui permet à l'âme de fuir le *nombre* féminin et défiguré du *De gigantibus* [1] , et de se tracer la Voie royale, gardée qu'elle est par la Bonté créatrice et par l'Accusateur, notre Ἔλεγχος.

Il serait enfin peu vraisemblable que Philon introduise les Puissances et toute cette dialectique sans s'appuyer de façon immédia-

1. Philon lit sans insister *«Les méchancetés des hommes sur la terre ont été nombreuses»* (§ 20), où ce nombre marque la perversion, par redondance ou comme un effet.

te et persévérante sur la lettre du Texte biblique. Le progrès de notre propre lecture vient ainsi renforcer les exégèses qui pouvaient sembler trop subtiles dans les pages précédentes. Philon n'a donc pas philosophé *à propos* d'un texte; il n'a donc pas d'abord redouté les mauvaises interprétations du vulgaire, qu'il écarterait par apologétique cccasionnelle. Il a tenté de descendre, puis de monter l'échelle des mots en lisant sa *Genèse* grecque. Il a tenté de déchiffrer la splendeur de Dieu, quand le Texte semblait annoncer la ruine de l'homme.

Dans le même sens, d'une remontée de l'âme, on rappellera que déjà les § 10-12 synthétisaient les degrés de la Création sous la forme des Jours de la *Genèse*, ch. 1, courant du Jour *Un* au Jour *Septième;* et que cette réflexion positive sur l'Hebdomade faisait elle-même écho au *De gigantibus*, § 22-28. Ainsi, Philon asseoit la Création à partir d'un Texte qui annonce le Déluge, avec la perte de tous les humains. Il ne parvient pas à décrire la nuit du mal - et cela non par maladresse, mais parce que sa lecture mystique le contraint. Il se trouve comme un homme dont la lampe voudrait montrer les ténèbres, ou comme le Soleil dont il parlé et qui proclame et supprime l'obscurité. C'est également la raison pour laquelle ici l'homme est doué d'une *«liberté»* qui exalte son *autonomie*, selon l'idée du *De gigantibus*, § 35-39, alors que l'on doit souvent condamner une volonté d'autonomie - et cela pas plus tard que dans les § 4b-19 de notre *Quod Deus*. Le nouveau «chapitre» qui va nous occuper, avec les § 51 - 85, viendra confirmer cette tactique de la conversion du mal au Bien, fondée qu'elle est sur l'équivocité de l'Écriture.

Mais on notera une différence entre ces «chapitres» : les § 1-50 du *Quod Deus* demandent au lecteur, disciple de Philon, la capacité de lire correctement le Texte biblique; mais les § 51-85 lui demanderont l'effort plus difficile de déchiffrer un langage biblique volontairement *faux* dans son énoncé...

3.- *Les § 51-85 : «J'effacerai l'homme que J'ai fait de la face de la terre, de l'homme jusqu'au bétail, des reptiles jusqu'aux volatiles du ciel, parce que Je me suis mis en fureur de ce que Je l'ai fait» :*

Le § 70, au milieu de ce «chapitre», marque une division organique du commentaire : *«Telles sont les bases qui fondent convenablement notre recherche, et reprenons l'examen depuis le début...»*. Ainsi, les § 51-69 forment une base, un préalable, soutenant et autorisant le développement ultérieur des § 70-85. Il ne faudrait pas connaître Philon pour couper son exposé aussi logiquement qu'il prétend le faire. On présumera que nous tenons là en effet deux développements complets et suffisants jusqu'à un certain point. Nous verrons que, suivant une alternance bien philonienne, les § 51-69 s'occupent du Texte sous son aspect formel, quand les § 70-85 le reprennent du point de vue du contenu. Nous verrons que les § 51-69 spéculent sur une opposition de contraires, *«Dieu est comme un homme»* - *«Dieu n'est pas comme un homme»*; puis que les § 70-85 combinent une dialectique en trois temps, pour rendre un compte plus efficace de cette contrariété de base. Nous verrons enfin que la seconde exégèse seule établit réellement la première, en usant d'une preuve par le mouvement[1].

a.- *Les § 51-69, Platon et Moïse*

Ce développement, comme les autres du même genre, peut être considéré de bout en bout comme un effort d'apologétique. Plus précisément, on peut y voir Philon essayant de laver la philosophie de Moïse. Mais le mouvement donné par Philon assume et dépasse largement cette vision négative. Le langage volontairement falsifié de l'Écriture recèle une vérité supérieure, à savoir l'existence d'une ambiguïté en Dieu, dont nous apprendrons qu'elle recouvre l'existence des Deux Puissances majeures. Ici, tout va dépendre d'une contradiction éclairante aperçue entre deux Textes de la Bible, où Dieu est et n'est pas comme l'homme. Pour Philon, ces deux affirmations opposées constituent des *«préambules»* ou des *«principes»*, à placer en tête des Lois comme leur préface. L'on doit ici penser aux exhortations ou aux préfaces qui doivent, d'après les

1. C'était le cas dans le «chapitre» précédent : le § 33 le coupait en deux pour la même utilité rhétorique, voulant que les § 20-32 soient de préparation et la suite, de preuve. Ce sera le cas de nouveau plus loin.

Lois de Platon, prévenir et envelopper la législation proprement dite. Les *Lois*, IV, 720-724, par exemple, attribuent au meilleur Législateur l'art de choisir la *«formule longue»*, c'est à dire l'énoncé d'une loi proprement dite (voir ici, notre § 53), mais précédé de l'exhortation théologique la plus élevée possible (ici, le même § 53 dit *ἀνωτάτω πρόκειται*), et Platon y recourt à la comparaison des médecins, capables ou non de persuader le malade (ici, les § 65-68). Mais on voit comment Philon domine le souvenir qu'il garde du conseil de Platon : il agit à l'égard du Philosophe comme à l'égard de la Bible, en le détournant[1] . Inutile d'insister sur les distorsions : la persuasion platonicienne est là pour dissiper les craintes, alors que Philon en use pour contraindre le malade moral à trembler et à se convertir... Le plus intéressant est d'observer que Philon commence par suivre Platon : son § 66 parle bien d'adoucir la cruelle vérité, mais il en retient seulement l'idée du *«mensonge»*, et il l'applique autrement, à durcir la cruelle vérité (§ 68) ! Enfin, au total, Philon montre en Moïse le plus parfait des *«Législateurs»*, celui que l'Athénien des *Lois* tentait de définir. Mais revenons au «préambule».

«Car, avant et fort au-dessus des Lois, avec leurs ordres et défenses (qui forment les lois au sens propre) se trouvent deux énoncés sur la Cause : l'un, qu'Il n'est pas comme un homme, Dieu, et l'autre, qu'(Il est) comme un homme». La vérité vraie consiste à dire le premier énoncé; le *«mensonge»* salutaire, à dire le second. Ce platonisme reçoit immédiatement une vie biblique en réalité, puisque le second énoncé vient d'une formule qui préface effectivement dans le *Deutéronome* une allusion à la Loi d'Israël, et qui se déploie jusqu'à la *«crainte»*, en disant : *«Tu garderas les commandements du Seigneur, ton Dieu, à marcher dans Ses voies et à Le craindre»* (ch. 8, v. 6 du *Deutéronome*). La jonction de syntaxe, *«comme un homme Il éduquera»*, doit être comprise, dit Philon, comme très intérieure : tout ce qui va à l'éducation fait paraître Dieu *«comme un homme»*, et réciproquement, tout ce qui fait paraître Dieu *«comme un homme»* vise l'éducation. Et donc la formule qu'on rencontre ailleurs et qui est exactement opposée, *«Dieu n'est pas comme un homme»*, vise, par nécessité des

1. On trouve dans les *Lois*, II, 662-664, la théorie du mensonge poétique, utile à l'éducation et au respect des lois. Platon, comme Philon, évoque un Législateur amené à produire des «mensonges» (voir ici, § 64, ou encore dans le *De somniis*, I, § 233, tout proche des *Lois*, II, 663d, ψεῦδος λυσιτελέστερον). Le *De sacrificiis*, § 91-96 oppose, lui, une absurdité éclairante, celle du serment de Dieu, au principe de vérité vraie, à savoir que «Dieu n'est pas comme un homme» - et donc ne saurait user du serment.

contraires la notion non relative (l'éducation est relative du maître au disciple), c'est à dire la vérité, l'essence, la nature. Le piquant de la formule, c'est qu'elle est prononcée par Balaam, le faux-prophète [1] : seulement, on sait comment Balaam est obligé de dire des prophéties de bonheur sur Israël, au moment où son maître, Balaq, lui demande des malédictions. Il y a donc une vérité formidable dans un oracle ainsi imposé à Balaam, malgré Balaam et malgré Balaq - ἀληθείᾳ βεβαιοτάτῃ πεπίστωται. C'est qu'il couronne Israël, un Israël armé d'une doctrine absolument pure, *«chez qui il n'y a ni divination ni magie»* (ce verset 23 du ch. 23 des *Nombres* oriente sans doute le § 55) [2]. Philon, de plus, se souvient ici de l'opposition qu'il a établie entre Moïse et Aaron. Le § 53 du *De gigantibus* parle déjà de l'âme *«nue - dépouillée»*, et Philon retrouve ici le mot spécifique, *«les chairs»*, avec ce pluriel significatif (§ 56), pour désigner la cause de la faiblesse qui donne à Dieu une image trop humaine, multiple, divisée, correspondant à tout ce qui devient.

La philosophie de Moïse seul

Tout se passe ensuite comme si Philon gardait sous les yeux le Texte moins noble, celui du *Deutéronome*, mais en poursuivant sa lecture du v. 5 au v. 6 : *«Comme un homme Il éduquera Son fils... tu garderas les commandements du Seigneur, ton Dieu, à marcher dans Ses voies et à Le craindre»*. Deux mots servent de relais à l'exégèse : les *«voies»* et le verbe final, *«craindre»*. Le mot *«voies»* produit l'allusion à la *«Voie de grand'route»* du § 61; et la *«crainte»* définit précisément l'intention du Législateur dans ses *«mensonges»* (§ 63-64, puis § 68-69). La séquence des § 55-69 devient saisissable comme dialectique. En voici les ressorts.

1) Le Texte des v. 5-6 contient tout ce qu'il faut pour déchiffrer le *«mensonge»* qu'ils commencent par énoncer, que *«Dieu est comme un homme»*.

2) L'absurdité arrêtera celui qui prendrait ces premiers mots à la lettre, *«Dieu est comme un homme»* (§ 57-59).

3) Donc, cet esprit simple doit comprendre que c'est de lui et non de Dieu que ces premiers mots disent l'infirmité : il est trop dans *«les chairs»* lui-même pour faire autre chose

1. Voir, dans le *De migratione Abrahami*, § 113-115a un traitement opposé de la même situation de Balaam.

2. Balaam reviendra : ci-dessous, au § 181. Voir aussi la *Vita Mosis*, I, § 263-300.

que concevoir mal la divinité (§ 56 - ce raisonnement est placé par Philon avant la démonstration facile de l'absurdité, soit avant les § 57-59);

4) Philon concentre alors les visions absurdes sur le terrain de la guerre, parlant de *«l'égide et de la foudre»* : par là il se rapproche à la fois du Texte de base, puisque la décision de Dieu d'effacer les hommes parle aussi de sa *«fureur»*, et de l'accusation portée contre le mauvais lecteur [1]. En effet, celui qui prête à Dieu des figures et des passions d'homme est un indigne et, comme tel, il mérite ce qu'il a cru voir, la panoplie des armes divines, prêtes à agir contre lui, et non plus dans le vague ou contre des ennemis d'une autre époque (§ 60).

5) Comme Platon, Philon annonce l'*«utilité»* de ce jeu du Législateur idéal, Moïse. Imitant l'impiété de l'impie, le Texte la lui manifeste, d'abord.

6) Là, Philon, dominant du regard l'ensemble du v. 6, *«à marcher dans Ses voies et à Le craindre»*, y distingue une division : suivre la Voie royale de Dieu, c'est remonter vers le principe opposé, vers la formule adverse, *«Dieu n'est pas comme un homme»*. C'est pourquoi Philon dit avec précision, au § 61, *«Les uns possèdent une nature bonne et une éducation absolument irréprochable : ils trouvent* ensuite *la voie de grand-route...»*, et le mot *«ensuite»* suppose que les âmes nobles elles aussi ont commencé par le commencement, c'est à dire par l'éducation plus ou moins fallacieuse[2]. Et donc le v. 6 produit lui-

---

1. Par une sorte de «talion», l'erreur des faibles leur fait voir un Dieu furieux. La Bible prête à Dieu des atttitudes guerrières, alors que les mythologies grecques prêtaient aux dieux des passions plus variées... Pour la panoplie, voir par exemple, dans la Bible, *Psaumes* 7, v. 13s; 11, v. 6; 18, v. 15; 29; 144...; *Sagesse*, ch. 5, v. 16-22. Dans ce dernier texte, comme chez Philon, les armes de Dieu restent suspendues : on ne voit point de combat, et les ch. 10-19 de la *Sagesse* détournent aussi l'idée du châtiment prévu au début. Pour la diatribe contre l'anthropomorphisme, voir *Isaïe*, ch. 40, ch. 43, *etc.*

2. Ainsi, l'énoncé du *Deutéronome*, inférieur à l'autre, va devenir capable de remonter au premier, manifestant la vraie nature de Dieu, qui *«n'est pas comme un homme»*; réciproquement, le sage du début (§ 55) va nous apparaître comme un homme racheté d'une première erreur. L'homme se détériore et le principe s'élève. C'est une miséricorde du Texte. Notons que le régime de la *«crainte»* pédagogique précède celui de la bonne *«nature»* et de la bonne *«éducation»* (§ 61, avec ἀγωγή, et § 63, avec τροφή); ce dernier régime est en réalité celui de la seconde Triade, d'Isaac et d'Abraham (voir ci-dessous pages 88-94).

même la rédemption de ce qu'il condamne. La suite du verset désigne alors la seconde hypothèse : ceux dont la nature n'est pas assez noble sont alors l'objet du φοβεῖσθαι (§ 61-64). Mais la *«crainte»* est laissée à l'incapable comme une dernière chance : elle ne va pas à la mort, mais à la vie (§ 65-69).

En bref, Philon pratique ici une exégèse qui unifie, au moment où elle déclare la dualité des sentiments et des langages. Les principes, l'un de «vérité», l'autre de «mensonge utile», *«Dieu n'est pas comme un homme»* - *«Dieu, comme un homme...»*, se ramènent au seul second : *«Dieu, comme un homme, éduquera... voie...craindre»*. Et cet énoncé nous fait lui-même remonter l'échelle des mots en allant du début péjoratif jusqu'à la sublimation de la *«voie»* et jusqu'à la conversion de la *«colère»* en grâce de salut. Car la Fureur de Dieu vise seulement à convertir l'impie (on se souvient ici de toute la rhétorique du livre de la *Sagesse*, ch. 11-12, dont j'ai eu l'occasion de montrer les ressorts[1]).

Cette conduite de l'exégèse s'explique elle-même par un mouvement qui l'entraîne toujours plus loin. Philon oppose «amour» et «crainte», qui sont le reflet dans l'âme des deux Puissances majeures, parce qu'il sait d'avance que le Texte de la *Genèse*, ch. 7-8, est lui-même un texte contrasté : dès le § 70, Philon va précipiter la lecture et commenter la *«Colère»* qui détruira tous les hommes en la plaçant immédiatement en face de la *«Grâce»* qui sauvera un Noé. Et non seulement il parlera de grâce, mais il va colorer et adoucir déjà la Colère en effet de grâce. Autrement dit, le lecteur de Philon ne pourra comprendre l'exégèse des § 51-69 sans le § 70 et ses conséquences morales. Autrement dit, encore, nous ne sommes pas en présence d'une simple apologie du langage biblique, mais d'une manifestation royale de sa royale puissance - celle d'une souveraine et non d'une indigente, mendiant justification charitable; celle d'une lumière, et non d'un pâle objet qu'il faudrait ranimer; celle d'un chemin de roi, et non d'un maigre taillis qu'il y aurait à débroussailler pas à pas. Autrement dit, enfin, le lointain adage des *Nombres*, ch. 23, *«Dieu n'est pas comme un homme»*, habite *dans* l'apparence mensongère d'une autre image où *«Dieu est comme un homme»*, d'après le *Deutéronome*, cette fois. Ce jeu suppose qu'on lise jusqu'au bout la phrase entière, en sachant derrière Philon que les mots équivoques possèdent la règle et la résolution de leur ambiguïté.

---

1. Dans l'article *Philon, allégorie et obsession de la Totalité*, dans Études sur le Judaïsme hellénistique, Coll. Lectio divina, éd. du Cerf, 1984, pages 308-317.

La progression des § 51-69 est donc habile : elle trouve le biais pour expliquer et harmoniser deux fomules contraires à partir de la seconde toute seule. L'aporie devient solution par l'usage d'une division qui apporte la lumière.

Au total, tout se passe comme s'il ne devait pas y avoir de Déluge... Le salut l'emporte. Aussi bien l'histoire de Noé nous attend-elle, au lieu de la Colère et de la narration biblique du cataclysme prévu[1].

b.- *Les § 70-85, la dialectique des trois Psaumes*

Comme toujours Philon est élégant. Il combine l'aspect scolaire et le mouvement. Il parle d'un développement préliminaire, celui des § 51-69, qui permettrait d'aborder de front le Texte de base (§ 70). Mais nous avons vu et il faut le répéter que la clef de voûte de ces § 51-69 se trouve en fait ici même dans le rapprochement vif opéré par le § 70 : *«Quelle valeur noétique met-il sous les mots, Je me suis mis en fureur, c'est à dire que Je les ai faits ? Sans doute, donc, veut-il proposer équivalemment : les méchants ont trouvé à naître par la Fureur de Dieu, et les bons, par sa Grâce. Aussi bien dit-il à la suite : Noé trouva Grâce»*. Le développement propre de la dernière phrase biblique, sur Noé, nous attend dans les § 86-121. Et pourtant Philon y fait appel dès maintenant. Il nous montre en fait la loi de son exégèse comme celle du Texte : le v. 8, sur Noé, lui permet seul de comprendre en vérité le v. 7, sur la Colère de Dieu. Tout comme le v. 6 du *Deutéronome*, ch. 8, précédemment, nous a permis de lire correctement son v. 5, la division finale donnant sa signification réelle au scandale suscité par l'apparence du premier mot. Ainsi, les deux césures marquées par Philon lui-même au nom d'arrangements plus ou moins scolaires, comme nous en trouvons une en ce § 70, ne doivent-elles pas êtres prises trop au sérieux : elles fournissent des indications... médicinales à ceux qui morcellent déjà son discours.

Quoi qu'il en soit, Philon envisage maintenant le Texte de base pour son contenu[2], la Colère de Dieu. Et pourtant, il commence par une leçon tirée de la syntaxe, et donc de la forme. Les § 71-72

---

1. On peut penser que Philon n'explicite pas son raisonnement. C'est que le mot *«Ses voies»* ferait peut-être survenir le thème de la Voie royale un peu trop tôt. Nous attendrons les § 140-183. Philon l'évoque discrètement, au § 61, comme il l'a déjà fait, par exemple, à la fin du *De gigantibus*, § 64. D'autre part, les ressorts de son exégèse sont particulièrement discrets dans nos deux Traités.

2. Ce serait une belle erreur que de considérer le contenu comme plus important que la forme. Aucun philonien ne la commettra.

déduisent de l'ordre des mots, *«Ma Fureur est de les avoir faits»*, que l'agir prend sa source dans le sentiment intérieur - cela, d'une manière très générale. La Colère précède le geste de faire dans la phrase biblique et donc dans la psychologie. On peut se demander si Philon ne se livre pas simplement ici au besoin de tout dire sur un lemme donné : mais quel maigre résultat que cette leçon de sa psychologie... On peut aussi faire confiance davantage à Philon. La phrase biblique concerne Dieu. Or, nous venons de débattre assez longuement durant les § 51-69 pour établir que l'homme trop faible prête à Dieu sa propre image de faiblesse. Ici, Philon suggère le jeu inverse. Une phrase dite de Dieu éclaire la conduite humaine. C'est là un prolongement de la médecine précédente. Quitte à prêter à Dieu un profil d'homme, le Législateur, qui parle ainsi très indirectement de Dieu, parle tout à fait directement de l'homme. Il y a là une sorte d'exercice, vérifiant l'équivocité parfaite des mots étonnants de l'Écriture[1]. Mais passons au corps du développement, aux § 73-85.

Philon y garde le résultat positif des § 51-69 : la Puissance de Bonté équilibre et enveloppe la Puissance de Maîtrise, tout comme la définition «mensongère» de Dieu, le donnant *«comme un homme»*, se trouvait enveloppée, grâce à la suite du Texte, dans la définition véritable et plus haute, *«la Voie : Dieu n'est pas comme un homme»* (§ 61). L'espèce d'équilibre du v. 7 et du v. 8, des mots *«Fureur - Grâce»*, des hommes pervers et de Noé, va donner lieu à une belle dialectique. Elle empruntera le chemin de trois formules, à la fois semblables et dissemblables, que Philon va lire dans trois *Psaumes*. La voici.

1) Le *Psaume 100,* v. 1, *«Miséricorde et Jugement je chanterai pour Toi»*, propose la Dyade divine, et dans un ordre : d'abord la Miséricorde, ensuite la Maîtrise. Déjà, la présence des deux indiquait une double vérité : personne n'échappe à ce Jugement; le Jugement marche avec la Bonté, et donc personne ne sera de fait englouti purement et simplement dans la Colère (§ 74-76). Observation de syntaxe, comme au § 71 - c'est la même élégance efficace; exégèse de la distinction réglée des Puissances, à partir de l'antériorité de l'une, ce qui fait appel à une preuve par l'âge, toujours forte dans l'Antiquité. Que le péché soit universel[2] (§ 75),

1. Là encore, Philon associe le procédé rabbinique, voulant que tout le Texte soit considéré, et le mouvement propre de son Traité. Jamais il ne sacrifie à l'entraînement mécanique. Son exégète doit partir de ce présupposé optimiste, et il en sera récompensé.

2. Curieusement, le *Psaume 100,* dont Philon cite le v. 1, pourrait être appelé la «confession négative» du Pharisien, et il établit la justice de celui qui le prononce. Philon glisserait-il ici, de surcroît, une polémique anti-pharisaïque, en ôtant toute justice à tout homme ?

Le Texte l'a dit suffisamment. Nous avons vu que le § 61 supposait une rédemption pour le meilleur des hommes, celui qui est capable de la meilleure définition de Dieu : que dire alors des autres, moins lucides ! C'est là un thème prophétique (voir du *Psaume 14* ou *140* aux *Romains*).

2) Le *Psaume 74*, v. 9, *«Une coupe est dans la main du Seigneur, de vin non mêlé elle est pleine du mélange»*. L'exégèse est ici plus longue (§ 77-81). Elle se fait cosmologique et théologique. Elle s'achève sur la célébration du *«mélange»* (§ 81). Derrière l'absurdité du couple verbal *«non mêlé - mêlé»*, elle déchiffre la sublimité d'une union transcendante des contraires. Le développement suit une courbe parfaite, celle d'un itinéraire anagogique :

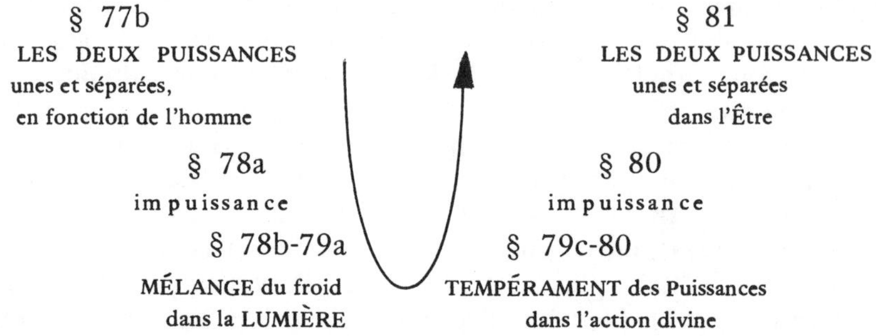

Il ne s'agit plus ici du dosage de la Bonté et de la Maîtrise, mais de leur commune atténuation quand elles descendent de Dieu au niveau de l'homme. Mieux, par anagogie, Philon postule, à la fin (§ 81) un équilibre des Puissances en soi et non plus seulement leur perception pure à l'une et à l'autre : c'est un effet de transcendance. Philon aperçoit un équilibre qui dépasserait l'application de ces Puissances à l'homme, et qui parlerait de ce Dieu seul. Voilà une dialectique à l'intérieur de la dialectique propre à l'ensemble des trois *Psaumes*. Car Philon annonce lui-même, au § 82, le lien qu'il voit entre le Texte proposant un *«non mêlé - mêlé»* et le Texte suivant, celui du *Psaume 61*, v. 12.

3) Le *Psaume 61*, v. 12, donc : *«Une seule fois le Seigneur a parlé : deux fois je L'ai entendu»*, recoupe, d'après Philon, la citation précédente. Il suffit d'observer l'équation de l'*«Unité»* avec le *«non mêlé»*, et du *«double»* avec le *«mêlé»*. Mais ce que Philon ne dit pas, alors qu'il l'effectue dans les § 82-85, c'est la synthèse de ce dernier Texte avec le premier, celui du *Psaume 100*, v. 1. En effet, il tire le double vers le grand nombre; il tire la dyade du langage vers la multiplicité mauvaise des *«raisonnements pervers»*; il tire l'équilibre de la lumière tempérée vers l'idée d'une ba-

lance différente, celle des pervers innombrables, qui s'opposent au seul Juste, Noé (tout cela est achevé au § 85). Mais cet infléchissement des valeurs du *Psaume 74*, v. 9, au milieu, vers la différence radicale du Bien et du Mal repose sur le souvenir du *Psaume 100*, v. 1, qui, lui, distinguait pour commencer la Bonté et le Jugement. On le voit, Philon veut que ces trois Textes se révèlent mutuellement et concordent par harmonie.

La dialectique totale des trois développements sur les trois citations de *Psaumes* revient à ceci :

distinction — *distinction entre* *absolu* / *mélange*
réglée par — *réglée par*
l'ordre des mots — *l'ordre des mots*
mélanges

Le début parle des Puissances de Dieu; la fin parle des valeurs dans les hommes, soit le pervers, soit le Juste qui les déborde, comme le principe de l'Un enveloppe le nombre. Or, dans l'interprétation du dernier Texte, du *Psaume 61*, v. 12, Philon suppose implicitement l'action de la syntaxe : le mot ἅπαξ - *«une seule fois»*, précède la réception multipliée, *«deux»* δύο. Enfin, la dialectique des trois *Psaumes* hérite du préambule formé par les § 51-69. Car Philon superpose les hommes à Dieu dans la lecture de sa phrase ultime, *«Une seule fois - deux...»*, puisque le *«juste»* est du côté de l'Unique, les pervers, du côté du nombre. Ainsi, naguère, le Sage entendait la formule *«Dieu n'est pas comme un homme»*, et les faibles entendaient *«Dieu est comme un homme»*. Le Texte du *Psaume 61*, v. 12 redit le double principe. Seulement il le fait dans un ordre, donnant la priorité à l'Un, à la Bonté. Cet ordre vient déjà du premier *Psaume* invoqué (au § 74). Philon avait besoin de ce *Psaume 100*, v. 1, pour sa syntaxe même : le Texte de base inversait dangereusement les termes, puisque le ch. 6 de la *Genèse* parlait de Fureur avant de dire la Grâce sur Noé. Il inversait les termes, sans doute en vertu de cette équivocité, dont le souvenir de Platon a permis à Philon de la présenter comme un *«utile mensonge du Législateur»* (§ 65-69).

Noé va peser plus lourd dans la balance que tous les impies de la terre (§ 85). Nous nous souvenons que dans un mouvement analogue les § 52-54 du *De gigantibus* laissent d'abord Aaron, le langage, dans l'ambiguïté de la dyade, avant de le sauver par le voisinage de Moïse, *«nu»*, comme ici, au § 83, est *«nue»* la Parole de Dieu. Aaron semblait condamné : il entre finalement dans le Sanctuaire grâce à Moïse. Décidément, ici, le Déluge n'aura pas lieu...

Conclusion sur les § *51--85*

L'équivocité brute, affirmée à la fin du *De gigantibus* et laissant sans solution exprimée le chiffre de *«120 ans»*, a servi de principe d'exégèse. D'abord, l'exégète a pu réduire l'opposition de deux mots clairement énoncés dans le Texte, *«Dieu avec une pensée-dedans (de Création), et une pensée-dehors (de destruction)»* (§ 20-50). Maintenant, une équivoque plus profonde, celle d'un mot scandaleux, *«Fureur de Dieu»*, a dû être levée, au point de produire une lecture exactement opposée à l'apparence du Texte, puisque la Fureur nous laisse sur le bénéfice de la Bonté. Nous n'en avons pas terminé avec les paradoxes, et les § 122-139 récidiveront avec la question de la *purification de la lèpre.*

On pourrait ici admettre aisément que Philon rend un compte exact de l'histoire du Déluge, quand il la supprime en réalité. L'intention de Philon est de manifester comment la vie du monde dépend d'un Juste, d'un seul Juste. Mais c'est déjà l'intention de la *Genèse*. Si Philon tient tellement à cette idée [1], elle est biblique au premier chef. La prophétie du Reste, l'intercession d'Abraham, les aventures de Joseph, après celles de Noé, tout parle de ce triomphe de l'intensité de l'Un dans le nombre. Trouver [2] dans chaque phrase, chaque mot de menace la promesse du salut, c'est simplement s'attacher, de façon naïve et retorse en même temps, à la vérité biblique. La couleur des textes bibliques est à jamais perdue pour nous. L'ouvrage de Philon pour lui trouver son unité n'est pas plus étrange que celui d'un traducteur moderne ou celui d'un Fra Angelico, d'un Rembrandt.

---

1. Entre quantité de passages, voir le *De migratione Abrahami*, § 118-126:

2. Sans trop polémiquer, j'avoue rester perplexe devant la désinvolture de V.Nikiprowetzky dans son jugement (sa page 35) à propos des § 70-85. Sans tout voir, on ne peut méconnaître la régularité de la composition, me semble-t-il.

4.- *Les § 86-121 : «Noé trouva grâce devant Dieu»*

Comme dans les deux «chapitres» précédents, Philon procède en deux vagues : le § 104 reprendra le Texte de base [1], en variant *«en face de Dieu»* par *«auprès de Dieu»*, soit ἐναντίον par παρά, et les § 104-121 envisageront la phrase entière, *«trouver grâce»*. La première section établit trois hypothèses de la *«trouvaille»*, et la seconde bâtit une belle dialectique, en une sorte d'échelle divine, une fois de plus, où le personnage équivoque de Joseph joue un rôle central. Disons tout de suite que le lecteur de Philon ne gagnera pas à se laisser endormir par cette division simple. Ainsi devra-t-il noter que la première section, où Philon discute le verbe *«trouver»* d'une façon apparemment dégagée du contexte, culmine sur l'idée d'une découverte entièrement gratuite : il existe donc pour Philon un chemin intérieur au Texte et qui conduit du verbe «trouver», bien compris, à son complément, la *«gratuité»*, une détermination qui semblait aléatoire et qui devient nécessaire. Enfin, comme dans le «chapitre» précédent, Philon ne rédige pas son exégèse du v. 8 sans faire appel au v. 9, qui dit ceci : *«Voici les engendrements de Noé : Noé (fut) homme, juste, accompli dans sa génération, Noé plut à Dieu»*. Nous verrons en son temps par quelles voies la synthèse est opérée et comment il faut lire ces qualifications de Noé.

a.- *Les § 86-103, division logique et Histoire*

Ce seul mot, *«trouver»*, va faire l'objet d'une analyse. On se souvient que, dans le *De fuga et inventione*, Philon devra organiser la série des quatre hypothèses qui remplissent le cadre formé par le déploiement logique du couple «chercher - trouver»; on sait aussi que, là, Philon arrive à donner le privilège à l'hypothèse de la gratuité, où l'âme trouve sans avoir à chercher. Or, ici, le privilège ira également à l'hypothèse de la découverte gratuite - bien que Philon se serve d'une autre division. Voici la nouvelle démarche.

Le concept de *«trouvaille»* se divise en lui-même : tantôt il vise une *«redécouverte»*, consécutive à une première perte, donc; et tantôt il vise la *«découverte»* simple et directe d'une chose qu'on n'avait pas. Le premier cas est illustré par la *«grande prière»* du Nazir (§ 87-90); le deuxième, par une division secondaire, tirée du sens, cette fois, et non plus du mot : les uns *«trouvent par gratui-*

---

1. Voir ci-dessus : à propos du § 33, page 70, et la note; à propos du § 70, page 77 et la note.

té» (§ 91-98), mais d'autres *«s'acharnent inutilement»* et ils aboutissent à l'échec (§ 97-103). La division est celle du don reçu à une autonomie abusive. Nous verrons que cette logique accompagne un autre principe d'organisation des § 86-103. Ainsi, la vraie découverte est située au milieu des trois hypothèses. Que signifient, autour d'elle, ces deux autres formules ? La troisième et dernière, celle de l'échec dû à l'initiative de l'homme, se voit parfaitement justifiée, comme contraire de la deuxième, celle qui dit la découverte gratuite, reçue par don et grâce à l'initiative divine. Mais la première ? En réalité, l'abstraction logique ne suffit pas à faire comprendre ces § 87-103. Le contenu des § 87-90, l'hypothèse de la redécouverte par le Nazir de son intégrité, s'oppose au contenu de la troisième hypothèse en ceci : Philon oriente le commentaire, dans les deux cas, vers le thème unique du changement; mais le Nazir change dans un sens positif, alors que l'affairé laisse croire qu'il change, quand c'est là de sa part pure hypocrisie, bâtardise déguisée. Il y a davantage : les effets dans l'homme qui voudrait trouver ne sont pas les seuls intérêts des deux hypothèses extrêmes. Philon montre plutôt, dans les deux occasions, la *cause*. C'est parce que le Nazir a fait vœu auprès d'un Dieu clairement reconnu alors comme *«Lui-même par Lui-même»*, qu'en dépit de sa chute et de l'oubli où il passe de sa parole, le souvenir revenu lui restitue la pureté du départ dans toute son authenticité. Le Nazir partage donc la fixité du Dieu immobile, qui «est Lui-même par Lui-même», dans son identité, dans son immobile aséité. Au contraire, le prévaricateur de l'autre hypothèse (§ 97b-103) prétend imiter le bien par lui-même et *«il se force»*; il tombe par cette violence faite à sa nature *«hors nature»*; il tombe hors stabilité, et ce qu'il finit par être touche au désastre. Ainsi le changement commande-t-il la division logique annoncée d'emblée par Philon.

D'autre part, les § 91-103, soit la deuxième hypothèse jointe à la troisième (gratuité puis fausse intiative) retracent l'Histoire d'Israël. C'est Jacob, interrogé et donc appelé dialectiquement par son père Isaac, qui a trouvé à la chasse, sans aucun effort, gratuitement donc. C'est ensuite le même Jacob qui à force de trouver gratuitement finit par *«obtenir la perception»* pure de Dieu, quand il devient Israël. C'est encore ce Jacob-Israël qui reçoit de Dieu gracieusement les villes, les maisons, les citernes. Et ce Peuple alors trouve la joie ou la science sans étude, valeurs qui définissent Isaac. Isaac, au début; Isaac, à la fin (§ 92 et 96-97a). Mais c'est du milieu d'Israël que des scélérats abâtardissent le don de Dieu : d'où l'aventure des Hébreux essayant de conquérir la Terre des promesses sans le commandement de Dieu (§ 97b-103). Le personnage central est celui d'Isaac, dont on sait les définitions[1], toutes marquées de la note d'immobilité essentielle et d'aséité, *αὐτομάθης* - *αὐτήκοος* - *αὐτοδίδακτος*, ou encore le désignant comme *nature*. Avec Isaac, Philon décore donc le milieu du traité (le milieu exact se situe au § 91) avec l'image la plus heureuse, celle de la Fin de toutes choses. La réunion d'Isaac et d'Israël, le spectacle d'Israël parvenu à la terre des promesses et jouissant paisiblement des fruits divins, l'échange qui permet à Philon de dire à propos de Jacob *ὃ παρέδωκε Κύριος ἐναντίον μου*, alors que le Texte de base disait de Noé le Juste qu'il trouva grâce *ἐναντίον Κυρίου τοῦ Θεοῦ*[2], tout cela confère aux § 91-97a le rôle particulier d'une sublimation de l'itinéraire suivi par le *Quod Deus*. La stabilité qui est en Dieu touche ici le monde de l'homme. Philon montre alors que les idées de la philosophie et l'Histoire d'Israël coïncident naturellement : les expressions du § 93, spécialement, se laissent déchiffrer de façon libre et volontairement indifférente, soit comme une description de la découverte morale et intellectuelle, voire littéraire, soit comme un rappel de l'aventure propre à Jacob dans la fameuse nuit de sa lutte et de sa transfiguration - page biblique. On peut rapprocher utilement notre § 93 et le passage du *De praemiis*, § 36-38, où Philon décrit l'illumination de Jacob, de façon plus dramatique, d'ailleurs, insistant sur la soudaineté de la révélation. Si cette soudaineté est remplacée dans notre § 93 du *Quod Deus* par l'intuition naturelle, c'est que Philon mêle ici Jacob-Israël au personnage dominant d'Isaac, naturel par excellence[3]. La soudaineté reste soigneusement notée. Le § 92 reprend le terme *ἐξαίφνης*, mais Philon en dilue l'intensité par une transposition : il oppose deux catégories d'esprits, les lents et les intuitifs, au lieu d'opposer une longue recherche à l'illumination qui vient soudain rendre inutile les lenteurs de l'investigation. Ainsi, paisible comme un peuple de sages-philosophes, Israël représente, au milieu du Déluge moral dont par-

1. Bien qu'Abraham représente l'âme reconnaissant Dieu comme la Cause universelle et que Philon lui attribue des oublis involontaires, ce n'est pas la preuve que les § 87-90 évoquent Abraham, tout en traitant le cas du Nazir.

2. Lorsqu'il reprendra le lemme, Philon se contentera du *παρὰ Κυρίῳ τῷ Θεῷ*. L'équivocité de l'expression *ἐναντίον*, marquant successivement l'approche de Dieu par l'homme et l'approche de l'âme par les biens célestes, correspond à la rapide conversion d'*«homme de Dieu»* en *«Dieu de toi»* (§ 63-64 du *De gigantibus*).

3. Une étude (délicate à bien mener) permettrait sans doute de montrer que Philon associe volontiers les deux scènes de l'échelle et de la lutte de Jacob avec l'ange, et cela dans une analyse du *changement* aussi (*De somniis*, I, § 133s, et *De praemiis*, § 36-48), et qu'il conserve ce modèle dans les § 87-103 du *Quod Deus*.

le le Texte de base, un havre de perfection et de repos, un établissement, une stabilité héritée du ciel. La béatitude achève leur description : *«Bienheureux sont-ils donc d'éprouver un peu l'impression de gens qui surgissent d'un sommeil profond pour voir soudain le monde sans effort et à l'écart de tout affairement»*. C'est la même soudaineté, sans drame, naturelle aussi, comme celle du Premier Jour du monde, où l'homme s'éveille (voir par exemple, dans le *De Cherubim*, § 61 - ses § 63-64 ne sont d'ailleurs pas sans analogie avec la séquence suivante du *Quod Deus*, § 99-103, où se développe le thème de l'appropriation abusive du don accordé par Dieu; c'est un exemple de plus des modèles réguliers de Philon).

La révélation progressive de la Fin en Isaac

Le milieu du traité propose donc la stabilité suprême de l'âme parfaite. La Fin suprême illumine ainsi le long voyage de l'âme. Or, ce voyage nous sera longuement décrit durant l'ultime «chapitre» du traité, les § 140-183. Nous nous trouvons ici devant un plan de traité analogue à celui qui règle le *De migratione Abrahami*. Comme ici, la Fin se laisse découvrir au milieu du *De migratione*, et ce sont les lentes étapes du voyage qui font l'objet du dernier «chapitre» (*De migratione, § 127-139,* pour la Fin; et § 177-225, pour les étapes du voyage mental). Que cette Fin soit seulement entrevue et que sa vision reste fragile, c'est la construction de toute la section qui le rappelle cependant (§ 87-103). Ou plutôt, il faut apercevoir ce don de Dieu comme un salut venu de Dieu : l'histoire du Nazir montre bien que le changement est effectif, mais qu'il est complètement annulé par Dieu; la retombée des hypocrites montre ensuite que l'autonomie sainte est chose difficile et précaire.

Voici la séquence :

1) Le changement du changement - les § 87-90 : Philon parle d'abord du changement constant des créatures et il l'oppose à l'autonomie absolue de Dieu, sa persistance en Soi. La différence entre le Dieu stable et les créatures mouvantes est tranchée, décisive, insurmontable, et la reconnaissance de ce principe fait le sage. Elle est alors si forte, si efficace, que le second changement, celui qui fait du Sage un fou, tout à coup[1], reste sans importance (§ 90). Le mal est incapable de nuire véritablement désormais.

2) La gratuité : les § 91-97a : ce que le mal a voulu *«soudain»* enlever[2] (§ 89, αἰφνιδίον), la prévenance divine le donne

1. Le commentaire rapide des *Legum allegoriae*, I, § 17, est directement opposé : il donne l'égarement comme un malheur définitif.

2. Le *Banquet* de Platon, 210e, donne également la révélation comme ἐξαίφνης. La recherche est longue, laborieuse; le terme apparaît subitement.

également de façon *«soudaine»* (§ 92, ἐξαίφνης). Dans les deux cas, la décision propre de l'homme n'a pas de poids. Ici, la figure enveloppante d'Isaac (au § 92, il invite Jacob, l'*exercice*, à comprendre sa grâce; et au § 97a, il sert d'éponyme au Peuple entier de Dieu) accomplit cette humanité sauvée du Déluge, l'humanité dont le Juste Noé n'est que l'esquisse, et dont Isaac est la réalité. En substituant Isaac à Noé, Philon veut sans doute avancer que la réalité précède l'image, même si, dans la succession des temps, c'est Noé qui précède Isaac.

3) L'autonomie perverse - les § 97b-103 : on sait que les Hébreux devaient conquérir le pays de Canaan, occupé par des Géants, et que la peur les fit reculer. C'était pourtant le moyen pour eux de comprendre définitivement que Dieu donne sans mérite la Terre. On sait que certains, pris d'un remords tardif, voulurent tenter ensuite, sur leur initiative, de faire la guerre dangereuse qu'on avait d'abord récusée et que Yahvé interdisait depuis. Ce récit des *Nombres*, ch. 13 et 14, est repris dans le début du *Deutéronome*, ch. 1, v. 20-46. C'est à ce résumé que Philon se réfère ici. L'exégèse qu'il en donne prend comme repère essentiel le mot *«forcer»* - παραβιασάμενοι (§ 100 et 103b). Le développement est assez étrange, du moins pour qui ne s'avise pas que Philon combine les deux composantes du mot grec. La violence est une force exercée *contre nature* (παρά). C'était de façon *naturelle* qu'Isaac ou Israël trouvaient le monde, précédemment (§ 91-97a), à la différence des appliqués, ralentis par le labeur : le § 100a commence par là, et il reprend cette idée, d'abord inoffensive, d'un apprenti laborieux, mais peu doué par la *nature* - τοὺς ἀφυῶς ἔχοντας. Puis l'effort contre nature devient péjoratif : le § 100b parle de ces gens qui agissent ἀσυγκαταθέτῳ γνώμῃ, *sans conviction qui aille-selon*, pour traduire le contraste de παρά à κατά. Ils agissent avec une sorte de παραγνώμη, comme par paradoxe. Philon combine ce contre-nature avec l'indication du Texte, montrant que les impies sont *«piqués»* - aiguillonnés par leur conscience et ses remords.

Puis Philon va plus loin dans le jeu des mots : il oppose (§ 101) la violence et le détournement contenu dans le mot παρά. Il y a des gens qui *«font violence»* à leurs mauvais instincts, tel ce voleur qui commence par être honnête sur de petites sommes, afin pourtant de voler un jour le trésor[1] : ils

1. On trouvera un développement semblable dans le *De plantatione*, § 101; ou dans le *De Cherubim*, § 14.

violentent ce qui est déjà chez eux contre-nature-et-conscience. Du coup, ils paraissent purs, loyaux. Ils paraissent même pieux, si l'on parle maintenant de la loyauté à l'égard du divin (§ 102). L'analyse des vocables rejoint ainsi l'Histoire des Hébreux : ils prétendent bien servir Yahvé en montant contre les Amoréens. Philon a épuisé les possibilités du mot *παρά, «biaiser»* : celui qui manque le but par incapacité naturelle (§ 100a); celui qui est «à côté» de ce qu'il fait; celui qui «maîtrise sa faculté de biaiser», du moins pour un temps...[1].

Car qui dit *«violence-à côté»* dit nécessairement retour de la nature, un jour ou l'autre. D'abord, celui qui imite la piété souffrira déjà, en allant contre sa tendance naturelle (§ 102b); ensuite, il imite mal la piété, et sa pseudo-piété est une *«superstition»*, le plus sûr obstacle à la piété (on gardera κώλυσις, au § 103a); et enfin la comédie éclate (§ 103b), et les bâtards sont expulsés : cette expulsion repose sur le mot ἐδίωξεν αὐτούς, compris ainsi : *«il les expulsa»*.

Une exégèse exemplaire

On voit comment ce dernier commentaire est habile. Il suit la logique verbale du mot principal, dédoublé, παρα-βιάζομαι; il suit le Texte du *Deutéronome*, ch. 1, v. 43-44, utilisant aussi τιτρώσκειν et διώκειν; il rejoint par ce dernier mot, compris au sens fort de persécuter ou expulser, le thème central de la Cité, de ce Pays donné à Isaac ou Jacob-Israël durant le développement précédent (celui des § 91-97a). Or, ce thème politique nous rapproche de la fin très étudiée du *De gigantibus*, § 60-67, avec sa Cité, la Capitale, l'ordre de l'armée, la désertion, dont le nom αὐτομόλησις pourrait bien servir de guide invisible à nos § 99-103, consacrés de façon implicite à la critique de l'autonomie perverse. Cette autonomie s'oppose au domaine souverain, toujours efficace, immuable au point d'annuler le changement lui-même, du Soi divin, celui des § 87-92 (premier commentaire du mot en question dans le Texte de base, *«Noé trouva»*). Enfin, les § 97b-103 marquent si fortement l'impuissance de l'autonomie, que se confirme la présence ca-

---

1. Peut-être faut-il ajouter, à propos des § 97b-103, que Philon n'a pas omis le nom des ennemis d'Israël : les *Amoréens* du Texte sont peut-être présents dans le § 103. Ce sont les *sophistes*, définis comme γόητες, détournant le langage donné par la nature, et *«sans reconnaissance ni foi»* - ἀχαρίστως καὶ ἀπίστως; ce sont des *«voleurs»* - κλέπται, amis de l'ombre, et, dans le langage, de toute obscurité trompeuse (tout cela se lit dans le *Quis heres*, § 302). En tout cas, le misérable du § 103 s'oppose à un Israël dont nous savons qu'il ne cultive pas la magie (§ 55). Platon faisait le lien entre le sophiste et le magicien (voir, par exemple, *Sophiste*, 235a, etc.).

chée du mot contraire, la *«grâce»*, déjà sous-entendue dans les § 91-97a. Si bien que nous avons déjà une première exégèse complète de la phrase globale, *«Noé trouva Grâce en face de Dieu»*, là où Philon n'annonçait explicitement qu'une lecture détachée du mot *«trouver»*. Résumons l'essentiel sous la forme d'un tableau.

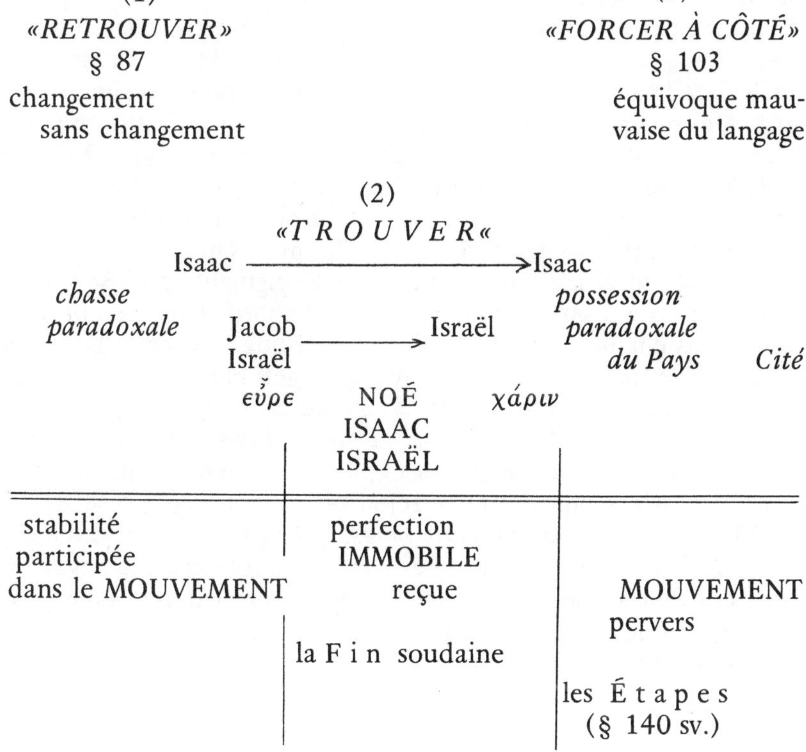

Ainsi, et c'est ce qu'il faut souligner, ainsi Philon dépasse-t-il le cas de Noé, au moment où il aborde tout juste son histoire, dans la suite allégorique. Il le sublime immédiatement en Isaac ou Jacob -Israël. À Noé-Noé il ne laisse peut-être que les *«vignes»* du § 96, mais c'est là une sorte de gentillesse; c'est aussi le symbole qui rapproche Noé d'Isaac, par la *fête* et la *Joie*. Enfin, on notera que ces § 86-103 manifestent qu'à l'intérieur d'un seul mot, en principe seul retenu par lui, Philon distingue les autres mots de la phrase, et qu'il parvient à établir en lui également une échelle de la terre au ciel, puis du ciel à la terre - les § 97b-103 descendent même par degrés calculés jusqu'à l'exil. Cet exemple n'est pas original dans l'œuvre de Philon, mais il prend du relief au cours de nos deux traités : le changement reçoit des définitions contraires, suivant qu'il s'agit du Nazir ou des Hébreux montant soudain à l'assaut[1], et ce que Philon montre sans le dire, c'est qu'entre ces deux variations Jacob *devient* Israël (ou équivalemment Isaac), sans que ce changement quitte la sphère de l'immutabilité divine. Et cette immutabilité divine est ici le fait de la *«grâce»* : Philon incline la réalité vers l'une des deux Puissances équilibrées, la Bonté créatrice. Précisément, les § 104-121 vont en proclamer le rôle dans la Création, et les § 122-139, ensuite, revenant à l'autre Puissance, celle de Maîtrise, finiront par la reconduire elle-même jusqu'à la Bonté par la biais de la *«réfutation»* de conscience - l'Ἔλεγχος (§ 125, 126, 128, 135; puis, tout à la fin du livre, § 182-183). L'Ἔλεγχος est dans la vie humaine le reflet de l'union des Puissances : le châtiment mesuré par bonté, pour sauver l'homme. On peut ajouter que ce résultat moral n'est pas d'une grande originalité philosophique; mais que, sans doute, Philon cherche d'abord à le lire constamment dans chaque phrase de l'Écriture, et que c'est cette belle unité du Texte qui le fascine, non une apologétique ni même la morale. Quand une phrase de menace comme celle du v. 11, *«La terre était corrompue en face de Dieu, et pleine d'injustice»*, tourne à la miséricorde, c'est que Philon a exploité au mieux l'équivocité de l'Écriture. Alors sans doute se réjouit-il, dans le style du § 81, ou tel Abraham au début du *Quis heres*, § 29 (à l'intérieur des § 24-30 et de leur propre dialectique) : les *«mélanges sans mélange»* enchantent Philon. Ses exégètes le lui reprochent, comme s'il ne possédait pas une règle de composition et comme s'il confondait, là où il produit une dialectique précise.

b.- *Les § 104-121, la prison de Joseph*

Dans la dialectique philonienne, le cas de Jospeh occupe une place décisive. Ce fils d'Israël est descendu en Égypte et le premier il a semblé faire alliance avec le corps que l'Égypte symbolise. Il n'est pas rare que Philon évoque le personnage de Joseph à la suite d'une réunion des trois Patriarches. Ainsi, dans le *De migratione Abrahami*, § 16-24, suit-il la descente et la remontée de Joseph; et il revient dans le même traité, aux § 158-163, insistant sur

1. C'est ici, en clair, ce que Philon laissait deviner à propos des fameux cent vingt ans accordés à Moïse, mais aussi aux impies (*De gigantibus*, § 56s).

la mauvaise équivocité des serments de Joseph, qui jure soit : *«Que vive Pharaon !»*, soit *«Que ne vive pas Pharaon !»*. Nous allons retrouver bientôt le personnage de Joseph dans le *Quod Deus*, aux § 111-116. Il servira de plaque tournante à un ensemble littéraire que l'on peut appeler encore dialectique, parce qu'il assure la mutation réglée du modèle de l'existence humaine. L'ensemble représente un parcours entre les régions des deux Puissances et de l'Être et il nous reconduit jusqu'au mystère de l'Unité qu'on aperçoit au-delà de la Dyade et qui rachète l'homme initial de sa πολυανθρωπία (voir le *De gigantibus*, § 1-5). On retrouvera une semblable séquence dans le *De mutatione nominum*, § 81-96.

Philon reprend ici la phrase entière du Texte de base, *«Noé trouva grâce auprès du Seigneur Dieu»*. Le simple présence des deux mots réunis, «Seigneur» et «Dieu», suffirait à provoquer un commentaire de Philon sur les Puissances. Il vient en effet. Mais il entre dans la courbe propre du *Quod Deus*, comme toujours adapté au contexte local. D'autre part, on ne sera pas étonné si la conclusion de cette section utilise la suite du Texte de base, à savoir le v. 9 du ch. 6 de la Genèse, élégamment introduit au titre de récapitualtion, de conclusion, de preuve nouvelle que l'Écriture est suivie, harmonieuse, intérieurement unifée elle-même (§ 117-121). Il n'y a pas lieu de voir là une nouvelle *quaestio* [1], sinon en un sens tellement scolaire qu'il en devient inutile et simpliste, réducteur au lieu d'éclairant.

Enfin, n'oublione pas que la fin assignée au commentaire n'est autre que la célébration de la Puissance de *Bonté créatrice*, comme l'affirme directement le § 108 : *«Si donc on me demandait la cause de la naissance du Monde, à l'école de Moïse je répondrais que c'est la Bonté de l'Être* [2], la plus ancienne (et vénérable) des [*Puissances*], *comme elle est la source des Grâces»*. Cette célébration a elle-même pour effet de ramener à l'Un les deux Puissances majeures.

Composition La structure des § 104-121 est simple et belle. Le début commence par énumérer trois sens possibles de cette rencontre de mots, *«trouver - grâce»*; et, suivant l'humour sérieux des proverbes bibliques ou suivant les dialectiques platoniciennes, Philon ajoute une quatrième figure aux trois premières : elle dépasse

1. Surtout si c'est pour oublier que Joseph fait au moins le lien entre les § 117-121 et les § 104-116, comme l'oublie V.Nikiprowetzky, en sa page 45.

2. Voir *De opificio*, § 23 et *Alleg.*, III, § 78 : chaque fois, comme ici, Philon entoure sa déclaration sur la Bonté d'une précaution oratoire. Il s'agit d'un mystère.

et sublime les significations précédentes (§ 104-110). Puis l'exemple, entendu *a contrario*, d'un Joseph qui *«plaît et trouve grâce»* auprès des panetiers et autres chefs de cuisine[1], c'est à dire chez les amis du corps, en Égypte, nous reconduit malgré tout au vrai sens du verbe *«plaire»*. On notera tout de suite que *«plaire»* est un synonyme de l'expression en cause, *«trouver grâce»*, et que *«plaire»* figure aussi au v. 9 du Texte de base. De la sorte, Philon peut enchaîner : une troisième exégèse en sort (§ 117-121), où l'on ne perdra de vue ni le v. 8 ni le thème principal de la *«Grâce»*.

Une équivocité, encore Les § 104-121 reproduisent le dessin général de la section précédente, celle des § 86-103. La partie centrale est pareillement encadrée de deux formules en opposition l'une avec l'autre. Ici, comme là-bas, le début témoigne d'une sublimation : les trois sens possibles sont «sauvés» - nous expliquerons le détail; la fin, au contraire, souligne la dégradation : Joseph finit relativement en exil - tout comme les mauvais Israélites des § 97-103. La principale différence reste que le centre du développement (nos § 111-116, sur Joseph en prison) parle de misère, alors que le centre de la section précédente parlait de la Joie, de la possession merveilleuse et gratuite du Pays de Dieu et du Logos. Curieusement, Philon commente la *«Bonté»* ou la *«Grâce»* au moyen d'une figure de misère et d'oubli. C'est que, par un mouvement dialectique bien concerté, il veut nous amener jusqu'à la *confession salutaire,* dans le chapitre suivant (§ 122-139), de manière à bien insérer la Puissance de Bonté dans le domaine apparemment réservé à la Puissance de Maîtrise[2]. Une application du principe majeur de l'équivocité fait de nouveau que Philon aperçoit maintenant la misère dans un Texte de gloire, parce que la gloire de l'homme reste celle d'un être *sauvé* - mystère juif et qui ne doit rien à Platon. Enfin, il est permis d'observer que la première exégèse (les § 104-109) consiste à trouver une liste de valeurs à l'intérieur d'une expression unique, et que la dernière (les § 117-121) consiste à entendre comme un seul énoncé une liste de qualificatifs, censés définir la justice de Noé. Ces balancements ne sont peut-être pas consciemment organisés, mais l'instinct rhétorique de Philon s'y porte naturellement, tant ils manifestent l'échange et l'unité du Logos, jusque dans le discours exact que l'on peut articuler sur le Logos. En

1. Pour Platon, on sait que les sophistes se rapprochent dangereusement de la cuisine (voir en particulier les ironies du *Gorgias*).

2. On trouvera un grand exemple de croisement semblable, entre les commentaires explicites et les réalités attribuées aux Puissances par Philon, dans le début du *De mutatione nominum* (voir dans le volume, *La trame et la chaîne...*, Brill, 1983, pages 477-499).

tout cas, ils procurent au lecteur l'impression, elle aussi souvent imprécise, d'équilibre, de stabilité, de préméditation : il existe un échange fécond entre les voies de l'exégèse et le Texte. Voici le détail de la section.

1) *L'échelle des significations de «trouver grâce» :*

Il s'agit des § 104-109. Philon y prend l'expression entière, *«trouver grâce»*, tout d'abord en son sens obvie (§ 104-106). Il écarte apparemment ce premier sens, qui donnerait *«faveur spéciale»*, privilège, comme si Noé n'en bénéficiait pas. La raison renvoie à l'égale Création : *«Que lui* (à Noé) *est-il concédé de plus qu'à tout le monde ?»*. Cette réduction de Noé à la foule des humains est rapidement énoncée, à la faveur d'une hypothèse aussitôt écartée qu'énoncée, presque par acquit de conscience. Et pourtant, elle est capitale dans la dialectique. Comment Philon pourrait-il affirmer bientôt après que Dieu crée le Monde par grâce, s'il retirait à tous les êtres, excepté Noé, cette même grâce ? En fait, l'universelle action créatrice de la Bonté devait être posée dès le début de l'exégèse, faute de quoi il n'y aurait plus eu aucun moyen de la réintroduire en cours de route et de racheter les hommes, *tous* les hommes, à travers le seul Juste, Noé. L'hypothèse, apparemment restrictive, négative, du § 104b entre dans la dialectique; elle lui est même tout à fait nécessaire, comme les mots qui scandent la Création, au ch. 1 de la *Genèse*, annonçant : *«Tout cela était bon»*.

Le second sens de *«trouver grâce»* prend la position contraire : faut-il dire que Noé, comme Juste, *«mérite»* la faveur divine ? Cette fois, l'hypothèse est retenue, mais pour être finalement niée de même. Mais, par ce va-et-vient, elle forme un moyen-terme entre la première hypothèse, tout de suite refusée, et la troisième, qui sera adoptée. Le Monde lui-même, en sa perfection, argumente Philon, n'a pas la valeur suffisante pour mériter en rigueur de plaire à Dieu réellement. Cette fois, nous sommes passés de *«tout»* à *personne*, à *rien*, le pôle opposé. L'hypothèse moyenne entre dans la dialectique : pour que la Bonté pure soit la Cause du Monde créé, il faut que l'universelle action créatrice de la Bonté (affirmée d'abord, au § 104b), soit rejetée au néant, c'est à dire qu'elle ne soit plus tenue par aucune nécessité reliant la Cause et son effet : le mérite serait l'image de cette nécessité, ruineuse de la gratuité.

Le troisième sens de l'expression *«trouver grâce»* fait la synthèse des deux premières hypothèses. Le mot Χάρις ne signifiait pas *«faveur spéciale»* (§ 104a); il ne signifiait pas exactement *«gratification méritée»* (§ 105-106) non plus : il signifie *«cadeau»*, et comme Dieu n'a besoin de rien, Il assure une immanente réciprocité de cadeau, pour ainsi dire, des parties du Monde entre elles, puis des parties au Tout. En fait, Noé a *«trouvé QUE tout est grâce de Dieu»*. L'expression est disloquée en proposition. Noé n'a pas de privilège; il s'anéantit devant Dieu avec tout le Monde. Mais il s'enfonce alors dans cette banale universalité de la Création, et il la reconnaît. On pourrait ajouter que cette reconnaissance actualise pour *tous* la vérité objective, et qu'en ce sens Noé sauve l'humanité parce qu'il accepte d'être *simplement* homme[1]. Et ce qui fait cet homme, c'est la connaissance réflexe de sa position de créature. D'où le principe que j'ai cité en commençant : *«la Cause de la naissance du Monde, c'est la Bonté de l'Être»* (§ 108).

---

1. C'est une variante du problème de l'un et du multiple, du côté grec. Du côté juif, on rappellera que les Évangiles sont aux prises avec cette vérité difficile à force de simplicité : Jésus est à la fois singulier, unique, et il incarne le véritable Israël, la plus banale vérité de la Loi, qui est chose connue, ressassée, banale. Toute la dialectique des Évangiles va d'un pôle à l'autre : *«Mes paroles...»*, dit Jésus, mais il se perd ailleurs : *«C'est Moïse qui vous condamnera* (dans *Jean*, ch. 5, v. 45).

Mais cet équilibre difficile, Philon le considère lui-même comme *«second»* (§ 109b) : c'est que toute analyse est enfermée dans la relative dualité des deux Puissances majeures. Le Texte dit en effet que Noé *«trouva grâce auprès du Seigneur Dieu»*, donc aux deux Puissances. Mais cette double adresse de la grâce suppose à son tour qu'il existe une troisième possibilité de la grâce, à savoir celle qui surplomberait et réunirait les deux directions indiquées par les Puissances. C'est alors que le personnage de Noé, limité à la dyade, s'efface derrière celui de Moïse. Car Moïse, lui (§ 109-110), *«a trouvé grâce devant Moi»*, expression qui énonce l'Ἐγώ divin, stable, unique, et permettant d'ordinaire à Philon de reconduire la Bonté tellement à l'intérieur de Dieu qu'on pourrait la concevoir comme plus divine, plus essentielle que la Puissance de Maîtrise. Philon se contente ici de marquer le rapport de Noé à Moïse : l'un bénéficie seulement de la *«sagesse seconde, spécifique»*, quand l'autre atteint la sagesse *«extrême»*.

Qu'il y ait dialectique, et non pas succession d'hypothèses, dans le genre des recueils de *Quaestiones in Genesim*, on le voit bien : Philon, avec la quatrième exploration, accomplit la première et la deuxième. La première mettait tous les hommes sur le même pied, sujets de la Bonté, universellement, mais ici Moïse se voit privilégier; la seconde niait qu'on soit *«digne»* de la grâce ou qu'on la mérite d'aucune manière, mais ici Moïse ou même les autres se trouvent dignes - ἄξιοι (§ 110). Il faut comprendre - et seule l'attention accordée au mouvement le permettra - que l'universel rejoint le singulier; qu'il n'y a donc pas de plus grande particularité que d'*être* - comme chaque être; que l'existence de l'esprit revient à faire ce parcours d'un pôle à l'autre, incluant au milieu une contemplation du Monde, de ses parties (c'est en raccourci toute la Propédeutique dont parle volontiers Philon, et qui fait en particulier l'objet du *De congressu eruditionis gratia*); que l'histoire de l'esprit humain est une image de la Divinité (§ 110, *ἀπεικονισθεῖσαν*).

On peut croire que la troisième hypothèse (§ 107-108), qui devient, à cause de la quatrième, le cœur de cette dialectique, fait allusion au parcours propédeutique de l'intelligence[1], soit au parcours d'Abraham. C'est en effet Abraham qui cherche la causalité et qui passe de la notion chaldéenne, immanentiste, à la croyance en un Dieu, Cause transcendante du Monde.

On peut croire aussi que, plus ou moins consciemment, Philon calque ce développement des § 104-110 sur le récit de la Création dans la *Genèse*, soit qu'il en imite le rythme, allant du Jour Un de la Lumière jusqu'au Sabbat, le jour septième du Repos, soit qu'il en déploie simplement le passage pour ainsi dire arithmétique, de l'unité à l'Hebdomade (voir le *De gigantibus*, § 22-27; *Quod Deus*, § 10-13).

Quant à l'itinéraire qui conduit de la Dyade à l'Unité, déjà le *De gigantibus*, § 52-54a, l'annonçait par l'entraînement qui amène Aaron jusqu'à Moïse.

Mais cette dialectique est aussi le premier terme d'une autre dialectique, plus vaste, celle des § 104-121 pris dans leur ensemble. Cette plus grande dialectique est d'ailleurs analogue à la précédente, celle des § 86-103. Simplement, au lieu de monter vers la Fin avec l-

1. La symbolique philonienne est empruntée au modèle noétique, d'apparence intellectualiste, au point d'être parfois confondue avec une gnose. Par un croisement assez curieux des catégories anthropologiques, autant le *«cœur»* englobe en hébreu sensibilité et intelligence, jusqu'à désigner souvent la simple réflexion, autant, chez Philon, l'*«esprit»*, dont il retrace invariablement l'histoire, désigne en fait l'élan fondamental, vital, de l'homme vers Dieu, et non le raisonnement.

saac, nous descendrons à l'opposé, dans la prison du corps, une image peut-être platonicienne, en tout cas illustrée par la prison de Joseph.

2) *La prison et l'évasion : les § 110-116 :*

Philon va prendre l'histoire de Joseph arrivant en Égypte et fait prisonnier, comme on sait. Mais il va mêler plusieurs traits convenant à Joseph ou à ses comparses, sans jamais les désigner par leurs noms propres, et dissolvant donc le tout dans une allégorie unique de la prison. L'évocation de cet épisode ne tient pas seulement au fait que le mot *«trouver grâce»* ou *«plaire»* s'y retrouve plusieurs fois, permettant un contraste bienvenu avec l'usage de ces mots dans l'histoire de Noé. Philon sait aussi d'avance que la suite de son Texte de base parlera des γενέσεις Νωέ, laquelle expression est également employée par la Bible à propos des γενέσεις Ἰακώβ. Le même contraste fera donc alterner les errements de Joseph et de Jacob avec les beautés de Moïse et celles de Noé. Nous ne pouvons intégrer l'histoire de Joseph dans les § 110-116 sans envisager les § 117-121, ni à son tour l'ensemble des § 104-121, sans le souvenir des § 86-103, qui forment par leur symétrie une figure complète et équilibrée[1] :

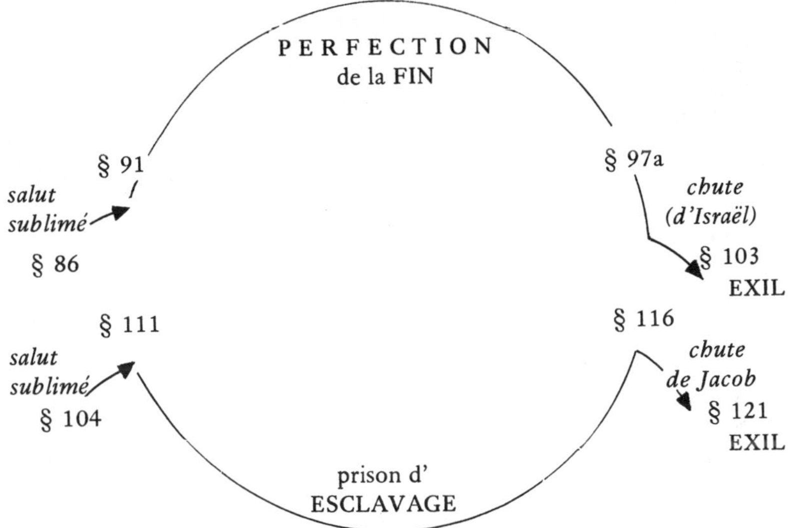

Le lecteur retrouvera aisément les allusions faites au récit biblique. Notons le transfert qui donne aux Égyptiens de la prison le caractère de Joseph, ποικίλος de vêtement, de langage, de mœurs, de nature. D'autre part, Philon abaisse soigneusement Joseph, mais comme toujours à propos de ce personnage du Politique, il lui ménage les étapes d'un retour au bien. Ainsi, il lui reconnaît ici le mérite relatif d'être prisonnier, et non pas geôlier (§ 115), tout comme ailleurs, il lui laisse le mérite d'être simplement *«second»* sur le char du mal et du malheur, derrière un Pharaon, champion du vice (le *De migratione Abrahami*, § 161). Et même, il ménage une sorte d'évasion, à la fin : au § 116,. l'âme est devenur, à l'instar d'un *«suppliant»*, capable d'aborder a nouveau les Puissances, dcnt elle était par trop éloignée. Elle le fait à la hauteur de Noé, et non de Moïse, qui, lui, a dépassé les Puissances. Elle

1. Voir ci-dessus, une même figure, dans l'analyse du *De gigantibus*, page 39.

le fait juste le temps d'aborder la définition, enfin, de la Justice, consécutive à la grâce - objet de tout le commentaire, ne l'oublions pas.

3) *Les deux orientations des γενέσεις : les § 117-121 :*

Comment le Texte sacré peut-il accorder les mêmes 120 ans à Moïse et aux scélérats ? La question semblait rester suspendue, à la fin du *De gigantibus* (§ 55-57). Philon propose ici une lecture plus explicite, touchant non pas directement la durée de vie, mais la génération. Une formule identique émise par l'Écriture à propos de Noé, à propos de Jacob, un Jacob alors éloigné de la vérité pure, va permettre de surmonter l'équivocité de ces longues années. Une série de termes, hétérogènes dans la Bible, viennent servir, à l'aune de Philon, comme attributs du même mot γενέσεις, homogènes et comme sur une même ligne mentale. Dans les § 118-121, Philon prend en effet toutes les expressions de la phrase inspirée au titre de qualificatifs perfectionnant Noé et fixant à nos yeux sa *«génération»*. Les engendrements de Noé disent d'abord de lui qu'il est *«homme»* ; puis qu'il est *«juste»* ; puis qu'il est *«accompli»*, et, en dernier lieu, qu'il *«plut à Dieu»*. Ce dernier terme, et donc le plus en relief, le plus relevé dans la série, rejoint alors le début du v. 8 : *«Noé trouva grâce devant Dieu»*. C'était donc là un cercle merveilleux de l'Écriture à l'Écriture, une *redondance* bénéfique.

Quant à Jacob, rapproché de concubines et père par elles d'enfants bâtards, ses *«engendrements»* sont les différentes propositions qui décrivent alors le personnage de Joseph en ses premières manifestations : c'est d'être *«puérilité»* ; c'est l'éloignement de tout ce qui est *«viril»* (on sait ce que cette catégorie recoupe chez Philon); c'est l'approche d'un *troupeau* bestial, et c'est enfin l'*exil*. Là, Philon rejoint avec exactitude le point d'arrivée de notre précédente dialectique, également conclue sur l'*exil*. Le § 103 *«expulse»* déjà les fauteurs d'initiative perverse; précédemment, c'étaient les faux enfants d'Israël, comme ici, il s'agit d'un fils donné à Jacob dans ce qu'on peut appeler sa mauvaise époque.

Au total, le mot εὗρε χάριν était une formule d'exploration, complexe et exhaustive, capable de faire parcourir deux fois l'ordre du Monde, en bien puis en mal[1].

Conclusion sur les § 104-121 : un *modèle* philonien

Telle ou telle cellule se retrouve d'un Traité à l'autre de Philon. Revenons, pour conclure ce chapitre, aux § 104-109. Ils exposent le commentaire des mots bibliques *«Noé trouva grâce»*. Ils le font par un enchaînement de trois hypothèses exégétiques, mais suivies d'une quatrième : cette nouvelle venue sublime les autres, en la personne de Moïse. Or, un autre texte de Philon prend le même sujet et le traite longuement, plus longuement. Il s'agit des *Legum allegoriae, III*, § 75-106.

Là Philon déploie une dialectique élargie. Le thème en est la décision divine qui attribue de façon apparemment arbitraire bénédiction ou malédiction. Noé en fournit un exemple : aucun acte méritoire antérieur ne justifie la bénédiction dont Dieu le gratifie. Le § 78

1. On trouve un développement analogue, avec enchaînement rendu homogène d'expressions hétérogènes, dans le *De Abrahamo*, § 31-35, par exemple.

reproduit la séquence des trois hypothèses [1] du *Quod Deus*, § 104-108. Mais, à cause du thème général de la liberté divine, ce qui suit prend un autre tour dans les *Legum allegoriae*, III, § 79 et sv., que dans le *Quod Deus*, § 109 et sv. Les § 79-106 des *Legum allegoriae* énumèrent une série de héros divins qui ont aussi bénéficié d'une attention positive de la Grâce, sans aucun mérite de leur part. C'est un magnifique ensemble littéraire, ferme, centré sur le personnage d'Isaac, qui figure au milieu, immobile comme l'est toujours la Fin, le don gracieux de la Nature, la Joie. Ce qui nous retiendra ici, c'est le fait qu'au terme de cette série ordonnée, Moïse vient couronner les éléments moyens, Melchisédek, Abram, Jacob, Éphraïm et Beçaléel surtout. Or, Moïse célèbre essentiellement la Bonté. Dieu tarit même les effets des autres Puissances, pour laisser ouverts les seuls *«trésors»* de la *«Bonté»* (§ 105).

Dans les *Legum allegoriae*, III, § 75-106, Philon nous fait cheminer lentement jusqu'à l'exaltation en Dieu de la seule Bonté; dans le *Quod Deus*, § 104-109, de même, il nous fait aller, mais rapidement, jusqu'à la révélation en Moïse de l'Être pur, au-delà des Puissances. Les premières Puissances s'arrêtent au premier degré de la sublimation : on remonte jusqu'à la Bonté, séparée alors des autres Puissances. Dans le *Quod Deus*, Philon projette plus haut encore le destin de Moïse : il lui fait dépasser la vision des Puissances, et il lui est donné par grâce de deviner l'Être. Mais le mouvement est le même dans les deux traités : c'est une sublimation, un enlèvement, un dépassement soudain et immérité. Nous n'avons pas à montrer ici comment Beçaléel est sur le même plan moral que Noé - ce Beçaléel que Moïse sublime dans les *Legum allegoriae*, III, § 95-106; ni comment, de ce fait, la série des personnages successifs, de Noé à Beçaléel, en passant par Melchisédek (proche d'Éphraïm) et Abram (frère moral de son descendant, Jacob), constitue une série ordonnée par symétrie. Mais retenons que c'est Noé, déjà promu en Beçaléel, qui est achevé en Moïse, tout comme dans notre *Quod Deus*.

Le point important dans cette observation est le suivant : le développement des *Legum allegoriae*, III, va d'une perception de la Bonté (§ 78) à une perception nouvelle et sublimée de la même Bonté (§ 105), et le développement du *Quod Deus* va d'un bénéfice de la Grâce (§ 104) à un nouveau bénéfice de la même Grâce, en Moïse (§

1. Pour commenter la troisième hypothèse, la vraie, Philon use d'une précaution oratoire : *«À ceux qui cherchent le Principe de la Création on répondrait le plus directement que c'est la Bonté...»*. Or nous retrouvons dans le *De opificio mundi*, § 21, une même précaution pour le même sujet. C'est que Philon touche ici au «grand mystère», pour ainsi dire (et cette remarque, évidemment, ne nous entraîne nullement du côté de la thèse mystérique de E.R.Goodenough !).

109-110). Dans les deux expériences littéraires, sur le même modèle, nous ne progressons pas, sinon de l'objectif au subjectif, de l'ontologie à la mystique, du savoir à la vie, d'une première Création du monde à une seconde et pour ainsi dire plus réelle création de l'âme, dont la première fabrication était donc comme le brouillon ou l'espérance. C'est d'ailleurs un peu le parcours de toutes les exégèses ordonnées que j'appelle dialectiques : elles forment une sorte de voyage, inutile pour la pure logique conceptuelle. Quant à l'idée dynamique de la Création qu'elles supposent ou symbolisent, j'ai tenté de la suivre à travers le projet philonien [1].

---

1 1. Voir dans le volume du Congrès de l'ACFEB, *La création dans l'Orient ancien*, coll. Lectio divina, éditions du Cerf, Paris, 1987, pages 345-408.

5.- Les § 122-139 : «La terre fut corrompue en face de Dieu et pleine d'injustice»

L'étude des mots heureux, *«Noé trouva grâce devant Dieu»*, nous a conduits par leur équivocité à plonger au contraire dans le malheur égyptien en compagnie de Joseph. Or, la phrase suivante du Texte de base contientt effectivement le spectacle de ce mal et de ce malheur, puisqu'il y est dit : *«La terre était corrompue...»*. Mais Philon poursuit son projet paradoxal. Il vient d'écarter, pour ainsi dire, la Puissance de châtiment, la Maîtrise, au moment où l'on approchait du mal. L'exégèse s'est tournée vers la Bonté, qui donne gracieusement la χάρις, et elle l'a appliquée au mal, lui faisant donc jouer le rôle normalement attendu de la Puissance du Κύριος, chargée de se tourner vers le mal. Et le mot privilégié de cet échange des Puissances est celui d'Ἔλεγχος. C'est lui qui va courir jusqu' à la fin du *Quod Deus* - du § 125 au § 183; et les deux «chapitres» qui nous attendent encore vont en exploiter le contenu. Les § 122-159, d'abord, achèvent d'enlever à la *«grâce»* toute occasion de mérite dans l'homme, puisqu'elle commence par accuser celui-ci et par faire le vide. Les § 140-183, ensuite, noient l'âme dans le Déluge des périls semés sur la route prolongée qui mène à Dieu, avant de faire voir, tout à la fin, le barrage décisif qui sauve l'homme : qui le sauve d'ailleurs de lui-même, en le sauvant subtilement de l'idée que son salut puisse être autonome. Le tout montre comment il faut descendre jusqu'à la confession du mal en l'homme, pour retrouver en l'homme l'unique Bonté, et non plus le Châtiment. Cette Puissance, restée seule, de la Bonté, témoigne alors de l'Unicité propre à Dieu.

Il ne faut pas séparer trop franchement les deux «chapitres». Car le § 122 commence par la citation où figure le mot *«terre»* : là, Philon le note à peine, afin d'en tirer l'opposition de ce qui est *«corruptible»* avec l'univers de Dieu; c'est le dernier «chapitre» qui va l'exploiter : rappelé au § 140, le mot *«terre»* - *«terrestre»* prendra du relief, au cours des § 166-180, grâce au symbolisme du peuple d'Édom (étymologiquement lié au sol, à la terre rouge [1]). D'autre part, si l'on résume les «chapitres», on pourra dire que les § 122-139 développent l'expression paradoxale, *«la terre - corrompue en face de Dieu»*, en arguant que la corruption vient de Dieu : mise en présence de Dieu, la terre, c'est à dire le monde créé, qui devient et donc périt, doit effectivement *«périr»*. Là Philon développe du même coup

1. Il était annoncé dès le § 144.

l'image qui ouvrait le *De gigantibus*, où l'arrivée de la lumière repoussait immédiatement les ténèbres. Des § 140-183 on pourra dire ensuite qu'ils étirent la durée de cette rencontre décisive. Le choc n'est plus instantané, comme il l'était par son résultat «logique», celui des § 122-139, mais il se prolonge durant les étapes de la route conduisant à Dieu. La transcendance occupe donc le «chapitre» des § 122-139, mais le dernier «chapitre», des § 140-183 est rempli de l'aventure humaine, des vicissitudes exemplaires de l'Histoire, de la tentation dont l'errance des Hébreux marchant lentement depuis l'Égypte jusqu'à la Terre promise a fourni au Juif le modèle héroïque[1]. De ce point de vue, le dernier chapitre permet au lecteur de descendre d'une sorte de mythologie du Salut donné par Dieu et d'assumer les rudes journées de son pélerinage, tout en l'éclairant d'une lumière absolue et toute-puissante. On observera que ce lien intérieur se trouve renforcé d'une similitude thématique : la fin du traité réaffirme la transcendance en invoquant une dernière fois l'arrivée angélique de l'Ἔλεγχος (§ 181-183), tout en lui laissant un rôle étalé dans l'existence humaine; les § 122-139 auront au contraire souligné l'effet décidé, immédiat, absolu, du même Ἔλεγχος. Entrons maintenant dans un plus grand détail, non sans avoir noté que l'étirement du voyage (dans les § 140-183) témoigne bien que le traité ne spécule pas tant sur l'immutabilité divine que sur sa miséricordieuse communication à l'homme.

Morale et métaphysique Les deux derniers «chapitres» envisagent successivement deux versets successifs du lemme, qui ont en commun le mot *«corruption»* : *«La terre fut corrompue...»* - *«elle était toute corrompue, c'est à dire que toute chair avait corrompu Sa voie»*. Là, il faut que le lecteur soit averti : cette corruption, il risque de la comprendre tout de suite en un sens moral. Mais, nous le verrons, Philon l'entend plutôt et d'abord au sens métaphysique, comme dans le couple *naissance - corruption*. Il va dire que l'hostilité radicale, métaphysique, de ce qui est stable et de ce qui devient puis disparaît (se *corrompt*) entraîne successivement deux attaques, en sens opposé. Les § 122-139 commenceront par expliquer comment l'apparition de la lumière de grâce fait que *disparaisse* la part mortelle de l'âme; les § 140-193 diront comment la part charnelle de l'homme tente de faire *disparaître* la Voie. Il y aura, bien sûr, une incidence morale : les § 124-139 parleront surabondamment des fautes; le § 142 associera *«corrompre»* à *«souiller»*. Mais le point d'ancrage est métaphysique.

1. Les récits de l'*Exode* ne sont pourtant pas une glorieuse épopée : déjà dans la Bible, ils forment à l'endroit du Peuple un terrible reproche, un véritable Ἔλεγχος.

La forme austère de la Bonté Le point de départ de l'exégèse remplissant les § 105-139 est trouvé dans la syntaxe du Texte de base, ou du moins dans l'enchaînement de ses propositions (§ 122-123). La *Genèse* vient d'annoncer la concertation du Ciel et de la terre, en quelque sorte, dans la Grâce que Noé a trouvée. Or, elle continue : *«La terre fut corrompue en face de Dieu et fut remplie d'injustice»*. Philon s'étonne : l'effet de la Grâce précédente serait-il donc l'injustice ? Et il répond qu' un enchaînement aussi violent symbolise l'action révélatrice et médicinale de cette Grâce. Il traduit la nouvelle phrase biblique en ce nouveau sens : «La terre fut dissoute, anéantie en face de Dieu». La Bible parlait d'une cause : le mal généralisé allait entraîner le Déluge, un châtiment proportionné. Philon détourne ce sens naturel. Pour lui, au lieu de cause, c'est un effet qui nous est annoncé, et un effet bénéfique, dans le sens de la Grâce. La proximité de Dieu volatilise la terre, symbole des valeurs mortelles, périssables. Philon néglige tout d'abord l'aspect moral de la formule descriptive qui conclut pourtant la phrase, *«.... et elle fut remplie d'injustice»* : d'ailleurs il la traduira plus loin, elle aussi, de façon optimiste, comme si elle disait que l'âme, réveillée par l'Ἔλεγχος, prend conscience de son iniquité. De ce point de vue, la condamnation de la terre, de l'homme, de l'injustice, devient une œuvre de la Bonté, qui sauve ainsi la part immortelle en l'homme. C'est donc cette première observation portant sur la syntaxe biblique (§ 123) qui commande les développements ultérieurs. Elle autorise, tout d'abord, le renversement des sécurités obvies : le lépreux est souillé parce qu'il a en lui un reste de chair saine; le malade partiellement atteint est plus mal en point que le malade touché entièrement; le prêtre rend même impur une maison pure; et la meilleure des veuves découvre sa misère devant le Prophète (§ 124-139)... En second lieu, cette cruelle conversion permet en rélité de sauver l'âme. Et, loin d'être livrée à la Puissance de Maîtrise, le Κύριος, elle est exposée à l' Ἔλεγχος, qui devient le substitut de la Puissance de salut, la Bonté, le Θεός. De sorte que l'Ἔλεγχος est le reflet des deux Puissances, leur réunion proportionnée à l'âme, leur double image, mais tirant du côté de la seule Bonté.

Pour le lecteur moderne de la Bible, ses deux expressions, *«corrompus»* et *«pleine d'injustice»*, sont synonymes ou redondantes. Or, pour Philon, elles disent deux choses distinctes, suivant le principe qu'il n'y a rien d'inutile ou de simplement tautologique[1]. Pour lui, le premier verbe, ἐφθάρη, désigne l'effacement du mortel devant la lumière divine; et le second, ἐπλήσθη ἀδικίας, traduit dans la vie mo-

1. On trouvera des exemples du procédé dans *La trame et la chaîne*, vol. I, pages 522-6.

rale et mystique l'effet de la même clarté : la conscience y voit sa propre iniquité. Le premier verbe reste dans le domaine métaphysique et parle du mouvement par opposition à l'immobilité. Le second verbe descend pour ainsi dire à la morale[1].

Les paradoxes et leur résolution

Les § 122-139 supposent une certaine violence de la Lumière. Son irruption rejette le néant au néant, et l'ampleur métaphysique du phénomène est clairement posé au § 123 : là, Philon a glissé le mot technique *γένεσις* juste après le verbe désignant son contraire, *φθείρεται*. Quant à l'aspect moral, il est immédiatement présenté, puisque Philon a mis en parallèle le couple de contraires *τὸ ἄφθαρτον* et *τὸ θνητόν* avec cet autre couple, *τῶν καλῶν* et *τῶν αἰσχρῶν* : or le premier ressortit au vocabulaire philosophique de la génération et de la corruption; le second, à celui de la décision humaine. La violence engendrée par le caractère abrupt et absolu de la rencontre va se traduire précisément dans trois dispositions de la Loi de Moïse dont Philon va dégager un triple paradoxe. Puis il trouvera dans la double histoire biblique, de la veuve sauvée par le prophète Élie, ou de la belle-fille de Juda, Tamar, sauvée par elle-même et le jugement du sage, le ressort d'une dialectique qui lui permettra de rendre raison tout à la fin du paradoxe inhérent aux trois lois particulières touchant la pureté ou l'impureté du lépreux. C'est que le paradoxe n'est pas anodin. Trois dispositions légales sur la lèpre commencent par faire entendre à l'allégoriste que ce qui se présentait comme sain ou pur se trouve en fait déclaré impur et mortellement malade.

a) *Le lépreux imparfaitement lépreux* (§ 123b-126) : On peut dire que la présence de Noé le Juste déclare la ruine de terre. Et il se dresse exactement comme la preuve, l'Ἔλεγχος (§ 125-126) dont la règle énoncée par le *Lévitique*, ch. 13, v. 15, fournit un symbole physique : là, une chair saine est en petite surface sur une peau presque entièrement malade — ce qui ajoute au mal.

b) *Le demi-lépreux* (§ 127-130) : Le même contexte de la lèpre permet à Philon de prendre les choses par le biais complémentaire. Ici, le cas envisagé par la Loi veut que la chair saine soit en surface plus grande que précédemment : la lèpre commence à s'étendre. Mais Philon poursuit de façon rectiligne son analyse de l'Ἔλεγχος, et il dit : non seulement la partie saine déclare la maladie du reste, mais elle la redouble : le malade devrait prendre appui sur la santé partielle afin

1. On sait que Philon ne spécule guère sur l'origine du mal. J'évoque ici la Lumière : c'est en effet comme «*Soleil levant*» que Philon présente ici la Conscience. Par une exégèse anticipatrice, il commence ainsi le par. 123 : «*Lorsque dans l'âme la Forme incorruptible se lève, la mortelle est aussitôt corrompue*», ce qui est le commentaire du Texte législatif, «*Si se lève une peau vivante en le lépreux, il sera souillé*». Nous avons ici le thème du *De gigantibus*, 3 et du *Quod Deus*, 3.

de guérir la lèpre de la partie malade. Mais la coexistence des deux, et sans évolution positive, manifeste qu'il est *«volontairement»* malade, et donc incurable (§ 129); ou bien, s'il y a évolution, il faut conclure à l'aveuglement — ce qui est presque pire (§ 130).

c) *La visite funeste du prêtre* (§ 131-135) : Philon reste toujours dans le contexte de la lèpre[1]. Dans la loi touchant la maison lépreuse, il souligne la syntaxe temporelle : c'est *avant* l'arrivée du prêtre que la maison est déclarée *«non impure»*, et donc elle est impure, *après*.

Les trois lois paradoxales concluent chaque fois sur la vision la plus noire. Nous sommes confrontés à la faute, aux condamnations objectives, à un étalage de misères. Pourtant, il y a une progression établie entre les trois exégèses. La première (§ 123b-126) présente l'âme comme tout à la fois confondue par la Preuve à charge *et* consciente (§ 126) : ce pourrait être une image de l'Enfer des théologiens chrétiens. La seconde (§ 127-130) remonte dans le temps, pour ainsi dire : nous ne sommes plus au Jugement dernier, mais dans l'existence empirique, dans le temps de la vie qui précède le Jugement, dans l'histoire, si l'on veut. Et là, par les deux biais, de la faute lucide et de l'aggravation involontaire, l'âme est en train de se perdre. Mais elle *«pourrait être sauvée»* (fin du § 129). Cette faible lueur de salut est comme un étincelledans l'obscurité. Or, la troisième exégèse (§ 131-135) va souffler sur cette étincelle, augmenter l'effet de salut. Au point même que Philon y revient sur les fautes involontaires : il ne s'intéresse même plus qu'à elles. Il en fait le moyen d'une brève dialectique. Le prêtre n'est pas encore là : nous sommes *«avant son entrée»*, c'est à dire, enchaîne Philon, que nous sommes dans une obscurité de fait, excusable; les fautes restent uniquement involontaires, et on peut aller jusqu'à dire que l'intention en était bonne (§ 134, fin). Le prêtre est comme l'῎Ελεγχος, mais sa définition se charge alors de valeurs nouvelles. Comme la Loi parle d'un «prêtre», voici le Logos, voici le Tuteur, voici le Père; la maison où il va donc entrer ne peut lui être totalement étrangère ou hostile : aussi bien y a-t-il déjà son *«foyer»* — ἑστία (§ 134); il sera regardé comme un *«rayon de lumière»*, et s'il manifeste les fautes, il brillera lui-même pour soi,en

1. C'est l'aspect bigarré de la peau qui provoque la souillure, et ces lois sur la lèpre sont une application, dans la Bible, de tout ce qui concerne les mélanges ou les croisements. Bien entendu, la syntaxe est ici interprétée par Philon : le texte original veut dire qu'on aura débarrassé la maison de toute impureté avant l'arrivée du prêtre; mais Philon entend le contraire : si, avant l'arrivée du prêtre, rien ne devient impur, c'est que l'arrivée créera l'impureté. Ajoutons : le verbe οὐ γενήσεται est d'abord pris par Philon au sens simple, *«n'est pas impur»*, puis, dans la proposition réciproque,au sens plus fort et plus précis, *«deviendra»* impur. Enfin, sur cette lèpre, voir aussi le *De plantatione*, § 111.

quelque sorte, et il se préoccupera donc finalement de guérir (§ 135 – c'est le dernier mot, ἰάσηται). Nous sommes loin de la confusion initiale et de son Enfer. Nous voici prévenus et comme forcés, au cours de la tempête de l'existence. Enfin, nous devrons donner à la Puissance divine qui nous rejoint, non plus le nom possible de Κύριος, mais celui de Πατήρ, c'est à dire de Θεός.

Élie et la veuve de Sarepta La triade des lois sur la lèpre porte donc sa dialectique de salut. Mais nous versons encore entièrement du côté des maladies, d'un «salut» négatif, purgatif peut-être, de convalescence[1]. Un autre texte biblique va révéler jusqu'où va ce salut. Philon va prendre l'exemple de la veuve aux prises avec le prophète Élie. Là, il ne s'agit plus du commun des hommes, enfoncés dans la «chair», mais précisément d'une âme purifiée déjà, *«veuve de toute passion»* (§ 136). Ce simple choix est un «salut» : si personne n'est juste, pas même le Juste, le pécheur est invité à relever la tête... Mais ce n'est là qu'un effet second, et l'essentiel est ailleurs. La situation de cette veuve devant Élie est analogue à celle du propriétaire de la maison lépreuse (§ 131-135). Élie remplace le prêtre, et il est Prophète, – il permet donc à Philon de faire sonner plus haut la voix du Logos, discrètement introduit dans l'affaire précédente, où le prêtre officiait (§ 134). Comme dans ce dernier cas, l'arrivée du Logos a un résultat moral : il déclare les fautes; elle porte un enseignement de vérité (§ 138-139). Nous passons dans le domaine sublimé de la Loi, de la vision divine, de l' ἔρως, de la μανία (§ 138, début), c'est à dire d'une passion proprement divine : elle ne purifie pas seulement ce qui était impur, mais elle ouvre les ailes de l'âme, lui donne un salut sans ombre, même s'il reste encore celui d'une *«victoire»*. Ce dernier trait implique encore le souvenir des ennemis, et, de fait, notre *Quod Deus* ne quittera jamais tout à fait l'époque mixte, même si, comme ici, il laisse entrevoir la paix entière, directe, oublieuse de la victoire et de la guerre qu'elle ferme. C'est Tamar qui, à l'intérieur de ce quatrième exemple [2], joue le rôle le plus élevé.

---

1. On peut voir dans d'autres dialectiques le souci de Philon : il aime passer d'une formule subalterne de la paix, de la santé précaire, à une expression entièrement sublimée, où la guerre, où la maladie ne soient pas seulement vaincues, mais oubliées. Par exemple, dans le *De Abrahamo*, § 208-244 (voir à ce sujet mon analyse, dans *L'épée du Logos et le soleil de midi*, pages 155-168); ou dans le *De congressu*, § 81-121 (voir *La trame et la chaîne*, I, pages 360-380).

2. Il arrive ailleurs que Philon complète une série linéaire par un dernier terme, imprévu – mais qui détient le ressort de la dialectique antérieure (voir mon article dans le volume collectif, *La Création dans l'Orient ancien*, collection Lectio divina, éd. du Cerf, 1987, pages 362-363, à propos de la composition du *De aeternitate mundi*). À propos de Tamar, la veuve et sa fécondité, voir le *De mutatione nominum*, § 134-144.

L'histoire de Tamar, perfection de la dialectique L'histoire de cette autre veuve, Tamar, n'est pas attirée par une association extérieure. Elle ne se voit pas développée ensuite par un effet d'entraînement. Elle est là pour montrer la transformation ultime de la Veuve en une femme féconde, et pour achever le mouvement du Logos, la conversion du *«Seigneur»* en *«Dieu»* et *«Père»* (§ 137). Le miracle de la femme stérile, veuve, et de toute manière sans enfant, comme fut Tamar, comme fut d'abord Sara, et qui devient soudain et gracieusement féconde, virile en ce sens philonien du mot, achève la dialectique des trois lois parodoxales de la lèpre. Sans cette histoire de Tamar, relayant celle de la veuve, la portée de l'exégèse touchant Élie serait annulée, ou du moins fortement diminuée. Il fallait que la Puissance de châtiment, de malédiction, soit entièrement convertie en celle de la Création pure, de la Bonté, de la Paternité; il fallait que le Paradis fût compris dans la lecture même des lois d'Enfer, par le jeu de la conversation où entrent les textes divers et semblables, par leur équivocité salutaire. Celui qui isolerait les lois entre elles et s'en tiendrait, par exemple, à la première, se condamnerait lui-même à ce qu'il croirait y lire alors de façon univoque, une preuve à charge contre lui-même, un Ἔλεγχος appuyé sur la seule Maîtrise de vengeance divine. Comment ne pas voir, non plus, que la fécondité de Tamar, encore timide du simple fait qu'elle est appuyée sur une victoire et donc sur le souvenir des fautes passées, transpose au bénéfice de l'âme ordinaire les valeurs que Philon accordait à Anne, la mère de Samuel (*Quod Deus*, § 5-15) — âme plus parfaite et comme en possession des nombres idéaux, Sept et Un ? L'ultime paradoxe de ce «chapitre» est celui de la veuve de Sarepta accueillant le Prophète; mais un paradoxe nouveau, et plus grand encore, est celui de la Veuve Tamar. C'est, cette fois, un paradoxe de sens positif. Il marque la force divine, capable de faire des vierges là où la femme était violée; de faire des femmes fécondes là où une vieillesse excessive, le veuvage ou la stérilité ne laissaient plus espérer que la solitude inféconde. Ce thème est philonien au plus haut degré. Or, c'est une variante de la même image qui achèvera et le traité et donc le «chapitre» suivant : l'âme est incurable, mais *soudain* l'Ἔλεγχος fond sur les adversaires et il enlève *soudain* l'âme. Il en assure le salut dans l'occasion désespérée.

Une inclusion, des § 5-12 aux § 122-139 Ce dernier trait assure l'unité organique des deux derniers «chapitres». Il marque souvent chez Philon des conclusions de traités, tel le *De migratione Abrahami*. D'autre part, en évoquant Tamar, Philon suit de près le ch.

38 de la *Genèse* : en particulier, il dit que la veuve véritable a perdu la société des passions *«qui corrompent et souillent la pensée»* (fin du § 136), et qu'elle *«est logée dans la maison de l'Unique, son Père et Sauveur»* (§ 137). Or, c'est là évoquer l'histoire d'Onan, le second mari de Tamar. Et Philon dit de cet Onan qu'il *«corrompit le genre raisonnable parmi les êtres»*, en refusant égoïstement de féconder Tamar. Ce commentaire se trouve juste à la suite de l'histoire d'Anne, la mère de Samuel (§ 16s). Le mot «corrompre» [1], les personnages d'Onan et de Tamar (ou de son homologue, Anne) assurent donc une relation plus étroite entre les § 5-19 et les § 122-139. Je dis bien les § 122-139, pour rappeler à quel point l'histoire de Tamar achève celle de la veuve de Sarepta, et celle-ci à son tour, le triple paradoxe des lois sur la lèpre. Le tout n'a donc pas une vague homogénéité grâce à un thème relativement unifié, mais se présente comme solidement assujetti, structuré en somme. Un mouvement (une dialectique) emboîte les *cinq* Textes appelés par l'allégorie. Cette dialectique achève l'idée amorcée dans les § 1-19 : on y disait qu'*«engendrer pour soi-même»*, c'était courir à la ruine, et nous voyons ici que le seule manière d'échapper à ce mal, c'est de recevoir la grâce au fond d'un aveu de misère confessée. Il n'y a point de Juste, mais seulement des sauvés. Les mots associés, *«corrompre — souiller»*, forment un nouveau lien avec le «chapitre» suivant, encore : ils reviennent, en effet, réglés par un chiasme, au § 142 : *«il s'agit... d'un Autre, dont (la chair) entreprend de souiller et de corrompre la Voie»*.

Ainsi, *«la conscience détruit l'innocence»* [2], dans ce «chapitre» (§ 122-139). Mais c'est pour que l'autonomie soit détruite et que, l'autonomie une fois détruite, la seule force du Logos soit reconnue dans l'âme. L'itinéraire des trois lois est ainsi préparé que l'âme va d'une lucidité sur soi-même jusqu'à l'ignorance. La première exégèse (§ 123b-126) montre une âme dont chaque repli est visité par la Conscience, et nous restons alors sur ce spectacle, sans autre commentaire que celui de la clarté répandue, et donc de la lucidité. La deuxième exégèse (§ 127-130) atténue cette lumière crue [3], et l'âme se voit partagée en deux époques morales, celle des fautes volontaires et celle des fautes involontaires : nous restons désormais sur le spectacle de l'aveugle, privé de toute *«semence de ce qui conduirait*

---

1. Le vocabulaire de la «corruption», φθείρω et ses composés, διαφθείρω - καταφθείρω, ainsi qu'ἄφθαρτος, est concentré dans ces § 1-19, d'une part, et les § 122-139, d'autre part (autres emplois, isolés : *De gigantibus*, § 14, 45, 61; *Quod Deus*, § 73 et 105; les emplois finaux, aux § 180 et 183, se rattachent aux deux groupes que nous privilégions, puisqu'il s'agit de la conclusion, rassemblant comme souvent les thèmes du livre). Pour apprécier l'équilibre de ces deux groupes, des § 1-19 et 122-139 du *Quod Deus*, on n'oubliera pas que l'ouvrage ne commence pas au § 1 de ce *Quod Deus*, mais bien au § 1 du *De gigantibus*.

2. Suivant le beau titre donné par A.Mosès (édition de Lyon, page 123).

3. Pour l'image du *port* et du *naufrage* (déjà au § 98), voir le *Quod deterius*, § 144s.

à l'intelligence» (§ 130). La troisième hypothèse (§ 131-135) revient à l'élucidation complète de l'âme par la Conscience, mais le prêtre y apporte la guérison, et telle est la dernière image : *«il verra donc toute pure la maison de l'âme, quitte, s'il y est survenu des maladies, à guérir»*. L'âme, ainsi guérie, a dû sombrer au passage dans l'inconscience totale : les fautes que Philon considère seules sont alors les involontaires (§ 134), si bien que la lucidité, pour rester entière, est passée du côté du prêtre visiteur. Ce dernier cas, séparant la lucidité du prophète et l'inconscience de l'âme, est reporté tel quel dans l'histoire de la veuve de Sarepta en présence d'Élie. Mais l'histoire de Tamar, qui vient se loger «en abîme» dans cette première histoire de veuvage, donne un sens positif à la lumière envahissante : désormais, le *«germe divin»* ou les *«semences des vertus»* ont fécondé l'âme. Ce qui peut être résumé par le tableau suivant.

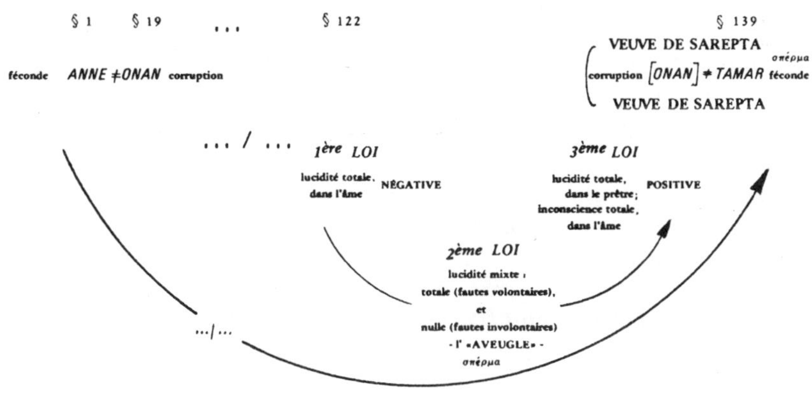

On voit la symétrie des trois lois sur la lèpre, leur dépassement par l'épisode dédoublé des veuves, et, à son tour, la relation de cette ultime sublimation avec le début du *Quod Deus*.

Un autre témoin de la logique introduite dans le cours des trois paradoxes de la Loi sera aperçu dans le rôle du Logos. Il ne s'agit pas, bien entendu, de voir derrière ce mot une quelconque hypostase. Il désigne l'ordre rationnel, avec toutes les inflexions locales que réclamera tel ou tel passge du Texte : l'ordre rationnel, soit en Dieu, soit en nous. Ici, le Logos est d'abord ce monde rationnel contre lequel l'âme pèche (§ 126) : dans la première hypothèse, il s'établit une sorte d'*extériorité* pure; dans la deuxième exégèse, ce même Logos désigne et devient une réalité dans l'âme, qui ne s'en sert pas et coule son vaisseau (§ 129), et l'on peut ici parler de *contiguïté* du logos et de l'âme : il est en elle, sans être là pour elle; dans la troisième exégèse, précisément, le logos, sous le titre de prêtre (§ 134), instaure tout un jeu subtil avec la *«maison»* de l'âme : il doit entrer, la purifier, n'y entrer qu'à condition et la considérer comme son *«foyer»* (§ 134a), bref entretenir avec elle une relation mixte d'*intériorité* et d'*extériorité* réglées. C'est là une dialectique. Sous cette forme précise, une organisation allant d'une pure extériorité de deux ordres à leur contiguïté et trouvant résolution dans l'intériorité, Philon en use ailleurs[1]. Ce mouvement donne sens à des enchaînements de citations ou de commentaires que leur lettre semblait laisser dans le vague ou en tout cas dans l'étrangeté[2].

Forme et fond Le § 140a rappellera le lemme exposé d'abord au § 122, *«C'est donc très normalement que Moïse le saint a dit que la terre était corrompue au moment précis où les vertus du Juste Noé firent leur apparition»*. C'est que les § 122-139 ont considéré le paradoxle global : Noé le Juste arrive, et Dieu déclare la terre corrompue ! Le temps très ramassé, la syntaxe violente de ces deux propositions forment un scandale. Et Philon a dû le lever, par le jeu d'autres paradoxes, ceux de la lèpre, et nous les avons explorés. Il en est alors resté à une analyse formelle du v. 11. Mais le v. 12, qui répète, dans la Bible, la raison du Déluge, va donner à Philon occasion de reprendre le mot *«corrompre»* dans une perspective de contenu. Le dernier «chapitre» est ainsi ouvert, en effet : *« Il dit : Elle était en état de corruption, en ce sens que toute chair avait corrompu Sa voie sur la terre. Il pourra sembler que l'expression est fautive...»* - le grec porte à cet endroit πᾶσα σὰρξ τὴν ὁδὸν αὐτοῦ κατέφθειρε, et le pronom au masculin, *«de lui-sa»* ne cadre pas avec le sujet supposé, la chair, un féminin. Il s'agit donc d'une volonté de Moïse écrivant. La remarque est de syntaxe, de forme, mais elle va rapidement ouvrir la réflexion sur le contenu, le fond...

---

1. Une variante de ce système «philosophique» à l'œuvre dans le discours de Philon est étudiée dans *La trame et la chaîne*, I, pages 384-393, à propos du *De fuga*, § 1à 52; voir ausi page 551. Une autre figure, à propos des *sources* (*De fuga*, § 177-201), voir *id.*, page 461. Le système, tel qu'il est manifesté dans notre *Quod Deus*, § 122-139, se retrouve dans le *De migratione Abrahami*, § 86-105, sur la conjonction du sensible et du spirituel dans le Don divin (voir *La trame et la chaîne*, I, pages 92-94), *etc.* Nombre de ce que je regroupe sous le mot de «dialectiques» dans les traités pourraient être vues sous cet angle, qui serait un moule, un *pattern*, plus génériques.

2. Un autre signe du calcul de Philon : le mot décisif, σπέρμα, est apparu en contexte *négatif dans* la deuxième hypothèse (§ 130), avant d'être affirmé, en contexte positif, et exalté, dans le rebondissenment final (§ 137).

6.- Les § 140-183 : «(La terre) était en état de corruption, en ce sens que toute chair avait corrompu Sa Voie sur la terre»

Il serait assez dérisoire de ne trouver dans ce dernier «chapitre» qu'une *quaestio-solutio*, toute suspendue au problème grammatical, de ce pronom masculin accompagnant un féminin[1]. Le caractère continu et intérieur de l'exégèse courant à travers le *De gigantibus* et le *Quod Deus* peut être affirmé de manière simple et ici très claire. On notera d'abord que la *«Voie royale»* dont il sera question désormais a reçu un premier éclairage à la fin du *De gigantibus*, au § 64. Mais cette simple présence n'indique pas grand'chose encore. Si l'on regarde ensuite ce § 64, on observe qu'il évoque la transformation d'Abram en Abraham; que ce passage est accompagné d'une relation nouvelle du Patriarche avec Dieu : cette relation est marquée par la réciprocité de deux génitifs. Le *«Dieu* de *toi»* suppose alors qu'Abraham soit aussi *«homme* de *Dieu»*. Or, ce nouveau personnage marche sur la *«Voie royale»*, déjà. Philon dit en effet qu'il est *«attribué au Seul, Unique, Dieu, dont il est devenu le suivant : il va droit sur le chemin, empruntant toute sa vie la Voie royale — celle de l'Unique Roi et Souverain du monde — sans dévier d'aucun côté, sans se détourner»*. Il y a une séquence simple : «homme de Dieu — Voie». Et ce qui vaut du § 64 du *De gigantibus*, nous le retrouvons entre la fin du «chapitre» avant-dernier (celui des § 122-139) du *Quod Deus*, et le dernier (celui des § 140-183).

En effet, après les trois lois sur les lèpres, Philon s'est emparé du texte historique : le Prophète Élie et la veuve de Sarepta (flanquée de la nécessaire Tamar) lui permettent à la fois de redoubler ou d'approfondir la dernière des trois lois paradoxales, et d'introduire deux mots décisifs, *«homme de Dieu»* — *«Voyant»* (§ 138-139), juste au moment où il va retrouver la *«Voie royale»* (§ 140s) et juste au moment où il faire marcher Israël par cette Voie — Israël, c'est à dire le Peuple *voyant* (§ 144). Si donc Philon a redoublé la troisième loi sur la lèpre par l'intervention d'un Élie, c'est pour réintroduire aussi la séquence *«homme de Dieu — Voie royale»*. Mais, en redoublant encore «homme de Dieu» par *«Voyant»*, il se donne[2] le droit de passer

1. C'est pourtant le point de vue de V.Nikiprowetzky, à sa page 48. Il confond l'occasion de l'allégorie et sa finalité, faute d'en chercher le mouvement.

2. C'est le titre dont la veuve de Sarepta saluait son hôte, le Prophète Élie. Philon est allé chercher cette histoire d'un Prophète, substitut de son prêtre des § 131-135, afin de retrouver l'expression *«homme de Dieu»*.

à l'histoire plus considérable et plus tourmentée de l'*Exode*. On peut dire, plus sommairement encore :

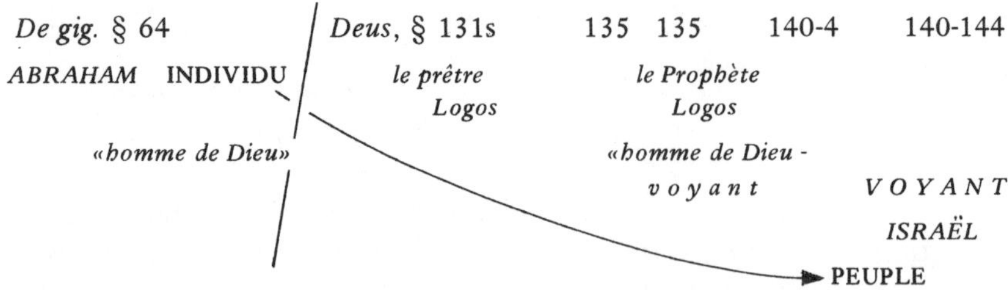

La succession des deux *«Voies royale»* est celle de l'*individu*, avec Abraham, et du *Peuple*, avec Israël. C'est là un passage réglé de l'Un au Nombre. Mais ce Nombre est celui d'Israël, et c'est donc un Nombre qui n'a plus rien à voir avec le *«nombre féminin et charnel»* du début du *De gigantibus* (§ 1-19), puisque les Douze fils d'Israël déterminent une grandeur calculée, arrêtée, stable et parfaite. Philon voulait ce passage : au § 148, il dira : *«Ce n'est plus un personnage seul qui se vantera d'avoir appris la Sagesse en ses rudiments, mais un Peuple entier et populeux»*. Ce Peuple est donc πολυανθρωπότατον (§ 148), comme était justement le genre humain, voué au mal (*De gigantibus*, § 1-3). Ainsi, du nombre fou, illimité, pervers et féminisé, l'Individu Abraham, Prophète et Homme de Dieu, fait passer l'humanité au Nombre sacré et pur, unifie et divin, d'un Israël en Douze tribus [1]. Le dernier «chapitre» du *Quod Deus* ne quittera pas le domaine allégorique de l'âme, donc de l'individu, mais sa dialectique prendra appui sur le contraste biblique du Peuple et du Reste, du petit nombre et d'un Peuple nombreux comme le sable ou les astres, selon la promesse faite à Abraham.

Le «chapitre» des § 122-139 était donc inscrit dans une finalité bien déterminée : la Loi allait au prêtre; le prêtre, au Prophète, pour qu'à son tour, le Prophète-Voyant désigne Israël. Du même coup, c'est donc au moment de son humiliation sous la Conscience des fautes que l'âme passe *soudain* à la fécondité divine. Le § 137 l'attribuait à Tamar. Elle se déploie, cette fécondité, à partir d'une simple γονή — *«graine séminale»* — jusqu'à ce Peuple πολυανθρωπότατον, tel un Arbre géant de la divine plantation [2].

1. Ce passage réglé de l'homme exemplaire et donc singulier, individuel, au Peuple, nombreux d'un nombre saint, commande d'autres dialectiques de Philon. On verra sous cet angle tout le développement du *De praemiis* (voir dans *Studia philonica*, 6, pages 21-27).

2. Le mot πολυάνθρωπον du § 178 appartient à la même dialectique : le grand nombre est, en soi, indifférent. Ajoutons que ce jeu répond de façon surplombante à la pseudo-question des 120 ans, attribués aux méchants comme au noble Moïse (*De gigantibus*, § 56-57).

Structure du dernier «chapitre» (§ 140-183) Le v. 12 du ch. 6 de la *Genèse* grecque constitue donc la fin du lemme considéré au long des deux traités conjoints, *De gigantibus - Quod Deus*. Un long texte, lu en *Nombres*, ch. 20, v. 17-20, prend le relais. Il s'agit de la négociation manquée avec les Édomites pour le passage des Hébreux approchant de leur territoire futur. Le «chapitre» va commenter cet épisode nouveau, élément après élément. Philon ne recourra plus à d'autres citations subordonnées, sinon trois fois et de façon rapide : deux textes pour interpréter le refus des *«eaux de citerne»* (§ 156-157); un troisième, pour ramener le mot *«royale»* de la «Voie Royale», non plus à l'exaltation, mais au contraire à l'humiliation du voyageur. La fin du «chapitre» (et donc de l'ouvrage) élargit le contexte biblique de *Nombres*, ch. 20, v. 17-20, jusqu'à un rapide survol des aventures de Balaam (§ 181-183 et dernier). Ces quelques textes bibliques incidents ont chacun leur fonction définie par rapport à l'idée générale du Traité, et ils ne se contentent pas d'«illustrer» pour édification un mot rencontré au fil du Texte de base. Rappelons que ce Texte de base est ici devenu le verset des *Nombres* : *«(La terre) était en état de corruption, en ce sens que toute chair avait corrompu Sa Voie sur la terre»*.

Le déroulement du «chapitre» est celui d'un commentaire section par section de l'affaire édomite. Disons tout de suite que la «philosophie» y occupe une bonne place. L'exemple du mépris affiché par Socrate devant les richesses sert d'élégante introduction à l'exégèse. Notons que ce développement peut être circonscrit soit aux § 146-147, soit aux § 146-153 : nous verrons d'ailleurs que Philon transgresse régulièrement les frontières des développements et que, de toute manière, le nom des Édomites revient tout au long du «chapitre» (§ 140, 144, 148bis, 159, 166, 180). Puis deux diatribes illustrent la marche de l'âme sur la Voie droite (§ 162-165) et son itinéraire par la Montagne (§ 167-171). Enfin, une évocation appuyée des vicissitudes atteignant les Empires ramène au *«rien»* l'exaltation humaine (§ 173-179) - ce *«rien»* figurant bien entendu dans le texte-relais, des *Nombres*, ch. 20.

Mais nous ne tenons pas là une division exacte du «chapitre». Il n'est pas davantage composé d'une stricte succession des exégèses détaillées du texte-relais. Ainsi, le § 180a conclut deux développements à la fois : celui qui interprétait la *«montagne»* et celui qui débouchait sur le *«rien»*, avec le spectacle des Empires anéantis (soit les § 166-171a; puis les § 171b-179). De même, les deux commentaires successifs de la station d'Israël auprès des *«vignes»* et de son refus des *«eaux de citerne»* deviennent solidaires (§ 154 et 155-

158), puisque le § 158 revient au thème de l'*«ivresse»*. La rhétorique de ce «chapitre» marie donc autrement philosophie et commentaire.

Les § 146-180a suivent dans l'ordre les éléments du texte des *Nombres*, devenu pour ainsi dire le Texte de base. Le refus des Édomites et leur déclaration de guerre éventuelle ne sont pas plus allégorisés que leur nom même. Pourquoi ? Sans doute parce que ce nom et l'attitude négative d'Édom forment précisément l'enjeu du «chapitre». Selon le code philonien, *«Édom»* signifie *«terrestre»*, et tout le Traité a pris pour sujet la lutte que la *«chair»* livre contre l'Esprit. Un seul élément, situé en dehors de la guerre, paraîtra tout d'abord négligé par Philon. Il s'agit des mots qui achèvent la première proposition faite par Israël aux Édomites : *«...jusqu'à ce que nous ayons passé tes frontières»*. Ils devraient trouver un commentaire entre le § 165 et le § 166. Mais le dernier terme de cette expression négligée n'est autre que *«les frontières»* - *τὰ ὅρια*. Or, il est vraisemblable que ce mot entre dans le jeu qui permet l'exégèse de la *«montagne»*, tout de suite après : le § 167 (puis le § 180, en inclusion) rapproche *«montagne»* et *«définition»*, soit *ὄρος* et *ὅρος*, ou plus simplement *ὅρια* qui précède dans le Texte et qui a paru oublié sur le moment.

Autre chose : la guerre éventuellement déclarée par Édom (§ 166) n'est pas décrite, disions-nous. Mais elle ruine et blesse précisément les sectateurs d'Édom, tel ce Balaam qui sera victime de la *«corruption avec les blessés»* (d'après la fin de son aventure, en *Nombres*, ch. 31, v. 8). Ce retour de la fortune survient à la fin du Traité (§ 183 et dernier). De la sorte, on est conduit à unifier les § 166-183 sous la rubrique de la *«ruine»*. Philon envisage, en effet, une trahison possible de l'âme (§ 168-171); ce triste hommage rendu à la terre est suivi de la fresque sommaire où les Empires se font et défont (§ 171b-180a). Le tout se resserre dans l'exemple désastreux de l'obstiné Balaam, sourd aux appels de l'Ἔλεγχος, et tombant sous les blessures (§ 180b-183). Sans trop insister, signalons que cet ensemble est d'une longueur égale à celle des § 144-158, c'est à dire du développement qui va de l'annonce de la *«Voie Royale»* à son exégèse effective. Mais surtout les § 144-158 décrivent l'*exaltation* d'Israël ou de l'âme. Philon y envisage en effet la qualité olympienne de ce Peuple, philosophe plus que Socrate (§ 146-153). Il y trouve le Logos d'unité et l'allégresse. Ce tableau de la valeur exaltée s'achève sur la mention de l'*«ivresse»* due à la vigne (§ 154-158).

Ainsi la composition réelle des § 140-183 harmonise tous les plans, et le processus du *commentaire perpétuel*, soi-disant animé par la formule conjointe d'une *Quæstio-Solutio*, s'en trouve largement dépassé, remodelé, réduit même à une matière entrant sous la seule forme qui lui donne vigueur et sens. Le milieu du «chapitre» (les § 159-165) établit l'âme dans le juste-milieu, précisément : entre l'exaltation et la ruine; entre la promesse et l'enlisement. Il n'est pas étonnant que ce soit le personnage d'Abraham qui corresponde à ce «milieu». Il s'humilie devant le Roi (§ 161), et c'est lui qui peut être qualifié par le *«désir du meilleur»* (§ 165). Car Abraham est rattaché par Philon à la Voie Royale. Voici même comment nous pouvons confirmer à la fois l'existence d'un projet de Philon couvrant tout l'ensemble des deux Traités, *De gigantibus* - *Quod Deus*, et la dialectique du dernier «chapitre», grâce au thème de *«l'homme de Dieu»*, successivement appliqué par l'INDIVIDU et par le PEUPLE d'Israël (voir ci-dessus, pages 113-114 et le schéma de la page 114). Or, en évoquant à nouveau Abraham, Philon offre un signe simple à la mémoire plus ou moins consciente de son lecteur. D'autant plus que le personnage d'Abraham intervient au milieu, à la charnière des deux grands volets du «chapitre» final, *exaltation* puis *ruine*. Le milieu répond pour le tout. Abraham nous permet d'équilibrer la dialectique, placé qu'il est dans ces § 159-166, l'exégèse de la *«Voie Royale»* - annoncée dès le § 143. Tout cela prouve enfin que la citation de *Genèse*, ch. 18, v. 27, sur l'humilité d'Abraham, n'est pas fortuite. Elle ne constitue pas une illustration comme une autre, répondant localement à la définition de la Voie par son titre de *«royale»*. Le commentateur de Philon n'est pas toujours assuré de comprendre la portée d'une citation secondaire, mais il doit toujours réserver son jugement et pencher de préférence pour une intention plus large de la part de Philon. Nous pourrions résumer ce dernier acquis par le tableau suivant

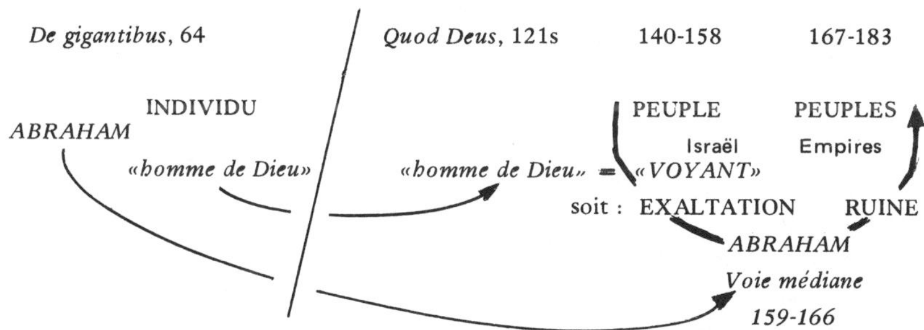

L'annonce, logée au § 64 du *De gigantibus*, prévoyait une hésitation à conjurer, entre la «droite» et la «gauche», pour rester dans le «milieu»... Soulignons ici : Philon a pris le seul texte-relais des *Nombres*, ch. 20, v. 17-20, pour commentaire des mots du Texte de base, *«corrompre Sa Voie»*. Mais il cite largement le contexte édomite. De sorte que la phrase qui l'intéressait au premier chef, *«par la Voie Royale nous avançerons»* occupe finalement le milieu de son «chapitre» d'exégèse, alors qu'elle n'est pas au milieu de *Nombres*, ch. 20, v. 17-20. Il ne nous reste plus qu'à rendre compte de ces deux volets contraires, de l'*exaltation* et de la *ruine*. Ils suffisent presque par leur opposition à définir la Voie Royale, à peine considérée dans le commentaire (les brefs § 159-166).

1.- L'*EXALTATION* D'ISRAËL (§ 146-158)

Le refus du monde comme hauteur Nous avons dit comment ici le Peuple d'Israël suppléait le personnage singulier d'Abraham; nous avons suffisamment appuyé sur le passage réglé des deux Puissances au bénéfice de la seule Bonté, Θεός, pour que l'idée apparaisse ici bien naturelle, d'une exaltation du Nombre. Le nombre féminin et pervers du début était désigné par la πολυανθρωπία malsaine du *De gigantibus*, § 1, et il entraînait l'exercice d'une Puissance divine de châtiment, celle du Κύριος. L'*équivocité* des phrases bibliques appelle chez le Sage une réduction à l'unité, qui imite la réduction des Puissances à la seule Bonté. Alors, resserré dans un nombre pur, le Peuple de Dieu pourra se vanter d'être πολυάνθρωπος sans risque. Ce que la tradition stoïcienne a aimé retenir d'un philosophe, Socrate, lequel *«n'a pas besoin des équipages»*, Philon voit que le Peuple entier d'Israël le réalise (§ 147-151).

C'est sous la forme d'une diatribe que les § 149-153 développent le programme de vie ascétique, qui place cette nation populeuse si haut dans les miracles même. Des interrogations enchaînées trahissent l'étonnement rhétorique de Philon. Il commence par traduire le futur de la proposition de paix faite à Édom par Israël : *«Je passerai à côté à travers ta terre»* § 149). Cette traduction est toute entière dans le mot *«promesse»*, dans l'expression *«surnaturelle et magnifique promesse !»*. Puis c'est au tour du préverbe παρά de παρελεύσομαι à fournir une série d'équivalents, παρελθεῖν - παραδραμεῖν - ἀπολείπειν - ἀποτάττεσθαι. Enfin, l'exégèse interprète les derniers mots, *«à travers la terre»*. Déjà, à la fin du § 149, Philon en avait donné une rapide équivalence : *«Rien donc ne retiendra ou n'arrêtera notre élan...?»*; dans les § 152-153, c'est le *singulier* de l'expression *«ta terre»* qui est retenu et expliqué : les tentations sont multiples par définition, et la capacité qui caractérise Israël de ramener à l'*unicité* les aspects multiformes de la tentation manifeste qu'il est gouverné par le Logos. La *«droite raison»* lui fait rejeter d'un seul coup toutes les valeurs qui n'en sont pas, de telle sorte que ce n'est pas par ignorance, par négligence, par lassitude ou par hasard qu'une forme particulière de la Tentation sera évitée. Ce sera bien par l'effet d'un refus exhaustif et qui relève donc de l'Unique, à travers le Logos. Ainsi, *un* dans sa πολυανθρωπία, Israël récuse glorieusement la multiple tentation. Il en a fait la synopse, grâce au principe d'unité, le Logos.

Nourritures et boissons d'immortalité Or, c'est au pluriel que les biens véritables sont énoncés : *«ils ne passeront pas à côté des champs et des vignes»* - ils les traverseront donc, et même ils s'en réjouiront et y séjourneront. Philon va commenter d'un seul élan les deux précisions du traité de passage proposé par Israël à Édom : la clause sur les récoltes et la clause sur les citernes. Les § 154-158 vont de l'*«allégresse»* à l'*«ivresse»*, c'est à dire de la «vigne» au «vin». Les *«eaux célestes»* permettent cette unification de la nourriture à la boisson, et de la boisson à la boisson d'ivresse. On obervera que Philon reste conscient de son propos général : c'est au pluriel que *«les fruits»* symbolisent *«les vertus»*; que les *«boissons sans mélange de l'ivresse»* symbolisent la *«perfection»* atteinte par Israël (§ 154 et 158). Tantôt le nombre est maléfique, tantôt il est perfection : qui demandera encore la raison des mêmes *«cent vingt années»* vécues par les perfides aussi bien que par Moïse - notre vieille question du *De gigantibus*, § 56-57 ?...

Ainsi, tout Israël est exalté par son mépris souverain des biens de ce monde (§ 144-153). Il est exalté, plus profondément et de façon plus positive, par sa participation aux boissons et aux nourritures d'immortalité, les fruits des vertus multiples, rayonnement de l'unique valeur, comme aussi l'ivresse des dons divins. Cette exégèse unifiée ferait presque oublier au lecteur que le § 154 commente l'installation d'Israël parmi les vignes et les champs [1], tandis que les § 155-158 commentent le refus d'Israël de toucher à l'eau des citernes édomites [2]. C'est que Philon a rendu plus intérieure aussi sa diatribe : il ne parle plus d'Israël à la deuxième personne, comme dans les § 149-150, ni à la troisième, comme dans les § 151-154 [3], mais bien à la première personne, *«boirons-nous... chercherons-nous ?»*. Ce «nous» était dans la citation-relais de *Nombres*, ch. 20, v. 17-20, mais il est surtout dans la citation secondaire qui vient ici, celle du *Deutéronome*, ch. 28, v. 12, *«Le Seigneur ouvrira pour nous sa réserve bonne, le ciel, pour nous donner la pluie»*. Ensuite, dans l'autre citation secondaire, de *Genèse*, ch. 48, v. 19, Philon trouvera le «je», ramenant au singulier le collectif du «nous» et de cet Israël dignement πολυάνθρωπος (§ 157-158), *«Dieu qui me nourrit depuis ma jeunesse»*. Ainsi, les deux citations secondaires des § 156-157 entrent dans le jeu du *pluriel-singulier*. Elles vont peut-être aussi dans le jeu analogue des Deux Puissances ramenées à la seule Bonté. Car la première citation contient le titre de Κύριος, et Philon souligne à la fin qu'il y faut une médiation, sous l'office d'un *«échanson»* (§ 158); et la seconde citation attribue les bien-

1. Bien entendu, Philon détourne le sens obvie du texte biblique : Israël promet à Édom de ne pas marcher par les champs et les vignes, c'est à dire de les épargner. Philon entend : «Nous ne passerons pas» comme «Nous séjournerons».

2. Les *«citernes»* traduisent, pour Philon, le désir humain de posséder et le manque de confiance dans le don céleste de la pluie (voir le *De fuga*, § 97-201). Aussi bien les *«citernes déjà creusées»* sont-elles bonnes, parce que Dieu les donne à Israël, et elles ne sont pas le signe de sa suffisance (ci-dessus, § 26). Philon ne parle pas ailleurs des «citernes», semble-t-il.

3. La traduction de Lyon, page 139 pour le § 153b, ne permet pas d'observer le jeu des personnes : le «nous» y traduit abusivement un «On».

faits au seul Θεός : Philon montre à la fin que personne ne s'interpose plus entre Dieu et le bénéficiaire (§ 158, fin), ce qui est d'une grande valeur.

À tout le moins, nanti des nourritures célestes et servi par le Κύριος et le Θεός, Israël ou le Sage se trouve-t-il dans une situation paradisiaque. Les § 144-158 en célèbrent l'*exaltation*. Au lieu de commenter la corruption de la terre, suggérée en fait par le lemme sur le Déluge, Philon commence par en prendre le contrepied. Ce faisant, il gouverne son exégèse de telle sorte que le mystère du nombre passant du bien au mal soit fidèlement rappelé et qu'il reconduise le lecteur aux portes de cet autre mystère, la conversation des Puissances, qui se résout dans l'Unité du côté de Θεός. Ainsi, l'usage des citations annexes, du *Deutéronome*, ch. 28, et de la *Genèse*, ch. 48, répond aussi bien au dessein général du Traité qu'à l'intention locale. Elles ne sont pas des preuves; elles ne viennent pas d'une association hasardeuse; elles ne se limitent pas même à leur rôle d'édifiante confirmation.

2.- LA *VOIE ROYALE* (§ 159-166)

Le lecteur de Philon doit s'habituer à la polyvalence des éléments de l'exégèse. Et par exemple, il verra que, tout en suivant le texte-relais du conflit d'Israël avec Édom, notre «chapitre» détermine des équilibres nouveaux. Nous avons dit comment la phrase biblique où les troupes d'Israël proposent de traverser Édom par la grand-route se voyait artificiellement déplacée pour se trouver au milieu du «chapitre» et partager ainsi plus clairement deux époques morales complémentaires, celle de l'exaltation, que nous venons de parcourir, et celle de la *ruine*, que nous abordons. Le personnage d'Abraham — et donc la citation de *Genèse*, ch. 18, v. 27 (§ 161) — vient donc au bon moment et au bon endroit.

La juste mesure de l'exaltation

Les § 159-161 commentent les mots, la *«Voie Royale»*, par l'interprétation analytique : une telle Voie conduit *«au Roi»*. Or, cette royauté est d'abord placée sous le signe de l'Unicité : *«La Voie Royale est celle dont le maître... est l'Unique et l'Unique Roi»* (§ 159). Philon voit aboutir la réduction des médiateurs et des Puissances qui distribuaient la nourriture céleste (§ 154-158). Mais alors, l'*exaltation* dont l'exégèse précédente vient de faire état si largement se ramène d'un mot à l'anéantissement du *«suppliant»*. Abraham a rencontré le Roi et aussitôt reconnu *«Sa béatitude et son peu de prix à lui-même....; qu'il était terre et cendre»* (§ 161). Philon n'avance aucun commentaire sur cette expression d'Abraham. Le mot *«terre»* l'entraînerait dans des détours trop laborieux, étant donné qu'il s'agit dans le contexte de la *«terre d'Édom»*, marquée de façon négative donc : une telle terre ne s'est évidemment pas de soi-même exaltée, élevée au-dessus des passions ou nourrie des nourritures d'immortalité ! Notons qu'en abaissant brusquement le Sage (le § 160 parle bien de sa *σοφία*) Philon incline le lecteur vers son second tableau, celui qui achèvera le «chapitre» : difficulté du chemin, ruines successives, déchéance, autant de leçons tragiques qui appelleront alors un salut paradoxal et miraculeux, celui que confère l' ᾿´Ελεγχος, tout à la fin (§ 182). Le *«suppliant»* (§ 160) sera pour ainsi dire exaucé à ce moment ultime (§ 182).

La discrétion de ce milieu du «chapitre» Les § 162-165 commentent les mots du texte-relais, *«et nous ne déclinerons ni à droite ni à gauche»*. C'est une explication morale qui en fait la traduction : entre deux vices contraires, tels la témérité et la lâcheté, il faut se tenir au courage. Le *juste milieu*, cependant, ne doit pas uniquement à la philosophie dans ce passage. L'histoire biblique vient opportunément soutenir les philosophes. Abraham n'a-t-il pas été sollicité par le personnage de Lot, qui désigne précisément tout ce qui *«décline»* ? Nous devons retrouver ici tout le long développement du *De migratione Abrahami,* § 146-175. Dans cet autre Traité, Philon enchaîne explicitement le thème de la même *«Voie Royale»*, celui du même *«juste milieu»* moral (comparer le § 147 du *De migratione* et nos § 162-165), et celui de *Lot,* également. Ici, Philon se retient, peut-on dire, d'entrer dans ces longues analyses du *De migratione*, parce qu'il domine l'intention de son nouveau Traité. Du coup, les § 159-164 en restent à une sorte d'épure. Sans sa place centrale dans le «chapitre», le lecteur ne pourrait pas percevoir l'importance de cette humiliation d'Abraham. Le dessein de Philon est ici d'opposer vigoureusement l'exaltation à la ruine — nos deux volets du «chapitre» final. Aussi donne-t-il à ces § 159-165 une couleur assez neutre. Mais c'est un effet de sa maîtrise, justement, et qui nous intéresse du point de vue de la méthode. Aussi allons-nous marquer un temps d'arrêt.

Note *sur les «constellations» d'un traité à l'autre :*

Philon dispose d'un «modèle» cohérent, à faces multiples, organisé et capable d'une double lecture, négative ou positive, optimiste ou non, et qui regroupe les thèmes essentiels auxquels je faisais allusion : *«Voie Royale» - «juste milieu» - «Lot»*. Le développement est négatif dans les § 159-165 du *Quod Deus*; mais il est positif dans les § 146-175 du *De migratione*. Il est explicite dans ce dernier Traité; il reste allusif dans le *Quod Deus*. Il est réduit à l'épure, ici; là-bas, il est très développé. On pourrait pousser assez loin le réseau des éléments analogues, et sans doute le «chapitre» final du *Quod Deus* serait-il entièrement concerné, de proche en proche. Ainsi l'explication réciproque que se donnent dans l'allégorie philonienne *Édom* et *Lot*, au cours des deux Traités que nous rapprochons, permet d'apercevoir les parentés suivantes :

Quod Deus		*De migratione Abrahami*
§ 162-5	*pour le «juste milieu»*	§ 146-8
164-7	*la guerre*	150
162-5	*Lot*	146-175
161	*Abraham*	146-175
156-8	*de l'Ange médiateur à l'Un*	174-5
160-1	*l'exaltation humiliée*	170b - 172
156-8	*du «seigneur» à «Dieu»*	169
150s; 167	*l'élévation au-dessus du vice*	168-9
152	*synopse des vices : en plus, en moins*	155

On pourrait même aller plus loin, mais avec le risque de se perdre dans les méandres de la création de ces «modèles» philoniens. Philon, dans le § 160 du *Quod Deus*, nous renvoie lui-même à une page précédente — ce qui est rare. Le *«suppliant»* a en effet déjà paru, au § 116. Or, ce premier suppliant venait au terme d'une considération assez longue de l'histoire de Joseph et des Eunuques du Pharaon (§ 111-115). Mais le personnage de Joseph et son ambiguïté remplissent une bonne partie des § 146-175 du *De migratione*, les § 158-163.

Je n'ai pas introduit d'ordre logique ou littéraire dans la liste précédente, pour que le lecteur ne s'imagine pas que j'aie réussi la déduction ni même le répertoire exact de ces éléments. Ajoutons que le fond du commentaire repose sur *Édom* dans le *Quod Deus*, mais que c'est le personnage de *Lot* qui occupe les § 146-175 du *De migratione*. Suggérons que le traitement plutôt négatif de l'histoire globale de Noé accomplit la première Triade des élus, mais la première seulement, alors qu'Abraham inaugure la seconde Triade : aussi est-il plus avancé, plus proche d'Isaac et de Jacob, plus positif. Noé nous maintient nettement dans l'ordre des *«suppliants»*, quand le *De migratione* nous achemine vers l'ultime supplique de Moïse : il ne se déclare plus *«terre et cendre»*, mais il demande à Dieu de *«marcher avec eux»* (§ 172). Enfin, n'oublions pas que les § 146-175 du *De migratione* achèvent la partie consacrée à la Fin.

Le § 164 poursuit le commentaire moral du *juste milieu*, mais il est déjà sous l'influence anticipée du § 166, rapide commentaire de la *«guerre»* dont Édom et Israël se menacent. Si bien que Philon estompe les frontières de son commentaire continu, ici et un peu plus loin, au § 167. Expliquons-nous.

Tout en enchaînant les expressions du texte-relais, de *Nombres*, ch. 20, v. 17-20, Philon les regroupe. Prenons comme repère le § 166. Il parle de la *«guerre»*, mais le début du § 164 en offre déjà un reflet. D'autre part, le même §166 explique cette guerre comme une rivalité *logique* complète : Édom tremble pour ses croyances terrestres le passage des dogmes célestes détenus par Israël. Grâce à quoi, Philon peut nous aligner deux renversements successifs. En premier, si Israël traverse les champs, il ne pourra que cueillir les fruits — cela, nous le savons depuis les § 154-158. Mais, second renversement, ces fruits de la terre édomite ne peuvent être maintenant que des fruits pervers, semés pour la perte de la sagesse (sous le nom de la *φρόνησις*, une sagesse plus pratique). On peut ajouter un troisième effet du renversement : Édom a bien semé les graines mauvaises, mais il n'a pu les récolter. Ces renversements déclarent l'opposition irréductible, et le § 167 va broder sur ce thème, en opposant la montagne à la plaine en tant que symboles des opinions d'Édom, ses «amies», et la foi d'Israël, pour qui elles deviennent des «ennemies». Ajoutons ici que ces mêmes renversements logiques annoncent comme un *logos spermatikos* le développement du second volet (§ 167-183), où nous aurons des menaces plus graves encore et un salut encore plus inespéré. Bien que le § 167 inaugure un nouveau développement allant jusqu'au § 180 (l'inclusion sur le jeu de mots, *«frontière»-«montagne»* assure cette unité), il reste rattaché à ce qui précède. Or, ce § 167 garde la note d'*exaltation* qui caractérise le premier volet de notre «chapitre» (soit les § 167-183). Si nous nous souvenons du fait que le § 160 donnait du Roi une image qui humiliait Abraham et qui préparait donc le second volet, d'abaissement (§ 167-183), nous pouvons reconnaître que la page médiane est équilibrée :

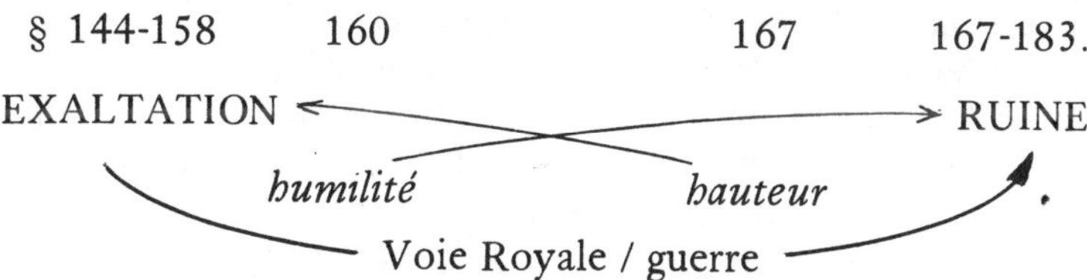

Le § 160 annonce brutalement la dernière section; le § 167 rappelle une dernière fois la première section, de hauteur. Car tout le reste du «chapitre» va tourner en version négative. Philon va y envisager l'échec de la traversée du Monde (§ 168-171); puis l'instabilité des Empires; enfin, il dressera l'image dernière de l'âme pervertie, sous l'image de Balaam. C'est ce que nous résumons par le titre sommaire de la *«ruine»*. Ainsi, les § 159-166 gardent un rôle assez discret dans le dernier «chapitre». Ils sont neutres, au point que le titre général du «chapitre», *«Voie Royale»*, est presque un abus : il reste commode; il fait droit au lemme de *Genèse*, ch. 6, v. 12, qui figure au § 140 et qui amorce toute l'exégèse, mais sans que la route royale et médiane soit envisagée pour elle-même et suffisamment décrite. Nous avons vu que le *De migratione Abrahami*, § 147-165, était plus éloquent et plus positif à ce sujet. Mais Philon n'a pas décidé de décrire ici cette même Voie Royale. C'est qu'il suit en réalité le thème de la *corruption*, mot à entendre au sens métaphysique, comme *changement par disparition*. Et, conformément à la trame de l'histoire biblique du Déluge et de Noé, il voit que le Juste est sauvé miraculeusement; que l'existence vraie est au bout d'une confession de la misère terrestre, chez celui qui se reconnaît donc *«terre et cendre»*, c'est à dire qui se reconnaît comme Édom, au moment précis où Dieu condamne Édom. Celui qui se sait corrompu, verra sa corruption à son tour *«corrompue»*, anéantie, par l'intervention de l'*«Ange»*, par le *«Logos»*, qui est ici Ἔλεγχος — telle sera la palinodie finale (§ 180b-183); telle est son amorce discrète dans les sobres § 159-166. L'existence vraie dépend de la *«corruption»* miraculeuse des forces de corruption à l'oeuvre dans l'univers et inhérentes à la créature.

3.- LA *RUINE* ET LA *RUINE DE LA RUINE* (§ 167-183)

Le § 167, qui rappelle une dernière fois l'*exaltation* de naguère, introduit le thème intellectualiste, cher à Philon, du salut obtenu grâce à l'exactitude du discours. La *définition juste* symbolise le fil d'Ariane qui permet au Juste, au Sage, à Abraham tout spécialement, de quitter le labyrinthe des apparences dans le monde, des sophismes dans la représentation du monde. J'ai dit ailleurs que cet intellectualisme n'était chez Philon qu'une parabole [1]. La philosophie exacte, et donc le lot des définitions justes qu'elle propose à son disciple n'est autre que la suite des phrases du Texte biblique, inspiré par le Logos et rigoureusement ordonné, proportionné, *juste*. La perception de l'unité du texte de Moïse forme la réserve des *«définitions justes»*. Ici, Philon prend occasion du mot *«frontière»*, qui figurait dans la proposition d'Israël à Édom (§ 145), et de son rapprochement par jeu de mots avec *«montagne»*, puis même avec *«la borne — la définition»* (τὰ ὅρια - τὸ ὄρος - ὁ ὅρος), pour opposer la recherche de toute essence dans l'ordre «logique» du vrai, disons du bien, d'une part, et, d'autre part, l'immersion coupable et ruineuse dans le domaine *«extérieur et corporel»* (§ 167). Cette opposition procure la division de notre ultime section du Traité. En la rappelant sommairement au § 180a, Philon crée une inclusion simple, et les § 167-180a auront donc leur relative autonomie, avant le rebondissement ou la palinodie finale (§ 180b-183).

a) *L'image de la ruine* (§ 167-180a) :

La ruine personnelle (§ 168-171a), puis la ruine des Empires (§ 173-180) : deux diatribes sont ainsi liées. L'enchaînement est naturel, de l'individu aux peuples entiers, en fonction d'une visée philosophique. Il est égelement fidèle à l'exégèse : Philon y suit les deux propositions du lemme secondaire, de *Nombres*, ch. 20, v.

1. Voir en particulier *De la grammaire à la mystique : Philon d'Alexandrie*, coll. Cahiers Évangile, Supplém. au n. 44 ;édit. du Cerf, Paris, 1983, pages 24-30 ;77-80.

17-20, *«Si je bois de ton eau, moi et mes troupeaux, je te donnerai honneur»* — *«la (pseudo-)réalité est 'rien'»*. Notons une élégance en ces deux exégèses. Philon commence la première en citant le lemme (§ 169), puis il la termine (§ 171a) en rappelant la citation, mais à l'intérieur d'une phrase qui l'interprète, *«Si nous buvons de ton eau, si nous touchons donc à quelque chose chez toi qui soit un apport mal discerné...»*[1]. À l'inverse, la seconde exégèse commencera par une phrase interprétative de la seconde citation, *«Car, sois tranquille, la réalité dont tu as le souci n'est absolument rien»*, quitte à reprendre en clair la citation elle-même tout à la fin (§ 179b). Élégance, mais aussi réflexe et, pour ainsi dire, symbole immédiat de l'exégèse de Philon. L'Écriture descend à la «philosophie», mais elle remonte ensuite jusqu'à soi-même, ayant assuré dans le monde le salut des mots, par elle justifiés dans la *«définition»* neuve qu'elle y produit.

Le premier volet du «chapitre» (§ 144-158) a *exalté* Israël. Or, c'est là une exaltation funeste, dérisoire, fausse comme le *«déshonneur»*, qui symbolise maintenant la ruine. Si le Sage s'abandonne aux biens extérieurs, il procurera de l'*«honneur»* aux misérables qui se recommanderont hypocritement de sa chute (§ 169-171a) : le sage déchu et l'homme injuste collaboreront à une confusion des valeurs, et la juste définition que symbolise la *«montagne»* se trouvera oblitérée. C'est une seconde exaltation qui égare l'esprit humain avec le spectacle des Empires (§ 172-179). Mais là, à la faveur des mots nouveaux du lemme, *«la réalité est 'rien'»*, le spectacle des grands Empires contient l'antidote : les Empires grandissent et tombent. Une circulation incessante de la Fortune fait de l'univers une *«...démocratie»*, ironiquement égalitaire (§ 176), comptant même le *«grand nombre»* pour peu de chose, sinon *rien* (Philon joue sans doute sur le mot πρᾶγμα, au sens d'affaire, réalité, et sur πολυπραγμοσύνη : d'où sa traduction immédiate, τὸ πρᾶγμα περὶ ὃ ἐσπούδασας (§ 171a et voir § 177). Alors, l'*«honneur»* accordé indûment au vice (§ 171a) apparaît pour ce qu'il est, une simple *«apparence d'opinion»*, δόξα (§ 172), ou un lot de *«songes»* — ὀνείρατα[2]. Encore faut-il entendre cette leçon. Car les vicissitudes des Empires peuvent être interprétées de différentes manières, et par exemple selon l'erreur mondaine. On attribuera la ruine de tel ou tel empire à des causes secondaires,

1. Ἄκριτος s'oppose à l'objet *«défini»* suivant les règles l'ὅρος. Le thème de la définition n'est pas oublié dans les par. 169-170. À l'opposé de la *juste définition*, il y a, comme en tout sophisme, le *«courant»* nombreux et *«mal discerné»*. Le mot φορά termine la première diatribe comme la seconde (par. 171a et 178) — sans préjudice du jeu sur le mot, *«apport — courant»*.

2. Il faudrait ici renvoyer aux pages consacrées au *«songe»* universel, dans le *De somniis*, II et dans le *De Josepho*.

dont chaque nouveau philosophe, chaque nouveau gouvernement, pensera connaître et donc éviter les inconvénients. Seul, le Sage, doté de la juste définition, saura que l'on doit courageusement poser cette équation paradoxale, cette *«définition»* imprévue : *«la réalité est le rien »*. Le § 179 réunit les deux propositions bibliques sur la *«montagne – définition»* et sur la *«réalité – néant»*. Ainsi, nous mesurons d'abord un individu, puis la totalité du monde : le début du § 173 marque l'opposition entre les deux et donc la relation des § 167-171 aux § 171b-178. Une *confusion* marque de façon spécieuse le vice et la vertu, à l'intérieur d'une situation et d'une définition fermées sur elles-mêmes, puis une *alternance* de grandeur apparente et de réel néant marque de façon aléatoire les Affaires des Empires, au moment où l'on recherche une définition réservée au seul Sage. Ainsi, les deux exégèses, des § 167-171a et des § 171b-179, se complètent subtilement. Ainsi, la définition oblitérée des § 167-171a, puis la définition cachée des mouvements universels, celle des § 171b-178, rapprochaient de façon dramatique le microcosme et le macrocosme. Ainsi, la *«définition juste»*, qui a été ruinée par le vertueux devenu charnel, et qui échappe ensuite au raisonnement de la plupart des hommes témoins des vicissitudes politiques, devient l'axe du monde, quand elle est énoncée. Et cette définition est indirectement la reconnaissance de la seule subsistance de Dieu (§ 172, qui reste négatif), soit la confession qui était mise dans la bouche d'Abraham, précédemment : se présentant sur la Voie Royale, il adore le Roi et se déclare *«terre et cendre»* (§ 161).

L'appel à la juste définition se trouve résonner à partir de la vision de son contraire, dans ce second volet du «chapitre» ultime. La double ruine, dissimulée sous l'exaltation orgueilleuse du vice dans l'individu, ou alternant avec l'orgueil des Empires, équivaut sans doute pour Philon au Déluge, dont il ne dit encore rien, si ce n'est l'ironique démocratisation d'un anéantissement universel (§ 176), ou si ce n'est aussi l'image du flux dévastateur qui submerge puis abandonne le continent (§ 178).

L'appel à la juste définition coïncide donc avec une *«émigration»* (§ 180a – *μεταναστῆναι*). C'est d'abord celle des Hébreux en terre de Canaan, même si Édom leur interdit le passage. C'est aussi celle d'Abraham, l'émigrant par excellence. Le Traité *De migratione Abrahami* applique bien entendu à Abraham ce verbe *μετανιστάναι*, en ses § 12, 20 – là, par le personnage de Joseph interposé – puis 177, 187, 197, ou encore le verbe *μετακλῖναι* (§ 184 du *De migratione*, et *Quod Deus,* § 180a). Dans le système «intellectualiste» de Philon, passer de l'opinion à la vérité, du flux des choses à la stabilité, du sophisme à la connaissance vraie, cela revient à user de *justes dé-*

finitions. Et le personnage d'Abraham est précisément celui qui opère ce passage : il cesse de chaldaïser pour reconnaître la véritable Cause et que le monde n'est rien; il doit établir des définitions justes à partir des sensations, puis indépendamment d'elles (*De migratione*, § 176-197, dans une longue progression); il parvient à donner aux êtres leur nom authentique : ainsi, dans le *Quis heres*, § 40-62, Abraham désigne avec exactitude Masek, sa servante comme *«servante»*, alors qu'Adam appelle *«Vie»*, Ève, la sensation, parente de la mort. Mais, ce disant, nous dépassons le cadre volontairement plus étroit du Traité *Quod Deus*. Ici, Philon procède de façon négative et il trace comme en creux le dessin des figures positives de la seconde Triade. Rien ne demeure en l'homme (Noé) qui relève du salut, parce que le salut de l'homme reste soudain et miraculeux. L'histoire des Hébreux, ensuite, le dit encore au long de leur Exode : c'est l'affaire Balaam, qui va terminer le Traité.

b) *Le passage foudroyant de l'aigle* (§ 180b-183) :

Exaltation sans cause légitime, ruine provoquée par l'ignorance de la *«définition»*-frontière : Philon entend par ce double chemin laisser voir le tracé de la Voie Royale, logé entre les deux. Un dernier malheur, celui de Balaam, suffira à cette catharsis. Balaam a beau *«y voir»*, il ne change pas sa route (§ 181). Notons la rencontre : le crime de Balaam est parfait, puisqu'il voit clairement, et c'est le moment choisi par l'Ange pour paraître. Or, il ne paraît pas pour le châtiment, comme un substitut du «Seigneur», mais pour le redressement et la correction de miséricorde, donc comme un effet de la seule «Bonté» du Θεός. C'est bien après le refus opposé par Balaam à cet Ἔλεγχος que la *«corruption»* le saisit enfin (§ 183 — *φθορά*). Et cette *«corruption»* de Balaam retourne l'hostilité déclarée de ce que désigne la *«chair»* qui entreprenait de *«corrompre»* la Voie Royale (§ 140-143, le Texte de base).

Le «chapitre» précédent décrivait la lèpre partout répandue et la faisait enfin céder devant l' Ἔλεγχος, par la transformation de la Veuve Tamar, de la stérile en femme féconde. Le salut était alors relativement préparé aux yeux du lecteur par une dialectique allant progressivement du pire au meilleur. Mais ici, Philon restaure plus brutalement la situation. Il fait fondre l'aigle sans autre signe avant-coureur et au milieu même de la ruine. La définition salutaire du Logos-Ἔλεγχος flotte comme une incise au milieu de la paraphrase morale que Philon est en train de donner à l'histoire biblique du mage Balaam (§ 182). Cette incise contient une allusion au *Psaume* 90, v. 11-12, où Israël chante la providence de Yahvé qui l'a fait marcher sans peine sur la route ramenant d'Égypte. Balaam (ou le fou) résiste et se voit *«corrompu»*; Israël est porté sur la Voie du Roi : reste le lecteur, entre les deux issues, à la croisée des chemins...

S'il y a donc salut, c'est au titre d'une sorte de création neuve et foudroyante, «corrompant la corruption» de la chair. Il faut noter que Philon tient à cette image du ravissement soudain et paradoxal de l'âme. Plusieurs Traités finissent ainsi : le *De migratione* s'achève par la restauration, non de la veuve en femme féconde, mais de Dina violée en une vierge pure. Le *De sacrificiis* conduisait déjà le lecteur depuis les belles *«additions»* dont Dieu couronne les Patriarches jusqu'à la *«soustraction»* finale opérée sur le sacrifice : là, l'offrant retire sans cesse à son offrande, jusquà l'exténuation complète de sa matière initiale (§ 136-139). Le *De agricultura* redouble même cet effet, puisque chacune de ses parties reconduit au néant une valeur qui paraissait bien établie : la première partie pose que le Cavalier est préférable au monteur de chevaux, mais soudain ce Cavalier ne doit plus son salut qu'à une chute (§ 106-123); dans la seconde partie, pour que la Cause du Monde soit aperçue du côté de la seule Bonté de Dieu, il faut en arriver à nier que, dans l'homme, le commencement des choses, leur milieu et même leur fin contiennent la moindre consistance ou valeur.

Notre Traité *Quod Deus* s'achève sans que retour soit fait au Texte de base, celui du ch. 6 de la *Genèse*. Le texte-relais, des *Nombres*, ch. 20, suffit à Philon. C'est sans doute qu'il estime que l'histoire d'Israël durant l'Exode, même commentée en creux et sans retournement explicite vers une allégorie positive, rachète suffisamment l'humanité débridée, qui méritait le Déluge. Par un dernier lever de Soleil éblouissant et soudain, le Logos-Ἔλεγχος établit définitivement du côté du Jour l'alternance brutale de la lumière et des ténèbres — telle que le début du *De gigantibus*, puis le début de notre *Quod Deus* en marquaient la nécessité.

On pourra regretter que Philon ait frôlé de si près les thèmes de l'apocalyptique, mais sans y verser le moins du monde, lorsqu'il décrit la succession des Empires (parle-t-il même de succession dans les § 173-175 ?). A-t-il lu *Daniel* ? A-t-il songé au *Qohèlet*, quand ensuite il évoque le *«circuit de la fortune»*, ou le *«vent»* insaisissable, ou le flux et reflux de l'Océan, ou même l'intelligence universelle qui entoure l'éternelle vicissitude ? Philon va son chemin, qui est différent. De son point de vue, il termine sur une belle harmonie : la vision du macrocosme et la vision de l'homme en son âme sortent jumelles de deux phrases bibliques successives, *«nous avancerons en suivant la montagne de définition — la réalité entière de la créature est rien »*. L'honnête homme ne les possède même pas comme un trésor paisible et rayonnant; elles dorment en espérance au fond de celui *«qui n'est pas parfaitement impur»* (§ 151).

CONCLUSION

Œuvre ou commentaire ? Au moment de faire le bilan, nous devons avertir encore le lecteur. Les ouvrages de Philon conduisent à un résultat paradoxal. Autant le détail y est ordonné, et les «chapitres» sont cohérents en eux-mêmes et enchaînés de l'un à l'autre, autant le livre en sa totalité échappe à tout résumé [1]. Ils constituent une épreuve de la solidarité des mots de l'Écriture inspirée, et non la preuve d'un théorème extérieur, philosophique ou moral. L'itinéraire, sa durée, ses expériences répétées de l'*équivocité* lumineuse des phrases bibliques, la vérification qu'il a permise de l'*unité* du Texte et de sa correspondance avec ce qu'il y a de meilleur dans l'âme — l'aspiration à cette unité — c'est tout cela qui demeure et qui reste impossible à transcrire en une phrase claire et distincte, cependant. C'est, je pense, ce sentiment d'impuissance final qui conduit des interprètes de Philon à rejeter toute cohérence un peu large en Philon. Ils étendent aux parties ce qui est relativement exact du tout. Mais c'est faute de situer exactement le genre littéraire de l'exégèse philonienne. Lorsque l'on peut montrer que le «chapitre», voire le Traité, répond à une symétrie réglée, cela démontre la cohérence, mais cela ne permet pas d'énoncer une thèse philonienne ramassée, résumée, démonstrative d'une «Quæstio» déterminée.

La raison de la déception finale tient sans doute au désir de Philon : il reste un commentateur, et, en cela, il laisse au Texte qu'il commente l'honneur d'être seul une œuvre. Il n'y aura donc à la fin d'un Traité de Philon aucune «conclusion» en règle. Il n'y aura pour son commentateur ou son lecteur aucun moyen de résumer le parcours, alors même qu'il en aura perçu l'unité étape sur étape. Est-ce à dire que nous devions revenir à la vision d'une suite de *Quæstiones*, organisées chacune pour soi, mais indépendantes ? Tout ce que nous avons pu manifester durant l'analyse précédente permet de répondre non. Nous avons assez marqué déjà que les «chapitres» ne recoupent pas les divisions obvies du lemme; que les césures devaient souvent en être franchies; qu'il y avait entre les «chapitres» des relations de complémentarité ou d'opposition thématique susceptibles de souligner un grand mouvement : le transfert de la *multiplicité* mauvaise à l'*unité* nombreuse du Peuple Israël, par la médiation d'une *«équivocité»* du langage biblique (c'est à dire d'un certain «nombre» à l'intérieur du

1. Voir *La trame et la chaîne...*, vol. I, pages 503, 585, 592-595.

sens), équivocité à son tour réduite par le jeu analogue des Puissances divines, qui vont en effet de leur dualité à la simple Bonté de Κύριος -Θεός au seul Θεός.

Le contexte large, celui de la première Triade Le fil conducteur que je viens de proposer pour circuler à travers nos deux ouvrages, ne permet pas de parler d'une «thèse». Il est le modèle même d'un programme d'itinéraire. L'unité réelle fournie par l'itinéraire au long de la Bible reçoit un renforcement du contexte général. Je pense en effet que le personnage de Noé, envisagé par le lemme, influence l'exégèse des phrases en leur détail, pourtant dominé en premier par le symbole de l'âme, après tout distinct de l'histoire du Déluge. On a beau dire que Philon profite de tout mot de l'Écriture pour introduire sa doctrine morale de l'âme, il reste que le contexte large dû au héros principal, ici Noé, n'a jamais abandonné l'horizon de l'allégorie. Plusieurs fois, il a été nécessaire de noter la «retenue» du commentaire de Philon, ici. Au lieu de déployer en Abraham les valeurs positives, il le laisse en-deçà, *«terre et cendre»*, humilié (§ 160); au lieu de montrer pratiquement l'usage de la Voie Royale dans l'existence du Sage, il la situe simplement entre les deux limites, l'une supérieure, l'autre inférieure, l'*exaltation* miraculeuse et la *ruine*; et la ruine elle-même qui emporte toutes choses humaines dans le flux et reflux d'une Fortune ironique nous laisse à la fin sur l'image du Déluge, donc bien en situation par rapport à Noé, comme si l'Ἔλεγχος survenant au moment du pire danger, mais aussi longuement rencontré avant ne fût-ce que dans le «chapitre» des *lèpres*, convenait bien à l'âme telle que la première Triade des Patriarches la dépeint, dans son héros le plus avancé, Noé. Moins avancé qu'Abraham, il oblige Philon à «retenir» le commentaire.

Noé apparaît comme le couronnement d'une première série de ces *«lois non écrites»* que furent les Patriarches. Énos, Énoch, Noé (soit l'*«espérance»*, le *«repentir»*, la *«justice»*) se distinguent d'Abraham, Isaac, Jacob, en ceci qu'ils bénéficient d'un salut encore tout au contact du mal dont on les sauve. Ils se dégagent à peine des misères, alors que la seconde Triade possède en soi un *désir*, un *exercice* et une *naturelle présence* du Bien (en mettant Isaac au terme). Noé fut simplement *«meilleur que sa génération»*, ce qui le laisse relatif (*De præmiis*, § 22, assez discrètement; *De Abrahamo*, § 36-38, en clair). Le rôle de l'Ἔλεγχος [1] est proportionné à l'état moins parfait qu'illustrent Énos, Énoch et Noé. Or, il est un passage, situé exactement

1. Le mot lui-même figure aux par. 34, 48, 50, 74s, 112, 125s, 135, 182-3. Mais nous allons voir que ses équivalents, *«juge»* , par exemple, ou *«réprimande»*, ou encore ce qui relève du régime de la *«crainte»*, élargissent sa présence.

au centre de nos deux Traités réunis [1], et qui suppose précisément que Philon pense à cette relation de la première Triade avec le châtiment, avec la crainte, avec le Κύριος. Il s'agit des § 61-64. Là, Philon montre avec Platon que le bon législateur parle un langage de *«mensonge»*, inexact par rapport à la Vérité. Le Texte biblique affirmant que *«Dieu est comme un homme»* fait partie de ces mensonges utiles. Ils sont utiles aux esprits indisciplinés, encore mal dégrossis. Et Philon oppose cette catégorie à celle des âmes qui ont pour elles le bénéfice double d'une *«nature»* et d'une *«éducation»* (§ 61, où figure le mot ἀγωγή, puis le § 63, où un synonyme est employé, *τροφαί*, et enfin, § 64, où revient ἀγωγή). Mais cette catégorie privilégiée est donc celle d'Isaac, caractérisé par le savoir naturel, et bien sûr celle d'un Abraham, féru de l'éducation à la Vérité. Par contraste, Philon garde au *De gigantibus* puis au *Quod Deus* un caractère primitif, où la *correction* joue un rôle primordial. Il montre à la fin seulement du *De gigantibus* (et donc, comme nous l'avons dit, au début du *Quod Deus*, § 4, sur le sacrifice consenti par Abraham), puis au milieu de la dernière section du *Quod Deus*, le personnage d'Abraham, d'autant plus volontiers qu'Abraham succède immédiatement à Noé dans la juxtaposition des deux Triades. Abraham inaugure le second régime, quand Noé achève au mieux le premier.

L'observation n'implique pas, bien sûr, que le thème propédeutique de l'῎Ελεγχος ne débordera pas les traités consacrés à Noé. De même en effet que les valeurs impliquées dans les blasons d'Abraham, d'Isaac et Jacob, s'harmonisent et parfois s'échangent entre elles, selon une règle de participation nécessaire au mouvement de la Parole de Dieu, pour Philon, de même, les deux Triades des *lois non écrites* s'expliquent l'une l'autre, se préparent et s'accomplissent. Pour cela, il faut admettre une frontière, mais une frontière qui permette les passages. Ainsi nos deux Traités penchent-ils vers la conversion et donc la *correction*; mais nous avons suffisamment constaté que le Κύριος cédait pourtant la place au Θεός, à l'intérieur de la notion même de correction. Il suffira de rappeler l'évolution dialectique des lois sur la *«lèpre»* (§ 122-139). Réciproquement, un Traité consacré à Abraham, comme le *De fuga* s'achèvera *«entre Qadès et Béred»*, c'est à dire à la *«frontière»* qui sépare le Bien du mal. Abraham ressemble alors à Noé, à la première Triade, mais sans doute un niveau plus haut. L'itinéraire de l'âme philonien ressemble en cela à un escalier en spirale : l'âme s'y présente plusieurs fois sous les mê-

1. Curieusement, c'est au milieu du *Quod Deus*, considéré seul cette fois, que se trouve le passage symétrique des par. 61-64 dont nous allons parler. Les par. 91-93 reviennent comme ici à la seconde Triade. Dans les deux cas, l'allusion reste détournée, mais claire, par les attributs ou «blasons» de chacun.

mes lois et les mêmes notes morales, mais chaque fois dans plus de vérité et de lumière. De même le *De congressu* s'achève-t-il lui aussi clairement sur l' Ἔλεγχος, mais auparavant il a fait briller de façon plus large et plus positive les mystères attachés au nombre *Dix* (ses § 81-121).

Les facteurs d'unité Le genre d'unité propre à chacun des Traités philoniens n'est donc pas celui du concept, de la «thèse». Il n'est pas non plus celui du «thème», comme serait ici l'opposition de la chair et de l'Esprit. Le premier type serait trop rigoureux, et le second, trop lâche. L'unité philonienne est «esthétique», ou de mémoire, et c'est en cela qu'elle est déroutante. L'harmonie de l'Écriture est le premier souci de Philon et la première source de son discours. Pour la faire sentir, il enchaîne volontiers dans un propos unifié les phrases différentes de son lemme; puis il dispose un réseau de correspondances plus ou moins éloignées, qui transforment la *Quæstio* virtuellement isolée en un «mobile» équilibré. Les facteurs d'unité seront de tous ordres, multiples, tolérants aussi, c'est à dire capables de se combiner sans exclusive, de sorte qu'un passage puisse jouer deux ou plusieurs rôles dans l'économie du Traité; ils ne sont pas non plus totalitaires. Ainsi, le fait que la fin du *De gigantibus* regroupe une constellation de thèmes où figurent, par exemple, Abraham, la «politique», la Voie Royale, et que cette même constellation réapparaisse pour soutenir le dernier «chapitre» du *Quod Deus,* est un facteur d'unité puissant, mais cela ne voudra pas dire qu'autour de lui on puisse de proche en proche tout répartir des autres «chapitres» de l'un et l'autre Traité. Et le fait que trois «chapitres» du *Quod Deus*, à savoir ses § 20-50, puis les § 51-85, et les § 86-121, répondent tous trois au même plan général, celui d'une exégèse dédoublée en *préliminaires* de type apologétique et en *exégèse* plus avancée, est déjà un phénomène plus compréhensif, puisqu'il intéresse tout le centre du commentaire, laissant de part et d'autre deux nouveaux ensembles relativement proportionnés (soit environ 494 lignes avant, pour 347, après); mais cela ne permet pas d'espérer que les deux Traités obéissent de bout en bout à ce canon. Voici regroupées quelques rubriques permettant de manifester l'unité spécifique de notre ensemble *De gigantibus — Quod Deus* :

1) L'unité d'horizon exégétique

Nous venons de voir que le contexte du Déluge et plus globalement de la première Triade incitait Philon à modérer les élans vers la perfection, laquelle est réservée à la seconde Triade, d'Abraham, Isaac et Jacob. Le rôle d'Abraham, évoqué en deux endroits remarquables, la fin du *De gigantibus* et la charnière du dernier «chapitre» dans le *Quod Deus*, confirme et la relation des deux Triades et justement la distance qui les sépare. Il faut cependant ajouter un élément primordial, faisant des deux Triades l'image l'une de l'autre, en un sens prégnant. C'est que l'histoire de Noé provoque au cours des deux Traités associés une insistance de Philon sur le jeu de l'*Un* et du *multiple* ou pluriel. Noé, par définition biblique, reste le seul Juste, le commencement de toute la seconde Humanité. Or, c'est là une valeur mystique et philosophique de première grandeur. De la sorte, Noé nous fait aborder la seconde Triade sous cet aspect décisif : l'Un sera l'objet même des recherches d'Abraham, de la lutte de Jacob, et elle est le foyer de l'immobile Isaac, comme celui du mouvement immobile de Moïse, synthèse des trois Patriarches ou des six (voir les § 104-110, par exemple). Respecter le niveau moral où accède seulement Noé; assurer l'unicité du parcours de toutes les figures héroïques : l'équilibre entre ces deux nécessités fait la force et la conscience littéraire d'un Philon.

2) La série des «dialectiques»

Il ne s'agit pas de reprendre ici la série des analyses qui ont abouti précédemment à manifester les «dialectiques» enchaînées. Mais rappelons que, de proche en proche, tout le commentaire des deux Traités apparaît ordonné en «dialectiques». Aucune page n'est laissée à la dérive. Des phénomènes littéraires objectifs ont chaque fois permis d'établir ces sytèmes organiques. Pourtant, une suite de «dialectiques» isolées ne différerait pas réellement d'une suite de ces *Quæstiones* dont on veut parfois qu'elles suffisent au discours de Philon. Il faut percevoir un phénomène transversal : les dialectiques partielles s'appellent les unes les autres.

3) La connivence des «chapitres»

Qui dit connivence dit une relation d'un ordre particulier, et ici qu'il nous suffise de mentionner le procédé philonien que j'ai appelé de l'*anticipation.* Ne parlons même pas de l'*exégèse finaliste* qui règle souvent la marche d'un «chapitre» donné, où l'on s'aperçoit à la fin que Philon a tout calculé en fonction d'un mot ou d'une idée ou d'une image ou d'une citation qui vient au terme : ce système reste intérieur à une exégèse donnée et ne nous apprend rien sur la construction d'ensemble du traité. Parlons ici de qui arrive plusieurs fois : l'interprétation d'une phrase biblique s'appuie d'avance sur la phrase biblique à venir. Ainsi, pour expliquer la *«Colère»* de Dieu, durant les § 70-85, Philon se sert déjà de l'expression contraire, *«Noé trouva grâce»*, qui sera examinée plus loin, dans les § 86-121. Ce nouveau développement, des § 86-121, comprend à son tour deux parties : l'une, consacrée au simple verbe *«il trouva»*, et l'autre, à la formule complète, *«il trouva-grâce»*; mais la première section (§ 87-103) suppose déjà la connaissance de la seconde (§ 104-115) consacrée à la formule complète, mais aussi au lemme ultérieur, sur les *«engendrements de Noé»* (soit les § 116-121).

Par ce système, ce sont les § 51-121 du *Quod Deus* qui se trouvent unifiés. Et les intentions de Philon y sont tout au long clairement indiquées. Il cite le lemme futur (§ 70, par exemple), ou il use d'une rhétorique suffisante (§ 70, également; § 104, où l'on passe clairement du verbe *«trouver»* à l'expression synthétique *«trouver-grâce»*, qui sera d'ailleurs traitée comme analytique). Une même rhétorique profite de l'opposition étonnante pour rattacher les § 122-139 à l'ensemble déjà constitué, des § 51-121. Philon trouvera un sens profond à ce scandale d'une terre dite *«corrompue»* alors qu'on vient de célébrer la grandeur et la sainteté d'un Noé fleuron de la terre (§ 122s) ! Et par là nous voici en possession d'une suite consciemment organisée, voulue, enchaînée sans solution de continuité : elle est considérable et elle permet de croire que le reste n'est pas davantage négligé. Le reste, qu'est-ce à dire ? Le dernier «chapitre» (§ 140-183) jouit d'une cohérence impeccable. Et il tient à l'ensemble de façon sûre : la Voie Royale était annoncée dès la fin du *De Gigantibus*, grâce à une constellation de thèmes; il en est à nouveau question, de façon rapide, mais exactement au milieu du discours unique formé des deux Traités, à savoir au § 61 du *Quod Deus*. Pour ce qui précède, il serait fastidieux de redire ici les liens qui unissent les § 1-4 du *Quod Deus* à tout le *De Gigantibus* en qualité de résumé; ceux qui unissent les § 5-19 à l'histoire de Tamar, d'une part (§ 122-139), et, d'autre part, à l'histoire d'Abraham (§ 161, pivot du dernier «chapitre»). Le *De Gigantibus* garde l'unité propre et la relative autonomie que nous avons dites depuis le début de cette étude, mais le rôle joué par le thème de l'Un et du nombre, dès son ouverture, par Abraham, à sa conclusion, par le style de l'*équivocité* bienfaisante un peu partout, le rendent inséparable du *Quod Deus*. Ces liens d'ordre rhétorique sont apparents. Ils ne sont pas les seuls.

4) Le rythme des recours à la Philosophie

Le début du *De Gigantibus* (§ 6-18) montre la plénitude du Monde à l'aide du *Phèdre*. Cette modeste cosmologie n'est pas étrangère à l'*éducation* intellectualiste d'un Abraham. Or, la fin du même *De Gigantibus* (§ 58-67, et en particulier les § 62-64) rattache le parcours de la Voie Royale à une juste exploration du Ciel, telle qu'Abraham l'assume en bon Chaldéen converti. Philon cite alors nommément son personnage. Le début du *Quod Deus* (§ 33-50) propose à nouveau l'image d'un Monde rempli, de façon dynamique cette fois, par les formes successives, de la *«tenue»*, de la *«nature-pro-*

duction vitale», de l'*«âme»* et de la *«pensée»* : or, le dernier «chapitre» (§ 140-183), se trouve supporté par le personnage d'Abraham, nous l'avons dit et redit, et par le thème essentiel de son éducation, qui se confond avec celui de la juste définition des choses (c'est le jeu de mots, *«montagne – frontière, définition»*). Le rythme répété faisant alterner «philosophie» et, à même l'Écriture, le sujet de cette philosophie, à savoir l'enseigné Abraham, est encore souligné par le passage des considérations prenant pour objet le macrocosme à d'autres, prenant pour objet la Cité des humains, et cela chaque fois. À la fin du *De Gigantibus*, le point de vue «politique» surgit sous l'angle de la révolte, avec Nemrod et Babylone; à la fin du *Quod Deus*, les Empires vont, viennent et périssent, non plus en vertu de la culpabilité des hommes, mais par l'instabilité marquant toute créature – c'est aussi une «politique». Ce rythme fait partie de ce qu'on peut désigner comme des facteurs d'unité esthétique.

5) Le rythme des textes-relais empruntés à l'Écriture

Une harmonie résulte encore du fait que Philon recourt deux fois seulement à un Texte qui double celui du lemme de base, et qui sert une exégèse relativement étendue. Les § 32-57 du *De Gigantibus* explorent en détail le *Lévitique*, ch: 18, v. 6, pour interpréter les *«chairs»*, et, à l'autre extrémité, les § 144-180 du *Quod Deus* s'en tiennent, non plus au Texte de base, mais au Texte-relais, des *Nombres,* ch. 20, v. 17-20. Dans l'intervalle, Philon cite bien d'autres textes bibliques, mais le Texte de base n'est pas oblitéré par ces emprunts. De là aussi Philon obtient un effet supplémentaire d'équilibre non conceptuel, mais efficace.

6) Les rythmes identiques et leurs surprises

Deux exégèses se suivent, par exemple, et observent le même parti, tels les § 86-103 et les § 104-121, qui épousent la même courbe : ils vont en effet chaque fois d'une position favorable à un mal; mais le centre des § 86-103, à savoir les § 89-97, parle de la *«joie»*, alors que le centre des § 104-121, à savoir les § 111-116, évoque la *«prison»*. Ce contraste réunit les deux exégèses. Un peu plus subtilement, l'ensemble littéraire des § 104-121 tire d'abord une liste de valeurs multiples à partir d'une expression unique (§ 104-109), mais, à la fin, l'allégorie reconduit la liste des qualités multiples de Noé à une valeur unique (§ 117-121). Les conversions de rythme de ce type peuvent aller jusqu'au chiasme immense : les § 19-57 du *De Gigantibus* vont du refus de la Présence divine à son affirmation; mais la fin du *Quod Deus* (les § 144-178) nous conduit au contraire d'une position noble reconnue en Israël, à la ruine des Empires et même de l'âme, qui est sauvée de justesse. Et ce dernier cas recouvre tout le domaine que nous avons expliqué. Notons en passant que cet exemple où le lecteur va de la grandeur à un salut accompli *in extremis*, se recommande de semblables dialectiques rencontrées dans le livre de la *Sagesse*, par exemple : le Juste persécuté et martyr cède vite la place à ce jeune homme dont Dieu abrège l'existence de peur que la malice du monde ne le contamine.

7) Les places remarquables

Parce qu'elles sont moins intellectuelles, les observations touchant la place des éléments du discours philonien paraissent à beaucoup gratuites ou de maigre portée : aussi, dans l'analyse, ne les ai-je pas présentées en premier. Le début, le milieu et la fin de l'ensemble littéraire, soit le traité, soit le «chapitre», soit la section, sont des positions remarquables. Lorsqu'un thème, des mots ou d'autres données se trouvent répétées d'une de ces positions à une autre, Il en résulte un équilibre, à la fois net et simple. Le thème majeur de la *«Voie du Roi»* conclut l'ensemble des deux Traités, mais il est apparu pour la première fois dans le *De Gigantibus*, § 62-64, et Philon en a ménagé un rappel au milieu exact de tout l'ensemble (au § 61 du *Quod Deus*). Et ce § 61 n'est pas neutre : on y trouve réunis la Triade majeure, évoquée discrètement, le thème de la juste appréciation de l'anthropomorphisme, qui est une proccupation si importante de ce Traité que certains interprètes de Philon lui donnent la première place, et enfin la solution philonienne de l'*«équivocité»*, puisque la Bible, y est-il dit, propose à la fois deux expressions d'apparence contraire, *«Dieu comme un homme — Dieu n'est pas comme un homme»*.

Le *De Gigantibus* doit être regardé comme un grand «chapitre» ouvrant l'ensemble exégétique du Déluge. Les § 140-183 du *Quod Deus* en forment le dernier «chapitre», en développant longuement le thème de la *«Voie du Roi»*. À l'intérieur de cette grande inclusion, les § 5-19 et les § 122-139 se répondent également : les personnages opposés d'Onan et d'Anne, la mère de Samuel, ou de Tamar, forment un groupe symétrique. De la sorte, l'ensemble obéit à la forme suivante :

De Gigantibus	*Quod Deus*	
§ 1 — 67		140 — 183
«VOIE»		*«VOIE»*
	§ 5 — 19	122 - 139
	Onan / Anne	*(Onan) / Tamar (Anne)*

Ces repères s'enfoncent dans la mémoire plus ou moins consciente du lecteur, comme elles président plus ou moins consciemment à la «fabrication du Traité ou du «chapitre», en Philon.

Si l'on n'est pas trop impressionné en mal par un passage du fond à la forme, des thèmes dont le tableau ci-dessus fait état aux règles rhétoriques appliquées par Philon, on pourra noter que les § 20-121 du *Quod Deus* contiennent le corps du développement consacré à l'anthropomorphisme ou à l'équivocité. Cet ensemble constitue l'intervalle séparant les quatre «chapitres» que nous venons d'opposer deux à deux. Ce corps est à son tour formé de trois «chapitres» construits sur le même modèle chaque fois, à savoir deux exégèses successives, dont la première est censée préparer la seconde (système annoncé par Philon, § 33, 70 et 104). Ce qui donne :

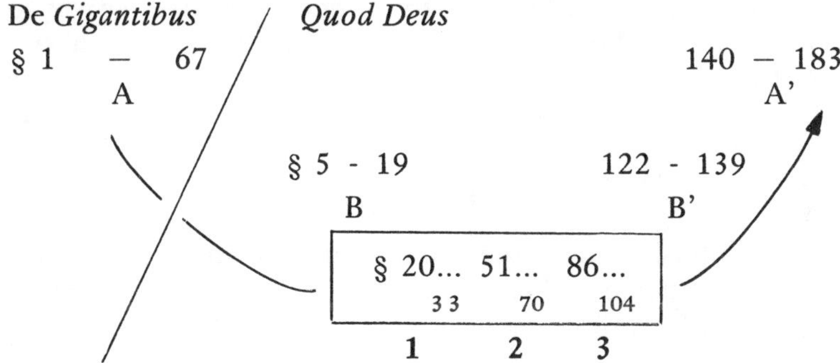

La symétrie Peut-on aller plus loin dans la symétrie ? Le progrès consisterait à s'apercevoir que le *milieu du milieu* possède un privilège noétique. Or, c'est sans doute le cas ici. Les § 51-85, soit la deuxième «exégèse dédoublée», occupent le centre de l'ensemble formé des deux Traités. Ils contiennent donc deux développements, dont le premier établit la théorie exégétique de l'Équivocité bénéfique (§ 51-69), et dont le second rapporte à la réalité divine des Puissances lecture bien faite des phrases bibliques, au moyen d'un enchaînement parfait de trois *Psaumes*. Le rapport, essentiel dans nos deux Traités, de l'Un et du Nombre se trouve ainsi déchiffré sur les deux registres de la Vérité divine et du rôle pédagogique du Logos adressé à l'homme; de l'Objet et du Sujet. La transmutation, essentielle à nos deux Traités, qui fait passer le Déluge de Colère en Salut pour Noé, un salut opéré par la Bonté créatrice, est le paradoxe même de ces § 51-85. Ils partent du lemme accusateur, *«J'effacerai l'homme...»*, pour chanter à la fin l'antériorité de la Grâce, lue dans les trois Psaumes. Ces trois Psaumes disent, enfin, la Bonté à travers des mots équivoques, voire paradoxaux, comme l'expression d'un *«mélange sans mélange»* (§ *77).*

C'est dans ce «chapitre» central que revient le mot caractéristique des deux traités, la *«chair»*, même si ce n'est pas le maître-mot, le mot décisif. On le lit au § 56, relais entre le *De Gigantibus,* qui en traite largement, et les § 140-143 du *Quod Deus*, qui vont traduire *«chair»* par *Édom — terrestre* — sachant que le mot *«chair»* ne figure pas ailleurs. C'est dans ce «chapitre» central que l'anthropomorphisme biblique reçoit une explication positive, celle du *«mensonge médicinal»* (§ 60-68). C'est dans ce «chapitre» central que l'῎Ελεγχος, qui sévira plus loin sous son vrai nom (§ 125, 126, 128, 182-183), reçoit ici une sorte de contenu, celui du pédagogue (§ 63-64) ou du moniteur dont le rôle serait d'enseigner non plus la connaissance brute des fautes commises (§ 122-139, triple paradoxe de la *«lèpre»*), mais la lecture initiée de l'Écriture équivoque. C'est dans ce «chapitre» central que la *«Voie»* revient, et là seulement : on le lit au § 61 toujours, comme relais entre la conclusion du «chapitre» initial (le *De gigantibus*) et le «chapitre» final (*Quod Deus*, § 140-183),une cohérence supplémentaire et capitale étant due à la présence du héros Abraham, dans les trois passages.

Ainsi, les § 51-85 du *Quod Deus* possèdent une sorte de poids, que leur position centrale promeut jusqu'à une valeur, une signification esthétique, équilibrant l'ensemble par le jeu de la mémoire du lecteur. L'éclat des *Psaumes* enchaînés, particulièrement, procure au lecteur un repos plus ou moins conscient, au milieu de son parcours. Et ce sentiment est d'autant plus net que les deux autres exégèses dédoublées (à savoir, les § 20-50, d'une part, et les § 86-121, d'autre part) comportent des valeurs plutôt négatives, si on les considère dans leur portée générale. Les § 20-50 annoncent la constance divine sur le fond de tableau que fournit l'inconstance humaine, et c'est pour passer ensuite en revue les variations qui atteignent les degrés de l'être, depuis les êtres inanimés jusqu'à l'homme. Les § 86-121 stigmatisent l'autarcie fâcheuse qui empêche l'âme de «trouver» (§ 93-103), avant de contempler tristement la *«prison»* de Joseph (§ 111-116); et les deux sections s'achèvent sur le mot négatif de la *«bâtardise»* (§ 103 et 121 — le mot ne revenant plus ensuite qu'au § 151, en rappel abstrait du *De gigantibus*, § 17). Nous pouvons compléter la représentation figurée :

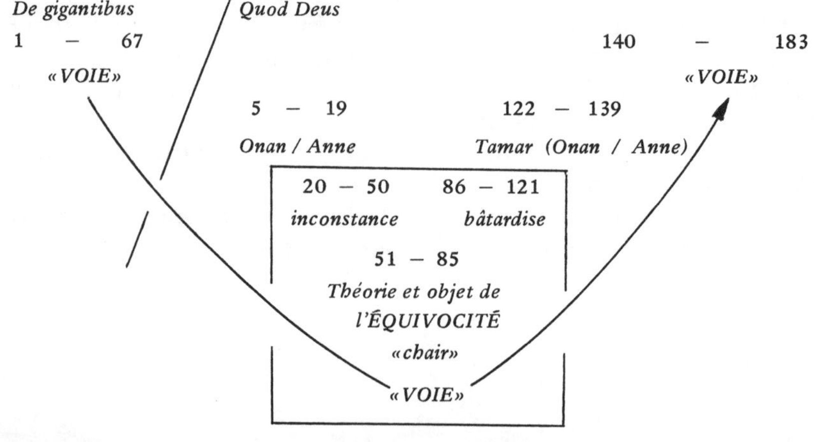

Cette construction, globale et donc grossière, permet d'entrevoir le parti esthétique de Philon. Il compte sur le sens de l'équilibre du lecteur et sur sa confiance que le Traité offre un itinéraire mental.

Apologie ou mystique ? Car le projet de Philon suppose que la ligne continue du discours biblique (ici, les v. 1-12 du ch. 6 de la *Genèse*) puisse engendrer un second discours, le discours humain, surveillé par le Logos et se déroulant à son tour suivant une logique harmonieuse, dynamique, rayonnante, qui se déploie sur une ligne parallèle à celle de la Bible. Le phrasé trop simple et trop serré, caché comme toute Vérité, qui est celui de la Bible, devient une exploration, un voyage. Ce voyage trouve ses balises dans la rhétorique particulière des symétries, des correspondances, d'une esthétique. Le discours biblique est trop unifié, sans qu'il y paraisse; il est raréfié comme un éther trop céleste : celui qui a reçu l'*«initiation»* le déploie sans le trahir. Il est parlé de cette «initiation» au moment décisif : le § 54 du *De gigantibus* attribue à Moïse le double rôle d'initié et d'initiateur, juste avant de proposer la fausse énigme des *«cent vingt années de vie»* accordées par équivocité à Moïse *et* aux impies. L'initié perçoit et l'initiateur guide : à la ligne pure de la Parole ils confèrent le volume de la pensée humaine. Qu'on puisse aller d'un mot à l'autre de l'Écriture par un détour mesuré et réglé, c'est ce postulat qui donne au traité philonien ce double aspect d'une apologétique et d'un parcours mystique. La preuve est faite, pour Philon, que la Bible articule un discours intelligent et intelligible aux purs (voir l'ouverture du *De æternitate mundi* (ses § 1-2) : c'est l'aspect apologétique, si l'on veut. Mais ce même discours dispose dans l'âme une sorte d'Échelle de Jacob, et la contemplation désintéressée, unifiante, de la Parole divine peut bien s'appeler une mystique. L'apologétique montre la fécondité et donc la «raison» d'un *nombre*, le nombre suffisant des mots et des figures bibliques. La mystique resserre le nombre des pensées humaines jusqu'au désir de l'Un. Enfin, l'apologétique reste mineure dans cette double intention de Philon, puisque l'*équivocité* déclarée du discours biblique détermine un jugement. Car si l'initié circule sans dommages entre l'Unité foncière du Logos et les multiples variations logiques, au contraire, celui qui n'est pas initié achoppe soit sur le Texte, soit sur le commentaire réglé de son interprète. Mais le jugement qui tranche exclut les complaisances de l'apologétique : l'apologète atténue les difficultés; le juge morigène en Ἔλεγχος. Ce n'est pas sans doute pour se justifier ou pour entraîner la conversion que Philon double le Texte d'un voyage mystique. C'est pour ainsi dire de lui-même à lui-même une mesure du Texte qu'il se propose : comme celui qui arpente son héritage.

Le lecteur l'aura remarqué, je viens de paraphraser le contenu de nos deux Traités comme s'il nous livrait un tracé de la *méthode* même de Philon. C'est que la question de l'«équivocité», importante au cours de l'allégorie particulière des *De gigantibus – Quod Deus*, touche en effet à l'interprétation, à l'allégorie en général, au plus modeste commentaire.

Mais, cela dit, retrouvons d'autres lieux «remarquables».

Les plombs du vitrail

Voici encore quelques repères bien placés. Ainsi, le *«Prêtre»* figure à la fin du *De gigantibus*, § 52 et 61, en liaison avec le Logos ou la *«Cité des Idées»* dont le Logos est le lien; or, le seul retour du *«prêtre»* se situe aux § 131-135 du *Quod Deus* – neuf fois, et en relation explicite également avec le Logos. Ajoutons une confirmation par le mouvement imprimé aux deux passages analogues : Philon démontre le retour de la Présence divine *«à demeure»* au moyen de trois citations qu'une quatrième vient couronner et sublimer de façon inattendue (§ 48-51, prolongés ensuite par les § 52-55, qui s'appuient sur la nouvelle citation, d'*Exode*, ch. 33, v. 7), d'une part; et, dans les § 131-135 du *Quod Deus*, les trois législations sur la lèpre sont soudain prolongées et sublimées par l'histoire biblique de Tamar, elle aussi déshéritée du fait de son veuvage : c'est encore une quatrième référence, inattendue aussi et qui reconduit aussi le lecteur jusqu'à une solution heureuse. Même thême et même mouvement, donc, pour deux développements symétriques. Ajoutons même que le thème du *«prophète»* se trouve dans les deux passages, et uniquement là, *De gigantibus*, § 49, 56s, 61, et *Quod Deus*, § 136, 138 *bis*, et 139 (où il s'agit d'Élie, quand il s'agissait de Moïse d'abord). La Loi et les Prophètes en la personne de ces deux prophètes – un Juif s'y complaît certainement, comme on le voit par les récits évangéliques de la Transfiguration, où Moïse et Élie entourent Jésus. Les deux séries de termes, allant du Prêtre au Prophète se trouvent donc bien accordées.

Je ne sais s'il faut appuyer sur quelques autres faits littéraires de situation. Ainsi, le personnage de Balaam orne de façon grimaçante la fin du *Quod Deus*, mais il a fait son apparition dans les § 51 et 56, sous la forme discrète de celui qui *«passe traité»* avec le monde charnel, comme Balaam fut engagé par contrat avec Balaq, le roi impie : or, nous sommes là tout près du milieu de l'ensemble (qui est au § 61).

De même : la *«définition»* fait l'objet d'un développement important, à la fin (§ 167-180 du *Quod Deus*), mais l'adjectif ὁρικός se trouve déjà au § 23 du *De gigantibus*, ce qui donne une très large symétrie, entre deux pages extrêmes (le mot ne revient pas ailleurs dans ce qui nous reste de Philon).

De même, les ravages de l'*«autonomie»* sont énoncés à la fin du *De gigantibus*, premier «chapitre» de l'ensemble, et l'antidote en est proposée au début du *Quod Deus* : une longue diatribe ironise, au milieu du *Quod Deus* (§ 97-103), sur les échecs que subissent les esprits forts. Le péché majeur pour Philon est bien celui de l'autarcie, dont Caïn offre le modèle le plus poussé. Or, dans nos Traités, Philon a commencé par ignorer l'occasion qui lui était accordée par le lemme, *«les anges prirent pour eux-mêmes des femmes...»* (§ 6). Ce silence sur le réfléchi *«eux-mêmes»* prouve quelque chose, ou en tout cas perfectionne la cohérence interne du travail de Philon pour ceux qui l'admettent déjà. Philon n'obéit pas à des réflexes incontrôlés ou mécaniques : il n'a pas profité de la première occasion, mais il attend la reprise du thème, *«ils engendraient pour eux-mêmes»*, commenté dans les § 5-19 du *Quod Deus*, pour développer tout ce qui touche à la vertu de désistement comme au vice de l'autonomie. En différant la diatribe, peut-être se donnait-il le moyen de mieux équilibrer son discours. Il se réservait en particulier la possibilité d'évoquer Abraham comme exemple du sacrifice de désistement : Abraham peut être évoqué en ce début du *Quod Deus* parce qu'il paraissait à la fin du *De gigantibus* (on se souvient aussi que le personnage d'Abraham soutient le dernier «chapitre» -*Quod Deus*, § 140-183-, au milieu duquel il revient - § 161). De plus la même diatribe sur désistement et autarcie (*Quod Deus*, § 5-19) permet aussi d'évoquer le bel exemple positif d'Anne, la stérile exaucée : Philon prépare cette fois l'avant-dernier «chapitre» du tout (§ 122-139), et il fait mieux ressortir le bel engendrement des femmes stériles, car il est symbolisé de façon symétrique, dans le deuxième «chapitre» et dans l'avant-dernier. Mieux encore, le désistement qui contredit l'autarcie ruineuse prend alors une sorte de définition plus concrète : pour le Juste, se désister devant Dieu revient à reconnaître en soi l'universelle puissance du Mal et c'est accepter la dénonciation de l' Ἔλεγχος. Mais l' Ἔλεγχος n'est-il pas l'Éminence grise des deux Traités ? Autour de lui, les Puissance majeures échangent leurs attributs; autour de lui la première Triade se trouve constituée, puisqu'elle aborde la divinité un échelon plus bas que la seconde Triade et qu'elle émerge tout juste du mal et de la faute. Il y a donc, pour qui accepte d'entrer dans le détail des intentions rhétoriques de Philon, une convenance dans la symétrie, dans le silence observé d'abord par Philon sur la première formulation du réfléchi, *«eux-mêmes»*, dans la répartition en des endroits remarquables de son discours des figures du désistement et des figures adverses, celles de l'autonomie coupable : la diatribe contre les autonomes est au milieu du *Quod Deus* (§ 91-103), et les héros du sacrifice ou de la confession (Abraham, Anne ou Tamar) se montrent de façon aussi équilibrée par rapport au dessein général de nos deux Traités pris ensemble : au début, puis à la fin du *Quod Deus*. Ce qui nous permet l'harmonie suivante :

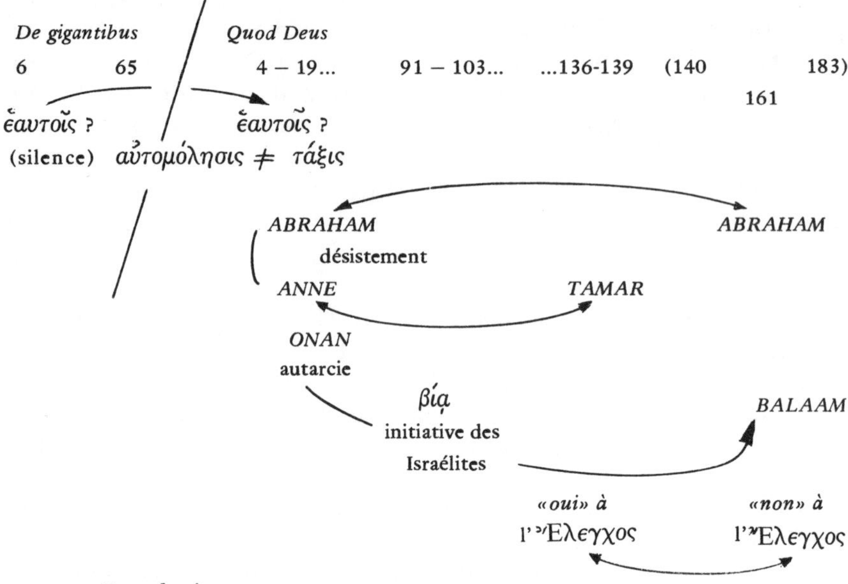

Conclusion

On trouvera ci-dessous, pages 146 et svv., quelques regroupements des procédés employés par Philon dans le *De gigantibus – Quod Deus*, suivant la grammaire de l'allégorie dont j'ai dressé un tableau dans le premier volume de *La trame et la chaîne*, pages 517-547. Pour conclure, qu'il suffise de répéter que la cohérence des ouvrages de Philon doit être cherchée du côté du mouvement par lequel ils suivent le Texte inspiré selon sa continuité présumée, un de ses mots précontenant le suivant, d'une part ; et, d'autre part, dans un usage réglé de notions formant un itinéraire moral : celui-ci, organisé, cohérent, codé à son tour, traduit la ligne continue de l'Écriture en une sorte de volume, de multiplicité ordonnée seule capable d'honorer l'unité indicible du Texte.

Les analyses qui précèdent n'ont pas la prétention de donner la clef de Philon. Les observations qu'elles contiennent veulent rassembler des phénomènes littéraires observables par tout le monde, et de plus proposer à leur existence objective un point de vue qui les *«sauve»* de la manière la plus économique. La synthèse relative qui se dégage ou qui sert d'hypothèse d'unification n'est certainement pas la seule possible ni la plus compréhensive; on peut certainement la modifier et la compléter. «Sauver» ces phénomènes revient à mesurer, à établir les correspondances, l'harmonie confiée à la mémoire du lecteur de Philon. Rendre raison d'un «chapitre» ou d'un traité demande qu'on se place dans la perspective déterminée d'où ce «chapitre» ou ce traité regarde lui-même la totalité des catégories philoniennes. Le présupposé le plus fécond est donc celui-ci : que Philon n'oublie jamais le ciel entier des constellations préétablies où les notions et les personnages de l'Écriture se tiennent de façon solidaire. Philon, par exemple, garde toujours en mémoire la totalité des «notes» propres au *blason* littéraire de ses personnages, la traduction de son nom accompagnée des harmoniques, les thèmes moraux qu'il incarne, ses comparses ou ses adversaires, la place relative, nécessaire et suffisante, qu'il occupe parmi la république des héros de la Bible. Chaque exégèse locale s'accorde évidemment à l'angle spécifique de l'ouvrage. Tout se passe en effet comme si la constellation des Textes et des notions se trouvait visée à partir d'un de ses points, devenu le foyer provisoire de tout l'ensemble, avec les distorsions prévisibles. De chaque page, l'exégète prend une vue, complète mais déformée, de tout le système. Si l'on comparait le complexe formé par les «idées», les figures bibliques et leurs blasons, au système solaire, on pourrait ainsi considérer le *De Cherubim*, par exemple, comme le point de vue qui serait celui d'un observateur établi sur Mercure, par exemple; le *Quis heres* donnerait le point de vue complet, mais déformé, de la position Vénus, par exemple, et ainsi de suite. L'un des travaux préliminaires des plus utiles dans les études philoniennes consisterait à donner toute son expansion à l'*Index nominum* dressé par Colson et Earp, au volume X de la collection anglaise de Loeb. Aux traductions du nom biblique, aux symboles moraux dont les personnages sont le support, il faudrait ajouter, traité par traité, le réseau des relations positives ou négatives, le faisceau des images et des autres références bibliques que la première attire, quelquefois ou toujours, ainsi que la nébuleuse plus ou moins précise des «idées» également aimantées par le personnage en question. On obtiendrait une «carte» qui mettrait en évidence une série de modèles. Leur nombre ne serait sans doute pas indéfini. Leur présence reconnue permettrait de situer plus exactement les parties de tel ou tel développement qui semblent étranges à première vue, ou dépourvus de nécessité. Car la nécessité propre au discours de Philon est particulière. Elle tient au rôle immédiat, local, du commentaire perpétuel où Philon s'est engagé depuis le *De opificio*, et en même temps au gouvernement général du système philonien dans toute son extension théorique. J'ai tenté de tracer les limites et les constellations primitives du système dans plusieurs pages et tableaux de la brochure *De la grammaire à la Mystique*, et dans des articles de synthèse, comme *«Être Juif et parler grec»*, dans «Juifs et Chrétiens», publications de l'Univ. Saint-Louis, Bruxelles, 1988, pages 67-109. C'est par des images empruntées à la *gravitation* qu'on se disposera le mieux à saisir le type de cohérence définissant l'unité du commentaire philonien. À ceux qui voient dans le discours de Philon un tissu aléatoire d'associations on peut suggérer d'aller plus loin et de transformer l'association verbale incohérente en constellation de traits, d'images, de références et de notions; à ceux qui déplorent la pauvreté de l'Alexandrin en matière de philosophie on peut suggérer que la philosophie de Philon le Juif est une philosophie du point de vue variable, de la répétition midrachique, et non du concept arrêté; du mouvement réglé, et non de la déduction. L'œuvre de Philon est une belle horloge astronomique : des personnages bigarrés sonnent les Heures d'une philosophie régulière et simple, vitale, juive en tout cas. C'est pourquoi il ne faut pas négliger dans le commentaire les pages plus faciles, les développements des lieux-communs de la diatribe ou les paraphrases simplistes du Texte de la Bible. Ils ont tous leur utilité, puisqu'ils ont tous une position concertée dans l'ouvrage. C'est aussi pourquoi il vaut mieux considérer Philon dans son unité : il ne marie pas laborieusement deux cultures, l'Hellénisme et le Judaïsme. Mais il exprime naturellement son Judaïsme à l'aide de mots qui sont les siens. De toute manière, il n'y a pas de «Judaïsme» pur. Le rédacteur ultime de la *Genèse* ne distinguait sans doute pas en lui-même l'héritier d'un yahvisme parfaitement original de l'auditeur qu'il était aussi des légendes cananéennes, ugaritiques, babyloniennes. Tout prophète Juif vivait dans son langage propre un héritage commun. Ainsi, au lieu d'avoir les réflexes agricoles d'un Amos, ami des figuiers, Ézéchiel voyait la réalité religieuse à travers les réflexes et les habitudes de la caste sacerdotale. De même, Philon dit en homme cultivé d'Alexandrie la visée juive de l'existence, visée qui ne saurait être et n'a jamais été un univers mental hermétique. La vie en *diaspora* était une forme un peu plus nette du conflit d'Israël avec Canaan. Le prophète *Osée* joue sur les ressemblances et les différences de Yahvé avec un Baal, et donc avec la culture cananéenne, pour commenter à sa façon les légendes patriarcales et éclairer la conscience de ses contemporains. Nous avons souvent le réflexe d'isoler comme une entité bien étanche un Judaïsme original et homogène, puis, connaissant mieux la Grèce que Canaan, nous ne pouvons nous représenter le discours d'un Juif d'Alexandrie autrement qu'à travers les images d'un carrefour de civilisations, d'une rencontre des cultures, d'un dosage varié des deux courants, bref d'une apologétique. Bien sûr, Philon sait qu'il y a une différence entre les Nations et sa Nation, entre leurs mœurs et les siennes, entre leur conception du monde ou de la divinité et la sienne : cent passages des traités peuvent être alignés en ce sens. Cela ne comporte ni plus ni moins de poids dans la compréhension profonde de son œuvre que les invectives répétées de la Loi et des Prophètes contre la tentation cananéenne sévissant en Israël (cananéenne, syrienne, égyptienne, babylonienne, perse, grecque déjà...). Il ne faut pas prendre prétexte de notre connaissance (à la fois trop maigre et trop grande, d'ailleurs) des courants de pensée du moyen-platonisme, par exemple, pour passer son temps à sonder les influences capables d'«expliquer» les pages de Philon. Les influences ne font pas l'œuvre, et leur étude devient souvent l'*alibi* qui permet d'échapper au sens nouveau de l'œuvre — sens nouveau et surtout unifié et interne, ou mieux : organique. Les influences regardent d'abord l'histoire des idées; leur connaissance permet d'approcher l'œuvre : il faut ensuite y entrer, l'habiter pour elle-même. Sa construction propre restera le premier critère.

★ ★

★

APPENDICE : *RAPPEL DES PROCÉDÉS ÉLÉMENTAIRES*

Je n'ai pas toujours éprouvé le besoin de signaler dans leur détail les emplois des procédés élémentaires de l'allégorie philonienne, au cours des analyses précédentes. On peut en effet considérer qu'ils sont connus et vont de soi. Mais on peut aussi aimer les retrouver, brièvement résumés et rattachés, par exemple, à la liste que j'ai exploitée dans la partie synthétique du premier volume de *La trame et la chaîne*. Éventuellement le lecteur se reportera sans difficulté au passage considéré, puisque les analyses précédentes suivent par définition l'ordre des deux Traités.

1.- *Conjonctions ou prépositions*

Le développement sur l'irritation de Dieu (§ 20-50 du *Quod Deus*) repose sur le jeu de ἐν- et δια- dans les verbes du lemme. Que la terre soit *«corrompue en face de Dieu»*, cela est naturel, et la formule *«en face de»* suggère cette rencontre fatale de la Perfection divine et de la créature infirme — d'où le sens métaphysique et non directement moral du mot *«corruption»* (§ 122-123). Tout est suspendu à la locution *«en face de»*.

De même déjà les § 70-85 partaient-ils d'une réflexion sur la conjonction ὅτι, de la phrase biblique ἐθυμώθην ὅτι ἐποίησα αὐτούς.

Le préverbe παρα- dans παραβιάζομαι suggère à Philon l'idée d'une action violente et précisément contre-nature (on retrouve l'adage *Violentum non durat*), et c'est l'exégèse donnée par Philon à l'initiative malheureuse des Israélites qui est accrochée à cette note grammaticale...

2.- *Pronoms teintés de métaphysique*

Une conjonction ὅτι devient ὅ τι : le *Quod Deus* suppose cette lecture, aux § 33-35a, et Philon le dit clairement au § 49. Dieu, en effet mesure *«ce qu'Il a fait»* en faisant l'homme, et il faut comprendre : en faisant la nature, l'essence de l'homme, son ὅ τι, ce qui nous vaut la revue des «genres» (§ 35s).

Philon veut opposer une bonne *«autonomie»* à une mauvaise, et il s'appuie sur le pronom αὐτός (*De gigantibus*, § 35-39, et *Quod Deus*, § 4b-19).

3.- *Singulier ou pluriel*

C'est tout l'ensemble littéraire de nos deux Traités qui témoigne du jeu opposant le *multiple* (en relation avec le *féminin* et le *terrestre*) à l'*Unité*, ou qui détermine également une «raison» équilibrée du Nombre, lorsqu'Abraham laisse la place à un Peuple *«de nombreux hommes»* (contraste du *De gigantibus*, § 1 au *Quod Deus*, § 148 et 178). L'alternance jusque dans les Puissance majeures de leur dualité et de leur résolution du côté privilégié de la seule *Bonté* du Θεός participe encore du jeu «singulier - pluriel».

Dans le même sens, on se souviendra que le dernier «chapitre», sur *«la Voie du Roi»* (§ 148-183), commence par un passage forcé : le pronom du lemme, *αὐτοῦ*, est un masculin et il renvoie de ce fait à Dieu, non pas à la *«chair»*, comme on s'y attendrait. Masculin et unité royale vont ensemble, comme la *«chair»* appelle soit un pluriel, soit du moins un féminin.

4.- *Étymologie*

Les noms propres de personnages, comme partout dans Philon, entraînent l'exégèse dans un sens prédéterminé par le *blason*, c'est à dire le leit-motiv stéréotypé englobant les notes caractéristiques du dit personnage. Il n'est donc pas besoin de mentionner ici les effets répétés de ce principe universel et simple de l'allégorie. Mais il ne faut pas passer trop vite sur son existence même. Que le nom propre, et lui seul dans le lexique, soit capable de traduction, c'est là un phénomène remarquable et de première grandeur. Car les noms propres, une fois traduits, cessent d'être ce qu'ils étaient, des noms propres. Ils passent en noms communs. *«Abraham»* cesse d'être un sigle unique et personnel pour signifier en même temps *«père choisi de la sonorité»* : trois mots du dictionnaire courant, au lieu d'un signe hermétique. Dans le *De gigantibus*, § 62-64, nous trouvons ainsi le rapprochement d'*«Abram»* avec *«Abraham»*, tous deux traduits et opposés comme il se doit par le changement de nom du personnage. Par le glissement d'un nom à l'autre, mais déjà par le glissement du nom propre au nom commun, c'est tout le vocabulaire qui se trouve en voie d'être interprété : personne ne peut dire «Abraham», mais chacun sait ce qu'est un «père», une «élection», une «sonorité». Et, de proche en proche, le mystère de l'Écriture se lève relativement. Rapportés aux mots communs, les faits et gestes du personnage, ses paroles et celles de ses comparses, tout ce qui constitue la trame du récit qui le concerne dans le Texte, vont devenir homogènes et donc intelligibles. Tout va devenir utilisable. C'est là un premier aspect : la mobilisation de tout le discours biblique, supposé bloqué auparavant par l'autonomie de ces monades, les Noms mystérieux, Adam, Abram, Beçaléel... Les mots communs tirés du Nom propre deviennent le repère sur lequel l'allégorie ordonnera les autres mystères de l'Écriture inspirée et cachée. La traduction du Nom propre devient la norme unificatrice des interprétations. Mais il y a un autre aspect du rapport original de l'allégorie aux Nom propres.

L'allégorie stoïcienne traduit du grec au grec les noms propres, Zeus, Apollon, et le *Cratyle* va lui aussi du grec au grec. Mais Philon traduit de l'hébreu au grec, alors qu'il considère ailleurs son Texte grec comme celui de la révélation, et dont chaque *iota* ou chaque inflexion de syntaxe révèle l'inspiration sacrée. Il introduit là une référence décisive à l'Écriture juive dans sa teneur hébraïque, et cela en un point statégique du système allégorique, comme nous venons de le dire, le lieu même où l'allégorie devient possible. Aussi ténu qu'on voudra, ce lien du grec à l'hébreu est capital, au titre d'une sorte de cordon ombilical. Il marque l'entière dépendance et par là l'aspect de révélation propre à l'Écriture.

5.- *Synonymes devenant différences*

Deux phrases bibliques évidemment parallèles deviennent opposées, pour Philon. Ainsi, le Peuple *«traversera la pays»*, et *«sans fouler les champs»*, deviennent ceci : *«nous négligerons la terre, mais nous nous attarderons dans tes champs et tes vignes»* (dans le *Quod Deus*, § 145-154). Philon joue aussi sur les préverbes, *παρ-ελευσόμεθα δι-ελευσόμεθα*.

Encore, deux homonymes peuvent devenir synonymes, comme ὄρος et ὅρος, *«montagne — définition»* (§ 168-180).

6.- *La syntaxe, source de symbolisme*

La syntaxe est instrument d'exégèse assez souvent dans nos deux Traités. Les trois interprétations des *Psaumes* supposent une attention portée à leur syntaxe. Parce que la *«miséricorde»* est signalée avant le châtiment – c'est qu'elle est aussi première dans l'ordre de la réalité (*Quod Deus*, § 74s), *etc*. La syntaxe du *Psaume* 61, v. 2, permet de spéculer sur l'Un et la Dyade (§ 82-84). Entretemps, le choc des mots, *«mêlé / non mêlé»*, dans le *Psaume* 74, v. 9, prend une signification mystique (§ 81).

Ajoutons qu'un verbe au futur est interprété comme une promesse (§ 149); que l'absence de coordination dans la phrase biblique, *«Noé, homme, juste, accompli»*, permet de ramener à l'unité et même à une équivalence de fait ces titres divers (§ 117-121); qu'une négation rencontrée dans le Texte autorise Philon à poser l'affirmation contraire : ce qui arrive à propos de l'intention des Israélites de ne pas traverser les champs, dont Philon tire l'idée qu'ils y resteront (§ 154-158).

Je me tiens ici à la liste des procédés mineurs de l'allégorie philonienne. Les analyses ont largement mis à contribution les procédés plus vastes et plus complexes, ceux de l'inclusion, de la symétrie et de la dialectique. Enfin, un exemple du *silence calculé* terminera cette revue : Philon n'a pas voulu commenter l'autonomie ruineuse au moment où le mot ἑαυτοῖς s'est rencontré pour la première fois dans le lemme (§ 6 du *De gigantibus*); il a attendu le retour de ce pronom réfléchi (*Quod Deus*, § 4b-19), et nous avons alors expliqué la raison de ce retard. Un silence reste toujours difficile à interpréter, mais celui-ci entre dans une bonne liste : Philon ne commente pas au hasard et à toute force. Il prévoit; il voit loin, même si le détail du chemin dominé puis parcouru apparaît au lecteur moderne encombré et aléatoire.

★ ★

★

SECONDE PARTIE

ANALYSE SOMMAIRE DES QUATRE TRAITÉS

DE AGRICULTURA
DE PLANTATIONE
DE EBRIETATE
DE SOBRIETATE

INTRODUCTION

Les grandes allégories qui nous restent de Philon sur le personnage de Noé ne touchent pas le Déluge. Et nous avons même observé que l'allégorie transformait rapidement tout ce qui en approchait, de telle sorte que cette catastrophe ouvre plutôt sur la grâce. Les quatre titres suivant le *Quod Deus* nous transportent dans la création neuve, où Noé plante la vigne, s'enivre et range ensuite les populations de la terre selon la conduite de ses fils au moment de son ivresse et de sa nudité. Deux à deux, les Traités se partagent ces thèmes philosophiques de la Sagesse comme l'art de *cultiver* la vertu, et de la Sagesse comme une mesure entre *ivresse* et *abstinence* : débat scolaire, en principe. Le *De agricultura* et le *De plantatione* envisageront plutôt le commencement de la lutte pour la Sagesse; le *De ebrietate* et le *De sobrietate*, sa confirmation.

De ce bel ensemble nous n'offrirons ici qu'une épure. Peut-être le lecteur y gagnera-t-il : rendu confiant par les analyses plus détaillées du *De gigantibus – Quod Deus*, il profitera mieux de la vision synthétique.

COMPOSITION DU *DE AGRICULTURA*

Ce nouveau Traité est complet, et son dernier mot le rattache au *De plantatione*. Le champ de son exploration est étroit : il s'agit du lemme *«Et Noé commença à être cultivateur de la terre»*, d'après la *Genèse*, ch: 9, v. 20. Et encore deux mots seulement de cette brève proposition reçoivent-ils commentaire, une allégorie poussée qui inverse leur ordre d'entrée sur scène : d'abord *«cultivateur»*, puis *«il commença»*. Cette double analyse produit la division simple :

1) le métier du *«cultivateur»* l'oppose au *«travailleur de la terre»*, et cette division en suscite deux autres, concernant le métier de «pasteur» et celui de «cavalier». Le tout occupe les § 1b à 125.

2) le verbe d'action et de temps, *«il commença»* entraîne une dialectique du *«commencement»* et de la *«fin»*, qui forme la suite de l'ouvrage, du § 125b au § 181.

Les deux parties sont fort inégales, dans la proportion de deux tiers du livre contre un tiers, à peu près. Elles s'opposent entre elles, si l'on tient compte du type de l'exégèse pratiquée de part et d'autre. La division propre aux trois développement sur les métiers établit un rapport d'opposition et de différence radicale entre les deux espèces du même travail. Au contraire, la seconde partie rapproche commencement et fin. C'est un couple supérieur de division qui trouve donc son application dans le Traité pris comme un tout. Voici le plan détaillé des deux parties.

Première partie : *«(NOÉ), CULTIVATEUR»*

a) *le «cultivateur»* est plus que le *«travailleur»* de la terre, qui est mercenaire (§ 3-25);

b) à son tour, le *«pasteur»* est plus que l'*«éleveur»* de bêtes, qui flatte les passions bestiales (§ 28-66);

c) de même, le *«cavalier»* est plus que le *«monteur»*, et ce
- sur le plan de l'image (§ 68-72);
- sur le plan de l'allégorie (§ 73 — 123) :
  - α.- le *«monteur»* (§ 73-92)...
  - β.- le *«cavalier»* (ici, texte-relais sur *«Dan-serpent»* et le *«cavalier»* :)
    - les deux *«serpents»* (§ 95-98a),
    - le *«chemin»* (§ 98b-104),
    - les deux *«serpents»* (§ 105-109),
    - le cavalier *«tombera»* (§ 109-123).

On notera sans attendre que le troisième couple, du *«cavalier»* et du *«monteur»*, est de beaucoup le plus développé en allégorie : il occupe autant de place que les deux premiers réunis. De plus, son interprétation allégorique apparaît bien plus complexe. En particulier, le technicien le plus noble, le *«cavalier»*, permet à Philon d'ouvrir un développement important, obtenu à partir d'un texte-relais, entièrement exploité, celui de la *Genèse*, ch. 49, v. 17-18, la bénédiction attribuée par Jacob à Dan. Là, Philon renverse les termes de l'opposition qui précède : le bon cavalier devient ici celui qui tombe — paradoxe que l'idée générale du Traité pourra seule justifier.

Seconde partie : *«(NOÉ) COMMENÇA»*

a) Il faut *«commencer»* et *«achever»* :
à la différence de Caïn, qui n'avait pas *«achevé»* le sacrifice, c'est à dire qui n'avait pas fait sur lui la bonne *«division»*; ou à la différence du chameau, lequel,n'ayant pas le pied *«double»*, ne saurait *«diviser»*, même s'il a pour lui de *«ruminer»* (§ 127-145). Danger représenté par les Sophistes (§ 136-145).

b) Il ne faut pas, d'ailleurs, *«commencer»*, lorsqu'on est... *«commençant»* : la Loi refuse certains citoyens comme soldats. Ce qui donne lieu à :
- un exposé littéral, de psychologie ou de tactique (§ 147-156);
- et un exposé allégorique : celui qui n'est pas assez fort sera vaincu par les Sophistes (§ 157-168).

c) Même celui qui est au terme, *«achevé»*, encourt le risque d'échouer au but, s'il croit arriver par sa propre force (§ 169-181).

Il n'est pas difficile de voir l'harmonie de cette seconde partie (§ 127-181). Les Sophistes y ont une bonne place, en fin des deux premiers développements. Plus important, et aussi plus caché, Philon propose une «division» supplémentaire. Au début, en effet, il suggère que Dieu est l'auteur des <u>seuls</u> *biens* (§ 127-130), mais à la fin, il montre qu'Il est l'auteur de <u>tous</u> *les biens*, à propos du τέλος — *«perfection, achèvement, terme»*. Ainsi, par les deux biais logiques d'une proposition *exclusive*, puis *assertive*, Philon attribue à Dieu le domaine du Bien. Le même sujet, à savoir si Dieu est l'auteur du bien seulement ou du mal, est traité au moyen d'une longue dialectique dans les *Legum allegoriæ*, III, § 75-106, entre autres passages.

L'harmonie des deux parties est également visible. Les *divisions* qui remplissent la première partie aboutissent au paradoxe du bon cavalier renversé, tombant de son cheval, et que la chute sauve. Et la seconde partie nous montre à la fin une même humiliation du meilleur : le Sage *«achevé»*, parfait, arrivé au *«terme»*, doit encore reconnaître que tout vient du seul Dieu. Ainsi, le Traité en ses deux parties enseigne une seule vérité morale, que Dieu donne le commencement et la fin.

Dans le système «intellectualiste» de Philon, le salut est symbolisé uniformément par la parabole de l'intelligence en son chemin vers la Sagesse. Ici, le *«commencement»* de l'intelligence, et donc de la sagesse, et donc du salut, est placé dans la capacité à opérer la *«juste division»* dans les concepts, c'est à dire dans les réalités. Or, le système général de Philon repose sur le contraste qu'il voit entre un *Adam*, coupable d'erreur dans la juste dénomination ou division du réel, lorsqu'il appelle *«Vie»* sa femme, un être qui est du côté de la mort, d'une part, et, d'autre part, *Abraham*, artisan de la division juste, de la dénomination vraie, lorsqu'il appelle *«servante»* celle qui est effectivement servante, Masek : cet acte mental d'exactitude lui ouvre l'accès à la *Division* universelle — telle est l'organisation et le symbolisme du *Quis heres*. Ici, Philon souligne que l'âme n'est pas encore capable de cette sagesse. Et en cela, il montre que le contexte global du Traité, qui est l'histoire de Noé, aboutissement de la première Triade, seulement, lui reste présent et commande l'effet de son allégorie. Philon ici ne disserte pas librement sur la «division» même, ou sur le «commencement — fin» des choses, comme s'il exploitait aux fins de diatribe les mots quelconques d'un lemme inspiré. Il reste conforme à sa théorie des deux Triades des Pères : Noé achève la première, et il ne saurait empiéter sur les valeurs d'un Abraham, qui ouvre quant à lui la seconde... Les § 104—110 du *Quod Deus* nous le rappelaient naguère.

Le système du Traité De agricultura

Au total, le *De agricultura* considère les simples mots, *«Noé commença d'être agriculteur»*. Il admet implicitement que les deux mots, «agriculteur» et «commencer» se déterminent l'un l'autre, du simple fait qu'ils relèvent tous deux de l'obédience capitale, celle du personnage en cause, Noé — c'est une *constellation*, selon mon vocabulaire. Philon suppose que *«commencer»* doit être compris de façon intérieure, dialectique, par rapport à son vis-à-vis, le *«terme»*, également. Bien qu'il ait inversé l'ordre des termes considérés, *«agriculture»* et *«commencer»*, Philon oriente logiquement son *«commencement»* dans le sens de ce qu'il considère comme le début de l'éducation, à savoir la faculté d'opérer la *juste division*, opposée à l'éternelle et décevante alternative que les Sophistes mettent en lieu et place de la vérité. Ainsi, «commencer» induira la notion logique de division jusque dans le dernier terme du lemme, «...agriculteur». La division suggèrera alors toute la série qui occupe la première partie, où Philon déploie trois couples, appariés par la matière du sujet, mais opposés par la forme. À son tour et comme par choc en retour, la notion de «division» de la première partie va permettre d'analyser de façon non naïve le «commencement – fin», dont le verbe *«Noé commença»* a introduit l'idée : il faudra toujours remettre en question et le commencement et la fin, et chacun des termes par l'autre. Si bien que l'action unique de Dieu assure finalement le salut du *meilleur* cavalier (première partie), puis du non-combattant (seconde partie). Ce sont là deux paradoxes complémentaires, d'ailleurs, où le plus expert (le cavalier) rejoint dans la passivité devant Dieu le moins engagé (le personnage dispensé du service militaire). Le chevalier glorieux doit *«tomber»*[1], et le non-combattant bénéficie d'un *«achèvement»* qu'il n'a pas mérité : le fort humilié, mais le faible relevé et sauvé, voilà une nouvelle symétrie.

Logique de la première partie

Cette formule claire reste aussi globale et relativement abstraite. La lecture du Traité tel qu'il se présente dans la succession effective de ses «chapitres» n'est pas moins rassurante en ce qui regarde la cohérence de l'allégorie et de la composition philoniennes.

Ainsi, la première partie développe les trois couples, de l'agriculteur opposé au travailleur de la terre, du pasteur opposé à l'éleveur, du cavalier, enfin, opposé au monteur. Mais la première section, consacrée au travail de la terre, est ainsi orientée par l'allégorie qu'elle s'achève sur la notion de *«plaisir»* (§ 20-25) à partir de l'exemple de Caïn; et ce plaisir est envisagé par le biais du *nombre* indéfini : les hommes ne sont-ils pas fous d'arracher à tous les cantons de l'univers la matière d'un plaisir inférieur, celui des sens ? La seconde section peut alors définir plus exactement le *«plaisir»* comme l'objet des *«passions»*. Du coup, l'image du troupeau d'animaux déraisonnables se présente de façon naturelle, et les § 28-66 parleront naturellement de la différence qu'il y a entre satisfaire ce troupeau au point de le rendre fou et de le voir se déchaîner, d'une part, et le conduire raisonnablement, à l'imitation du souverain Pasteur, Dieu lui-même. Ce «chapitre» est beau, bien mené, et il regroupe autour de la «Politique» nombre de thèmes philoniens connus et fermes. Puis, voici le

1. Le paradoxe est annoncé par une conclusion discrète, au par. 77. Voir A.Méasson, *Du char ailé de Zeus à l'Arche d'alliance*, pages 167-176.

«cheval» : il symbolise ordinairement chez Philon la passion elle-même, observée à partir de son énergie et dans son rapport hypothétique avec tel ou tel cavalier, grâce aux souvenirs classiques du *Phèdre* aussi bien que des prophéties bibliques et de l'*Exode*, ch. 14-15. La série des trois effets de la division se trouvent donc enchaînés de façon logique et psychologique — dialectique de surcroît. En effet, des plaisirs multiples aux passions elles-mêmes multiples, puis à la passion générique, l'observateur moral progresse en synthèse et en intelligence. Mais Philon a également prévu une dialectique. La considération initiale des *«arbres»* poussant de la terre et réclamant les soins de l'*«agriculteur»* (§ 1-25) est infléchie vers la notion guerrière d'une bataille. Le truchement de cette inflexion n'est autre que le texte du *Deutéronome*, ch. 20, v. 20, cité au § 12. Ce texte est lui-même initiateur de la juste division, puisqu'il dit, par une opposition calculée et réglée : *«tout (bois) qui n'a pas de fruit tu couperas, et tu feras une palissade contre la cité qui te fera la guerre»*. Or, la bataille, oubliée durant tout le second «chapitre», qui traite du Pasteur (§ 28-66), réapparaîtra bien sûr avec le thème du *«cheval»*, soit dans le troisième «chapitre» (§ 67-123; en particulier, § 78, 86-92, 111-123). Notons que Philon aurait pu orienter le deuxième «chapitre» vers l'idée de la lutte : le thème du Pasteur-roi le lui permettait en principe, mais il a préféré tirer le Roi dans le sens de l'Unité communiquée par l'Un qui surveille et régit toutes choses — une notion plus noble. Ainsi, la bataille contre les Sophistes du langage, puis contre les passions, occupe le premier «chapitre», puis le troisième de cette première partie. Et le deuxième, au centre du programme, sublime cette lutte en contemplation de l'Unique. La division qu'il exploite du Pasteur et du simple éleveur de bêtes quitte le domaine de l'humain, du mal, de la lutte, et il se porte à la vision cosmique du Dieu-Pasteur. Les § 49-55 procurent une échappée sur l'Unité divine et l'unité du Monde telle que Dieu l'assure. Et cette perception positive du meilleur parti répond bien aux habitudes de Philon : au cœur d'une série, il fait briller la Vérité pure. C'est cela que je désigne sous le nom de dialectique.

Ajoutons que Philon retient tout de même ici son allégorie de se déployer très haut. Le début du Traité suivant, *De plantatione*, montre bien que le thème de l'*«agriculteur»* soucieux des bons *«arbres»* peut conduire à une revue de la Création.

Logique de la seconde partie

M'en tenant à une épure, je laisse de côté nombre d'analyses de détail. La seconde partie (§ 124-181) ne comporte pas de série, mais son unité ressort plus aisément : le couple *«commencement — fin»* y suffit. Les § 127-145 imposent l'idée que le commencement ne vaut que rapporté à la fin, suivant l'adage classique. Les § 146-148 refusent le commencement à ceux qui sont incapables d'aller jusqu'au bout. Les § 169-181 suppriment enfin le privilège de celui qui arrive au terme. Nous avons déjà situé ce paradoxe. Il complète celui qui servait de conclusion à la première partie, au spectacle du bon cavalier précipité et gisant à terre... Or, ces trois «chapitres» sur le nouveau couple, ἀρχή — τέλος, renouvellent finement la dialectique de la première partie. Au centre, en effet, l'étude des commençants fragiles, symbolisés par les citoyens mis hors d'état de faire la guerre pour cause de bonheur, donne à nouveau l'occasion de faire entrevoir la Fin, au sens intensif du mot. Car les jeunes mariés, par exemple, offrent l'image de la Paix, et le combattant ne saurait être jaloux de celui qui incarne les valeurs pour lesquelles précisément il mène le combat (§ 146-156, sous la forme d'objections et de réponses, et culminant sur le beau § 156). Ainsi, dans l'homme et non plus en Dieu, comme c'était le cas au centre de la première partie, la Fin, le Bien se trouvent rendus présents et actuels :

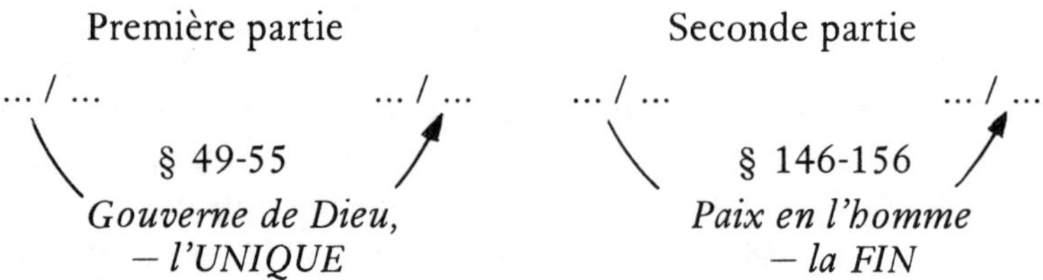

La mémoire, le sentiment esthétique du lecteur et sa capacité à coupler les contraires ou les associés vont lui permettre de rapprocher les deux mondes, celui de l'homme et celui de Dieu, en dépendance et analogie.

Le rôle des citations bibliques

Enfin, dans ce survol rapide du *De agricultura*, il faudrait rendre compte de l'usage philonien des citations de l'Écriture. Le lemme se réduit à deux mots, avons-nous répété, γεωργός — ἤρξατο, et ces deux mots déterminent effectivement deux parties. Le milieu du livre, en nombre de pages, se trouve entre le § 92 et le § 93, c'est à dire avant le dernier développement de la première partie, un développement régi par le texte-relais de *Genèse*, ch. 49, v. 17-18, sur la bénédiction de Dan. Ce texte-relais est commenté mot à mot, et non seulement en passant. Il a donc une épaisseur, et sa position centrale ajoute au poids de son message final, la démission du bon cavalier lui-même.

Voici maintenant comment on peut repérer le jeu de l'idée ou de cette forme unificatrice, mi-intellectuelle, mi-cénesthésique, où un traité rencontre son mouvement et sa cohérence, d'une part, et, d'autre part, des citations bibliques annexes : ingérence, associationnisme gratuit, ou bien rayonnement et conversation des mots du Logos ? Nous suivrons nécessairement l'ordre du *De agricultura*, puisqu'il s'agit de mouvement, de synergie...

A.- LES CITATIONS ANNEXES DANS LA 1ère PARTIE

Les § 1 – 123 exploitent les trois couples déterminés par une *division* sage : à propos de la terre cultivable, à propos des bêtes de troupeau, et enfin à propos de cet animal spécifique pour sa relation privilégiée à l'homme, le cheval.

1) L'*«agriculteur»* ou le *«travailleur de la terre»* ?

Le développement se veut ici plus philosophique ou moral que biblique, comme il arrive dans l'alternance des «chapitres» philoniens. Deux citations seulement viennent renforcer la notion même de division, le repère de base de tout le Traité.

• *Deutéronome*, ch. 20, v. 10, qui distingue deux espèces de bois. Cette citation est donnée dans le § 12, mais elle supporte les § 11-16. Le Texte secondaire reçoit une paraphrase qui tire vers l'épistémologie, et, même si l'on peut songer à l'image rabbinique de la *«haie»* protectrice de la Loi (§ 15), le contexte reste philosophique. La citation est un appoint, intégré dans le propos.

• *Genèse*, ch. 4, v. 2 et 11-12 : ce Texte permet d'attribuer aux mauvais le métier de *«travailleur de la terre»*, par l'intermédiaire de Caïn, qui l'exerça le premier. Philon montre par là que le lemme a raison de définir Noé, qui est un Juste, par l'espèce contraire du travail de la terre : il est donné comme *«agriculteur»*, métier tout de noblesse. Notons en passant que l'opposition de Caïn et de Noé sous l'angle de leurs relations avec la terre se trouve déjà dans la Bible. Pour Adam, le sol est maudit, mais il peut en tirer quelque fruit, en y mettant sa sueur; plus loin, Dieu maudit la terre sous les pieds de Caïn, mais cette fois de telle sorte qu'il ne puisse plus rien en obtenir. Le père de Noé lui donne un nom prophétique, *«Repos, consolation»*, qui est précisément l'abolition de cette fermeture du sol arable (*Genèse*, ch. 5, v. 29). Cette prophétie paternelle annonce l'invention de la vigne, au terme de l'aventure de Noé et du Déluge. Ironie de la *Genèse*, celui qui délivrera le sol de sa malédiction va d'abord assister à son engloutissement, mais, comme une espérance et une sorte de visée eschatologique, la promesse du meilleur annule d'avance la parenthèse ruineuse. Le jeu sur les mots qui est celui de Philon, ici, ne fait en somme que fixer à sa manière une intention de la *Genèse*.

2) Le *«pasteur»* ou l'*«éleveur»* ?

Les § 26-65 comportent deux sections. La première, des § 26-40, reste elle aussi sur le plan philosophique, et l'on notera qu'il s'agit de l'hypothèse défavorable, où Philon dénonce le rôle misérable de l'*«éleveur»*. La seconde section déploie au contraire les valeurs des bons *«pasteurs»*, et elle use alors de huit Textes bibliques. Ils sont disposés en deux séries de quatre, dont chacune possède sa «raison» bien ferme.

• *La série des bons pasteurs :* c'est une liste de personnages positifs, une série idéale, analogue à celle du *De sacrificiis*, § 45-51, par exemple. Il y a d'abord Jacob, d'après *Genèse*, ch. 30, v. 36, qui est appelé *«pasteur»*; vient ensuite Moïse, de même, d'après *Exode*, ch. 3, v. 1, et *Nombres*, ch. 27, v. 16; surtout, Dieu sera appelé le Pasteur par excellence, d'après le *Psaume* 22. Et comme son gouvernement assure la cohésion du Monde et son unité, cette action est précisée : c'est celle du Logos, cet «Ange» par excellence dont parle *Exode*, ch. 33, v. 20.

À partir d'ici, nous allons passer aux fils de Jacob. Ce sont évidemment de bons pasteurs, aussi; seulement, leur relation avec l'Égypte va colorer l'exégèse allégorique, et les quatre citations nouvelles entreront dans cette dialectique.

• *Les douze fils de Jacob :* Philon a commencé la série des bons pasteurs en évoquant Jacob, et ces fils de Jacob-Israël lui permettent déjà de revenir à son point de départ. En outre, Philon va découvrir une nouvelle division parmi les douze fils de Jacob. Jacob a engendré ses fils de deux femmes et de deux concubines. Rachel est la femme préférée, mais la moins noble : et, de fait, la grandeur d'un Joseph, issu de Rachel, restera ambiguë, pour ne pas dire suspecte, on le sait. Philon va donc poursuivre son développement touchant les pasteurs, mais en opposition relative avec le personnage de Joseph, ce fils de Jacob autrement lié à l'Égypte que les autres. La virtuosité de Philon, s'il fallait encore la démontrer, paraîtrait en ces seuls § 55-65 dont nous allons parler plus en détail.

L'*Égypte*, l'*«éleveur»* et les *«pasteurs»*, telles seront donc les composantes d'un système unifié, devenu série dramatique, cette fois, opposée à la première liste, toute de valeur assurée, et paisible. Et quatre Textes de la geste de Joseph vont permettre de jouer sur le contraste renouvelé du pasteur et de l'éleveur, autour des fils de Jacob, distingués de Joseph. Une savante dialectique va tout rattacher avec finesse.

Voici les Textes d'appui, dont il faut avertir le lecteur sans plus attendre qu'ils constituent des définitions des personnages. Un trait les caractérise, «je suis...», «ils sont...» :

1) *«Joseph était un jeune homme...»*, citation de *Genèse*, ch. 37, v. 2, qui reste implicite, mais nécessaire au § 56;
2) *«Nous sommes des éleveurs de troupeaux»*, pour les § 56-59a, citation de *Genèse*, ch. 46, v. 33s.;
3) *«Nous sommes des pasteurs»*, pour les § 59b-65, citation de *Genèse*, ch. 47, v. 3 (on évitera de marquer une coupure entre le § 61 et le § 62);
4) et enfin, *«c'est pour être en colons et non pas en habitants que nous sommes venus»*, pour les § 64-66, citation de *Genèse*, ch. 47, v. 6.

Ces quatre citations répondent à des oppositions simples et efficaces. Ainsi, la première et la quatrième déterminent en elles-mêmes une division logique : la jeunesse de Joseph l'oppose à la sagesse des *«plus anciens»* (déjà, dans le *Quod Deus*, § 119-121; et ici au § 56). Le séjour temporaire s'oppose de même à l'adoption définitive d'une patrie, surtout s'il s'agit d'une patrie déshonorante comme l'Égypte.

Mais les deux citations médianes déterminent à leur tour une nouvelle division, et d'une façon neuve également. C'est entre elles deux que vient le contraste, un contraste qui, dans notre thème pastoral, va jusqu'à la contrariété : les fils de Jacob sont-ils de vulgaires *éleveurs* ou de nobles et bons *pasteurs* ? L'opposition des deux définitions fournies par la Bible est alors source d'intelligence, dit Philon. Joseph suggère à ses frères de se présenter comme de méchants *«éleveurs»* : cette ruse convient bien à Joseph, tout dévoué, semble-t-il, à l'Égypte. Au contraire, lorsque c'est le Pharaon qui demande aux fils de Jacob leur identité et définition, ils oublient la leçon soufflée par Joseph, leur frère, et ils déclarent franchement ce qu'ils sont en vérité, à savoir, non pas des *«éleveurs»*, mais bien des *«pasteurs»*.

Ainsi, les derniers bons pasteurs de la liste, ces fils de Jacob-Israël, permettent à Philon de compliquer son développement, et donc de le proportionner au plan inférieur de l'histoire même de Noé (le cadre général, ne l'oublions pas). Au lieu de laisser culminer son discours sur le Dieu-Pasteur, il nous fait redescendre jusqu'à l'ambiguïté de la fonction royale en Égypte, celle d'un Joseph. Par là, nous apprenons à faire descendre la science des *divisions* dans le combat de l'existence humaine, brouillée, mêlée, tendue, offusquée par l'illusion corporelle.

On peut observer, sans aucune intention de généraliser abusivement, que les citations bibliques vont s'intensifiant, à la fois en quantité et en nécessité dialectique, au fur et à mesure que la première partie du Traité s'avance vers le paradoxe final. À de simples confirmations qu'on peut encore juger extérieures (§ 12 et 21) succède une liste ordonnée en dignité croissante (§ 41-53). Le personnage de Jacob occupe la position de départ (§ 42), et il revient en la personne de ses fils, puisque c'est en tant que fils d'*Israel*[1] qu'ils prennent à cœur leur définition de bons pasteurs (§ 55-66). La participation des Textes bibliques annexes à la logique du discours va s'intensifier encore, à l'occasion du troisième couple, celui d'un «*monteur*», opposé au noble «*cavalier*».

3) Le «*cavalier*» ou le «*monteur*» ?

Les § 66-123 offrent aussi l'alternance d'un développement philosophique, d'abord, et d'une exégèse plus proche de la Bible. La première section, celle des § 66-77, se contente de fixer la différence existant entre les deux métiers de l'équitation, soit directement (§ 66-71, où il s'agit d'une observation hippique), soit dans la transposition platonicienne du destin des âmes attelées (§ 72-77, avec les souvenirs du *Phèdre*). Là, rien n'évoque l'Écriture de Moïse : c'était déjà cette absence qui caractérisait le début du commentaire touchant les troupeaux (§ 26-40).

La seconde section se concentre sur le cas défavorable du «*monteur*» (l'ἀναβάτης des § 78-92). Là, l'Écriture vient interférer avec la philosophie morale de tout le développement. Le contexte auquel sont empruntées les trois citations est homogène, la Sortie d'Égypte — un salut par rapport à l'enlisement de Joseph. Qu'il s'agisse de la formule générale du *Deutéronome*, ch. 20, v. 1, et elle est immédiatement rapportée à l'expérience de la Sortie d'Égypte; et les deux autres citations, d'*Exode*, ch. 15, tirée du Cantique de Myriam ou de Moïse, ou bien du *Deutéronome*, ch. 17, v. 15-16, parlent clairement de l'Égypte.

La dernière citation est particulièrement intéressante, «*Tu ne pourras pas donner autorité sur toi à un homme étranger, parce qu'il n'est pas ton frère : il ne multipliera pas à son profit le cheval, et il ne fera pas retourner le Peuple en Égypte*». Le sens est le suivant : si tu te donnes un Prince étranger, il multipliera la cavalerie, à l'image des Nations, et, un jour ou l'autre, il anéantira l'œuvre de Moïse. Pour

1. Le par. 54 introduit les fils de Jacob en parlant de celui qui est doté d'un «*regard pénétrant*», et c'est donc la définition de Jacob, comme *Israël*, capable de «*voir Dieu*».

Philon, l'avantage de ce Texte est de fournir une équivalence : il permet de superposer et donc de comprendre l'une par l'autre deux actions, *«multiplier le cheval»* et *«retourner en Égypte»*. Là où nous croyons percevoir deux réalités hétérogènes, le «et» qui rapproche les deux propositions du *Deutéronome* suggère leur identité de fond. Et ainsi, l'histoire des «monteurs» de chevaux s'inscrit dans la suite logique et morale de l'histoire des «éleveurs de troupeaux». Le Prince venant à multiplier le cheval, l'*«engraisserait»* donc, et Philon établit une analogie entre cette aberration et celle de l'*«éleveur»*. On lit, au § 90, qu'il ne faut pas se livrer à l'*«élevage de chevaux»* — ἱπποτροφία. Or, les éleveurs étaient les κτηνοτρόφοι (§ 27, *etc.*, 57), et le pays de l'Égypte suspecte servait d'épreuve aux fils d'Israël ou à Joseph, pour savoir s'ils étaient ou non «éleveurs», «pasteurs» ou non.

Ainsi l'Écriture ne sert pas seulement à illustrer désormais le développement local, occasionnel. Elle manifeste sa propre logique en justifiant le discours de l'exégète, et en particulier la série qu'il déterminait des couples antithétiques, à propos des trois métiers.

La fin du développement resserre encore les liens de l'Écriture et de la philosophie. Les § 94-123 ne seront plus qu'une exégèse dans l'exégèse. Un Texte, pris aux Bénédictions de Jacob, en *Genèse*, ch. 49, v. 17-18, sera allégorisé mot à mot, et la prophétie qui intéresse Dan formera tout le discours jusqu'à la fin. Philon propose une lecture linéaire et complète de ce nouveau Texte, qui prend le relais. En voici les étapes, que le lecteur de Philon commence par suivre innocemment et sans bien prévoir le retournement qu'on lui réserve. Ce lecteur ne comprend d'ailleurs pas bien, tout d'abord, la formule du § 94, *«N'est-il pas naturel que Moïse chante la ruine des monteurs et prie en même temps pour le salut achevé des cavaliers ?»*. Il comprend d'autant moins que Philon vient juste de rassurer son monde en disant que le véritable cavalier *«ne tombera pas, au risque de se blesser sans remède»* (§ 93). Laissons ce lecteur à son innocence, un instant du moins. Il suit le nouveau Texte et son exégèse continue :

a) les *deux serpents*, celui d'Ève et celui de Dan [1] (§ 94-99);
b) *«sur la route»* (§ 100-104a);
c) *«posté»* (§ 104b-105);
d) *«il mordra...»*, ce bon serpent de Dan, et non pas celui d'Ève, comme on pourrait s'y attendre (§ 106-108);
e) *«le cavalier tombera»* (§ 109-123) : le vaincu est vainqueur, dans la course du mal.

---

1. Une nouvelle division dans cette partie de la «division». Sur le même Texte de la bénédiction attribuée à Dan, voir *Legum allegoriæ*, II, par. 71-101. Ajoutons pour le lecteur de l'édition française de Lyon, qu'il faut marquer une césure entre le par. 93 et le par. 94, et non entre le par. 94 et le par. 95.

Tout d'abord, notons que le dernier élément, celui du paradoxe de la chute salutaire, occupe le même nombre de pages exactement que les quatre premiers réunis. Il bénéficie donc d'un privilège et de l'intention visant à équilibrer d'un coup ce qui le précède. D'autre part, la division permettant d'opposer deux serpents, celui d'Ève et celui de Dan, voire de Moïse (le serpent d'airain), agit deux fois : au début et à la fin de la première moitié du commentaire, c'est à dire lors de la première allégorie et de la quatrième (§ 94-99, puis 106-108). Ce système détermine une inclusion et renforce l'autonomie du cinquième élément, déjà grandi à la dimension des quatre autres réunis. Ici, logique et usage de l'Écriture, d'autre part, se recoupent et se prêtent appui. Les tout derniers mots du commentaire sur le serpent de Dan, *«tomber en arrière»* (§ 122-123), assurent, aux yeux de Philon, la relation étroite de l'Écriture et de la logique : que le cavalier en arrive à tomber, cela resterait un difficile oxymoron, étant donnée la faveur que son art procure au cavalier, distingué du simple monteur de chevaux; mais, si le Texte précise de façon redondante qu'il *«tombe en arrière»*, l'expression devient intelligible, puisqu'il tombe en arrière du vice, et tout s'éclaire.

B.- LES CITATIONS ANNEXES DANS LA 2 de PARTIE

Le verbe *«(Noé) commença»* reçoit deux commentaires, l'un de forme, l'opposant du dehors à *«finir»*, et l'autre, de fond, sur la nature du commencement.

• Commentaire formel : «commencer / finir» (§ 124-145) Ce développement condamne l'absence de toute division juste chez les Sophistes, soit qu'ils ne divisent pas, soit qu'ils divisent au contraire en tous sens et donc trop, séparant surtout la division théorétique de l'action (subtil redoublement de la division...).

Caïn est le modèle du premier défaut, et il trouve son symbole animal dans le *chameau*, d'après le *Lévitique*, ch. 11, v. 4. C'est ensuite le *porc* qui représente le défaut symétrique, l'abus de la division, d'après *Lévitique*, ch. 11, v. 7.

• Commentaire du fond (§ 146-165) : la Loi dispense de la guerre ceux qui ont commencé à jouir de biens, d'après le *Deutéronome*, ch. 20, v. 5-7. Le développement est conduit de façon autonome, sans recours à d'autres Textes secondaires, bien que le cas d'Abel soit implicitement présent dans les § 162b-163, et que les personnages d'Abraham, de Jacob et d'Isaac se profilent assez visibles derrière la formule épistémologique du § 158, παιδεία - προκοπαί - τελειότητες (reprise au § 168, avec quelques variantes, εὐμάθειαι - προκοπαί - τελειότητες). Cependant, Philon laisse légèrement en retrait les perfections qui évoquent en filigrane le personnage d'Isaac : la fin du § 158 les compare seulement à *«la maison qui n'as encore reçu confirmation»* de solidité. C'est que nous restons proportionnés à l'ordre qui est celui de Noé, de la première Triade, même si Philon lui superpose la seconde, comme nous avons eu l'occasion de l'expliquer.

De la seconde partie nous pouvons maintenant distinguer une véritable Conclusion du *De agricultura*. Les § 169-181 combinent en effet le thème de la chute, et donc de cette démission sur laquelle s'achevait la première partie, où le cavalier tombe à terre, et tout aussi bien le thème de la seconde partie : *«il commença»* trouve son sens du terme complémentaire, l'*«achèvement»*, mais le mot employé alors n'est autre que *«tête»*, une tête s'imaginant obtenir une couronne. Philon joue sur κεφαλή, *«tête, achèvement»*. Regardons de près cette nouvelle image.

Le Texte biblique précédent évoquait des œuvres entreprises mais laissées inachevées, mariage, plantation, maison. Philon choisit maintenant un nouveau Texte : il poursuit le thème de la maison, définie comme le troisième moment de la quête morale et mystique, à savoir celui de la perfection [1] . Le Texte du *Deutéronome*, ch. 22, v. 8 dit ceci : *«Si tu bâtis une maison neuve et que tu fasses un couronnement pour ta bâtisse, tu ne feras pas de meurtre en ta maison, si en tombe celui qui tombe»*. La maison est faite; la couronne vient en surmonter la tête. Alors, la maison devient orgueilleuse et autonome, grâce à l'exaltation de ce couronnement que le bâtisseur lui ajoute de lui-même. Mais c'est là échouer au port, manquer la perfection et l'achèvement véritables, alors qu'on y touchait. Pourquoi ? Pour cette raison supérieure, que l'âme doit reconnaître comme venant de Dieu seul l'achèvement comme le milieu et comme le début de l'illumination. C'est ce que dit alors le § 172, citant un autre passage du *Deutéronome* (ch. 8, v. 18).

Cette faute suprême est celle à laquelle Moïse échappera, précisément, lui qui, au terme de l'ascension de l'âme, interroge encore Dieu, comme s'il ne savait rien et n'avait rien fait. Ici, l'âme de la première Triade est encore faible. Son voyage mystique reste une simple image —une esquisse, tant que la seconde Triade et Moïse lui-même n'ont pas réalisé la véritable migration, qui assurera toutes choses et la stabilité de cette maison, en particulier. L'achèvement, la *«tête»*, reste exposé au trouble, pour le moment. C'est ce que vient dire la dernière citation annexe, au sujet du *Nazir* : la mort funeste de celui qui s'est couronné de son propre chef, et qui donc est *«tombé»*,

---

1. Ou plutôt des *«perfections»*, au pluriel, pour évoquer Isaac sans toutefois le désigner de façon trop évidente.

au moment décisif (§ 169-173) constitue l'analogue de la *«mort»* qui souille le Nazir (§ 174-181), et qui *«souille sa tête»* de la même manière, d'après le Texte, *«Si quelqu'un meurt vers lui soudainement, un instant la tête de son vœu sera souillée et rasée : les jours du début seront irrationnels* (et *hors de compte), du fait que la tête de son vœu a été souillée»* — il convient de traduire la Bible comme Philon le fait et non pas d'après nos principes de traduction, même si le résultat est chaotique [1] (ici, *«tête»* veut dire «début», d'ailleurs).

Mais alors, par un retournement, Philon sauve au tout dernier moment l'âme qui s'est révélée incapable d'assurer le terme de sa perfection. La mort a été soudaine ou *«d'un instant»*, souligne Philon, et cette absence de durée même devient tout à coup une excuse pour le coupable, puisque sa faute n'aura duré qu'un court instant. Car un vrai péché reste une faute délibérée, dotée de durée, puisque la délibération demande du temps. La soudaineté du mal évoqué par les *Nombres*, ch. 6, v. 9, interdit tout délai, et la faute en est rendue *«involontaire»*. Philon veut dire tout à la fois *«irrationnelle»* et *«inconsciente»*, ce que réunit l'expression mi-intellectuelle et mi-morale, *«on ne peut pas en rendre compte»* — ni comprendre, ni payer. Le § 179 joue sur le double sens passant entre ἄλογον – λόγος.

Finalement, la chute du personnage *«couronné»* le sauve, du même mouvement que fut sauvé le noble *«chevalier»* de la première partie du *De agricultura*.

CONCLUSION

Ainsi, la dialectique du temps qui anime la seconde partie du livre, jouant entre *«commencer»* et *«achever, parfaire»*, se résout dans un terme également temporel, celui de l'*«instant»* de la grâce — αἰφνίδιον - παραχρῆμα. Curieusement, cet «instant» n'est cependant pas celui de la grâce envisagée du côté de la divinité, qui, telle celle du *Banquet*, survient ἐξαίφνης, et que Philon connaît bien : le *De migratione*, par exemple, § 35 ou dans son développement médian sur la Fin des choses (§ 127-175), sait aussi brusquer l'arrivée de l'âme au bout du voyage mystique, car la course irrésistible de son § 175 rappelle l'enlèvement de notre *De agricultura*, § 180, à ceci près que le *De migratione* envisage les réalités de l'âme selon un pro-

1. L'allégorie suppose en effet que le Texte ne coule pas aisément. La lecture première, qui enchaîne trop facilement les mots et les phrases du Logos, est une lecture mondaine, autonome, ennemie de l'interprétation lente, reçue par le détour de l'Écriture elle-même, et que l'allégorie aménage patiemment.

grès par rapport à l'histoire de Noé, où le *De agricultura* se cantonne, respectant en cela la différence des deux Triades, répétons-le. L'«instant» du *De agricultura* finissant est réservé, négatif en quelque sorte; il est celui de la surprise qui révèle la faiblesse de l'homme. Il permettra de trouver le biais par lequel l'action de la Cause Unique du salut peut en effet sauver l'homme. L'absence de délibération et donc de temps le lave de tout jugement : en lieu et place, survient le Jugement de Dieu, qui apporte le salut. Ce Jugement est là, *soudain* existant, comme fut déclaré inexistant dans l'âme un mal trop *soudain*. On sait la place que Philon réserve à la faute involontaire dans son allégorie. Plusieurs traités ou «chapitres» terminent par elle, et avec la même intention que dans notre *De agricultura*.

Ainsi le *De agricultura* prend-il un sens et un mouvement à la conjugaison d'une sorte d'idée théologique, complexe mais ferme, proportionnée à l'état de Noé, héros de la première Triade et simple image anticipée de la seconde Triade, d'une part, et, d'autre part, de l'harmonie des citations bibliques annexes. Il est impossible de réduire ces dernières au rôle de fugaces illustrations ni à celui de réponses apportées à des *Quæstiones*, trop closes sur elles-mêmes, qu'on les dise parénétiques ou d'apologie.

Théorie et mise en œuvre continuelle d'une patiente *lectio divina*, le *De agricultura* exploite en tout la juste Division. Il en multiplie les variations. Mais, subtilité bien philosophique, c'est pour montrer, dans la seconde partie, qu'il faudrait à l'âme une force capable de lui faire recomposer les deux moments du temps, qu'une juste division invite d'abord à séparer, le *«commencement»* et la*«fin»*. Ironiquement, la juste Division honorée dans la première partie et qui l'engendre en ses trois couples de métiers, se trouve sublimée déjà dans sa conclusion : on divisait judicieusement entre cavalier et monteur, mais c'est le cavalier qui tombe... Avec miséricorde, la seconde partie assure l'itinéraire inverse : l'âme débile est excusée finalement de ne pouvoir surmonter la division du *«commencement»* et de la *«fin»*. Au total, la Division, solidement posée, se trouve contournée, déjouée ou sublimée. Et Philon montre que ni la division ni la synthèse ne sont aux mains de l'homme. C'est une réédition alexandrine et cachée de ce que nous propose le *Qohèlet* : *«Il a mis aussi la durée dans leur cœur, sans que l'homme puisse trouver l'œuvre que Dieu fait du commencement à la fin»* (ch. 3, v. 11). Pour Philon, le recours aux passages de l'Écriture ne vient pas soutenir la réponse simple d'une Question simple. Il vient au contraire défaire l'assurance du discours, monter de paradoxales associations, composer un équilibre et, somme toute, obliger l'intelligence spirituelle à passer de la ronde machine d'un concept au *mouvement* d'une lecture ample et douée de mémoire — la mémoire d'Israël.

COMPOSITION DU *DE PLANTATIONE*

À la suite du *De agricultura*, Philon prend ici pour argument les mots de la *Genèse*, ch. 6, v. 29, *«(Noé) planta vigne»*. Le verbe «il planta» sert un développement qui va jusqu'au § 139; et la «vigne» est le thème de la fin (jusqu'au § 177).

On sait que la seconde partie propose le duel rhétorique des opinions contraires, sur la capacité du sage à boire; que l'exposé y est très inégal : la thèse affirmative, que le sage peut connaître l'ivresse, occupe presque tout le discours (§ 149-174), quand la thèse négative se résume à un argument capital, énoncé par l'absurde et que l'on connaît comme étant de Zénon (§ 175-177, donc très peu de lignes). Cette disproportion pose le problème de l'intégrité du *De plantatione*. Le début du *De ebrietate* prend-il la suite exacte du De plantatione, ou bien laisse-t-il supposer un intervalle, comblé par l'exposé plus détaillé de la thèse négative, que le sage ne saurait s'enivrer : *«Les propositions des autres philosophes sur l'ivresse ont été par nous mentionnées autant que possible dans le livre précédent, et il est bien temps d'examiner sur le sujet la doctrine du Législateur (Moïse), grand et sage par excellence»* ? Il est troublant de constater qu'un autre ouvrage de Philon proposant lui aussi un débat contradictoire, le *De æternitate mundi*, tourne court au même endroit, c'est à dire au moment où l'on passe d'une thèse à sa contradictoire. Encore faut-il ajouter que le § 177 du *De plantatione* atténue la surprise. Philon y avertit de façon plus ou moins rhétorique son lecteur qu'il ne veut pas le fatiguer, et il fournit un argument à la nouvelle thèse, un argument qu'il qualifie de décisif, ou du moins de capital — *πρῶτος καὶ δυνατώτατος*, au § 176a, ce qui peut nous dispenser de toute précision. Si donc l'on peut admettre que le *De plantatione* est complet, grâce à cet organe-témoin de le thèse opposée, ces maigres § 175-177, une hypothèse peut être ouverte : Philon n'a-t-il pas en réalité mieux équilibré qu'il ne le semble tout d'abord les opinions adverses ? Soit qu'il ait traité de la thèse affirmative de telle sorte que la thèse négative ait eu sa part, durant les § 140-174 — ce qui ne sera pas vérifié, mais que des exemples pris à d'autres traités obligent à supposer par méthode; soit encore que l'ouvrage suivant, le *De ebrietate*, assume patiemment le rôle de l'antithèse; soit qu'il existe un autre système de compensation...

En réalité les titres scolaires dont son affublés les ouvrages de Philon préviennent le lecteur et le paralysent plus ou moins consciemment. Les seuls titres convenables devraient se borner à énoncer le lemme correspondant au développement, *«Noé commença d'être cultivateur — Noé planta vigne»*. On saurait immédiatement que tout relève d'abord de l'Écriture; on ne chercherait pas l'évidence d'une dissertation : le *Quod Deus sit immutabilis* perdrait sa thèse latine et il pourrait être sans dommage rabouté au *De gigantibus*, dont le titre, proprement biblique, semblait l'éloigner comme d'un genre littéraire étranger. La division scolaire, *Ivresse - Sobriété*, qui réunit les deux ouvrages suivants, nous égare peut-être, elle aussi, et, par ricochet, notre lecture du *De plantatione*.

Mais laissons en suspens cette première question, dont l'analyse doit permettre une approche nouvelle. Une seconde question vient compliquer encore la tâche du commentateur de Philon : existe-t-il une relation entre les deux parties du dit *De plantatione* ? Le thème de la «Vigne» est tout de suite annexé au profit du débat philosophique, l'ivresse du sage, lieu-commun s'il en est à l'époque, et nous sommes plus ou moins renvoyés aux ouvrages suivants par la seconde partie du *De plantatione* (ses § 140-177). Le thème de la «plantation» forme-t-il donc, avec la première partie (§ 2-139), une sorte de traité indépendant, qu'on pourrait rendre un jour à son indépendance, soit en admettant la théorie facile des exégèses philoniennes conçues en forme de *Quæstiones-Solutiones* autonomes, soit en coupant le *De plantatione* pour rattacher ses § 140-177 au *De ebrietate* ou même au complexe formé par le *De ebrietate* et le *De sobrietate* ? La réponse donnée par Jean Pouilloux, en introduction au *De plantatione*, dans l'édition de Lyon, est optimiste : le *De plantatione*, tel qu'il est dans la tradition, se trouve bien placé, à mi-chemin entre le *De agricultura* et le *De ebrietate* : d'abord, constructif à l'instar du premier, il devient titubant comme le second. En bon rhétoricien, Philon aurait ainsi mimé le contenu de son allégorie, tel qu'il est réparti sur les trois ouvrages. L'intuition nous paraît juste, mais sa justification, trop lâche. Il incombe au commentateur de Philon de préciser cette rhétorique de l'Alexandrin et d'examiner s'il a tissé des liens plus déterminés d'une section à l'autre. Ajoutons que nous ne parviendrons pas à une solution parfaitement définie...

Il faut pourtant procéder de façon organique. Nous progresserons comme Philon, par unité exégétique. En manifester la composition reviendra nécessairement à justifier ou à infirmer ses relations extérieures. Nous venons de voir comment les deux mots du lemme, se trouvaient réunis, dans le *De agricultura* par le thème de la Division — *«agriculteur»* et *«commencer»*. Le *De plantatione* semble à son tour juxtaposer deux mots étrangers, *«planter»* et *«ivresse»*, et cela dans un déséquilibre qui rappelle celui du *De agricultura*, puisque, là comme ici, le second des deux termes considérés reçoit un développement sensiblement inférieur : peut-être ce nouveau déséquilibre est-il également compensé ici,comme il l'était alors ?

Enfin, il faut placer dans les observations préliminaires que le second développement part bien du nom de la *«vigne»* (§ 140-177), mais qu'il ne parle pas exactement de la vigne : c'est le fruit de la vigne qui devient le sujet du discours, et même le fruit du fruit de la vigne, pour ainsi dire, puisqu'il s'agit en fait de l'*«ivresse de vin»*. Négligemment, le § 141 nous suggère qu'on connaîtra mieux la nature d'une chose par ses effets, en remontant donc vers la cause [1]. Lisant le Texte de la *Genèse*, ch. 9, v. 20-21, *«Noé commença d'être cultivateur de la terre, et il planta la vigne, et il but du vin et fut ivre»*, Philon ressaisit tous les fils de son exposé, dans le § 140 de notre *De plantatione*, comme s'il repartait du début même du *De agricultura*; et il omet pourtant le mot central, celui qui devrait gouverner toute l'exégèse, à savoir la «vigne». Il lui substitue par une lecture qui anticipe d'un verset sur l'autre, le résultat de la plantation de vigne, à savoir les mots *«il but et il fut ivre»*. Cette dernière proposition est en elle-même double, boisson et ivresse. D'où la question surgit, au § 142, de l'ambiguïté : *«le fait d'ivresse est double : l'un* (c'est à dire boire) *équivaut à 'être pris de vin' et l'autre* (c'est à dire s'enivrer), *à 'délirer de vin'»*. C'est la redondance apparente du Texte biblique qui lance en réalité la question philosophique d'école, sur l'opportunité de l'ivresse dans le sage (§ 142-177, pour nous en tenir au *De plantatione*). Nous verrons alors que la «vigne», négligée ici comme ailleurs, permet cependant une essentielle «division» dans le discernement qui fait le sage; et que le *De agricultura* continue donc à régner sur cette seconde partie du *De plantatione*, d'où il semblait trop éloigné. Nous verrons aussi que la première partie de ce *De plantatione* (§ 2-139), qui célèbre le *«Plant»* supérieur et son *«planteur»*, est en fait une célébration de la «vigne», traitée ailleurs par prétérition... Après la Création, qui est la première plantation, Philon rappelle qu'Israël fut ramené d'Exil et *«replanté»* : le passage du Cantique de Moïse, en *Exode*, ch. 15, v. 17-18, amorce la métaphore célèbre que le prophète *Isaïe*, ch. 5, par exemple, commencera de filer, en spécifiant qu'Israël est la Vigne du Seigneur. Or, Philon renvoie à ce passage d'*Isaïe* dans le *De somniis*, II, § 175 : c'est un développement qui soutiendrait volontiers en raccourci tout ce qui est déployé dans la série du *De plan-*

1. La *«vigne»* n'est pas tellement évoquée dans le commentaire de Philon consacré à Noé, pas plus que le Déluge. Si l'on excepte les citations mêmes du Texte de la *Genèse*, qui figurent au début des traités concernés ou des «chapitres», il reste dans l'exégèse proprement dite ceci, sauf erreur : *De agricultura*, par. 148, 149, 157, 166 ; *De plantatione*, par. 32 et 71 (deux listes, d'ailleurs, qui ne précisent rien sur la nature de la vigne) ; *De ebrietate*, par. 222-224 (c'est une conclusion, et péjorative de ton). On ajoutera ce qui est dit de la Vigne dans le *Quod Deus*, par. 94, 96, 145, 154 (avec une valeur positive exaltée, nous l'avons vu en son temps); et dans le *De somniis*, II, par. 155-204 (ambivalence de la vigne, suivant une division logique obtenue à partir de l'ambiguïté du personnage de Joseph, et non plus de Noé).

tatione — *De ebrietate* - *De sobrietate*. Tout se passe comme si Philon, logique jusqu'au bout dans sa conception des deux Triades, refusait ici de montrer la *«Vigne»* dans un état trop parfait de l'âme, l'état présupposé par un *«Israël - Voyant Dieu»*; ou donc comme s'il reportait, pour cette raison ou du moins pour un autre motif qui nous échappe et que nous devons réserver, le thème de l'excellence de la Vigne jusqu'au commentaire du verbe *«planter»*; et comme s'il sublimait tellement la Plantation que Noé ne puisse plus en être l'acteur véritable, mais bien Dieu Lui-même, puis Abraham, puis les fils de Jacob devenant Israël (§ 2-138); et comme si, par conséquent, la première partie du *De plantatione* montrait en filigrane cette Vigne : on y parle de la *«jubilation»* issue d'une mystérieuse boisson d'ivresse (§ 38-39), à propos du Jardin premier de l'*«Éden, c'est à dire Délices»*. Cette exaltation discrète de la Vigne fournit un repère qui permettra ensuite au lecteur de Philon d'approuver la doctrine du plus sage des philosophes, Moïse, lorsqu'il stigmatisera l'usage d'un vin nocif : ce sera la tâche du *De ebrietate* [1]. Cette fois, il faut faire appel à ce qui suit le *De plantatione* pour en équilibrer le projet. Disons au moins que le *De ebrietate* n'est pas écarté du rythme général de l'histoire de la vigne ou du vin produit par Noé — une histoire complexe, et non pas seulement un thème philosophique de l'école.

Voici maintenant le plan du traité *De plantatione*. Il est assorti de remarques destinées à en marquer la cohérence interne. Une paraphrase judicieuse vaut bien un pesant commentaire, et plût au Ciel que tous les commentaires soient de bonnes paraphrases...

---

1. En dépit de l'annonce (par. 4, puis 5, et à nouveau, par. 6), Philon a considéré seulement les perversions, dans le *De ebrietate*, tel que nous le lisons. Ce *De ebrietate* est-il achevé ? Des cinq effets nettement déclarés par Moïse dans l'usage du vin, trois sont largement exposés : le *«délire»* (par. 11b153), puis l'*«insensibilité»* de la brute (par. 154-205), et l'*«insatiabilité»* du désir (par. 204-fin). La *«nudité»*, négligée, a cependant reçu un début d'interprétation symbolique, en tête du discours (par. 6b-10), et l'on peut admettre que cela suffit. Il reste en souffrance le seul effet positif de l'ébriété, une certaine *«euphorie»*, ou la joie. Philon en parlait-il ? La toute dernière phrase du par. 224 de ce *De ebrietate* pourrait-elle ouvrir une nouvelle exégèse ? Philon refusait-il provisoirement la joie au personnage de Noé ? Et, dans ce cas, se contentait-il, par exemple, des par. 167-170 du *De plantatione*, sur le sujet ? Nous essayons d'apporter ici les données de la logique propre de Philon, à partir des conclusions que nous ont permises les analyses précédentes : cette logique, par exemple, la proportion accordée à l'achèvement du Sage, suivant qu'il s'agit de la première Triade ou de la seconde, est philonienne, et elle peut surprendre ou dérouter la nôtre, mais c'est elle qui doit nous guider vers les solutions probables, quand il est question de l'intégrité d'un ouvrage.

Le *De plantatione* comprend deux parties. La première (§ 1 – 138) commente le verbe *«(Noé) planta»*, et cela en trois étapes de valeur décroissante : Dieu plante; Abraham plante; et nous-mêmes, nous sommes appelés à planter.

PREMIÈRE PARTIE: *«IL PLANTA»* (§ 2 – 138)

• Dieu, *«Planteur»* du Monde (§ 2-72) :

1) Le macrocosme a pour *«fondement – racine»* le Logos. Et l'Arbre du Monde se déploie paradoxalement. Philon combine la lecture du *Timée* et celle du ch. 1 de la *Genèse* [1].

L'homme est tiré *«vers le haut»* (les § 16-27 exploitent ce thème unique) : le *«Souffle»*, identifié au Logos ici, attire l'âme vers le haut, de sorte que le Logos, *«racine»* de tout, soit aussi le sommet de toutes choses et leur terme – en Moïse et Beçaléel.

2) Le microcosme qui est l'homme (Philon obéit au double récit de la Création de l'homme en *Genèse*) est lui aussi *«planté»* d'arbres merveilleux; le Jardin d'Éden les réunit (les § 28-45 suivent mot à mot le ch. 2 de la *Genèse*).

3) Passons de l'«homme» à Israël : Création et Exode sont enchaînés : ce rapprochement est tout à fait conforme à l'expérience biblique, rapprochant Création et Salut. Philon omet volontairement les générations intermédiaires, et spécialement l'histoire de Noé : le § 43 abaisse l'arche par rapport au Jardin d'Éden. Philon sublime la Vigne, oubliant celle de Noé, avons-nous dit.

Le ch. 3 de la *Genèse* se trouve résumé au § 46, où Philon rappelle l'exil d'Adam. Et c'est pour évoquer par glissement immédiat le retour d'Exil, grâce au thème de la *«plantation»* : Moïse prie Dieu de *«planter Israël»*. Le texte d'*Exode*, ch. 15, v. 17-18, va être commenté mot à mot (§ 49-72). Une belle dialectique nous fait alors passer d'une vue où Israël est le *«lot»* de Dieu (§ 54-59) à la vue adverse, où c'est Dieu qui se fait le *«Lot»* d'Israël (§ 62-72). La dite dialectique du *«lot»* - héritage se voit d'ailleurs combinée avec le thème du *«roi»* (les § 55-57 riment avec les § 67-72, sous ce rapport, également).

---

1. Par exemple, le par. 15 suppose qu'on se souvienne de l'expression-refrain, *«produisant du fruit selon son espèce»*, qui scande la création des plantes en *Genèse*, ch. 1.

Notons que la première section, des § 2 à 27, court rapidement de la *Genèse* à l'*Exode*, du même mouvement que le «chapitre» tout entier, des § 2 à 72 :

Ce saut répété à l'échelle de deux cellules montre bien que les textes-relais ne sont pas de simples preuves.

• Abraham et le modèle de la *«plantation»* (§ 73-93)

Le Texte de *Genèse*, ch. 21, v. 33, *«(Abraham) planta un arpent vers le Puits du Serment et il appela le Nom du Seigneur : Dieu Éternel»*, sera paraphrasé selon l'image de la plantation : arbre, champ, fruit. On observe que le commentaire fait de plus en plus corps avec l'Écriture. Les § 2-27 ne donnaient pas de citation; les § 28-45 en venaient à la citation; les § 46-72 déployaient une exégèse pas à pas, comme nos § 73-93. L'allégorie suit donc maintenant le détail du Texte-relais, dont voici les éléments :

1) *«L'arpent»* ne symbolise pas le sol, comme on aurait pu s'y attendre, mais l'*«arbre»*, la plante même de vérité, car l'*ἄρουρα* est une surface de 100 coudées par 100 coudées, chiffre de la perfection qui reconnaît à Dieu le commencement et la fin de toutes choses (§ 75-77).

2) *«le Puits du Serment»* symbolise le sol idéal pour cette plante. Grâce au Texte-frère sur le Puits de Jacob, en *Genèse*, ch. 26, v. 32-33, il signifie le désistement de l'homme. On voit que cette conclusion d'humilité confirme celle du § 77, l'exégèse précédente.

3) *«il appela le Nom du Seigneur : Dieu Éternel»*, tel est le *«fruit»*. Ici, Philon donne la théorie des deux Puissances, *«Seigneur — Dieu»*, avec sa dialectique, qui est de reconduire la première à la seconde comme Cause de la Création et donc comme sa Fin. Une autre citation du cycle de Jacob (*Genèse*, ch. 28, v. 21) permet à Philon de rapprocher une nouvelle fois Abraham et Ja-

1. Théorie qui consiste moins dans un tableau étageant les diverses Puissances, lequel tableau est toujours tributaire du contexte exégétique et ne renvoie pas à une Gnose quelconque, chez Philon, que dans un rapport vraiment dialectique d'une Puissance à l'autre, un mouvement.

cob, les deux héros de la seconde Triade qui ont en commun la recherche, l'effort et tout ce qui désigne les commencements et l'exercice, distingués de la jouissance de la Fin, apanage d'Isaac. Nous restons plus haut que Noé, mais en-deçà de la perfection dernière, tout de même [1]. En tout cas cette exégèse (§ 85-93) recoupe ainsi la précédente, grâce au même couple d'Abraham et Jacob. Elle répète autrement la leçon des deux exégèses précédentes : la Cause de tout bien dans l'âme est Dieu, et non pas l'âme. C'est maintenant un aspect positif de ce désistement qui est mis en relief. Et le *«fruit»* premier est donc de connaître *«Dieu»* et son œuvre de Création. La Fin rejoint le Commencement. Le *«fruit»* justifie l'*«arbre»* : les § 75-77 spéculent sur l'arbre, exalté par le chiffre parfait, cent coudées en tous sens, et ils disaient que c'était là une célébration en Dieu du commencement et de la Fin. Passer de *«Seigneur»* à *«Dieu»*, c'est ramener la Fin au Commencement; célébrer le seul Créateur, dans le Principe même de la Création, visé par la Puissance majeure du Θεός.

Ainsi, les § 73-93 vont de la *«plante»* au *«fruit»* en donnant ce parcours pour idéal, du commencement à la Fin : la Fin étant comprise dans le seul «arbre», déjà (§ 77). Et donc cette section médiane de la première partie du *De plantatione* fournit une réponse optimiste à l'impossible jonction de la Fin et du commencement, telle que la seconde partie du *De agricultura* la présentait (§ 124-181, exégèse du verbe *«il commença»*) :

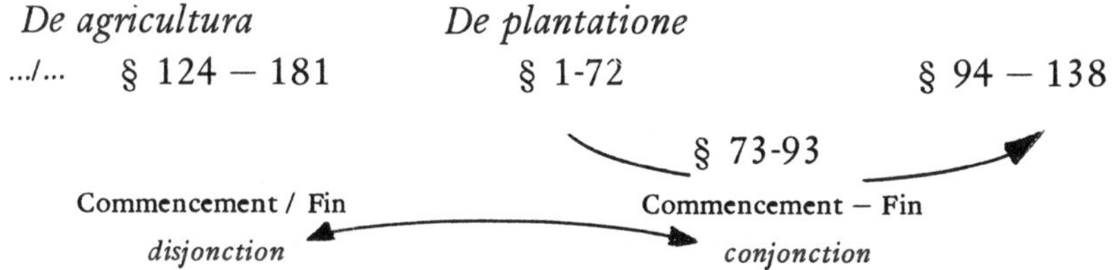

Ce type de relation entre les «chapitres» ou les livres de Philon n'a rien ni de mystérieux ni d'unique. Toute rhétorique en use, peu ou prou. Les observer contraint le lecteur à se défaire des titres généraux et à toujours faire confiance à Philon, en tenant pour premier repère son exégèse et non la philosophie qu'on lui prête : elle existe, mais plus incorporée à l'exégèse que la scolastique rapportée dont on l'affuble.

1. C'est sans doute la raison pour laquelle Philon a insisté naguère pour que l'élévation de l'âme soit figurée par Moïse, mais aussi par Beçaléel, qui reste inférieur à Moïse (par. 26-27).

Voici maintenant le troisième stade de la *«plantation»*, et là encore Philon confie le commentaire à un Texte-relais.

• Nous-mêmes et la pratique de la *«plantation»* (§ 94-138) :

Tout d'abord, on traduira exactement le § 94, *«Le Logos sacré veut que, nous aussi, qui ne sommes pas encore dans la perfection... nous mettions tout notre effort à l'agriculture»*. Après l'idéal, après Abraham, le modèle déjà plus proche, voici la pratique de l'homme.

Là encore, le commentaire est ouvert par la mémoire d'un Texte différent, celui du *Lévitique*, ch. 19, v. 23-25, qui dit ceci : *«Lorsque vous entrerez vers la terre que le Seigneur, votre Dieu, vous donne, vous planterez aussi tout bois de nourriture : vous purifierez son impureté ; le fruit, trois ans durant, sera non purifié : il ne servira pas de nourriture, mais, la quatrième année, son fruit sera saint, loué par le Seigneur»*.

Et voici la répartition du lemme au cours du «chapitre» philonien :

1) *«Lorsque vous entrerez»* (et non pas : Lorsque vous serez entrés, car il s'agit d'une action qui en est à ses débuts, comme on peut le voir d'après le § 99) : l'âme qui commence, commence par échanger la forêt des arbres sauvages pour une espérance d'arbres à fruit (§ 96-98).

2) *«vous purifierez son impureté»* — c'est le temps intermédiaire qui est maintenant envisagé, un peu à la manière des paraboles de l'Ivraie, dans les Évangiles, mais d'un point de vue opposé : Philon veut nettoyer au lieu de ménager. L'Évangile laisse pousser les mauvaises plantes au milieu du blé jusquà la moisson, alors que Philon souhaite intervenir tout de suite. Pour cela, il prend alors trois «lieux» moraux, et il montre comment l'on doit surveiller l'intention, derrière l'action :

a.- restituer un dépôt, pour gagner la confiance et soit en abuser demain, soit restituer (§ 101-103 — il y a un développement semblable dans le *Quod Deus*, § 101, et voir le *De Cherubim*, § 14) ?

b.- aimer avec intérêt ou sans concession (§ 104-106) ?

c.- pratiquer le culte avec hypocrisie, ou avec sincérité (§ 107-109) ?

La critique de l'apparence tend à mettre tout au clair et tout de suite. Jusque là il s'agit de l'homme ordinaire, celui qui peut tout au plus se laisser *«enseigner»* par les maîtres, tel cet Abraham des § 73-93. Maintenant, la perfection plus haute est symbolisée en deux figures, Jacob devant les troupeaux de Laban, et la Loi sur la lèpre (§ 110-11 — voir dans le *Quod Deus*, la section des § 122-139).

Jacob : on note que Jacob est ici désigné par le blason ordinairement réservé à Isaac — *αὐτοδίδακτος τῇ φύσει* (§ 110). Ce n'est pas une distraction de Philon. Il donne ici de l'épisode de l'accouplement des brebis de Laban une interprétation paradoxale. Dans la *Genèse,* Jacob cherche à ruser : il souhaite obtenir des bêtes à la toison bigarrée, et Philon affirme le contraire. Il faut sans doute comprendre ceci : les bêtes, qu'il s'agisse du troupeau de Laban ou du même troupeau de Laban mais passant à Jacob, représentent dans l'allégorie les passions animales en l'homme. Agissant sur elles, Jacob pourrait s'y perdre, à moins que son geste ne conjure la perversité animale. Il corrige la bigarrure de ses brebis au moment même où il la provoque, par ce qu'il est, un pur, un *simple*, éloigné de toute variation ou bigarrure. Lui, il domine donc le troupeau, et il réalise un degré supérieur de perfection, par rapport aux âmes précédentes. Là où elles tentaient de purifier une donnée de valeur ambiguë, lui, il se situe d'emblée dans la pureté et il la communique. Jacob est près d'Isaac.

De même, le lépreux, celui qui est uniformément recouvert de lèpre, est-il dans la vérité pure, en dépit du sens commun. Ces § 110-111 subliment donc la purification.

3) *«Le fruit, trois ans durant, sera non purifié»* : Philon aborde ici une considération sur les *nombres*. Avec elle, nous irons jusqu'à la fin de la première partie du *De plantatione*. Les § 112-116 prennent le chiffre des *«trois années»* de délai. Philon y révèle involontairement sa manière de lire les phrases bibliques : on peut en faire glisser la syntaxe (§ 113). Les subtilités qui suivent (§ 114-116) ne sont pas simple jeu sophistique ni surtout exposition immobile. Les quatre hypothèses [1]

1. Elles forment un chiasme. La première branche de la première hypothèse de lecture pose déjà l'éternité du fruit, comme le fera la seconde branche de la seconde hypothèse — les extrêmes se répondent (le par. 114a annonce le par. 115b); dans l'intervalle, la perspective du mal est deux fois énoncée, dans les hypothèses médianes (par. 114b - 115a).

que la division en deux lectures autorise sont en progrès l'une sur l'autre, et elles conduisent Philon à opter pour la plus belle, la plus épurée, *«c'est le fruit de l'éducation»* lui-même *«en ses trois ans, c'est à dire en la triple mesure du temps, c'est à dire encore la pure éternité, qui est le plus purifié et le plus brillant : bains, lustrations ou tout ce qui tend à la purification lui restent définitivement inutiles»* (§ 116). Peut-être faut-il aussi voir dans ce détour effectué par les moments du temps et par l'Éternité, une allusion à la complétude de la Triade, Abraham, Isaac, Jacob, dans son rapport interne au personnage central et surplombant, Isaac. Dans ce sens, la section des § 112-116 tiendrait le «milieu» théorique pour l'ensemble des § 94-138. L'échappée vers la perfection équilibrerait le tout : Philon nous ferait bénéficier du paradoxe offert par ce lépreux totalement blanchi, de lèpre et de grâce à la fois, ou d'un Jacob achevé, exempt de toute variation, au moment précis où il la pose et la crée (§ 110). Cohérence et ordre dans ce mouvement d'un «chapitre».

4) *«Mais, la quatrième année, son fruit sera saint»* : Sur la lancée des nombres, le *«quatre»* reçoit maintenant son symbolisme. Les § 117-125 disent sa dignité : c'est au quatrième Jour de la Création que Dieu fit les astres, dont les révolutions ont donné à l'âme la science même du Nombre et des mesures du temps. Cette vérité physique recoupe la vérité d'ordre mathématique, puisque le nombre 4 contient en puissance tous ceux de la Décade. Philon met ici le sceau aux considérations précédentes sur la perfection. Enfin, ajoutons que le nombre 4 marque l'héritier de la Promesse parmi les fils de Jacob-Israël, c'est à dire Juda. Philon, par exemple dans son *De Josepho*, souligne cette valeur et de Juda et du nombre parfait, quatre. Or, ici même, le Texte du *Lévitique*, soigneusement adopté par l'allégorie méthodique de Philon, va nous parler de *«louange»*, ce qui est la traduction du nom même de Juda, lequel sera effectivement nommé par Philon (§ 136), dans un contexte de considération sur les nombres, également. On ne va d'ailleurs pas se précipiter sur ce Juda ou sur l'harmonie qu'il procure à l'exégèse et plutôt au phrasé du *Lévitique*. On ira patiemment d'un sens à l'autre du verbe *«sera loué du Seigneur»*, que nous abordons ensuite.

5) *«(son fruit) sera loué du Seigneur»* : les § 126-129 montrent bien la subtile habitude de Philon. Du Texte biblique, selon lequel Philon veut entendre que le fruit de l'âme *«est loué par le Seigneur»*, un apologue tout profane va permettre de donner une suite harmonique de significations. Trois positions de la *«louange»* vont jouer entre elles. Au début, un témoin des œuvres de Dieu s'écrie : *«Tout est totalement achevé et plein : il n'y faut plus désirer qu'une seule chose, le discours qui en serait l'Éloge»* (§ 128a). Ici, c'est ou le témoin ou la créature qui doit donner la louange, comme on s'y attend.

Mais, aussi poliment que dans un conte des *Mille et une nuits*, voici que Dieu, le Créateur loue la réponse du témoin : *«Ce qu'entendant, le Père de toutes choses loua le propos...»* [1]. La louange est louée.

Or, au milieu, l'apologue fait passer la louange par sa propre absence, pourrait-on dire (et c'est cela le ressort dialectique). Le témoin précise qu'il ne s'agit pas tant de surajouter la louange que de décrire simplement l'œuvre. La réversibilité du concept de louange est ainsi posée, par ce triple regard. Et elle permet à Philon de nous conduire d'une lecture objective du lemme, *«le fruit est loué par Dieu»*, à une lecture subjective, *«une seule chose nous revient.... l'action de grâces»* (§ 131). La louange du Seigneur n'est plus Son fait, mais le nôtre.

À son tour, cette nouvelle traduction de la louange par *«action de grâces»* de la part de l'homme, porte une intention, avec son utilité dynamique. Philon va de nouveau syncoper l'Homme et Israël. Cet apologue du témoin profane de la Création articulant ou souhaitant une Louange en forme, cèdera la place aux nativités nombrées et dominées par Juda, le fils de *«louange»* et le *«quatrième»*, dans la famille de Jacob. Par Israël en Juda, la louange trouvera sa façon d'achever la Création, au moyen d'un retour désintéressé.

1. Subtilité oblige : on peut ajouter que la louange de Dieu s'adresse à un discours de louange, un Éloge, qui n'a pas encore été prononcé : la louange reste attendue, et Dieu promet, à la fin seulement, la naissance des arts, et donc de la Poésie, de l'Éloquence, maîtresses de l'Éloge. La promesse de Dieu, d'ailleurs, reproduit la subtilité du témoin : les Muses n'ajouteront rien à la Nature, mais elles la diront, en faisant *«mémoire et monument»*.

La divine *«Plantation»* sera donc achevée par la *«louange»*, et là-dessus sera close la première partie du *De plantatione*. Pour le moment, Philon suit toujours le Texte-relais de son *Lévitique*, d'autant plus volontiers, sans doute, que les chiffres suivent eux-mêmes les chiffres : voici *«cinq»*, après *«trois»* et notre *«quatre»*.

6) *«Dans la cinquième année, mangez le fruit»* : l'allégorie du nombre *«cinq»* se développe en trois étapes.

• Qui dit *«cinq»*, énonce d'abord un rapport : le cinquième est après le quatrième... Évidence de la série, mais elle rappelle que la créature passe après le Créateur, établi plus directement dans le *«Quatre»*, siège de la *«louange»*. On observera que Philon évite de distinguer le «cinq» par un examen de sa valeur intrinsèque : il le garde, relié au «quatre», comme un après à un avant.

• Qui dit *«cinq»*, évoque spontanément les *«cinq sens»* (§ 133). Philon insistera sur le sens du *«toucher»*, qui dissocie le rude et le *«lisse»*. Pourquoi ? Parce qu'avec ce *«lisse»*, nous songeons à Lia, aussi *«lisse»* que Jacob est *«simple»* (on se souviendra ici de cette simplicité de Jacob, capable de lui faire frôler la perfection d'un Isaac : il sublime la variation du multiple, au moment où il la crée... — ci-dessus, § 110), ou qu'il est lui-même *«lisse»*, comparé à son frère, Ésaü le *«velu»*. Or, Lia sera mère de quatre fils, tout d'abord : et c'est Juda, le quatrième. Il marque justement non seulement la perfection de la *«Louange»*, puisque son nom signifie cela, mais, de plus, le caractère indépassable de cette perfection : en effet, après la nativité de Juda, Lia n'enfante plus (*Genèse*, ch. 29, v. 35). En fait, un jeu de scène souligne le miracle ultérieur : Lia enfante un *«cinquième»* fils... Il a nom Issachar.

Le nom va provoquer une troisième exégèse du *«cinq»* : elle servira de *strette* à l'ensemble. Le lecteur jugera par là de la cohérence même de Philon [1].

• Qui dit *«cinq»*, enfin, rappelle ce couple étrange d'un cinquième fils, survenant après la pause définitive du quatrième. D'où la connivence des deux fils, de leurs significations allégoriques, *«Juda, louange — Issachar, salaire»* [2]. Ces équivalences permettent d'é-

1. Le nom de Juda est d'abord traduit par *«confession»*, comme souvent chez Philon; mais il glisse ensuite vers un sens plus spécifique, celui de l'*«action de grâces»*, ce qui permet à Philon d'opérer la synthèse des diverses propositions du lemme.

2. Sur le jeu qui existe entre Juda et Issachar, voir aussi *Legum allegoriae*, I, par. 79-84.

laborer le discours suivant. Lia s'est vraiment arrêtée de concevoir, *«comme elle n'avait plus la possibilité d'avancer, parvenue qu'elle était à la limite de la perfection»*, le personnage de Juda incarnant cette limite de *«louange»*, un terme indépassable. Si Lia a vraiment cessé d'enfanter, c'est que le «cinquième» ne fait pas vraiment nombre avec le quatrième : l'*Issachar-Salaire* ne s'ajoute pas à Juda; il en reste l'écho intérieur. Plus précisément, Philon le donnera comme la figure de la «louange» en tant que retournée gracieusement par Dieu vers l'homme. Rendre grâces, mouvement de bas en haut, de l'homme vers la Divinité, équivaut à recevoir la plus belle récompense, de haut en bas, revenant de Dieu à l'homme (§ 136b).

Cette arithmétique a présidé à l'exégèse précédente, celle qui traitait de la «louange» pour elle-même, avec le seul Juda comme son expression finale. Déjà, on y parlait d'un «Éloge», à la fois souhaitable et inutile ou du moins incapable de s'ajouter vraiment à l'œuvre de Dieu; Dieu y parlait à son tour d'une épanouissement des arts, lequel n'ajouterait rien non plus à la Nature. En un autre sens, donc, la discussion sur le nombre «quatre» précontenait l'idée d'un écho, d'une doublure, d'une quotité ne faisant pourtant pas nombre. Ainsi, la suite des allégories se soumet à une dialectique commune, de l'une à l'autre, loin de s'égrener au hasard. Si bien, même, que le dernier élément du Texte-relais va profiter encore de l'arithmétique-paradoxe des filiations patriarcales.

7) *«Je suis le Seigneur votre Dieu»* : Le Texte semblait accorder à l'homme la possession des fruits, au bout du délai de quatre années. Mais la phrase suivante du même Texte rapporte tout au seul Dieu : pour Philon, comme il arrive souvent, une proposition de l'Écriture revient sur la précédente [1], même si le contenu semble tout nouveau, voire hétérogène. Ici, la revendication suprême de l'autorité divine vient se superposer à la relative autonomie concédée au cultivateur, juste avant : comme le «cinquième» ne fait pas nombre avec le «quatrième», de la même manière ici, la possession par l'homme ne prive pas Dieu de son titre majeur de possession. Notons que cette nouvelle application de la mathématique paradoxale renverse le mouvement précédent : Dieu retournait à l'homme sa louange en salaire; voici que l'homme retourne à Dieu sa propriété.

L'argument de l'allégorie est ici la forme de la clausule, *«Je suis...»*. Le Texte ne dit pas, comme on pourrait le trouver plus naturel, dans ce contexte de louange où l'homme remonte à Dieu : Tu es le Seigneur, notre Dieu, mais, mise à la première personne, *«Je suis le*

1. C'est le principe exégétique de Philon que j'appelle de la «redondance».

Seigneur votre Dieu». D'où la simple conclusion, prise à *Osée*, ch. 14, v. 9-10, *«C'est à partir de Moi que ton fruit sera trouvé. Quel sage comprendra également cela ? L'homme d'intelligence connaîtra également cela» - «Il n'appartient pas à tout sage de connaître Qui possède le fruit de la pensée»*. Ici, la phrase de Philon semble tourner court. On attendrait un commentaire expliquant ce qu'il faut entendre par ce sage particulier, appelé *«homme d'intelligence»* — *συνετός*, seul capable de la juste et définitive reconnaissance. Peut-être faut-il deviner à cet endroit une lacune du texte reçu ?

À ce point délicat, nous rejoignons les questions initiales, touchant la division des traités de Philon sur la plantation par Noé de la Vigne. Au terme de la première partie du *De plantatione*, nous constatons un flottement. Au début de la seconde partie (§ 139), de même, le résumé rappelant en principe tout ce qui précède flotte à nouveau, au moment précis où Philon en arrive au commentaire touchant le nombre *«quatre»*. Il faut nous y arrêter.

Lacune, soudure, continuité ?...

Les éditeurs de Philon ont achoppé, au § 139, sur le troisième élément de l'énumération proposée. Philon rappelle qu'il a parlé de la divine Plantation, d'abord; puis de la plantation d'Abraham, l'*ἀστεῖος*; et enfin, il apporte des § 94-138 le résumé suivant : *καὶ περὶ τῆς φερομένης τετράδος τῶν ἄθλων καὶ ἃ κατὰ προστάξεις καὶ ὑφηγήσεις νόμων συνεκροτεῖτο*... Le deuxième *καί* est embarrassant, et Wendland le supprime, comme la traduction de J.Pouilloux, sinon le texte mis en regard. Colson propose diverses solutions. De fait, la syntaxe du § 139 est quelque part fautive. Notons d'abord que Philon propose comme essentielle à la troisième section (nos § 94-138) l'exégèse des nombres, même s'il n'en retient légitimement que le nombre «quatre», puisque le «trois» et le «cinq» gravitent en réalité autour du «quatre», comme nous l'avons répété. Notons ensuite que les *«récompenses»* traduisent ici les fruits, c'est à dire la perfection de la Plante, et que cette traduction est légitime, tout aussi bien. Reste *«l'assemblage (de récompenses) qu'ont forgé commandements et conseils»*. Est-ce une formule emphatique, destinée pourtant à résumer sans plus le commentaire donné par Philon à la *prescription légale* qui réglemente la récolte des fruits, c'est à dire en gros le Texte-relais du *Lévitique* dont les sept parties viennent d'être allégorisées ? Ou bien avons-nous dans ces mots le témoin d'un autre développement, lequel s'inscrirait entre le § 138 et le § 139 ? Philon y serait revenu sur le nombre «quatre». Ce retour n'est pas impossible, dans la mesure même où l'exégèse des nombres «trois, quatre, cinq» a été menée déjà de façon cohérente, dynamique, dialectique. Mais il serait chimérique de tenter la moindre restitution, ni du contenu, ni surtout du mouvement des paragraphes supposés manquants entre les § 138 et 139. D'autres exemples de valeurs numériques étaient-ils évoqués à partir de textes législatifs, qu'on peut imaginer pris à d'autres passages du *Lévitique* ? La redondance *«commandements et conseils»* pourrait rendre cet enchaînement vraisemblable, sans plus, car la phraséologie deutéronomique, en particulier, aime redoubler les mots techniques désignant la Loi. Nous restons en définitive sur une impression mitigée : il nous semble que les § 138-139 ont été retouchés, et qu'on peut admettre une lacune de quelques pages après le § 138.

Il faut observer enfin que Philon se souvient, dans le résumé fourni par le § 139, non seulement du *De plantatione*, mais encore du *De agricultura*. Il situe la culture de la vigne comme une *«partie de la φυτουργία*, ce qui est le sujet du *De plantatione*; mais il en parle aussi comme d'une *«partie de la γεωργία*, ce qui nous fait remonter jusqu'au *De agricultura* (le § 2 du *De plantatione* associait déjà les deux vocables, et c'est dans une introduction, également). Philon revient à la phrase biblique, *«(Noé) commença de cultiver la terre»*, au moment de commenter la phrase suivante, *«il planta vigne»* : on le voit répéter le verset en son entier, au § 140. Et Philon va remplacer *«il planta la vigne»* par les mots suivants, encore, *«il but du vin et il s'enivra»*... C'est là le point délicat. En effet, les § 141-147 (ou encore au-delà, s'il faut envisager une autre lacune à la fin du notre *De plantatione*) vont passer sur la *«vigne»* pour considérer tout de suite l'*«ivresse»*. Philon se hâte : le § 141 indique sans ambiguïté l'opération effectuée par Philon, *«Ainsi donc, c'est la plante d'ivresse qu'élabore avec art et science le Juste, alors que les insensés lui fournissent des soins sans art ni harmonie : et il faut donc absolument enchaîner sur l'ivresse»*. Que se passe-t-il dans l'énoncé de ce programme ? Philon retrouve ici la «division» entre les bons et les mauvais métiers de la terre, celle qui remplissait la première partie du *De agricultura*. Or, c'est d'une longue division entre bonne et mauvaise ivresse que nous allons voir disserter.

On devine alors que la distinction scolaire des Traités de Philon concernant l'unique phrase de la *Genèse*, ch. 9, v. 20-21, ne fait qu'appuyer exagérément sur ce simples césures ou respirations du discours. Il n'y a pas vraiment de Traité sur l'Agriculture, ni sur la Plantation, ni encore moins sur l'Ivresse, ni encore encore moins sur la Sobriété. Un seul ouvrage va son chemin, du *De agricultura* au *De ebrietate*. Et nous laisserons même en dehors le dernier, le *De sobrietate*, en dépit de la joute rhétorique sur «ivresse et sobriété». Le *De sobrietate* s'intéresse sans doute en premier à la suite de l'histoire de Noé, et sur d'autres bases que l'opposition morale de la réserve à l'enthousiasme ou à l'ivresse. Dans son § 1, le *De sobrietate* rattache naturellement ce qu'il va dire à ce qu'il vient de dire, mais les § 2-5, éloge de la sobriété, ne semblent pas contrebalancer le contenu du *De ebrietate*, ni en quantité, cela est clair, mais ni par le style, les thèmes, pas même celui de l'abrutissement provoqué par l'ivresse, tel qu'il en est question dans les § 154-161 du *De ebrietate*. Il semble plutôt que Philon ait réparti toute la matière de l'énoncé biblique, «*(Noé) commença à être agriculteur : il planta la vigne, et il but du vin et il fut ivre*», selon un mode d'exposition qui ne se plie pas à l'alternance attendue *ébriété-sobriété*, entre autres régularités de type rhétorique et hellénisé. On peut alors admettre que le mouvement rapide et surprenant par lequel Philon superpose la «*vigne*» et l'«*ivresse*», au § 141, annonce et programme de la suite, ne fait en réalité qu'entériner l'anticipation à l'œuvre durant toute la première partie : il a en fait parlé de la «*vigne*», sans le dire explicitement. L'exégèse de la «*vigne*» est réalisée dans celle du «*Plant*» ; elle s'y coule, comme elle continuera silencieusement dans l'exégèse de l'«*ivresse*», même. C'est que la Vigne ne représente rien de défini : comme origine du vin, elle se place en un lieu moral de l'ambivalence, et comme telle elle reste insaisissable. C'est sans doute la conclusion du *De ebrietate* qui nous fournit la clef. Philon y oppose les méchants, nantis de la «*vigne de Sodome*», d'après le poème du *Deutéronome*, ch. 32, v. 32-33, et les hommes qui recourent à Dieu : pour ces derniers, Dieu ne fera pas exactement pousser une bonne Vigne, qui prendrait l'antithèse de la vigne perfide de Sodome [1] ; mais Il fera profiter le sage d'autres «*arbres domestiques*» — ἀντὶ δὲ τούτων ἥμερα μὲν ταῖς ψυχαῖς ἡμῶν δένδρα τὰ παιδείας ὀρθῆς ἐμφυτεύσῃ ... (§ 224 et dernier). Philon renonce à chercher dans sa Bible une *bonne* Vigne, qu'il n'aurait pas beaucoup de peine à trouver. C'est qu'il ne veut pas de cette opposition. Du coup, nous pouvons comprendre que les «*arbres domestiques*» de la fin, substituts de la bonne Vigne, nous renvoient aux nobles plantations décrites dans la première partie du *De plantatione*. Ce sont eux qui précontenaient l'antidote de la *vigne de Sodome*.

Du même coup, si la fin du *De ebrietate* nous renvoie au commencement du *De plantatione*, cette inclusion équilibrée nous autorise à voir une unité d'exégèse : les mots «*il planta vigne; et il but du vin et fut ivre*» ont reçu leur commentaire.

Paradoxalement, on peut dire que l'unité du *De plantatione* ou la cohérence de ses deux parties inégales, sur les «plantations», et sur la question de l'«ivresse», bonne ou mauvaise, tient elle aussi à l'absence de commentaire propre du mot «*vigne*», ou plutôt à son

1. L'antithèse prévisible, vigne bonne et mauvaise, est évoquée dans le par. 223, mais le par. 224 et dernier dirige l'attention sur les autres plantations, plutôt que de désigner cette bonne vigne attendue.

remplacement, en aval et en amont, par l'*«ivresse»*, effet de la vigne et de son produit, le vin, et, de façon symétrique, par les belles *«plantes»*, qui sont l'antidote divin de la confusion.

Il est loisible de préciser, même. L'*«ivresse»* doit être discutée au cours d'un duel d'opinions contradictoires (*De plantatione*, aux § 142-177), avant que Moïse en permette d'approfondir les méfaits (§ 141b, annonçant le *De ebrietate*). Le tourbillon apporté par le débat contradictoire contraste utilement avec la belle ordonnance de la Création, telle que le début du *De plantatione* la proposait. Les § 1-26, qui interprètent la Plante universelle, ne sont pas un simple *excursus*[1], un raccourci scolaire du *Timée*, plus ou moins artificiellement logé. Ils établissent dans l'âme une image définitive de la solidité, soit la *«base»* même, les *«racines»* ou les fondations que tout esprit bien né cherche naturellement à s'assurer, comme le prétendra le § 7, afin que le Monde n'apparaisse pas *«fantomatique»* [2].

Cette discussion nous semble autoriser une triple conclusion, tressée en un seul raisonnement. Le *De plantatione* est un : il conduit le lecteur de la stabilité au tourbillon des *δόξαι*; et ses deux parties couvrent la place manquante d'un commentaire explicite de la *«vigne»*. Du même coup, la fin du *De ebrietate* marque le terme d'un ensemble exégétique, le commentaire de la phrase biblique, *«(Noé) planta vigne, et il but du vin, et il fut ivre»*.

De surcroît, si le *De plantatione* se trouve lié au *De agricultura*, ne fût-ce que par le jeu de la *division*, il faut dire qu'il s'en distingue et forme en lui-même puis avec le *De ebrietate*, une cellule autonome, puis un groupe naturel. Bref, il conviendrait de désigner ces trois ouvrages comme les trois «chapitres» d'un commentaire unique sur la *Vigne* de Noé.

Reprenons maintenant la lecture de notre *De plantatione*, en sa seconde partie, les § 140-177...

---

1. Encore D.T.Runia, avec persévérance, dans son *Philo of Alexandria and the Timaeus of Plato* (par exemple, suivant l'édition mécanographique, pages 117, 150, 194, 327, 335, *etc.*). Il parle même de *digression.* L'utilisation par Philon d'un *abstract* de Platon ne nous apprend encore rien sur le Traité où il prend place, et l'on peut signaler un rapprochement entre le début du *De ebrietate* et la *Lettre 3* de Platon (315c), sans avoir encore rien dit du *De ebrietate.*

2. Souvenir ? Dans le *Théétète*, 161e, ou dans le *Sophiste*, 263d, *«opinions»* se trouve associé à l'*«imaginaire»* ou fantasmatique.

Philon revient ici au lemme de base, pour enchaîner sur les mots nouveaux, *«(Noé) but du vin et il fut ivre»*. Il commence par transposer et aggraver quelque peu chacun des deux verbes : le premier, *καὶ ἔπιε τοῦ οἴνου*, devient, plus péjoratif et sommaire, *οἰνοῦσθαι* (§ 142), et le second, *ἐμεθύσθη*, devient *ληρεῖν ἐν οἴνῳ*.

DEUXIÈME PARTIE : *«IL BUT ET FUT IVRE»* (§ 139-fin)

Un *«préambule»* (§ 142-149) permet à Philon de montrer le cercle où nous entraîne cette nouvelle division. Qu'on rejette en bloc les deux participations au *«vin»*, et l'on est blasphémateur (§ 143), puisque le sage vit à une telle hauteur qu'il ne saurait souffrir dommage et ne risque rien (§ 144); pourtant, la ruine causée par le torrent risque aussi d'emporter les plus solidement établis (§ 144c). Il faut reprendre la question des effets du vin, mais du point de vue du sage, cette fois : s'il savait que le vin le fait chavirer, il n'en prendrait pas. Socrate, le Sage, sûr de lui sans doute, participait à des concours de beuverie (§ 145-147a), mais il reste que le vin pur est une mort assurée pour l'âme (§ 147b-148). Ce préambule toubillonnant, soufflant le chaud et le froid, aboutit à la position des deux thèses, dont nous avons dit quelle différence les séparait, en ce qui concerne le développement : la première, positive, occupe les § 148-174, alors que la seconde, négative, se contente, dans l'état actuel de notre texte, des derniers § 175-177...

- Première thèse : le sage *«s'enivrera»* sans dommage (§ 148-174)

1) Il faut d'abord refuser la division spécieuse proposée entre l'expression *«être pris de vin»* et *«être ivre»* (§ 150-155). Il faut donc aller jusqu'à l'ivresse, parlant du sage.

2) Cela posé, on fera un pas de plus (car les arguments, ne se succèdent pas ici, ils s'enchaînent) : le sage, qui s'enivrera, donc, reste sans faute. Car il faut distinguer la façon moderne de boire, et elle est désastreuse, de la façon antique, digne, pieuse : à preuve, le mot lui-même légué par les Anciens, s'il est vrai que *μεθύειν* dérive de *μετὰ θύειν*, l'*«après-sacrifice»* (§ 156-164).

3) Un troisième argument se présente, plus complexe que les premiers. Il se réfère, cette fois, au «contenu» de l'ivresse. La division était d'abord récusée entre *«être pris de vin»* et *«être ivre»*; elle redevenait opérante, ensuite, pour distinguer la mode antique et la façon moderne de s'enivrer : maintenant, Philon va composer, et nous aurons un jeu entre «division» et «non-division». En effet, *«i-*

vresse», en grec μέθη, symbolise la μέθεσις, soit la *«détente»*, et ce seul état de l'âme sera réalisé différemment, selon qu'on aura considéré l'âme du méchant ou celle du sage (§ 165). La division passe du concept de l'ivresse à ses suppôts (on retrouvera l'argument logique, plus loin, dans les § 171-172).

Pour l'instant, le Sage bénéficie d'une *«détente»* qui est apparentée à la *«Joie»* et se manifeste donc par la gaieté ou les jeux. En fond de tableau, nous devons apercevoir ici le personnage central d'Isaac, et, avec lui, nous trouver proches du Terme où tend la vie de l'âme (§ 167-170).

Philon boucle la division sur elle-même, pour ainsi dire : il attribue les mêmes effets à la *«tension»* qu'à la *«détente»* : le § 171 dit que l'état de *«tension»*, en grec ἐπιτείνειν, reste commun et unique, et que la division est à chercher dans les sujets : la distinction se fera à partir des natures, bonne ou mauvaise, qui se trouvent alors exaltées par ce dynamisme. Un chiasme élargi dessine l'ensemble suivant :

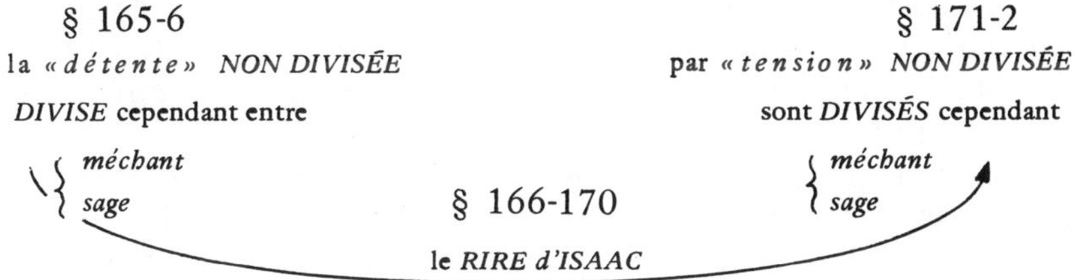

On notera l'atmosphère stoïcisante de tout le passage, jusqu'en ceci : au milieu de nos § 165-172, le § 169, qui offre le mot à mot de la *Genèse*, ch. 26, v. 1-8, l'aventure d'Abimélek et d'Isaac, réserve au seul *«roi»* l'intuition de l'accomplissement du jeu et de la Joie, de la Fin.

4) Enfin, une brève allusion aux auteurs de traités Περὶ μέθης est l'occasion de réaffirmer la thèse optimiste, *«le sage s'enivrera»*. Philon redit ici que la division est inopérante, entre *«être pris de vin»* et *«être ivre»*, comme on l'a vu à propos des § 150-155.

- Antithèse : le sage *«ne s'enivrera pas»* (§ 175-177...?)

L'argument du *«secret»* est donné comme décisif : personne ne confiera un secret à l'homme en état d'ivresse, et c'est donc que le sage, qui seul mérite la confiance d'un secret, ne s'enivre pas. Et cet argument est réfuté par l'absurde (l'on songera au parallèle de Sénèque, *Lettres*, 83, pour l'argument de Zénon et sa réfutation).

Nous restons en suspens. On peut se demander si l'éditeur de Philon, dans le siècle qui suivit leur parution, n'a pas été indisposé par les débats contradictoires : notre *De plantatione* aurait alors été privé de ce «chapitre», jugé inutile, comme le *De æternitate mundi* l'est aussi dans les mêmes passages.

CONCLUSION SUR LE *DE PLANTATIONE*

Pourtant, nous l'avons dit, la «censure» de l'éditeur a ici moins de conséquences : le *De ebrietate* vient tout de suite confirmer l'antithèse et montrer, non plus il est vrai par l'autorité des Philosophes, mais par celle du Philosophe suprême, Moïse, que l'*«ivresse»* conduit l'âme en présence de trois dangers redoutables. Nous avons dit que l'on gagnerait à considérer l'unité relative du *De plantatione* et du *De ebrietate*, laissant le *De sobrietate* à un nouveau destin : seul, le balancement rhétorique *Ivresse - Sobriété* nous fait associer les deux traités portant ces titres; mais il n'est pas plus effectif que la question d'école, *Le sage s'enivre-t-il ou non ?* Or, cette question a reçu son développement équilibré entre la seconde partie du *De plantatione* et le *De ebietate*. La «lacune» sans doute réelle à la fin de notre *De plantatione* en devient moins importante, car le défilé des opinions philosophiques pouvait très bien rester sommaire, résumé qu'il était dans le critère du *«secret»* commis (§ 175-177).

Cela dit, il faut rester prudent tout en formulant une observation objective : la seconde partie du *De plantatione* passe de la philosophie (§ 142-164) à l'Écriture (§ 165-177). Le passage est d'autant plus remarquable que l'Écriture alors invoquée nous transporte brusquement au terme de la vie spirituelle, par le biais d'Isaac, la *«joie»*. Mais cette rapide sublimation et l'échappée mystique qu'elle propose ne peuvent pas être clairement interprétées, si nous n'avons pas l'intégralité de l'ouvrage : sa structure définitive nous échappe. Disons seulement que seul le *«Roi»* véritable peut apercevoir le badinage, la folie, l'enthousiasme, l'ivresse mesurée du Sage (§ 169, centre de l'unité littéraire). Cette discrétion de la bonne *«ivresse»* préparait peut-être un coup de force de l'exégète. Peut-être Philon enlevait-il rapidement la discussion aux philosophes pour la confier à Moïse ? Le § 1 du *De ebrietate* ne permet pas de dire si l'ouvrage précédent laissait la parole aux deux chœurs des Philosophes de façon équitable ou non : Moïse vient maintenant les surclasser, et la discussion va prendre un autre tour, puisque ce Moïse semble avoir des critères différents et une sorte d'arbitraire, qui provoque la réflexion plus utilement que les oppositions rhétoriques des Philosophes...

Le secours de la comparaison ? Le rapprochement doit être tenté de nos trois ouvrages avec l'esquisse proposée dans les *Legum allegoriæ*, II, § 53-70, de la même histoire de Noé. D'avance, le lecteur devra se garder, comme dans toute étude des «parallèles» philoniens, de croire que le développement rencontré ici permette de reconstituer un développement qui fait défaut ailleurs. Chaque traité possède son contexte exégétique et moral; il se déploie comme un cristal, suivant une «raison» propre : si les idées étaient premières en Philon, les développements pourraient être ressemblants, mais le système original, mixte des idées et de la gravitation du monde imagé de la Bible, qui est celui de l'allégorie philonienne, crée chaque jour des constellations nouvelles et partant imprévisibles. Il y a même ce côté irritant pour l'exégète de cet exégète, qu'une fois donné, le livre ou le «chapitre» de Philon montre sa logique et qu'il est alors relativement simple, de même qu'un tableau donné de tel peintre relève de son style et pourtant défie l'anticipation de l'amateur. Dans le cas de notre *De plantatione*, rapproché des *Legum allegoriæ*, II, § 53-70, le bilan ne sera pas très positif. Le contexte des *Legum allegoriæ*, II, est celui du Paradis, de la *«nudité»* d'Adam. Celle de Noé est alors considérée assez sévèrement : moins que celle d'Adam, il est vrai, et sauvée qu'elle est par une circonstance atténuante, puisque Noé s'est enivré, mais *«dans sa maison»*, c'est à dire en son for intérieur, sans passer à l'extérieur qui est le propre de l'acte exprès. Sa folie est ramenée à la frontière de la maîtrise de soi, symbolisée par la maison (§ 60-63 des *Legum allegoriæ*, II). De ce fait, la nudité de Noé se trouve figurer un intermédiaire dialectique, entre la bonne nudité, illustrée par celle du Grand-Prêtre, par celle de Nadab et Abiud, par celle d'Abraham (§ 54-59), d'une part, et, d'autre part, la mauvaise nudité, celle d'Adam, liée de façon malencontreuse à l'*«impudence»* (§ 64-70). Faut-il en conclure que le «chapitre» sur la *«nudité»*, qui manque dans nos traités *De agricultura* et suivants, est vraiment absent, et qu'il aurait pris ce même parti ou canevas ? Rien n'est moins sûr. Notons simplement ceci : la nudité d'Adam le conduit donc à l'*«impudence»*, et cette misère, de l'impudence, nous achemine dans la direction d'une des perversions de la *«nudité»* de Noé, à savoir l'*«insensibilité»* (*Legum allegoriæ*, II, § 64a, 65c, 69b-70a — le mot précis n'y est pas, mais la chose, oui) : or, l'*«insensibilité»* est l'un des trois griefs retenus contre l'usage du *«vin»*, dans le *De ebrietate*[1], § 154-205... La constellation des termes, images, idées, Textes invoqués, se laisserait pressentir, mais l'on ne saurait aller plus loin dans la précision. Serons-nous plus heureux avec un autre ouvrage et son parallèle ? Il s'agira des

1. Nous avons vu que Philon oubliait la *«vigne»* de Noé, pour parler rapidement de son effet, l'*«ivresse»* (par. 141). Ici, au contraire, le *De ebrietate* remonte d'un échelon la séquence naturelle donnée par la viticulture, vigne - vin - ivresse : Philon remonte de l'*«ivresse»* au *«vin»* (par. 2-4 du *De ebrietate*).

Quæstiones in Genesim, II, 66-79. La comparaison aura de plus l'intérêt de rappeler que les *Quæstiones* ne sont en rien des amorces de traités...

La *Question* 66 correspond d'abord au début du *De agricultura* : Philon y oppose de même le bon agriculteur au mercenaire. Mais rien ne laisse prévoir la teneur des allégories du Traité, ni son mouvement. La *Question* 67 amorce-t-elle seulement le *De plantatione* ? Nullement. Le problème soulevé par la *«plantation»* a bien été envisagé, mais c'est au début de la *Question* 66, non ici, et encore bien vaguement. La *«vigne»* est considérée sous l'angle d'une division tout extérieure : Dieu a planté seul les plantes nécessaires à la vie, et Il a laissé à l'homme le soin de s'occuper des productions superflues, de luxe, dont précisément la vigne. Cette considération ne paraît ni de près ni de loin au cours du *De plantatione*. Vient ensuite le problème posé par l'*«ivresse»* (*Question* 68). Là, Philon croit résoudre la difficulté en distinguant les deux verbes du lemme, *«être ivre»* et *«être pris de boisson»*, ce que le *De plantatione* a justement refusé de distinguer, sous peine de blasphème. Ici, la position du Sage est plus aisément déduite : l'ivresse de Noé se voit ramenée à la simple excitation produite par le vin, selon le principe exégétique de la «redondance» du Texte biblique (principe qui reste informulé, bien entendu, mais parfaitement clair), dans la mesure où le premier verbe donne à comprendre le second, et où donc Noé, *«a été légèrement pris de boisson, en fait d'ivresse»*. Enfin, la *«nudité»* occupe la *Question* 69. Philon y distingue seulement deux formes de nudité : la première est ignorance naïve, et nous pouvons nous acheminer par là dans la direction des *fautes involontaires*, chères à Philon; la seconde est noble et forte. La dialectique proposée par les *Legum allegoriæ, II*, ne peut même pas être devinée, à partir de cette simple division statique et dénuée de tout mystère capable de lui procurer mouvement.

Le bilan reste négatif : il n'y a *rien* à tirer de l'examen des *Quæstiones* pour parler des Traités correspondants. Et spéculer à partir d'elles sur le contenu hypothétique de la partie hypothétiquement absente du *De plantatione* ou du *De ebrietate* ne conduirait pas à des hypothèses sérieuses.

★ ★

★

COMPOSITION DU *DE EBRIETATE*

Nous avons eu l'occasion d'anticiper sur la présentation de ce nouveau «chapitre» de la geste noachique dans le traitement que lui procure Philon d'Alexandrie. Nous savons qu'il énonce une série de valeurs reconnues par Moïse et non plus par les Philosophes, au produit de la vigne, le «vin» et au produit du vin, l'«ivresse». Nous savons qu'apparemment, seules les trois premières exégèses des cinq annoncées nous sont développées : sur l'effet de *«délire»* (§ 11-153); sur l'effet d'*«insensibilité»* (§ 154-205) et sur celui d'un désir *«insatiable»*; que le dernier développement annoncé, la *«nudité»*, reçoit un commencement d'exégèse, tout formel (§ 6a-10). Nous pouvons prévoir, de plus, que le quatrième effet du vin, un effet positif, la *«joie»*, trouve place seulement au moyen de son antiphrase : les § 153-152 diront à propos d'Anne, la mère de Samuel, que sa jubilation ne doit rien au vin. Le lecteur est invité par ces remarques à supposer un développement, aujourd'hui absent; et nous ne pourrons donc pas argumenter à partir de la structure, une fois de plus, pour définir les bornes d'un traité bien nettement rempli. Les traitements sommaires ou détournés que Philon réserve à la *«nudité»* comme à la *«joie»* (§ 6a-10, puis 143-152) ne permettent pas de conclusion assurée, et nous ne parlerons donc pas exactement d'une construction du *De ebrietate*. Notons que la *«Joie»* a reçu une fugitive exégèse dans le *De plantatione*, § 167-172, et le passage d'Isaac.

Il reste que les trois sections conservées (ou estimées suffisantes par Philon) forment une unité, les trois misères de l'homme assailli par l'ivresse constituant une dialectique de la seule *non-science*. En effet, la révolte contre l'*«éducation»* (§ 11b-153) entraîne les faux jugements (§ 154-205), ou, pire, une... perfection technique, caricature de la vraie science (§ 206-224), et nous avons les trois parties. Il s'agit bien d'une dialectique : la partie médiane, sur le scepticisme nécessaire (§ 154-205), ressortit du paradoxe, puisque la vérité consiste à accepter l'incertitude de la connaissance, et que le paradoxe fait office de médiation. De la sorte, le *De ebrietate* offre tout de même une prise. Nous dirons qu'il forme à tout le moins une partie cohérente, ordonnée, et qui devrait s'inscrire facilement dans un système plus large. Lequel système reste imprévisible. De toute manière, il est loisible à quiconque veut lire le *De ebrietate* de suivre ses chemins. Ils ne sont ni plus moins bien balisés que ceux des autres exégèses de Philon. Il revient ici au système du Texte-relais. Comme dans une bonne partie du *De gigantibus*, comme dans la fin du *De agricultura* ou dans les § 95-138 du *De plantatione*, il ne s'attache pas essentiellement à la forme ou au contenu direct de son Texte de base, mais il avance presque tout de suite un nouveau Texte, dont il use alors mot à mot, pour révéler en fait ce que signifiait le Texte de base, apparemment négligé. Le *De ebrietate* n'est composé pratiquement que de ces commentaires de relais. L'exégèse du premier vice, l'*ἀπαιδευσία* (§ 13-153) prend deux voies : l'une sera négative, condamnant l'ivresse par le biais d'une prescription lue dans le *Deutéronome*, ch. 21, v. 18-21; l'autre sera positive, exaltant la sobriété en la personne du prêtre, par le biais d'un texte du *Lévitique*, ch. 10, v. 8-10, expliqué alors mot à mot, lui aussi. L'exégèse suivante, du vice d'*«insensibilité»* — *ἀναισθησία* (§ 154-205), bien plus philosophique, dépend pourtant toute entière de l'histoire biblique de Lot, aux prises avec ses filles, en particulier. Enfin, le commentaire de l'*ἀπληστία*, le *«désir insatiable»* (§ 206-224) s'appuie uniquement sur l'exemple du Pharaon de Joseph, trop dépendant de son Échanson, de son Panetier et de tous ses *«Eunuques»* — dont la *«stérilité»* permet à Philon un retour sur l'histoire précédente, celle de Lot, puisque Sodome est le fief de Lot et que le nom de la cité maudite se traduit dans le code philonien par *«stérilité — aveuglement»* (§ 200-224).

C'est dans une intention bien déterminée que je viens de donner cette précision au sujet des § 220-224 du Traité. Le lecteur mesure le calcul de Philon. Il a conduit l'interprétation allégorique du vice d'*ἀπληστία*, le troisième vice lié à l'usage immodéré du vin, de telle sorte qu'elle serve de rappel des développements précédents. Ce type de rappel marque souvent chez Philon un temps de pause dans le régime du commentaire perpétuel qu'il a entrepris. Et ici même, nous devons enregistrer sa volonté de résumer, de refermer, d'obliger son lecteur à pratiquer une sorte de synopse ou de synthèse par retour en arrière. Ces § 220-224 peuvent en conséquence être regardés comme une conclusion, aussi provisoire soit-elle, comme un répit. Cette pause nous autorise donc à regarder à son tour l'ensemble même de l'ouvrage tel qu'il nous est parvenu comme une relative unité littéraire, close sinon définitive. Si le *De ebrietate* n'est pas complet, il n'est pas non plus morcelé, ni lâche, ni maladroit, ni lacunaire.

Ce «chapitre» que forme donc le *De ebrietate* passe en revue trois vices dus à l'usage abusif du vin. Le premier, l'*«indocilité»* reçoit un développement plus important, équivalant à lui seul au double des deux autres, mettons trente pages, contre dix et cinq. C'est aussi l'exégèse la plus complexe des trois, et sa présentation structurée exige un grand nombre de subdivisions. Nous allons procéder en deux temps. Un bref résumé synoptique permettra de situer les argumentations dans leur «logique», précisément; en revenant ensuite à chaque subdivision, nous essaierons de montrer ses relations, sa nécessité.

PREMIÈRE PARTIE (§ 11-153) : *LE REFUS D'ÉDUCATION*

TABLEAU GÉNÉRAL

§ 11-12 : Le vice du *«refus d'éducation»* est une perversion qui atteint l'âme en son premier effort vers le vrai, qui est le *«désir de savoir»*, emblème d'Abraham.

§ 12-14 : la sévérité de Moïse pour l'*ἀπαιδευσία* paraît en ce que les *«parents»* eux-mêmes dénoncent leur fils *«rebelle»*, selon le Texte du

DEUTÉRONOME, ch. 21, v. 18s

C'est ce Texte-relais qui va être commenté mot à mot, désormais:

§ 15-29 : • Énoncé des 4 griefs : indocilité, révolte, taxe versée au Mal, ivresse.

§ 30-92 : • Les accusateurs du rebelle, ses *«PARENTS»*

1) *Qui* joue ce rôle ? - Le logos et l'éducation.

2) Les quatre cas possibles :

- le fils obéit à la mère seule;
- le fils obéit au père seul;
- il n'obéit ni au père ni à la mère;

mais - celui qui obéit au père et à la mère.

§ 93-94 : • le rebelle, *«ce fils-là»* : il y a donc d'*autres* fils...

§ 95-152 : • Retour au quatrième grief, l'*«ivresse»* :

1) Les *«chants»* de l'ivresse, de la *«guerre»*, avec *EXODE*, ch. 32 : ce nouveau Texte-relais entraîne une division subtile entre *«Forts»* et *«faibles»*. Ce développement est plutôt pessimiste.

2) La *«sobriété»* des Serviteurs de Dieu, selon *LÉVITIQUE*, ch. 10 : ce nouveau Texte-relais est exploité mot à mot..., jusqu'aux derniers, qui, plus développés, vont servir de conclusion à la première Partie en son ensemble... Optimisme.

§ 143-152 : CONCLUSION : Sobriété et consécration.

Nous allons maintenant reprendre une par une les unités élémentaires. Le lecteur pourra se reporter à volonté à notre page 199, pour situer le détail exégétique dans la logique d'ensemble, évitant de ce simple geste l'impression de confusion qui est celle d'une première approche du *De ebrietate*.

Pourtant, Philon nous avertit qu'il a conçu son ouvrage : il le dote d'une sorte de *«préambule»* (§ 3 et 11), et cette introduction se présente comme une classification méthodique des effets de l'ivresse, ou même de l'excès de vin, voire de son usage. C'est dire que la conscience classificatrice ne sera pas absente du discours lui-même. Mais le phénomène dont nous avons parlé dans notre propre Introduction, à savoir la substitution quasi systématique d'un Texte-relais à l'énoncé du lemme, nous promet tout un jeu de correspondance subtiles, de détours, ou même de détournements, dont on devine qu'ils entraîneront une sensation de vertige. De cela même Philon semble averti. Au § 2, et donc avant même de fournir la liste des effets du vin, il nous perd : sans doute à la différence des Philosophes, Moïse suit une voie dialectique assez paradoxale. Il recommande ou blâme l'usage du vin; il exalte ceux qui s'abstiennent, tels le Nazir ou le Prêtre en fonction, mais on trouve dans l'Écriture quantité de personnages sublimes et qui connaissent l'usage du vin... On pourrait presque dire que ce Préambule (§ 1-110 s'établit lui-même dans le double camp de la série logique et de la divagation ou du paradoxe.

En effet, tout d'abord, Philon présente cinq effets du vin[1]. Ils doivent résumer sous cinq chefs principaux la série d'exemples proposée à l'exégète par une concordance, au mot «vin».. On sait que le *De ebrietate* n'en retiendra que les trois premiers. Or, regardons bien cette liste, et nous comprendrons par un autre biais la logique de cette amputation. Les trois premiers effets de l'usage du vin sont négatifs, délire, insensibilité ou abrutissement, et insatiabilité. Le quatrième, *«bonne humeur et joie»*, semble nous orienter dans le sens positif : s'il ne fait pas l'objet d'un chapitre spécifique, la présence d'un Isaac dans les développements devra être considérée en rapport avec cet aspect de l'usage du vin. Quant au cinquième effet, il est donné comme *«enveloppant»* : nous lisons, au § 4, qu'il s'agit de cet effet *«qui enveloppe les autres et qui paraît dans tout ce qui vient d'être énoncé, la nudité»*[2]. Pourquoi traiter à part ce qui est établi en facteur commun ? Mieux, Philon s'acquitte de sa *«prœteritio»* calculée,

---

1. Il ne doit pas être indifférent que Philon passe du mot simple, *«vin»*, à son homonyme relatif, le *«(vin) pur, non coupé d'eau, non tempéré»*. Cette absence de tempérament doit justifier de surcroît les folies ou l'exaltation due à la boisson.

2. Les mots *«qui enveloppe les autres»* appartiennent à la *«nudité»*. On voit que tous les effets du vin sont, dans cette phrase, juxtaposés en asyndète, et que les seuls *«et»* relient, au contraire, les synonymes redondants, *«délirer et divaguer»*, ou *«insatiable et insatisfait»*, ou enfin, précisément, *«qui tout enveloppe et paraît en tout...»*.

dans les § 6-10, où il expose par ses têtes de chapitre le thème de la *«nudité»*, avant de revenir au premier effet du vin, celui du *«refus de toute éducation»*, objet des § 12 à 153, notre Première Partie.

Notons d'abord que Philon vient de donner les cinq *effets* du vin, mais que, remontant de l'effet à la *«cause»* (§ 6), il ne remonte pas du délire, par exemple, au...vin, mais du délire à ce travers de l'esprit ou de l'âme qui est *«le refus d'éducation»*, et ainsi de suite. Le vin était donc l'image générique de cinq dispositions psychologiques. Arrivant à la *«nudité»* Philon lui trouve plusieurs causes, ce qui répond à la polyvalence de ce cinquième effet du vin, susceptible déjà d'interférer avec les quatre autres (§ 4). La première cause de la nudité, qu'on entendra toujours comme «simplesse - simplicité», réside en un défaut surprenant, l'*«ignorance des contraires»* (§ 6b). Passons ou bien allons voir du côté de ce «chapitre» de la nudité dans les *Legum allegoriæ, II.* La deuxième origine de la nudité passe au pôle positif, une grande simplicité de vie. La troisième revient au mystère de la connaissance des *«contraires»*, par le biais de la *«(nue) vérité»*, qui *«déshabille successivement la vertu et le vice»*, c'est à dire écarte les apparences (§ 6b). Ainsi, la même *«nudité»* peut désigner dans l'âme deux dispositions elles-mêmes contraires à l'endroit des *«contraires»*, ou bien leur ignorance, ou bien leur révélation. On comprend à nouveau par retour en arrière que cette «nudité» complexe puisse se glisser à la fois dans les trois effets malheureux du vin, le délire, l'insensibilité et l'avidité, mais aussi dans le quatrième, une *«joie»* certainement heureuse. Décidément, à bien lire Moïse, le sage trouvera qu'il est subtil et puissant, et que, chez lui, l'équilibre des *«contraires»* se voit éclairé ou surtout maîtrisé — il en est besoin pour traiter de ce problème irritant, si, oui ou non, le sage peut s'enivrer ?

Pourtant, la vérité impose de dire que, dans le couple de contraires spécifiques, la vertu et le mal, ce n'est pas un équilibre dynamique qui doit s'établir, mais un rapport d'exclusion et de choix. Ils sont rattachés comme des contraires, mais l'homme ne domine pas leur contradiction en une sorte de synthèse : la connaissance ou l'expérience du mal ne sera jamais, pour Philon, une partie de l'expérience, que compléterait celle du bien. Il faut donc aussi savoir distinguer dans les *«contraires»* ceux qui forment synthèse et ceux qui définissent l'absolu d'un choix. C'est le sujet des § 8-10, un thème cher à Philon et souvent appuyé de la même citation : Ésaü ou Jacob, il faut que l'un sorte, si son frère entre. En arrêtant son explication de la *«nudité»* sur le spectacle décourageant du mal revenant habiter la maison de l'âme (on songe à la parabole évangélique des démons revenant, comme le vice le fait ici, envahir une maison balayée et bien décorée — dans *Matthieu*, ch. 12, v. 43-45, par exemple), Philon reste dans la tonalité pessimiste des effets tragiques du vin. Et nous pouvons effectivement contempler cette *«maison»* radicalement dévastée par le vice radical, précédant tous les autres, à savoir le *«refus de recevoir l'éducation»*. Avançons.

• *Dialectique concrète de la* sauvagerie volontaire,
grâce au Texte-relais de DEUTÉRONOME, ch. 21, v. 18s :

Comme toujours chez Philon, les concepts moraux n'évolueront pas librement. Au lieu de spéculer abstaitement en philosophe sur l'instruction du disciple ou sur son refus, il plonge ces conduites dans le courant généreux et relativement imprévisible d'un Texte. Ce ne seront plus les mots ou les notions qui gouverneront, mais la cohérence et le contenu homogène d'une proposition de Moïse. Philon se porte jusquà un texte de législation où il trouve associés la révolte du fils contre ses parents, les premiers éducateurs, et l'abus du vin (§ 14). Ce faisant, il ne fait que répéter en un sens l'association qu'il a prévue lui-même, dira-t-on, et légitimement. Mais la loi deutéronomique d'excommunication et même de suppression du coupable ne se borne pas à cette association : quantité d'autres valeurs vont enrichir la réflexion, et, disons-le tout de suite, ménager des portes de sortie plus favorables ou laisser entrevoir un salut dans le désastre — ce que le simple raisonnement philosophique aux prises avec les notions serait incapable de découvrir. Car, une fois que le nouveau Texte sera évoqué, Philon le considèrera dans toute son étendue, l'admettant comme une sorte de personnalité complexe et unifiée. C'est ce refus de l'abstraction qui fait l'exégèse de Philon : il ne va pas d'un mot à un autre; il acceptera le nouveau paysage dessiné par l'intrusion massive de l'autre phrase, celle qu'il a peut-être invoquée pour un mot, semblait-il, ou deux mots, comme ici *«indocilité — feux du vin»*. Tout un système solaire indépendant s'approche alors de la première constellation, et l'on comprendra que leur ajustement réciproque demande du temps, des nouveautés et la déroute d'une logique moderne, faite de simplification et de ce qu'on peut appeler un choix analytique.

Il convenait de rappeler cette règle de l'exégèse allégorique philonienne, au moment d'aborder ces chapitres qui semblent abandonner le Texte de base, sur Noé, pour lui préférer longuement une loi particulère.

Au demeurant, disons que le Texte nouveau, du *Deutéronome*, ch. 21, impose d'emblée les notions d'origine, par les mots *«père et mère»*. Pour Philon, le caractère radical du vice de sauvagerie volontaire et d'indocilité apparaît immédiatement de ce fait. Car il vient renier la source naturelle. D'où la logique d'un châtiment quasi contre-nature : ce sont en effet les parents du rebelle qui vont réclamer sa mise à mort. Mort, et une mort venue des auteurs de la vie, le Texte législatif impose l'idée que le *refus de l'éducation* constitue un vice radical. Et, comme le code philonien est parfaitement cohérent, nous ne serons pas étonnés d'entendre Philon nous dire, plus loin, que le rebelle contredit l'image idéale tripartie, de l'*«exercice»*, de la *«naturelle science»* et de l'*«apprentissage»* (§ 21 et 25). Au vrai, ce rebelle nie le commencement des choses, et donc c'est le personnage d'Abraham qui est directement en cause, mais la conversation et l'échange des trois temps de la perfection font que la négation de l'un atteigne les deux autres, Jacob, puis même le terme, Isaac. Radical, le vice d'ignorance volontaire ruine la totalité de l'âme. C'est donc le programme contraire à celui de la progession morale qui est affiché par le rebelle : le § 15 comprend la liste des griefs de mauvaise conduite comme une progression du mal, *«indocilité, révolte, impôt versé au mal, ivresse»* ; et Philon souligne qu'ici comme ailleurs, le commencement équivaut au tout, *«on commence par regimber... et l'on touche le terme dernier...»*.

Logique et «personnalité» d'un Texte

Le lecteur doit ici surveiller ses propres chemins intérieurs. Il s'attend désormais, sur la foi de cette introduction, à lire l'enchaînement des catastrophes promises. Mais tel n'est jamais le parti de Philon, et, nous l'avons largement développé naguère, surtout au long de ces traités consacrés à Noé. Le Déluge n'a finalement pas pu y recevoir le commentaire attendu : toujours Philon nous a détournés vers le salut. Un peu comme si le Texte, d'abord aperçu dans sa teneur «objective», était l'œuvre d'un Auteur morigéné par les deux Puissances majeures, celle de Bonté, celle de Châtiment, mais qu'il faille y deviner en lisant mieux les phrases de ce Texte que la Puissance de Bonté l'emportait au fond sur le Châtiment du *«Seigneur»*. Le Texte-relais, que nous abordons maintenant, du *Deutéronome*, ch. 21, v. 18s, une fois de plus, va témoigner de ce jeu des deux Puissances. Gardant son autonomie entière par rapport à la logique qu'il a cependant suggérée (c'est le sens du § 15), il va nous mener où il veut et non pas où nous pensons — ce sera sur les chemins de la Création salvatrice.

Abordons le développement concret du Texte-relais. Il sera soigneusement exploré, en toutes ses parties, de façon analytique, sans doute, mais sous le contrôle d'une vision synthétique. Ainsi, Philon parle tout d'abord des griefs, qui n'apparaissent qu'au terme des considérants, et encore ménage-t-il un enveloppement rhétorique : le grief dernier, de l'ivresse, plus topique évidemment, reviendra à la fin. Il sera même largement étalé (§ 95-152). Bien des mots du lemme seront négligés; et, comme on pouvait s'y attendre, cette fois, l'idée d'origine, attenante à celle de ce mal «radical», donne aux *«père et mère»*, les destinataires de cette loi, un rôle également élargi (§ 30-92). De la sorte, le «chapitre» comporte deux sections majeures, qui mettent en présence le pôle d'Origine, *«père et mère»*, d'une part, et, d'autre part, l'*«ivresse»* : nous verrons comment l'ivresse nous reconduit à la *«sobriété»* du prêtre, et cela par le biais du *«chant»*. Enchaînons rapidement : la liste des *griefs* se borne à une Introduction; l'allégorie des parents (§ 30-92) s'achève sur un relèvement de salut; l'exégèse de l'ivresse offre une diviison plus rassurante, en deux commentaires de nouveaux Textes-relais, d'*Exode*, ch. 32 (l'affaire tragique du Veau d'or), et du *Lévitique*, ch. 10, interdisant aux prêtres l'usage du vin (§ 95-152).

○ *Les quatre griefs contre l'ignorance voulue* (§ 15-29) :

Philon a déjà tiré parti de la *forme* du Texte biblique : l'enchaînement des quatre griefs signifie leur progression (§ 15); la *teneur* de chacun donne maintenant lieu à une exégèse. Mais le commentaire réunit encore de façon synthétique les deux premiers griefs : l'*«indocilité»* et la *«révolte»* sont les deux temps, en progrès l'un sur l'autre , du refus mortel de l'éducation. On note une grande concentration de l'exégèse, dans ces § 15-29.

1) L'analyse de l'*«indocilité-révolte»* prend pour terrains d'expérience l'Origine visible, les parents et la Patrie, puis l'Invisible, avec la Divinité. C'est qu'effectivement, nous l'avons dit, le mal radical, le refus de l'éducation, *commencement* de la sagesse, vise les Origines. La dialectique de la «révolte» ajoutée à l'«indocilité» prend enfin pour symbole ultime le personnage de Pharaon. C'est qu'il les réunit en effet. Ne dit-il pas deux phrases, dont la première reste négative, *«Qui est celui à qui j'obéirai ?»*, et dont la seconde aggrave le mal, *«Je ne sais pas le Seigneur»*. Tout porte, dans ce § 19 :

- la progression des deux refus opposés par Pharaon à la parole de Dieu, doute puis refus déclaré;
- le refus atteint le *«Seigneur»*, c'est à dire la Puissance par où la Divinité atteint précisément Pharaon, le mauvais. Aussi Philon dit-il ensuite que Pharaon soutient *ὅτι οὐκ ἔστι τὸ θεῖον*, et non pas *θεός*, dans son premier doute. La suite, d'apparence anodine, repose sans doute sur un jeu caché des deux Puissances. Philon dit ceci : *«la seconde (phrase) lui fait soutenir que, si (le Seigneur) existe, il n'est toujours pas connu : ce qui suppose la négation qu'Il soit-Pensée prévenante — προνοεῖν; car s'Il était Pensée prévenante, Il serait aussi connu»*. Un jeu de métaphysique veut en effet que, pensée pour pensée, la Pensée ne puisse échapper à la pensée, pas plus que la mer à la goutte d'eau. Mais la *πρόνοια* s'entend surtout de la *«providence»*, et c'est alors plutôt le côté du *Θεός* de Bonté et de Création première qui est visé par le refus du Roi d'Égypte.
- Enfin, la simple présence de ce parangon du mal de l'esprit, le Pharaon en son Égypte, annonce la figure opposée, celle d'Abraham, qui terminera l'exégèse suivante, de l'*impôt* versé au mal. Les

deux figures extrêmes de la vie morale, en son commencement idéal, Abraham, et en son terme de misère, Pharaon, déclarent par leur rime édifiante l'enjeu décisif qui est celui de l'ivresse.

2) Le second développement envisage le troisième grief qui charge le rebelle. Le Texte du *Deutéronome* l'accuse ainsi : *συμβολοκοπῶν οἰνοφλυγεῖ*. Philon entend en deux sens le mot *συμβολαί*. Il y voit d'abord la *«contribution»* d'impôt (§ 20-22); plus loin, il donne une nouvelle interprétation : le mot signifie plus ou moins *«conjonction»*, c'est à dire réunion de plusieurs, avec insistance sur le préfixe, *συν* (§ 25-26). Entre ces deux valeurs de *συμβολαί*, Philon tire une exégèse du mot effectivement employé par son Texte, à savoir le mot composé *συμβολοκοπῶν*. La valeur négative, de *«trancher»* est alors exploitée selon la division : la défaite des bons sous les coups des méchants est d'ailleurs plus fréquente que la victoire des bons... Reste qu'au passage, pour ainsi dire, Philon a parlé d'Abraham. Il est, nous l'avons annoncé, de nouveau présent dans le § 26, là où Philon dit que le rebelle *«pèche contre la nature et l'étude»*.

À propos des § 25-26, n'oublions pas que l'Égypte de Pharaon est du côté du *multiple*, quand Abraham se réfugie vers l'Unique.

3) Le troisième développement envisage le quatrième et dernier grief, l'*«ivresse»*. C'est en fait le plus en situation. Pourtant, Philon ne lui accorde pas autant de place qu'aux autres. La raison en est qu'il ne reviendra pas de toute manière sur cette liste, sinon précisément sur l'*«ivresse»*, et il nous suffit d'attendre le § 95 pour en lire un abondant commentaire (§ 95 – 152).

De nouveau, et cette fois de façon explicite, Philon montre le caractère radical, totalitaire, de ce vice du refus d'éducation. Et, c'est à la fois par logique morale et par esprit de synthèse qu'il nous remet en mémoire le châtiment radical du rebelle, la mort, et la mort décidée par les parents eux-mêmes (§ 27-29). Le § 29 assure la transition entre les griefs et les auteurs de l'accusation, les propres parents de ce révolté.

Si n'avait brillé quelque part la silhouette d'Abraham, le tableau serait entièrement sombre, c'est à dire, après tout, conforme au contexte. D'Abraham, nous allons monter au Logos ou au Démiurge, et de proche en proche, une sorte de république des figures du Bien tempèrera le désastre, jusqu'à retourner l'ivresse en sobriété. C'est qu'on ne remonte pas en vain jusqu'à l'Origine. Elle est vie et communication de la vie. Il faudrait à l'âme dont parle Philon une obstination infernale pour se damner...

Le «chapitre» qui nous attend déploie la gamme des relations de l'être avec ses *«parents»*. C'est du devoir d'obéissance à leur égard que Philon a pris son premier exemple dans la description de la révolte (§ 17). Mais cet exemple n'était pas élu au hasard. Choisi en fonction du contexte propre à notre citation de *Deutéronome*, ch. 21, il a l'avantage théorique — dans l'univers ordonné de l'allégorie philonienne — d'évoquer le *cinquième* Commandement du Décalogue. Or, une autre dialectique, celle du *Quis heres*, § 167-173, obtient pour le cinquième commandement le rôle de *milieu* à l'intérieur de la série de dix. Ce gauchissement tient justement à la notion d'Origine : il y a une Origine fondamentale, Dieu-Créateur, et une origine dérivée les parents; et le *cinquième* Commandement est des deux côtés. Si les cinq premiers Commandements regardent vers Dieu, les autres regardent le prochain, l'homme, la terre. Mais, en parlant de *«père»*, le cinquième fait le passage entre les deux séries : il devient, ainsi dédoublé, ce qu'il était déjà, pour ainsi dire, le *cinquième*, et, de plus, l'axe de toute la série des Dix. Cette valeur médiane du cinquième Commandement nous ramène toujours à la valeur médiane et décisive de l'*éducation*, ou inversement du *refus de l'éducation.*

○ *Les accusateurs, les «parents»* (§ 29 — 92) *:*

Du *châtiment* suprême, mérité par l'offense suprême à la vie, Philon ne détaillera pas la sentence. Il en a effleuré l'idée tout en faisant sa rapide synthèse des § 28-29. Restent les fauteurs de la condamnation. L'Origine bafouée, ce seront les vicaires de l'Origine, à savoir les *«parents»* du rebelle. Mais reste aussi à savoir ce que désignent ces parents. Suivant la même division que le *Quis heres*, § 167-173 (dans le grand «chapitre» dit de la Division, justement), Philon porte ses regards dans les deux directions, l'Origine divine, et le relais des parents terrestres. La première hypothèse est trop haute : comment mêler à notre affaire le Démiurge ? Là, Philon évoque les deux versants de la divinité. Ce sont en filigrane les deux Puissances, de bienfaits surabondants et de coercition. Déjà, le même passage du *Quis heres* associait, au moins par voisinage, la question des deux séries de cinq Commandements à celle du partage métaphysique entre les deux Puissances majeures, *«Seigneur»* et *«Dieu»* (§ 166) : les Chérubins ne sont-ils pas au-dessus de l'Arche et le Logos, Parole de Dieu, n'est-il pas entre eux, mais aussi bien transcrit visiblement sur les Tables jumelles déposées dans l'Arche ? Les § 30-32 de notre *De ebrietate* reprennent pour l'écarter ce premier sens de la Paternité. On va se contenter de son reflet participé : les Parents seront simplement, par allégorie, ce qui en nous associe le principe masculin le plus élevé, à savoir le λόγος, et le principe féminin le plus haut, qui est l'*éducation moyenne*.

La *«raison»*, principe mâle, vit de la vérité; le principe féminin, de l'*«éducation»*, correspond aux lois positives, plus proches de l'apparence, qui est le lot du féminin en nous (§ 34). À partir de là, Philon va organiser l'exégèse selon une division adéquate des relations possibles entre un fils et les deux parents, qu'il choisisse entre les deux, et là encore, soit pour récuser, soit pour obéir. Bien entendu, les quatre hyptohèses vont se suivre, mais l'ordre même de leur entrée dans l'allégorie, aussi bien que l'organisation interne et commune des images ou des héros chaque fois allégués, tout nous empêchera de croire à une sorte d'errance, de libre association. Qu'une première observation suffise à le montrer. En principe, le Texte de base, celui du *Deutéronome*, ch. 21, v. 18s, parle d'une révolte, et il vérifie une seule des quatre possibilités, l'hypothèse, doublement négative, où le fils n'entend ni père ni mère. Or, traitée en troisième position (§ 77-79), cette hypothèse a contre elle surtout d'être très brève, dite en quelques lignes. C'est, d'une part, que Philon a pris les choses par division, une fois de plus : les *«parents»* l'ont conduit aux *«fils»* ; et d'autre part, il a déjà mis un peu de lumière dans le tableau sinistre de la révolte : aux § 15-19, il a distingué l'indocilité de la révolte, comme une première étape, moins pernicieuse. Et il a donné Pharaon pour le type de l'endurcissement fatal, de l'impiété radicale. Or, dans le développement que nous abordons, des § 36-92, l'hypothèse fatale va revenir sur le personnage de Pharaon, le rebelle obstiné et relaps. Et on peut dire que les trois hypothèses, moins noires ou franchement bonnes, ne font qu'élargir la brèche par où Philon fait passer la catastrophe en conversion. Le même Pharaon sera cerné, réduit, parmi les belle figures de la convention ou de la pure vérité. Plus loin, Philon renouvellera cette «sortie» vers le salut : une nouvelle division lui fera admettre que, si les parents bafoués viennent condamner «un» fils, c'est bien qu'ils en ont d'autres, et nécessairement meilleurs. Nous allons justement retrouver ce principe du «meilleur», autrement...

1) Le fils qui obéit à la mère seule (§ 36-64) :

Il obéit donc à l'*«opinion»*, fatalement protéiforme, à la coutume. Ces aspects du féminin dans Philon vont permettre le défilé de trois personnages, Jéthro, Laban, Rachel. Mais ce serait peu de voir en ces vignettes les preuves d'un simple théorème. Le développement des § 36 — 64 est très beau et dominé.

Il est de fait très unifié. Partant du plus simple, disons qu'il tourne vite à la diatribe, et qu'il y reste. L'invective atteint Jéthro, dès le § 42, peut-être parce qu'il dialogue avec Moïse et que le *«tu»* passe en généralisation morale. Puis du *«tu»*, Philon passe au *«nous»*, par une même volonté d'attaque et de personnalisation, à l'occasion des folies de Laban (§ 50). Il reste avec ce *«nous»* moralisateur, surtout, dans la diatribe des § 58-63, opposant Rachel et Sara.

D'autre part, et plus profondément, on s'aperçoit que le fond du raisonnement répandu dans ces trois diatribes, collées aux trois figures de l'imperfection féminine, relève de ce qu'on pourrait appeler un *argument ontologique* diffus. Déjà, sans avoir l'air d'y penser réellement, Philon avait suggéré que le Pharaon d'impiété niait la *«Pensée prévenante»*, crime contre-nature, puisque la pensée humaine ne saurait manquer la Pensée divine, s'il est un Dieu, pas plus qu'une goutte d'eau ne saurait ignorer la Mer, ajoutions-nous (§ 19, et ci-dessus, page 204). Ici, Philon ne reproche pas seulement à Jéthro de ne pas préférer la solution monarchique, et donc plus noble, qui était celle de Moïse dans le gouvernement d'Israël (§ 37-39), puis de retourner chez lui, dans l'ombre des choses humaines (§ 40), mais aussi et surtout de n'avoir pas eu de toujours l'évidence du Soleil de vérité (§ 41-45). Cette évidence est celle de l'Origine enveloppante et donc de soi inévitable. L'allégorie de Jéthro envisage son histoire jusqu'à sa conclusion, en *Nombres*, ch. 10, et elle pose, par l'exemple contraire de Jéthro, la nécessité de reconnaître d'emblée l'Origine première.

L'exemple suivant, celui de Laban, ne reste pas sur le même plan d'une sublime perception obligée du Meilleur. Au contraire, et c'est ce qui nous fait parler de *dialectique*, le reproche fait cette fois à Laban descend d'un palier. Philon lui fait grief de ne pas comprendre la loi du temps devant l'éternité. Laban veut marier l'aînée avant la cadette, c'est à dire faire passer le Meilleur en premier dans l'appréhension humaine. Ce qui paraît adopter la vision mystique rejetée par Jéthro naguère devient une erreur. Autant il faut savoir la priorité du Meilleur, autant il faut y accéder par lenteur et mesure. Laban ignore tout ce qui fait la durée bénéfique de l'existence morale d'un Abram-Abraham, par exemple. Celui-ci, en ses deux époques, a connu l'une après l'autre Agar et Sara, la Culture égyptienne, puis la Philosophie divine. Philon ne nomme pas ici Abraham, mais il est difficile de ne pas songer à lui, ne fût-ce qu'en lisant le § 49, où est marquée l'opposition des deux étapes de la sagesse. C'est à un constat qu'il ne serait pas difficile de transposer pour notre vingtième siècle, que Philon recourt : d'aucuns visent trop haut dès le départ, et ils se rabattent finalement sur les sciences annexes. Nous dirions aujourd'hui : les Humanités sont devenues Sciences humaines, et d'aucuns, peu assurés de la philosophie ou de l'art, essaient de les parer de certitudes empruntées aux sciences exactes; ou : la statistique remplace le goût (§ 51). Cette diatribe est bien placée. L'ensemble de cette section (§ 36-64) se veut pédagogique : après la révélation globale de l'Origine, voici donc l'itinéraire destiné au Voyageur de l'Absolu. Que cette baisse de tension ne nous surprenne pas : le troisième exemple sera encore plus modeste. Rachel, qui sacrifie à la *«coutume féminine»*, aura le mérite de *«reconnaître»* son infirmité, et nous aurons donc le troisième plan de la vie morale, celui de la confession. Révélation, patience, confession, cette descente, si l'âme y consent, deviendra son salut, d'ailleurs.

À propos de Laban, il reste à dire en quoi il incarne le type du fils qui entend seulement sa mère, la femme. Par son nom et son blason, tout d'abord. Laban est *«blancheur»*, c'est à dire qualité sensible (dans le code philonien), c'est à dire variation et donc féminité (§ 46). D'autre part, la fixation de Laban sur le féminin prend un tour blasphématoire, au § 52. La diatribe contre les philosophes prématurés n'était pas en fait une improvisation de Philon. Il donne ensuite la phrase de Laban qui l'a suscitée par anticipation, phénomène ordinaire. Cette phrase est à traduire exactement : *«Mets un terme à l'Hebdomade de celle-ci»*. L'Hebdomade désigne la perfection, c'est à dire, dans notre contexte, la perception du Meilleur, obnubilée par Jéthro, puis trop vite ambitionnée par Laban, dans un premier temps. Maintenant Laban la renie, au contraire, et veut *«y mettre un terme»*, c'est à dire l'arrêter brusquement, de façon mécanique. Le verbe *«mettre un terme»* s'oppose à celui qui vient dans la réponse de Jacob à Laban : *«remplir»* (§ 53), qui suppose plénitude intensive. Le pronom *ταύτης* a aussi sa portée : le féminin, comme tel, pour ainsi dire, et avec son penchant pour le particulier, le divers, le «ceci» puis «cela» — telle est souvent la valeur du pronom dans les exégèses grammaticales de Philon. Ainsi, Laban, dans sa phrase, résume son double égarement : il semble avoir perçu le Meilleur, avec l'Hebdomade; mais il en vient à désirer que le féminin reste éloigné de l'Hebodmade, qu'il ampute moralement, en y *«mettant un terme»* — chose contre nature.

La réponse de Jacob est très belle et elle assure la dialectique de toute la section. Il refuse le «terme», et glorifie l'Hebdomade en lui conférant plénitude, achèvement (§ 53). Mais, ce faisant, il sauve le féminin, et il réintroduit l'idée d'une remontée possible de l'apparence jusqu'à la vérité, d'Agar jusqu'à Sara. L'exemple de Rachel dira comment, par la confession.

Enfin, Laban répond le mieux à l'erreur radicale du fils insoumis. C'est Laban qui, sous couleur de préférer la philosophie, refuse l'*éducation préliminaire.*

Le troisième exemple est celui de Rachel. Qu'elle obéisse à la «mère» et néglige le «père», sa nature le suppose, et la phrase qu'elle dit le prouve. À Laban elle dit : *«Je ne peux pas me lever en face de toi»* (§ 540). Il faut prendre garde ici. Laban est bien le père de Rachel, mais il reste surtout Laban, et il ne représente pas la paternité originelle. Plus loin, en effet, nous aurons l'explication. Philon commente, au § 56 : *«elle ne peut pas se lever contre les biens visibles»*. Ce sont les biens visibles que Laban, l'homme de la qualité sensible, représente normalement... Ainsi, *«nous»* trahissons complètement et de façon claire, mais c'est là une misère de nature, peut-être, et qu'il vaut mieux confesser. Jéthro était aveugle; Laban était l'hypocrite sophiste (§ 50) : Rachel se voit et se dit impuissante, rivée au féminin. À Jéthro personne, dans l'allégorie de Philon, ne vient donner la réplique : Moïse lui fait une réponse, qu'il n'entend pas (§ 39-40); à Laban Philon oppose la juste perception de la Fin (§ 53); maintenant Rachel, qui atteint aussi le plus pénible degré de l'esclavage des sens, y trouve soudain l'image opposée, la femme sans féminité, Sara. Celle-ci *«n'a plus ce qui est coutume de femme»*. On sait que cette expression guide le plus souvent l'interprétation du personnage de Sara chez

Philon. Ici, son arrivée rachète l'errance féminine, sans autre préparation. Ces brusques renversements du désastre au salut répondent à la théologie de Philon. Il suffira de renvoyer, par exemple, à la chute salutaire du Cavalier de Dan : nous ne sortons pas du cycle actuel de Noé, puisqu'il s'agit du *De agricultura*, § 109-123; ou encore à la fin du *De migratione Abrahami*, où Dina est sauvée sitôt que ruinée.

Les § 60-63 parlent de Sara, mais Philon concentre dans le même espace une conclusion serrée de toute la section. Il y parle encore de salut : à défaut de *«Père»*, que l'âme reconnaît ne pas pouvoir rejoindre, il reste le secours de la *«mère»*. Celle-ci n'est plus alors le côté sensible et divers des choses du monde, mais plutôt l'*«éducation moyenne»*. Tout se passe comme si un Ἔλεγχος dont Philon ne dit pas ici le nom avait transmué la confession en salut, la féminité suspecte des sens en une sorte d'Agar, inférieure à Sara, mais tout de même capable d'accompagner le Voyageur, par la science, la logique, l'attention, jusqu'aux portes de la révélation. Le féminin a cessé d'être uniquement lié à la sensation, multiple, variée, mortelle[1].

2) Le fils qui obéit au Père seul (§ 65-76) :

Le § 65, qui introduit l'hypothèse complémentaire, du fils attaché à son père uniquement, fournit un bon exemple de l'implication de son propre discours dans la théorie de Philon. Philon se prépare à citer l'exemple rebutant de la tribu de Lévi : elle a massacré ses les adorateurs du Veau d'or, chacun s'en prenant à son frère, à ses parents, à sa famille. Et il avertit le lecteur que certains ne comprendront pas. Ce sont les esprits *«de la foule qui sont égarés par les apparences immédiates et n'ont pas la pénétration des valeurs invisibles ou données dans l'ombre»*. Mais ces égarés, lecteurs présumés de Philon, ne font que proroger l'aveuglement d'un Jéthro, l'homme de la première hypothèse (§ 36-45), incapable de l'évidence de l'Invisible.

1 . Les par. 36-64 forment une dialectique. En particulier, le lecteur se rend compte que Philon n'obéit pas à une vision sommaire des rapports existant entre la «théologie» et la «science» Ce qui paraissait requis avec Jéthro, la perception de la sublimité, cesse de l'être avec Laban, par exemple. L'observation attentive de l'évolution consignée dans de tels «chapitres» philoniens devrait tempérer des tentatives comme celle, par exemple aussi, de l'impétueux ouvrage de R.Goulet, *La philosophie de Moïse : Essai de reconstruction d'un commentaire préphilonien du Pentateuque* - Coll. Histoire des doctrines de l'Antiquité, vol. 11, Paris, 1987. Fonder l'archéologie du discours de Philon sur la base négative de ses incohérences supposées, c'est substituer une scolastique, évidemment cohérente puisqu'elle sort toute armée de nous-mêmes, mais qui a le vice radical d'être précisément la nôtre. L'existence de ce que j'appelle *dialectique* dans l'organisation des exégèses philoniennes rend difficile l'immobilisation d'une systématique doctrinale de Philon, puisqu'elle suppose le mouvement. L'attention au jeu des contraires, au renversement des positions, à l'échange des valeurs entre les deux Puissances, spécialement, servirait à tout le moins de garde-fou sur la route des interprètes de cet interprète. Les pages que nous venons de parcourir disent justement que Philon n'a aucune peine à articuler philosophie et religion, tour à tour *«premières»* et *«cadettes»*. La ligne de démarcation qui sévit tout au long de l'ouvrage de R.Goulet en devient suspecte, sinon dérisoire.

De même, le § 74 accuse les littéralistes d'une vue aussi courte que celle des efféminés de la section précédente. Ce thème, imbriquant la condition de lecture et le contenu local de l'exégèse, sert de plus d'inclusion pour notre hypothèse (§ 65-76).

Il était temps que Sara vienne, à la fin de cette première hypothèse, relever l'exégèse. Sara, entièrement tournée vers le *«Père»*, annonce la deuxième possibilité d'un fils tourné vers le *«Père»* seul.

Le déroulement de cette section est simple, linéaire. Lévi, relayé par Phinéas, permet la revue des domaines féminisés qu'ils suppriment. Car Philon prend les choses par le biais négatif, ici. Le *«Père»* est nommé; c'est la *«mère»* qui est décrite et qui occupe l'exégèse, même si elle y périt ! Elle est essentiellement *«multiple»* (§ 67b), au contraire de l'objet honoré par Lévi et Pinhas, qui est l'*«Unique»* (§ 73 et 76). Elle envahit tout l'homme, le *«corps»*, les *«sens»* et la *«parole proférée»* (§ 70). Cette revue de l'homme recoupe exactement celle qui ouvre le *De migratione Abrahami.* L'on y voit qu'Abraham, précisément, le héros philonien qui *«commence par apprendre»*, se sépare violemment de ces trois domaines. Enfin, l'ordre du féminin nous conduit au plus noir blasphème, à l'idée que le monde visible ou l'homme en lui-même est son propre géniteur (§ 73). L'athéisme féminin est détruit par Lévi, tout entier dévoué à la reconnaissance de la Cause Unique (§ 73-76). L'athéisme a ici la double forme, de l'enlisement dans les sens et du rejet de la Cause. La Chaldée donne ici la main à l'Égypte, pourrait dire Philon [1].

En ce qui concerne les Textes-relais, on notera une subtilité ordinaire à Philon. L'histoire de Lévi figure dans l'*Exode*, ch. 32; mais Philon, après en avoir exploité tout le vocabulaire familial, se porte en *Deutéronome*, ch. 33 : c'est une reprise de la même histoire, mais avec quelques mots nouveaux, *«je ne les ai pas vus»*, en parlant des parents. Cette position négative de la Tribu meurtrière de Lévi se comprend justement dans l'interprétation réservée que Philon donne ici de la dévotion au seul Père. Lévi *«n'a pas vu»* le terrestre; il ne l'a pas considéré. Il lui tourne le dos; mais rien ne dit Ce qu'il voit de face. Le fin mot de cette réserve de la part de Philon, qui était naguère plus lyrique pour accuser son Jéthro (§ 43-45), nous sera donné plus loin. La dernière hypothèse, où le fils honore également le *«Père»* et la *«mère»*, sera proposée comme l'hypothèse idéale. Et, en effet, à moins de retomber sous le reproche de l'hypocrisie qui définit Laban, la perfection pure ne saurait être affrontée. L'harmonie de la mystique et de la politique, du *«dehors»* et du *«dedans»*, offre en réalité la seule voie réaliste. On le voit, Philon proportionne, une fois de plus, les effets de l'allégorie au contexte plus large de son «chapi-

---

1. Nous avons évoqué le début du *De migratione Abrahami.* Lui aussi, il contient une surprise pour le lecteur. Philon devrait montrer un Abraham rejetant tout de suite les trois régions mauvaises. Or, il faut attendre le par. 7 pour lire leur condamnation. Les par. 2-6 en donnent une première liste, qui, elle, remonte paradoxalement tout de suite vers le salut.

tre». Et c'est la même économie qui régit aussi l'exemple de Phinéas. Car on y voit que l'«athéisme» d'un Pharaon — celui du premier développement, consacré aux quatre griefs établis contre le fils rebelle, celui des § 15s. — est *féminin* : le § 73 rattache le soin de la nourrire et de la boisson, qui est le souci aberrant du Pharaon et fait de lui comme un *«ventre»*, d'une part, et, d'autre part, la *«femme-opinion»* qui se donne pour la Cause du créé. L'*«homme»* qui fornique avec la Madianite est le λογισμός, c'est à dire l'esprit humain qui abdique sa véritable fonction de roi, comme justement Pharaon, dans le code philonien. Ce Pharaon du début va revenir, dans la troisième hypothèse, ainsi préparée par la deuxième...

Retenons surtout la réserve qui retient Philon : même les récompenses du sacerdoce et de la paix resteront célébrées par rapport aux misères dont elles délivrent (§ 74-76). Cette hypothèse sublime... n'est pas la meilleure.

3) Le fils qui n'obéit ni au père ni à la mère (§ 77-79) :

C'est l'hypothèse de base, celle qui a donné lieu à la démarche des parents du fils révolté, dans le Texte-relais, de *Deutéronome*, ch. 21. Pourtant, Philon ne s'étend pas. Il fait de ce cas une sorte d'introduction à l'hypothèse contraire, celle du fils soumis à ses deux parents — c'est à dire à l'hypothèse qui nous fera sortir de la donnée initiale, la révolte. La révolte totale est celle de Pharaon, ce Pharaon indirectement désigné dans les amis du *«ventre»*, précédemment. Philon commence sa brève exégèse par la révolte de Pharaon : sommé de laisser partir Israël, il renie la divinité, *«Je ne sais pas le Seigneur...»*, mais il ne se contente pas de cette négation, puisqu'il ajoute *«et je ne renverrai pas Israël»*. Pharaon commet deux crimes, l'un contre Dieu, et l'autre contre ce qu'il y a de plus solide dans le monde, un Israël, c'est à dire le peuple apprivoisé à la Sagesse par l'éducation complète que lui ont léguée Abraham, Isaac et Jacob-Israël. Il se révolte contre la paternité divine et contre la maternité de l'éducation, les parents du § 33.

Philon a pris les premiers mots du Pharaon à l'adresse de Moïse. C'est la conclusion tragique du destin de Pharaon qui conclut cette exégèse sommaire : du ch. 5 de l'*Exode*, Philon se porte au ch. 15, le chant de victoire sur les armées de Pharaon. Peut-être faut-il interpréter ce raccourci : début et fin du roi perverti, Pharaon, l'espace intermédiaire est négligé, qui est pourtant rempli de soubresauts, de toutes les discussions mettant aux prises Pharaon et le chef d'Israël, de tout le scénario des plaies et de la mort finale des premiers-nés. Le commentaire de Philon y fait droit, de façon détournée : les § 78-79 tracent le portrait du mauvais politique ou de l'anarchiste, fléau des nations, et l'on peut voir là une sorte de paraphrase rapide et indirecte des ch. 5 à 14 de l'*Exode*, où Pharaon cause la détresse en Égypte. Mais cette «prétérition» fait mieux ressortir la rapidité de l'exécution (la fin du § 79). Le châtiment est aussi rapide, parce que le crime fut parfait. Pharaon a récusé *«Israël»*, qu'il désigne par son nom divin. Il n'a pas dit : «...ce peuple», ou quelque autre formule vague et mondaine. Et, en récusant Israël comme Israël, lucidement, il fait œuvre infernale. Sa cécité volontaire le conduit immédiatement à la suppression. L'absence de commentaire symbolise ce phénomène moral.

Mais ce n'est pas la seule explication. Nous avons noté plusieurs fois que Philon ne s'appesantissait pas sur le Déluge; ou qu'il convertissait au plus vite les moments tragiques en leur contraire, la vérité, la Joie, la réussite du bien. C'est sans doute ici le cas. Et cela, d'autant mieux que la *division logique exhaustive* qu'il a utilisée nous conduit à l'hypothèse du fils obéissant. Après celui qui obéit à un seul des deux parents naturels de l'âme, le logos et l'éducation; après celui qui n'obéit à aucun des deux, reste celui qui obéit aux deux. Or, joignant logique et mystique, Philon va retourner terme à terme les données de la troisième hypothèse : le fils deux fois obéissant sera justement Israël, cet Israël que Pharaon n'a pas voulu reconnaître et qui tient de si près à Dieu que l'athéisme du Pharaon et son mépris d'Israël entraînent conjointement sa perte. La tragédie vire au bonheur.

4) Le fils deux fois obéissant (§ 80-92) :

C'est Jacob. Le § 80 suppose qu'on se souvienne de la double incitation qui fait partir Jacob : il obéit à la fois à sa mère, désireuse de le soustraire à la vengeance d'Ésaü, selon la *Genèse*, ch. 27, v. 42, et à son père, Isaac, soucieux de le marier dans la famille, selon la *Genèse*, ch. 28, v. 1s. Mais Jacob devient Israël, au terme de ses aventures mésopotamiennes. Israël, qu'est-ce à dire ? Philon recourt à sa technique des équivalences ou «redondances». Le nom nouveau donné à Jacob, Israël, est expliqué à la fois par son étymologie, *«Qui voit Dieu»*, et par son contexte : la phrase qui l'accompagne lui fournit une sorte de traduction expansive, *«fort devant Dieu»*, et aussi *«puissant chez les hommes»*. C'est une formule de théologie parfaite et ordonnée : la vision de l'Être descend ensuite en une sorte de participation aux deux Puissances, l'Une plus tournée encore vers Dieu, et l'autre, vers le créé...Voilà ce que Pharaon a manqué.

Pour nous, observons que le destin de Jacob est traité comme celui de Pharaon, naguère. Début et fin du voyage font oublier les épreuves et les tourments des vingt et une années de servitude consenties par Jacob. La récompense de Jacob est aussi prompte que le châtiment de Pharaon.

À partir de là, l'hypothèse,logique mais imprévue, d'un fils obéissant aux deux ordres, créé et incréé, va se déployer dans le sens de l'équilibre du sage. L'erreur de Pharaon l'avait transformé en politique du désastre, en anarchiste déguisé. La vérité de Jacob-Israël va engendrer une vision du Politique, qui n'est en fait autre que Moïse.

La capacité de tenir les deux bouts de la chaîne caractérise la bonne hypothèse : la bénédiction survenant à Jacob trouve une formulation nouvelle dans le Texte des *Proverbes*, ch. 3, v. 4, joint à celui du ch. 4, v. 3. Les *Proverbes* remontent des effets à la cause, alors que l'histoire de Jacob allait de la cause aux effets : Jacob commençait par obéir au père et à la mère, ce qui lui procurait la perfection (§ 80-83); le sage des *Proverbes* nous apparaît tout d'abord dans sa double sagesse, et nous apprenons pour finir sa double relation au Père et à la mère. On le voit, les trois vignettes successives, consacrées à Pharaon, à Jacob, au fils sage, ont le même modèle, celui d'une destinée résumée à son début et à sa fin, historique ou morale, et il est difficile de parler de hasard dans l'association.

De Jacob, éponyme d'Israël, à Moïse, le plus noble Sage, le fils obéissant des *Proverbes* ménage une transition. C'est Moïse qui se profile dès le § 85, tout d'abord de façon modeste, comme le rédacteur des Lois, puis, sans être nommément désigné, comme le rôle essentiel du médiateur, capable de la piété et de la Politique. Tout ce qui découle des *doubles* liturgiques, arche, robe et autel, sert à tracer un portrait de Moïse : le résumé du § 92 recoupe le plan de la *Vita Mosis*, *«roi, législateur»* et, cela a été développé dans les § 85-87, *«grand-prêtre»*.

Il y a donc trois exemples pour servir d'exégèse à l'hypothèse hors cadre, du fils deux fois obéissant : Jacob, le sage des *Proverbes*, le Sage, sans doute Moïse, qui équilibre piété et humanité. Ce dernier exemple reçoit un traitement plus développé et également soigné. Les trois doubles liturgiques, l'or qui couvre l'extérieur et l'intérieur de l'Arche, les deux tuniques du prêtre et les deux autels, extérieur et intérieur, seront allégorisés. L'énoncé même des trois doubles est bien agencé : les mots décisifs, *«intérieur – extérieur»* sont déclarés au sujet de l'or appliqué à l'Arche et des deux autels, soit au premier objet et au troisième; entre les deux, la double tunique n'est pas qualifiée. Or, c'est l'allégorie de la double tunique qui va pourtant prendre la vedette. Le § 86a compare l'or au Logos; le § 87 allégorise les deux autels. Mais le § 86b, entre ces deux allégories, explique le symbolisme des deux tuniques, l'une restant parfaitement simple, et l'autre, accueillant la bigarrure : elle est ποικίλος, et ce mot ouvre le nouveau développement, qui rebondit, à partir du § 88. C'est là que la bigarrure est expliquée et, pour une fois, sauvée, au titre de la *forme* unique de *matières* diverses. La sagesse suprême prend des noms divers, une fois que le sage se tourne en effet vers le monde. Philon a trouvé dans le Texte du *Lévitique* le mot ποικίλος, et l'on sait qu'en général cette variation ne lui plaît guère : ici, Philon a tourné la difficulté théorique de son code, en évitant précisément dans l'allégorie politique des § 88-92 le mot lui-même, de ποικίλος, qu'il remplace alors de façon appuyée par le mot *«divers»*, διάφοροι. Là aussi, nous sommes contraints de noter la surveillance que Philon exerce sur son allégorie. Une belle preuve de cette domination, excluant tout système à courte vue, comme serait l'exposition par *Quæsio-Solutio* locale, va nous venir de la suite. Car Philon va couronner son «chapitre» d'une réunion efficace de la logique et de l'Écriture. Déjà, nous l'avons souligné, la quatrième hypothèse logique, du fils deux fois soumis, semble artificielle, dans la mesure où les parents malheureux viennent faire condamner un fils précisément indocile et rebelle...

5) L'«autre» fils (la «coda» des § 93-94) :

Philon est conscient du paralogisme de sa division logique : *«Au terme de notre étude des quatre classes de rejetons, il ne faudrait pas négliger ce point, qui servira de preuve à conviction des plus lumineuses dans notre division et séparation des sujets...»* (§ 93). S'il se justifie, c'est qu'il y a soupçon. Mais il se justifie par le mouvement, une sorte de fuite en avant. En effet, le Texte du *Deutéronome*, ch. 21, v. 18, qui sert de Texte-relais depuis le § 14, ouvrait l'espérance, au moment même de la condamnation et de la tragédie. Il dit par redoublement, *«notre fils, celui-ci...»*, obligeant à conclure que les parents malheureux ont un autre fils ou plusieurs autres fils, mais différents, dociles au lieu de rebelles. Si bien que la division logiquement proposée par le système exhaustif des quatre hypothèses, des quatre fils, n'était pas une invention autonome de la rhétorique, mais bien un postulat de l'Écriture elle-même. En quelque sorte, le Pharaon qui reniait Israël-comme-Israël désignait d'avance l'autre versant de la vie morale, et ce fils invisible qui consolera les parents du révolté. À ce compte, il ne peut être justement qu'Israël.

Et c'est bien, curieusement au premier regard, et en toute rigueur si nous avons raison de faire fond sur la cohérence du discours philonien, c'est bien Israël qui est décrit dans les § 93-94. Mais c'est un Israël bien précis et, pour le dire tout de suite, l'Israël des dialectiques déployées sur les nombres *quatre et cinq*, au cours du Traité *De plantatione*, § 112 – 136b. Là comme ici, les fils de Lia, la femme préférée par Dieu à cause de sa moindre apparence, composent un groupe parfait, où le *cinquième* ne fait pas nombre avec le *quatrième*, le Juda de la louange pure. Que ces *quatre-cinq* récapitulent tout Israël, Philon le dit à sa manière, en remontant des fils aux pères. Il achève le portrait d'Israël par les noms d'Abraham, d'Isaac et de Moïse (§ 94b). On peut d'ailleurs se demander si le nom de Moïse n'est pas ici le fait d'une correction ancienne, en lieu et place de Jacob. En effet, c'est Jacob qui est désigné comme *«tout accompli»*, au début de la quatrième hypothèse (§ 83), et c'est lui qui, au même endroit, est muni de deux types de *«force»*, comme ici. En tout cas, si Moïse il y a, c'est un Moïse qui assume les grandeurs de Jacob et complète définitivement la Triade patriarcale[1].

Conclusion Ainsi le «chapitre» des quatre types de fils révèle-t-il à la fin seulement sa «raison». Ce n'est pas souvent que Philon justifie de façon réflexe ses divisions, comme il le fait ici (§ 93). L'entraî-

1. La correction de Jacob en Moïse s'expliquerait peut-être par la proximité de Moïse, héros, discret mais évident, de la quatrième hypothèse.

nement rhétorique ou le plaisir de la division faite à tout prix n'ont donc pas présidé à la composition du «chapitre». C'est, une fois de plus, l'Écriture dans sa teneur littérale suivie qui aura tout commandé pour qui sait la lire. Nous avons ici un bon exemple de ce que j'appelle une *exégèse téléologique*, où nous devons attendre ou pressentir la conclusion pour voir tous les termes, les exemples, la marche même du commentaire, les choix et les «oublis», les images et jusqu'au ton adopté par Philon, s'ordonner sur la double rangée de la logique et de la lecture sacrée. Ici, la division logique des quatre attitudes possibles d'un fils par rapport à ses parents semblait quitter le Texte législatif, uniquement destiné aux hypothèses négatives. Les oppositions obligeaient Philon à envisager deux fois une attitude semi-positive ou positive, celle du fils qui écoute la voix de son Père et celle du fils qui obéit au Père et à la mère. Paradoxalement, même, l'obéissance au seul Père ouvre l'âme à la plus pure sublimité. Mais voilà que l'existence purement logique de ces deux hypothèses favorables reçoit un corps dans le Texte même : *«celui-ci»* appelle *«celui-là»*, le révolté suppose un soumis. L'optimisme était dans le *Deutéronome*, et non seulement dans la logique. Celle-ci a servi, comme les équations de Le Verrier, à postuler un astre inaperçu. La loi d'excommunication du fils rebelle risque, aux yeux de Philon et comme toute loi, de flatter dans le citoyen une sorte de pessimisme morbide ou de désir du mal dans la vengeance et la justice. À laisser se déployer les seuls cas funestes, on perd de vue que la Puissance de Seigneurie coercitive se range finalement sous la Puissance de Bonté, de positive Création. Aussi la Loi ne parle pas d'un seul fils, mais elle isole le fils rebelle parmi d'autres enfants. Le modeste pronom démonstratif, *«celui-ci»*, est au lecteur attentif le signe infime mais irréfragable et suffisant de la Bonté. Je ne dis pas cela par l'effet d'une simple extrapolation de tout le mouvement constaté naguère dans le cycle de Noé, privé en quelque sorte du Déluge, mais parce que Philon lui-même fera au sujet de la Loi une semblable conversion, juste avant la conclusion de cette première partie du *De ebrietate* : aux § 138-142, il dira que la Loi négative exprime une conviction bien plutôt qu'un interdit.

Ainsi, les deux hypothèses heureuses, la deuxième et la quatrième, n'étaient que l'aube dont le petit mot salvateur de l'Écriture, «ce *fils*» a pu devenir l'aurore. Il est difficile de refuser à Philon une conscience précise et ordonnatrice. Il ne serait pas juste, non plus, de considérer cette providence littéraire de Philon comme une subtilité, en me l'attribuant, par exemple. Ses chemins ne sont pas ordinaires; cela ne veut pas dire qu'ils sont mystérieux ou compliqués. Une fois en possession de leur «raison» sur le terrain, le lecteur aura, tout au contraire, le sentiment d'une grande simplicité de ligne. Il suffit de se placer au bon endroit, et surtout de ne pas imposer nos vraisemblances à l'intention originale du discours philonien.

Reprenons maintenant notre propre commentaire. C'est par une élégance de «lecteur» que Philon va retourner au quatrième grief qui stigmatise le fils rebelle, à savoir son *«ivresse»*. Philon vient en effet de commenter l'*incipit* du Texte législatif, en développant la situation réciproque des parents et des enfants, et il a buté sur le premier mot de l'accusation en règle, *«Notre fils, celui-ci...»*. Il va lire à nouveau et rapidement la formule entière, *«le rebelle, l'indocile, celui qui verse la taxe... et s'installe dans l'ivresse...»*. Ainsi commence le § 95, qui inaugure un nouveau et long «chapitre», celui des § 95 – 152. Et Philon aura donc retenu le premier mot de l'accusation, *«Celui-ci»*, et rapidement passé jusqu'au dernier, l'*«ivresse»*, parce que Noé continue de poser la question de la sobriété du sage ou de son ivresse...

○ *Retour au quatrième grief, l'«ivresse»* (§ 95 – 152) :

Le quatrième reproche des parents tombe sur l'ivrognerie de leur fils. Il est, par sa position de dernier grief, le plus lourd, et ce simple fait autorise l'exégèse à y revenir. Le développement des § 95 – 142 sera nouveau par rapport à l'esquisse des § 27-29, où Philon a considéré une première fois l'horreur de ce vice. Nous allons retrouver dans le nouveau «chapitre» le mouvement d'optimisme observé précédemment. Une première section restera sur un registre mitigé; elle s'arrêtera sur le triste spectacle des *«faibles»*, vaincus à même leur ivresse. La seconde section sera consacrée au spectacle des sages et des prêtres, éloignés de toute fumée d'ivresse. Là Philon donnera libre cours à l'élévation. Bien entendu, c'est l'Écriture qui fournira la base de chacun des deux développements, le premier étant dû à l'exégèse mot à mot d'*Exode*, ch. 32, v. 17-19, et le second, à celle du *Lévitique*, ch. 10, v. 8-10.

Il faut avertir le lecteur que le personnage à l'honneur sera finalement le prêtre, c'est à dire en termes de l'Écriture, le Lévite, la tribu de Lévi, c'est à dire le héros de la deuxième hypothèse, dans la liste des quatre fils dont on vient de parler (§ 65-76). Nous avons vu que Philon récusait provisoirement la sublimité du fils dévoué au Père seul, dans l'intention de célébrer avec Moïse le héros complet, capable de la piété et de la politique. Ce recul par rapport à la sublimité était conforme à la pédagogie de Philon. Il nous a avertis au départ de l'orgueil qu'il y a chez Laban à vouloir d'emblée ce qui est *«ancien»* (§ 46-53). Mais, une fois parcourue l'échelle instructive des griefs et des divisions concernant les rapports des fils et de ses parents, l'illusion est moins menaçante. Nous ne sous étonnerons pas de voir que le «chapitre» nouveau se situe moralement un étage au-dessus de la première pédagogie et qu'il célèbre en effet la sublimité.

Du Lévi excessif de la deuxième hypothèse au Lévi exalté de notre nouveau «chapitre», spécialement dans les § 125-152, le passage est assuré par l'épisode biblique du Veau d'or. La perfection des fils de Lévi consistait à prendre le parti du Père contre la famille, en clair à massacrer les adorateurs du Veau d'or (§ 65-76) : c'était la première conclusion de l'épisode biblique du Veau d'or, au ch. 32, de l'*Exode*. Or l'analyse de l'*«ivresse»*, ce grief majeur des parents contre leur fils révolté, commence au début de l'affaire. Moïse, averti par Dieu, avertit à son tour Josué : *«Josué, entendant le peuple qui criait, dit à Moïse : C'est la voix de la guerre dans l'enceinte (du Camp). Et il dit : Ce n'est pas la voix de qui entonnent la vaillance, ni la voix de qui entonnent la déroute, mais bien la voix de qui entonnent le vin, que j'entends...»*. Le même contexte, conclusion et amorce, pour les deux développements, Philon est conscient de cette organisation : le § 95 résume l'exégèse précédente concernant l'ensemble du Texte-relais, du *Deutéronome*, ch. 21, v. 18; il rappelle même la sentence, de lapidation; et Philon d'ajouter que le crime du fils rebelle au Père et à la mère a pour symbole l'adoration du Veau d'or.

Notre «chapitre» est d'ailleurs enfermé dans cet épisode. Si Philon l'évoque au § 95, il y revient au § 124, charnière des deux sections du «chapitre», et c'est encore des *«chœurs de gens ivres»* que le § 153 reparle, à l'ouverture du «chapitre» ultérieur.

Organisation du «chapitre» sur l'ivresse

En un sens, il est divisé en deux thèmes opposés, l'ivresse des athées, puis la sobriété des prêtres, de Lévi (respectivement, les § 95-124, et 135-152). Mais cette division adéquate en recoupe une autre, introduite par le Texte nouveau, d'*Exode,* ch. 32, v. 17-19, à savoir la distinction des *«voix»* ou des chants, des *«chœurs»*. Mieux : le thème du chant, malsain ou divin, entre lui aussi dans une plus subtile atmosphère. C'est que le Texte de l'*Exode* raconte un jugement, une appréciation. Josué croit entendre le chant de guerre, et Moïse va discerner un chant de boisson, mais cela non sans avoir opéré une première division dans le supposé chant de guerre. Là où Josué parlait tout simplement de guerre, il parle de victoire ou de défaite, de force ou de faiblesse, avant même de diagnostiquer la réelle ivresse, qui ne relève apparemment pas de la guerre. Apparemment : car toute division inspirée explore le réel, et nous allons voir que le «chapitre» à venir prend justement au sérieux l'hypothèse non vérifiée, de la lutte et du rapport avec la force, valeur ou faiblesse, pour mieux comprendre l'hypothèse objectivement réalisée, celle de l'ivresse. Nous sommes devant le même présupposé que dans le «chapitre» des fils soumis ou rebelles à leurs parents : nous croyons sortir de la donnée de base, un fils soumis n'ayant aucune raison de se voir traîné devant le tribunal, ou la guerre n'ayant rien à voir dans l'adoration du Veau d'or, et cependant, l'articulation logique ou gravitationnelle enrichit et situe le le point dialectique alors en cause, ici celui de l'ivresse. Je dis bien *situe*. Car la force spécifique de l'exégèse philonienne réside en la volonté de placer dans un espace mental les concepts et les données bibliques, non de les déduire ou de les analyser en leurs notes internes. Tout jugement sur la cohérence de Philon se doit de passer par cette perspective. Là se cache la philosophie du Juif Alexandrin, et non en premier lieu dans son stoïcisme, son platonisme, ses obédiences scolaires. Il possède — comme un outil, et non pas comme une conception méthodologique claire et explicite — une philosophie du langage symbolique. En particulier, il marie l'ordre rationnel, nommément celui de la division, et l'ordre irrationnel, celui de l'histoire biblique en son Écriture, d'une façon souveraine, nouvelle dans son extension et sa souplesse[1]. Que les exemples des quatre fils et maintenant celui du chant équivoque nous servent vraiment d'exemples, et nous inculquent un préjugé favorable à l'endroit des exégèses les plus déroutantes. Encore une fois, c'est l'exposé méthodologique qui nous manque de la part de Philon, et nullement l'usage et l'évidence de sa méthode. En parlant souvent de gravitation, je pense donner une image ou un paradigme de cette méthode, où précisément rien, ni concept ni image, ne se soutient en soi et par soi.

Quoi qu'il en soit en général, notre «chapitre» va pousser assez loin l'art de cette paradoxale explication d'un terme par ses contraires. Philon prend donc le Texte d'*Exode*, ch. 32, pour le commenter mot à mot. Or, il va négliger en fait la seule proposition de Moïse qui se rapporte au sujet, *«c'est la voix de qui entonnent le vin»*. Le § 123 y suffira, et encore servira-t-il de repoussoir pour introduire la sobriété des prêtres. Une fois de plus, la noire hypothèse est située, comme le Déluge, mais sans être exploitée. Elle est délimitée, placée, comme un astre noir dans le Ciel. Qui veut vivre doit la repérer et contempler alentour les étoiles de vraie lumière. Voici en détail l'exégèse d'*Exode*, ch. 32, v. 17-19.

La première section, Exode, *ch. 32 :*

1) Le mot de Josué, *«C'est la voix de guerre»*, n'est pas récusé, tout d'abord. Moïse ne dit pas à Josué : Non, ce n'est pas la voix de guerre ! Il lui dit : *«Ce n'est pas la voix de ceux qui entonnent la vaillance ou la déroute...»*. Josué exprime le constat de base. Philon tresse son exégèse à partir de deux fils différents. Il explique successivement deux mots, *παρεμβολή*, qui désigne à la fois l'enceinte du Camp et les *«traverses»* de l'existence morale (voir, par exemple, *Legum allegoriæ*, II, § 54-55); et *φωνή*. Mais en même temps, il évoque

1. Platon fait suivre le discours dialectique par des mythes, séparant ainsi raison et imaginaire. Philon dispose du double fil, de la philosophie et de l'Écriture, univers d'images ou de motifs apparemment irrationnels.

deux fois le passage de la guerre à la paix : le Camp des misères est abandonné par Moïse (§ 99b-101); et les cris de la passion ne peuvent atteindre le Sage qui a fui leur cité misérable (§ 103). De la sorte, la parole de l'homme ordinaire et ordinairement soumis à la lutte, qui est ici Josué (§ 98 et, en inclusion, § 104), se trouve transfigurée et sauvée par la réponse du Sage, qui est ici Moïse, déclaré σκεπτικός καὶ ἐπίσκοπος. Averti, le Sage s'éloignera.

2) Mais cette fuite du Sage est une *«victoire»*. Moïse a fait taire les voix de la passion, en s'éloignant du Camp ou de la cité corporelle (§ 100, 101 et 103), et il a également *«étendu les mains vers le Seigneur»* (§ 101), d'après l'*Exode*, ch. 9, v. 29, où il s'agit de faire cesser une plaie d'Égypte). Or, un autre héros du bien, Abraham, a, lui aussi, *«étendu les mains vers le Seigneur»*, mais c'est au retour de l'expédition guerrière des rois autour de Sodome : des deux côtés, le passage est du tumulte à la paix. Puisque *«voix»* il y a en tout cela, Abraham est donné comme *«entonnant»* aussi son chant de louange (§ 105). Et ce chant va célébrer la Cause unique de tout, au mépris de toutes les valeurs mondaines. L'expérience d'Abraham donne ici à la paix de Moïse un couronnement, car, on le sait, Philon distingue toujours la paix encore appuyée à la victoire, et la paix toute pure, qui n'est même plus le repos, mais la béatitude sans aucun souvenir du mal et des luttes. Ici, Philon va vite : la fuite de Moïse signifie une victoire, grâce à l'aventure d'Abraham; mais l'aventure d'Abraham ne reçoit pas l'exégèse attendue, de la victoire sur les rois : le chant qu'Abraham entonne alors célèbre la Cause de l'univers et l'univers, en retour, de façon pure et sans souvenir des tentations bruyantes — sinon la tentation globale de l'idolâtrie. Le commentaire suppose que la phrase d'Abraham soit ainsi comprise : Je tendrai la main jusqu'à Dieu, chaque fois même que je te prendrai, ô monde, un bout de corde ou quoi que ce soit. Je prendrai et recevrai de Dieu seul, fût-ce à travers vous, comme il sera précisé, au § 107. On voit que la quatrième hypothèse, parmi les quatre positions du fils, n'a pas été oubliée, mais intégrée. Elle disait l'équilibre de la piété et de la sensibilité ou de la politique. Elle condamnait aussi l'idolâtrie des causes secondes (§ 108-110).

3) Chant pour chant, paix supérieure pour victoire, Philon évoque les deux chants de Moïse, l'un de victoire sur Pharaon, l'autre de joie pour le forage royal d'un Puits divin (§ 11-113). Là encore, Philon nous propose le passage rapide d'une paix de simple victoire sur la passion à la paix directe et pure de la Sagesse : le même mouvement d'optimisme est à l'œuvre que précédemment. Le Puits divin est celui de Béer, d'après les *Nombres*, ch. 21, v. 16-18. Et Philon lui donne la portée de la Sagesse, comme ailleurs (*De plantatione*, § 78-84, ou *De somniis*, I, § 42, ou *De fuga*, § 213). L'intérêt de ce texte du livre des *Nombres* est aussi qu'il fait la transition entre Moïse, auteur du Cantique de la Mer Rouge (§ 111) et Israël tout entier, auteur de la pieuse déclaration qui va suivre (§ 114-118), et empruntée à la suite des *Nombres*, ch. 31, v. 49-50 — pour autant que Philon lisait, comme les LXX, que le chant du Puits fut entonné par le Peuple d'Israël, et non pas par le seul Moïse.

4) À notre usage, Philon souligne la liaison : les *«princes»* qui réservent le Puits, les *μεγάλοι ἡγεμόνες* du § 113, ont leurs *«élèves»*, au § 114. Le § 115 est d'un symbolisme assez serré. Il faut d'abord traduire exactement le Texte des *Nombres*, ch. 31, v. 49-50, selon la lecture que Philon en donnera : *«Tes enfants ont pris le capital des hommes de guerre qui sont avec nous : à donner une voix discordante parmi eux il n'en est pas un seul, et nous avons apporté au Seigneur (chaque) homme ce qu'il a trouvé»*. Par le *«capital»*, il faut entendre deux choses — tel est le contenu du § 115. D'abord, l'*«essentiel»*, ce qui dit perfection et valeur première; ensuite, le *«chef»* qui permet la division des guerriers en deux séries opposées, l'armée trop lâche et l'armée trop sauvage, trop engagée dans la violence, toutes deux aussi éloignées de la juste guerre.

Le § 116 s'entend aisément : le mot *«voix discordante»* reste dans le domaine du chant, qui fait l'unité de toute la section, et Philon parle de l'unanimité du Peuple sous l'image de l'*«harmonie»*, et cela en des termes qui gardent un écho de la division précédente, de lâches et de sanguinaires : tel son pourrait être trop tendu; tel autre, au contraire, trop relâché.

Mais le Peuple ne saurait être un ramassis d'individus. Philon poursuit la lecture du Texte des *Nombres* : «ce que (chaque) homme avait trouvé, il l'apporte en offrande». Le singulier lui importe grandement, qui va nous permettre d'arrêter le mouvement de sublimation ou d'optimisme, sur le personnage unique de Jacob devant son père, Isaac. Parlons de sublimation, puisque Philon oppose ici l'éducation, la *«mère»* de tout le «chapitre» précédent, la *«mère»* qui faisait de la quatrième attitude filiale l'hypothèse privilégiée, à la révélation immédiate, qui supprime et l'éducation et le temps même (§ 119). Ainsi, de Texte en Texte, le *«chant»* des vaillants a permis l'ascension ou le retour calculé et patient jusqu'à la sublimité qui pouvait être orgueilleusement désirée au début, par les émules d'un Laban, peut-être. L'image des Princes (§ 118) est également survenue à temps pour nous préserver d'une notion républicaine de l'unanimité. Et enfin, ce *«chacun»*, royal qui reconnaît l'Unique Cause du monde lui-même, est littéralement un *«homme»* — *ἀνήρ*, c'est à dire une âme éloignée de toute féminité : même l'*«éducation»* n'a plus son office charitable devant lui.

Qui voudra encore que la succession des citations bibliques, ici enchaînées assez rapidement, ne soit qu'un étalage de preuves ou d'édifiantes références ? De l'une à l'autre, le retour à l'Un et la prétérition relative de la propédeutique s'opèrent patiemment, dessinant une ligne pure — et simple. Et l'on observera encore une correspondance supplémentaire. Le bénéficiaire de la *victoire* transformée en *paix* directe et sublimée n'est autre que Jacob, en présence d'Isaac, garant d'éternité. Or, Philon fait la transition entre le *«chant»* des héros et celui des faibles, au § 121a, en parlant des héros comme des âmes qui sont en possession de *«force et puissance»* : ces deux vertus définissent précisément Jacob devenant Israël, et cela au § 83, c'est à dire lors de la quatrième hypothèse, la bonne hypothèse dans le système des relations du fils à ses parents (avec reprise en inclusion et variante dans le vocabulaire, à la fin du § 94, la «coda»). Mais, dans le «chapitre» précédent, celui des quatre fils, Jacob était loué pour son double respect du Père et de la mère, de l'Absolu et de la relative Éducation, alors que maintenant, il dépasse l'Éducation et reçoit directement du Père tout le lot de *«force-et-puissance»*. Disons, plus près de la grammaire, que Philon a commencé par opposer dans la redondance biblique, la *«force»* et la *«puissance»*, comme si l'une renvoyait au Père, et l'autre, à la mère; et que maintenant, il accepte l'expression dans sa portée synthétique, où *«force et puissance»* renvoient au Père seul. Ainsi, les références elles-mêmes confirment ce que l'observation indépendante du mouvement nous permettait de déceler, la sublimation ordonnée — c'est la précision, *ordonnée*, qui compte....

5) C'est aussi la raison simple pour laquelle le second versant de la division conduite par Moïse est sommairement étudié : le *Chant des faibles* n'occupe que les § 121b-124. Et encore l'exégèse en est-elle pour ainsi dire rapportée à la précédente, celle où Moïse distinguait le *Chant des forts*. Car Philon trouve dans son même contexte du Veau d'or la mention d'une *«approche du Camp»* : dans cette enceinte maudite, le Sage ne peut qu'apercevoir l'infâmie, dont précédemment il avait soin de *«s'écarter»*. C'était dans les § 100-103, qui ouvraient l'exégèse du *«chant de la force»*.

Cette rapide exégèse de la faiblesse la rattache comme prévu à l'*«ivresse»* — le thème de base du Traité. Elle le fait grâce à une division nouvelle, tellement le Sage, Moïse ici, est caractérisé par le discernement - et la logique morale. C'est la distinction de l'aveugle volontaire ou involontaire. L'introduction de la section suivante, le § 125, déclare nettement cette division, qui reste indirecte dans les § 121b-124. Ainsi, peut-on remonter rapidement du désastre de l'ivresse à la joie de la sobriété. Le dessin du «chapitre» entier, des § 95 à 152, reste fidèle à la sublimation, telle qu'elle est à l'œuvre au fil de ses sections. En même temps, la lecture patiente du récit biblique, celui du Veau d'or, résout lentement le dilemme, ivresse ou sobriété. Le Camp n'était qu'ivresse et désordre; les prêtres, en la personne des Lévites, ont dû couper court au débordement, et, plus loin, la même Bible propose l'image d'un sacerdoce que la *sobriété* conduit à une exaltation d'une autre qualité que celle de l'*ivresse*. Ainsi, du drame qui fait l'unité exégétique des § 95-124, l'affaire du Veau d'or, en *Exode*, ch. 32-33, où les fils de Lévi conquièrent leurs lettres de noblesse, nous passerons naturellement à l'insitution des Lévites, telle que le livre spécialisé du *Lévitique* en fixe les règles. C'est en effet au *Lévitique*, ch. 10, que la seconde section du «chapitre» emprunte un nouveau Texte-relais.

La seconde section, Lévitique, *ch. 10 :*

Ainsi, bien que la guerre et l'ivresse soient en fond de tableau de la première section et lui laissent une tonalité de pessimisme, l'exégèse tire vers la vision du meilleur. On aura noté que les § 95-124, en ne traitant qu'en finale et sommairement le *chant des faibles*, suit un dessin semblable, mais de sens contraire, au dessin du «chapitre» qui précédait, sur les fils devant leurs parents : la fin de ce «chapitre» parlait tout à coup d'un fils imprévu, l'*«autre»*, qui sauvait tout; la fin de la section des § 95-124 parle des gens frappés d'ivresse, les seuls dont on attendait justement le passage sous nos yeux, et leur présence compromet le *chant des forts*, sujet élargi et inattendu de toute la section Ce qui peut être fixé pour la mémoire du lecteur, de façon simple :

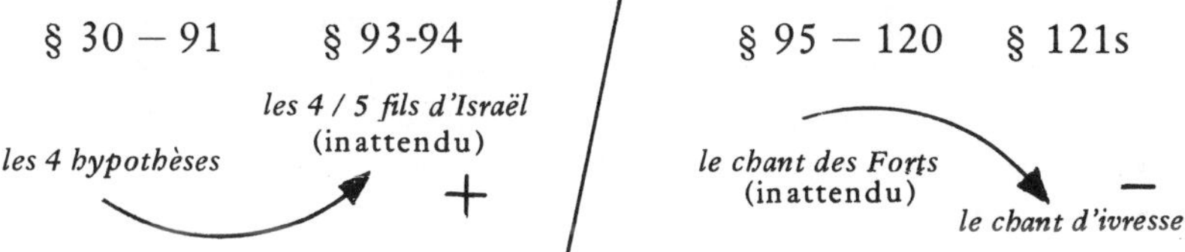

Dans sa teneur, la seconde section (§ 125-152) commente donc la sobriété des prêtres. Mais la perspective, optimiste, lumineuse, va s'imposer, sans toutefois s'égarer. Le double symbole apporté par le Texte-relais, le *Lévitique*, sera celui de la *«tente»* et de l'*«autel»*, et Philon s'attachera à équilibrer les deux domaines, de l'intérieur ou absolu, et de l'extérieur ou relatif. L'*«éducation»*, en particulier, sera à l'honneur, et donc avec elle la propédeutique, l'attention de l'âme au corps. Il faut attendre le personnage d'Anne, la mère de Samuel, pour relever plus haut l'image sacerdotale (§ 149-152), et encore y rappelle-t-on les vers fameux d'Hésiode : la voie de la vertu est raboteuse, la vie du sage commence par mériter le nom de *«dure journée»*, et c'est de délivrance qu'il conviendrait de parler ici plutôt que de liberté, ou de victoire plus que de paix. Philon nous laisse ainsi dans les limites du «chapitre» antérieur, celui des fils et de leur plus ou moins grande soumission aux parents : la meilleure hypothèse était celle de l'équilibre entre le Père et la mère-éducation. Cet arbitrage est donc voulu et constant. Il correspond à la situation moyenne de l'homme dans le monde, à mi-chemin entre l'orgueil d'un Laban, entraîné d'ailleurs jusqu'à l'hypocrisie, et l'abandon féminin à toute sollicitation du visible.

Les § 128-152 suivent sans dévier le lemme donné par le *Lévitique*, ch. 10. Un peu comme une image, à même le style, de l'équilibre prôné par Philon entre l'Absolu et le contingent, Philon a ménagé un dosage calculé entre le commentaire littéral et l'allégorie. Une sorte de diatribe, par exemple, suffit à commenter les mots pourtant décisifs dans le contexte, *«Vin ni boisson fermentée vous ne boirez»* : les § 130-131 restent donc «littéraux». La suite se tourne de façon claire vers l'allégorie, puisque Philon annonce que la Tente et l'autel ne seront plus seulement les objets du culte visible, mais les archétypes, l'un de l'invisible, l'autre, du visible — des *formes* (§ 132 et 134), et qu'il récidivera, à propos de Samuel : il ne s'agira pas d'un homme, mais du *νοῦς* (§ 144). Passons maintenant en revue les étapes de cette exégèse simple.

1) *«Aaron»* : c'est donc le prêtre, et, qui plus est, un personnage dont le nom signifie *«montagne»*, soit élévation. Allégorie et réalité immédiate vont ici de pair (§ 128).

2) *«sans boire»*, telle est l'indication première de son sacerdoce. Philon pousse loin la caricature d'un officiant pris de vin, indécis, vomissant. C'est donc ici, au moment le plus élevé en principe, que la vision la plus réaliste des méfaits de la boisson prend place. C'est le rapprochement des termes, prêtre et vomissant, qui tient lieu d'argument : le ridicule l'emporte même sur la honte. Mais il faut bien situer cet argument là où il est situé par Philon. Pour cela, il faut et il suffit de noter un indice. En commençant ce nouveau «chapitre», Philon a glissé une transition, d'apparence anodine : on lit en effet, au § 126a, que le sage, lequel a prié pour faire partie des sages, verra ses prières *«conduites au terme»* — *τελεσφορηθεισῶν*, et qu'alors il cessera d'être un *«particulier»* —*ἰδιώτης*, pour parvenir à *«la plus haute souveraineté»*, celle du sacerdoce. N'oublions pas que la fin de la section précédente, commentaire du Veau d'or, soulignait justement la force du singulier, *«chacun en Israël»* apportait son offrande, et l'harmonie était finalement celle d'un peuple de rois (ou de prêtres), et non celle d'une agglomération démocratique. Ainsi, lorsque la dialectique ou la suite dialectique de l'Écriture guide la réflexion philosophique tourmentée par la question d'ivresse-sobriété, le sage est conduit à soi-même. S'il perçoit son éminente dignité, il n'aura plus qu'à rire de la boisson et de ses effets. La question objective sera devenue parfaitement subjective. Du coup, la diatribe des § 130-131 perd sa légèreté. Ici, le sage se mesure à sa vérité. Plus loin, en répon-

se, la méprise du prêtre Héli, qui croira déceler dans la prière d'Anne, la mère de Samuel, un effet malsain de l'ivresse, sera stigmatisée comme un manque de discernement, c'est à dire comme une absence de sens de la *division* juste, une absence de cette appréciation subjective du meilleur au meilleur (§ 146-147).

3) *«Tente et autel»* (§ 132-139), ce couple du visible et de l'invisible occupe le centre de l'interprétation donnée par Philon au *Lévitique*, ch. 10, v. 8-10, le reste formant de part et d'autre un environnement. La division des deux objets du culte est elle-même double. L'autel est extérieur, et il se rangera du côté du sensible, même s'il s'agit de l'Idée insensible du sensible; la Tente symbolisera l'intérieur, et donc l'invisible. C'est que, même si la Tente est un objet matériel, bien visible, au moins autant qu'est visible l'autel concret, elle renferme des choses que tout le monde ne doit ni toucher ni voir. Et la division même apportée ici par Philon découle de cette nature ambiguë de la Tente. Elle rejaillit sur les deux objets, voisins dans le culte, et donc dans la «logique». Les § 132-133 font allusion à la Création, tout entière réalisée comme celle de l'homme : il y a en Dieu l'Idée, immuable et noétique, de toute chose; il y a sa fabrication sensible, et, entre les deux, prend place une *«Image»* supérieure, le Logos, dont l'homme et les choses ne sont que l'«image» — ils sont «images de l'Image» de l'Idée. Il ne s'agit pas ici d'une sorte d'invocation gratuite de la métaphysique créationniste, mais bien d'une pièce décisive du projet philonien par rapport au Traité présent, sur l'Ivresse. Car ce souvenir de l'échelle des plans métaphysiques, Idée, Image et images, offre évidemment la forme la plus équilibrée des relations de l'idéel et du sensible, de l'Absolu et du relatif, de la divine inspiration, par exemple, et de la *«culture»*. Et c'est toujours l'hypothèse du fils soumis à sa mère aussi bien qu'au Père qui reste dans l'horizon du *De ebrietate*, par ce biais élevé. Il est sûrement remarquable, aux yeux de Philon, me semble-t-il, que les objets du culte divin en Israël soient pour ainsi dire eux-mêmes à la frontière du réel et de l'allégorie. Les § 134-139 passent sans aucun effort de l'énoncé des règles cultuelles les moins suspectes d'idéalisme à leur traduction allégorique, dans une sorte de tautologie évidente et un va-et-vient répété.

Le même mouvement explique pourquoi Philon, se tournant vers la forme grammaticale de la loi, *«Vous ne boirez pas»*, insiste sur l'indicatif : elle ne formule pas une défense, mais une position décidée — γνώμη. La Loi se convertit de l'impératif à l'indicatif, pour qui équilibre les deux univers, pour qui suit le mouvement de l'Être, reconduisant la Puissance coercitive sous celle de la Bonté et Création — c'est cela reconnaître la Cause première. Elle n'a pas seulement le nom général de Divinité mais celui du Θεός, plus divin que le Κύριος, pour ainsi dire, suivant les habituelles déclarations de Philon, et surtout suivant les dialectiques mettant en œuvre sans le dire cette conception. Quoi qu'il en soit de ce prolongement, on notera que l'attention accordée par Philon à la forme du Texte, indicatif au lieu d'impératif, vient à la fin du commentaire de la Tente et de l'autel, comme, plus haut, une même attention au pronom démonstratif, *«ce fils-ci»*, avait relevé la fin du «chapitre» des quatre fils.

4) Les § 140-142 poursuivent la lecture du *Lévitique*. Sans avertir, Philon opère la synthèse des deux phrases suivantes : *«Vous ne mourrez pas – c'est une règle éternelle»*. Apparemment, le § 140 ne concerne que la première, et les § 141-142, la seconde seule. Mais le thème de la sagesse, source de vie, ou de la folie, source de mort, réunit les deux propositions sous un seul regard. Et, sous une forme assez simple, presqu'anodine, à force d'évoquer la sapience des *Proverbes* ou même la sagesse des Nations, Philon exprime ici la conversion de la Loi dont je viens de parler à propos du jeu «impératif – indicatif» des § 138-139. Car la loi devient ici très vite la Loi. Comme partout chez Philon, y compris dans l'analyse des lois positives les plus «particulières», celles du *De specialibus legibus*, l'aspect provisoire et relatif des lois se fond très rapidement dans la Vérité et la valeur «naturelle» d'une Loi. Sous-jacente à nos § 140-142, on peut deviner une conception idéaliste de la loi, de la politique, par conséquent. Faire la loi, ici la règle empirique de sobriété sacerdotale, ou bien considérer cette règle comme Loi d'éternité, c'est tout un. Le contenu précis rejoint la formalité de la Loi, les deux éternités se conjuguant. Il est ici remarquable que l'analyse de la phrase *«C'est une règle éternelle»* – le *Lévitique* veut dire perpétuelle – engendre une division qui nous fait passer de la règle à la Loi. En effet, le § 141 se met à traduire le Texte comme s'il disait : Il existe une Loi éternelle; mais le § 142 reprend : Une loi est éternelle. Ce court-circuit verbal, pour ainsi dire, supprime en fait la Politique, tout le travail d'apprivoisement de la sauvagerie à la Nature ou à la culture. Il y a la nuit, d'une part, la mort; il y a, de l'autre et sans la transition relative que fournissent à nos yeux les lois et la Politique, le jour de pleine lumière, la Loi conçue par Philon comme un achèvement et non comme le guide et l'acheminement[1].

5) La conclusion ou le considérant ultime du *Lévitique*, ch. 10, v. 8-10, parle de distinguer ainsi le profane du sacré, le pur de l'impur. Et Philon va donner assez d'épaisseur à son exégèse pour que les § 143-152 jouent le rôle d'une conclusion générale pour toute la première partie, consacrée au premier méfait de l'ivresse, à savoir le refus de l'éducation (soit les § 11 – 152). L'élargissement sera fourni par l'histoire de Samuel, le Nazir qui s'abstient de toute boisson fermentée : déjà sa mère, Anne, n'a-t-elle pas eu à se défendre d'avoir

---

1. Voir à ce sujet mon article, *Nul n'est prophète en son pays : la Politique dans Philon*, à paraître dans le volume d'Hommages au Professeur Moehring. Pour l'optimisme de la Loi, voir *Spec. leg.*, IV, par. 193s.

bu ? Philon retrouve ici le couple de Samuel et d'Anne qui servit de modèle dans le *Quod Deus* (en inclusion, des § 5-19 aux § 122-139). Leur relation au thème du *«rang»* est la même de part et d'autre : il servait déjà de transition entre la fin du *De gigantibus* et le début du *Quod Deus* (voir ci-dessus, *ad locum*).

Le fil conducteur de nos § 143-152 est celui de la *division*. Il faut distinguer le sacré du profane. Et c'est justement ce que l'accusateur d'Anne ne fait pas. Philon ne le désigne pas, et il remplace le prêtre Héli par un jeune esclave — *παιδάριον*, sans doute parce que le sacerdoce d'Héli troublerait le lecteur, ou plutôt exigerait un détour capable d'en expliquer la perversion. L'erreur du témoin, un *«fou»* dans la terminologie sapientielle (§ 147), vient de son incapacité à reconnaître deux réalités diamétralement opposées sous les mêmes apparences, celles de l'exaltation : il y a l'ivresse de vin, mais aussi la joie pure de celui qui est tout à Dieu.

Ainsi l'exégèse du *Lévitique*, soit la seconde section du «chapitre» sur le refus d'éducation, est-elle encadrée par le recours à la division ou à l'intuition du meilleur. Au début, Moïse introduisait la rigueur d'une division, guerre ou paix, dans l'observation simpliste de son compagnon, Josué (§ 96s); ici, à la fin, une division nouvelle est requise, de l'ivresse à l'exaltation divine.

Et c'est le *«chant»* qui réunit tous les éléments de la section, depuis son début, où le même Josué percevait le chant des cérémonies du Veau d'or, jusqu'ici, où la mère du Nazir chante elle-même le célèbre Cantique d'Anne. On peut en passant évoquer une semblable méprise, du vin et de l'Esprit, dans la scène également célèbre de la Pentecôte évoquée au début du livre chrétien des *Actes des apôtres*, ch. 2, v. 12-13.

Une sorte de «strette» vient alors jouer sur les mots, pour finir. Les § 151-152 associent l'«ivresse» et la «sobriété»; ils donnent pour équivalents le fait de boire et celui de répandre en libation le vin ou l'âme entière; ils réunissent l'«action de grâces» à la «grâce», c'est à dire à la valeur divine dont témoigne le nom même d'*«Anne»*. Le lecteur doit ici se retenir d'isoler ces paradoxes comme une sorte de réponse philosophique au problème moral, «Le sage doit-il s'enivrer ?». Nous l'avons souligné, c'est la lente pédagogie des Textes bibliques seuls qui permet les équivalences. Il en est une autre, celle de la Philosophie et de l'Écriture. Car les § 149-152 enserrent l'exégèse biblique de la réponse faite par Anne à son témoin mal inspiré, entre Hésiode et Platon. Hésiode est présent par les vers fameux, *Les travaux et les jours*, 287 et 289-292, cités au § 150. Platon inspire sans nul doute la dernière phrase de tout le «chapitre», *«l'âme atteindra les confins de l'Univers et s'élancera jusqu'à la contemplation de l'Increé, toute de beauté et de lyrisme»* (fin du § 152), où le lecteur se souvient nécessairement du *Phèdre*. Ce concours des Philosophes à l'interprétation de l'Écriture accomplit et justifie la *παιδεία*. Il maintient, comme nous l'avons montré en cours de route, la sublimation dans les limites d'un équilibre des deux domaines, de l'esprit pur et de l'éducation propédeutique. En somme, Philon nous laisse au plan même où évolue normalement son Abraham. Et c'est en effet aux débuts de la vie morale ou spirituelle que le crime premier de l'ivresse s'en prend, puisqu'il conduit le fou à *«refuser l'éducation»*. Tel est le premier grief avancé contre l'ivresse. Telle pourrait être la tentation d'une âme qui se rencontrerait avec Abram et, à la différence d'Abram, ne serait pas désireuse d'apprendre ou repousserait une Agar, s'il ne pouvait prétendre évidemment à la fréquentation de Sara.

Conclusion à la première partie

Cette dernière remarque a une portée générale. Elle signale l'unité de ton de la Partie du *De ebrietate* consacrée au refus de l'éducation (§ 11-152), la plus considérable du Traité, à elle seule, avons-nous dit, deux fois plus longue que les deux autres réunies. Le parti-pris de Philon l'empêche de conduire l'exaltation, ou ce que j'ai appelé la sublimation, à dépasser les frontières de code assignées au premier des héros de la Quête divine, Abram-Abraham. Abram est encore voué à l'étude, et il fréquente Agar. Abraham n'est pas exactement Isaac, mais il en imite à distance et comme un degré plus bas la même participation à l'éternité, à l'Instant. C'est assez pour que Philon donne les meilleurs hypothèses de la filiation de l'âme par rapport à la Sagesse; ce n'est pas assez pour qu'il conduise l'exégèse du sacerdoce jusqu'au plus haut degré. Ni Lévi, dans le «chapitre» des fils soumis au seul Père, ni les prêtres dans la section touchant le *Lévitique* n'obtiendront de l'allégorie philonienne les plus hautes formules qu'ils méritent ailleurs. Enfin, la belle ivresse d'Anne ne l'enlève pas entièrement à sa définition de *«rude journée»* (§ 149).

Par ce biais, de la toile de fond constante, comme par les remarques de détail portant sur la cohérence de chaque unité littéraire, il est permis de trouver une grande force à cette première Partie. Nul n'est obligé de la trouver facile, ou aimable, ou moderne, ou même efficace sur le plan moral. Mais elle s'impose. Peu importe ici que le *De ebrietate* mérite ou non son titre philosophique; peu importe que son discours soit enclos dans les limites assurées d'un seul ouvrage. Comme un «chapitre» bien défini, cependant, les § 11-152 sont parfaitement ajustés. Ils ont fourni à un concept, l'*«ivresse»* ou plus précisément l'*«ignorance voulue»*, le panorama de l'Écriture. Il est alors entré dans un système infiniment plus large et plus équilibré que celui auquel l'analyse interne l'eût agrégé.

★ ★

★

DEUXIÈME PARTIE (§ 154 – 205) : *L'INSENSIBILITÉ*

C'est, en gros, le personnage de *LOT* qui va servir de guide à la deuxième misère morale consécutive à l'abus du vin, et qui a nom *«insensibilité»*. Nous irons ici plus vite, l'essentiel étant de dégager le statut dialectique de ces § 153 – 205. Le code philonien attribue l'*«insensibilité»* à Sodome; et le héros de Sodome, dans la *Genèse*, n'est autre que Lot; et Lot se trouve accompagner Abram, son oncle, dont il est l'antithèse. Bien entendu, tout ce qui concerne Lot dans les chapitres de la *Genèse* qui lui sont consacrés converge en une même «définition» morale ou héraldique, si l'on veut, de notre personnage, Lot. Ses «filles» rappelleront qu'il est du côté du monde féminin; son ivresse, bien sûr, convient à merveille au thème du Traité; son opposition à Abraham, son choix de la vallée riche mais maudite, Sodome et Gomorrhe, toutes les données bibliques conspirent pour donner une image cohérente de l'*«insensibilité»* : la pétrification de sa femme, curieuse de spectacle, en donne le résumé tragique et frappant.

Lot s'oppose à Abraham. C'est d'Abraham que nous venons de parler, pour signaler que le premier des vices dus à l'ivresse, et qui est le *«refus de l'éducation»*, s'attaquait précisément à une âme de commençant, placée au même moment qu'Abraham par rapport à la science et à la Sagesse. Mais il se trouve que Philon n'a guère parlé de cet Abraham durant le «chapitre» premier : c'est le lecteur de Philon qui pouvait le deviner. Et maintenant, voici Abraham, encore à deviner, mais plus proche déjà : Lot s'oppose au *«désir d'apprendre»* (§ 159) qui caractérise Abraham, et surtout l'histoire de Lot est associée de façon invincible à celle d'Abraham dans la mémoire du lecteur de la *Genèse*. Il suffit de parler des vices de l'un pour donner à entendre la vertu de l'autre. De la sorte, le second vice dû à l'ivresse, cette *«insensibilité»*, va suivre de près le *«refus d'éducation»*, premier vice. Il en est la conséquence et comme le déploiement. Mais avant d'en dire davantage, nous proposons un plan détaillé de la deuxième Partie.

§ 153-163 : C'est une *INTRODUCTION*, où Philon traduit *«insensibilité»* par *«ignorance»*, pour nous conduire en présence de *LOT* et introduire le Texte-relais, de la *Genèse*, ch. 19, v. 33-35 – l'histoire de l'enivrement par quoi les filles de Lot obtiennent de coucher avec lui.

La suite suppose simplement que Philon superpose les deux phrases extrêmes, du début et de la fin de ce Texte, *«elles abreuvèrent de vin leur père»*, et *«il ne savait pas, lorsqu'elles se couchaient ou se levaient»*. L'ivresse connote l'ignorance.

- o Déjà, Lot a pour femme une *«pétrifiée»* (§ 164s);
- o puis il a pour enfants deux filles, qui ont nom *«délibération»* — *«assentiment»*, ce qui veut dire que Lot possède une *ignorance volontaire* et retournée en pseudo-science (§ 166-168).
- o Au contraire, la sagesse consisterait à *«SUSPENDRE»* son jugement. Pourquoi ?

§ 169-171 : le sujet de la connaissance est capable d'errance;
§ 172-175a : l'objet de connaissance varie (tel le poulpe ou le caméléon);
§ 175b-180 : le sujet lui-même varie...;
§ 181-185 : l'illusion des sens ajoute à l'incertitude;
§ 186-191 : la connaissance progresse plutôt par l'appréhension des *oppositions relatives* (c'est la loi des *Contraires*), que par visée directe de l'essence des choses;
§ 192-197 : d'une contrée à l'autre, tout varie;
§ 198-202 : ou, pire, on rencontre des *dogmatismes* absurdes...

Vient une *CONCLUSION*, où le personnage central de *LOT* permet de dire que le Sage doit d'abord *«S'ABSTENIR»* de juger, suspendre — ἐπέχειν (§ 203-205).

Philosophie et Écriture L'essentiel du développement est philosophique : c'est une longue diatribe sur la fausse assurance de l'esprit. L' ἐποχή reste la bonne attitude. Et Philon énumère une suite de lieux-communs du scepticisme. Erreurs subjectives et objectives compromettent le jugement, et l'on obtient le paradoxe global de cette deuxième Partie du *De ebrietate*, à savoir que le reproche d'*«ignorance»* tombe sur un Lot qui ne pratique pas l'*«ignorance volontaire»* où se cantonne le sage, lorsqu'il retient son jugement.

Peut-être faut-il ici se replacer exactement à l'étape d'Abraham et de Lot, sur le chemin mystique de la sagesse selon notre exégète. Le *«désir de savoir»* a marqué Abram depuis toujours, lors même qu'il était en Chaldée — cette première position d'Abram correspond à la première Partie du *De ebrietate.* Là, Philon montrait des personnages privés ou au contraire nantis de ce désir, commencement obligé de la Quête intellectuelle, symbole de la montée spirituelle. On sait que d'Ur en Chaldée, Abram est d'abord monté jusqu'à Harran, avant d'entendre l'appel décisif qui lui fait aborder Canaan comme Terre promise. Cette deuxième étape n'est pas vaine. Qu'il suffise de rappeler les développements du *De migratione Abrahami*, dans sa troisième partie, pour faire comprendre où nous en sommes. À Harran, Abraham rentre en lui-même; il prête attention au jeu des sens, au corps, aux sensations, et, toutes impressions confondues, il en tire l'enseignement de l'existence d'une Cause du monde, dont son esprit est l'image, lui qui opère la synopse des sensations et les surplombe, grâce à l'unité intensive (*De migratione Abrahami*, § 184-190). Mais le sage ne saurait en rester là : tel Jacob, tel déjà Abraham, il devra quitter Harran, où le guette l'enlisement dans les sens, sur le mode égyptien du Pharaon, qui a échangé la souveraineté relativement autonome de l'esprit pour une royauté réduite à l'esclavage du corps (*De migratione*, § 191-220, et déjà 27-30). Lot, quant à lui, ne quitte pas volontiers Harran, en ce sens qu'il lui trouve rapidement un substitut, Sodome. De ce divorce entre Abraham et Lot tout découle naturellement dans l'aventure allégorisée du même Lot (voir encore *De migratione*, § 13s, et surtout 148-175, avec une orchestration développée). Ainsi, l'Écriture situe d'elle-même le bon scepticisme : c'est au départ d'Abram quittant l'étape de Harran. La marche parallèle de Lot, censé partir avec Abram, n'est que faux-semblant. S'il s'en va du même pas, l'esprit du voyage est différent (voir aissi *De Abrahamo*, § 208-235). On le remarquera, si l'exégèse ne fait plus usage de références bibliques annexes et si elle laisse la «philosophie» dérouler les raisons de son propre effacement par le scepticisme, et tous ses *pro et contra*, elle le fait à bon escient. Le doute ou l'ignorance socratique est au bout d'une longue expérience, d'une enquête patiente, d'une vie d'observation de soi, d'un chemin de science. Car c'est une saine philosophie qui fait quitter la science envahissante. Il suffit que l'Écriture, ici l'histoire globale de ce Lot, compagnon d'Abraham, surveille pour ainsi dire le raisonnement du bon sceptique.

D'autre part, étant donné le tracé circulaire ou en spirale du chemin religieux suivi par l'âme dans l'allégorie philonienne, ce qui est dit ici du départ d'Abram quittant Harran, une étape inévitable et imparfaite en même temps, vaudra également *mutatis mutandis* un échelon plus haut, à savoir lorsque Moïse sera parvenu au terme. Il devra lui aussi abandonner l'acquis : il *«demandera à Dieu de Se faire voir»*. Le *De migratione Abrahami*, § 170b-175 l'évoque justement en contrepoint de l'expérience négative du même Lot (voir aussi le *De agricultura*, § 169-180, pour l'idée; *De specialibus legibus*, I, § 32-50, *etc.*). Moïse est animé d'*«un désir incessant»* (par exemple, *De posteritate*, § 13; *De specialibus legibus*, I, § 36-42), mais ce désir ne peut produire de lui-même la perfection. Le dernier effort du sage est, là aussi, de freiner l'humaine volonté et de se désister, de surseoir et de *«suspendre»*.

Ainsi, au début, avec le commençant Abraham, et à la fin, en la personne de Moïse, un arrachement de même force fait renoncer au désir le plus noble. Cette seconde partie du *De ebrietate* fait songer à Abraham par le biais de son contraire, Lot; et, confirmation de notre prolongement, la troisième partie va prendre pour thème la caricature de l'*«incessant désir»* — l'*ἀπληστία* qui brûle en Moïse. Et le lecteur s'aperçoit une fois de plus que le développement d'un traité est, lui aussi, comme surveillé par une logique. Philon range le détail de son analyse morale de l'*ivresse*, tel qu'il est annoncé sans justification au § 4, *«refus de l'éducation – insensibilité – insatiabilité...»*, en fonction d'un dessein, ou d'un dessin, qui préexiste comme itinéraire de l'âme, celui que j'ai plusieurs fois tenté de décrire [1].

Qu'il nous suffise d'avoir situé cette partie du *De ebrietate*, et d'ajouter seulement une réflexion touchant l'argument sceptique des *«contraires»*, dans les § 186-188. L'essence des choses nous échappe, et nous sommes réduits à les connaître par le jeu des oppositions, du noir et du blanc, du juste et de l'injuste... Ici, Philon interprète cet affrontement des choses comme une indigence, bien capable de retenir le sage d'une affirmation tranchée ou d'une négation. Mais on sait l'utilité heuristique des couples de contraires pour l'exégèse pratiquée par Philon, si souvent : il procède comme si l'axe des contraires fournissait à la connaissance une base assurée. Sans entreprendre d'ouvrir toutes les implications théoriques et pratiques du rôle des contraires, on doit évoquer ici le «chapitre» des Contraires du *Quis heres*, consacré à la «division», quelle que soit la souplesse du discours philonien en cela même [2]. Dans ses § 201-225, la revue des contraires au sens strict vient compléter le thème plus large de la Division qui préside à l'architectonique universelle : les contraires entrent donc là dans une considération positive et ils manifestent la consistance d'un Monde bâti comme une cathédrale et de son approche noétique par le sujet pensant. Le scepticisme du *De ebrietate*, § 154-205 ne semble plus de mise. Déjà un vers de l'*Odyssée*, 4, 392, cité dans le *De migratione Abrahami*, § 195, «ce qui se rencontre dans les manoirs, de bien et de mal...», laissait entendre que le couple le plus compréhensif des contraires, à savoir «bien et mal», constituait un degré, modeste mais sûr, de l'échelle permettant de remonter jusqu'à Dieu. Cette différence d'appréciation que la comparaison manifeste entre le *De migratione* et le *Quis heres*, d'une part, et, d'autre part, notre *De ebrietate*, me semble résulter de la différence des plans moraux où le tableau général des personnages bibliques loge Abraham, d'un côté, et Noé, de l'autre. Le contexte du *De ebrietate* renvoie à Noé, et ce troisième patriarche de la première Triade mystique reste en-deçà d'Abraham, le premier héros de la seconde Triade. La même réalité rencontrée ici et là, par Noé puis par Abram – cette réalité est le témoignage de la sensibilité – ne rend pas le même son. Il faut encore rester sceptique à l'époque morale de Noé; il est permis d'espérer davantage à l'époque d'Abraham (*De migratione*, § 195b). Cette distinction des degrés

1. Sous la forme d'un tableau, où l'on pourrait faire figurer, de proche en proche, à leur place définie, tous les personnages de cette divine Comédie : dans *Philon d'Alexandrie, De la grammaire à la mystique*, Supplément au Cahier Evangile, n. 44, Cerf, Paris, 1983, page 71, ou *Être Juif et parler grec*, dans «Juifs et Chrétiens, un vis-à-vis permanent», Publications des Facultés Universitaires Saint-Louis, Bruxelles, 1988, page 100.

2. Voir dans *La trame et la chaîne*...vol. I, *ad locum*.

ne contredit pas, au contraire, les relations d'analogie dont j'ai parlé ci-dessus, à propos du commençant Abram et de Moïse, le parfait, mon lecteur n'a plus besoin que je lui explique davantage. Que Lot ait dû rester sceptique en présence des contraires, là même où Abraham pourra trouver appui sur les contraires (c'est l'étape où nous le suivons dans le *De migratione Abrahami*), et où il pourra même apercevoir l'Unité cosmique et morale (c'est l'étape du *Quis heres*), c'est une loi du chemin spirituel selon Philon. Et cette loi en quelque sorte philosophique, puisqu'il s'agit d'une psychagogie, bénéficie du système de l'Écriture tel que Philon le suppose : la connivence des divers personnages, de la vertu ou du vice, n'a de sens que si elle traduit un cycle ascendant. Déjà, les rapports de la première Triade, d'Énoch, Énos et Noé, à la seconde, d'Abraham, Isaac et Jacob, en proposent une application suffisamment claire; et le passage que Philon revendique des patriarches à Moïse, comme étant celui des *«lois non écrites»* à la *«loi écrite»*, permet aussi de donner un cadre général et efficace au système des analogies par paliers, s'il s'agit de vie psychique, ou aux rapports de révélation mutuelle existant entre la *Genèse* et l'*Exode*, si l'on regarde du côté de l'Écriture et de son exégèse allégorique. Mais revenons à notre lecture du *De ebrietate*,

La deuxième partie, que nous quittons ici, avait donc pour tableau de fond l'histoire de Lot, et spécialement la manœuvre de ses filles, mais par allusions discrètes l'image de Sodome, également. Or, la troisième partie, qui prendra pour Texte-relais l'histoire des Eunuques de Pharaon et de son Échanson, jouera sur la *«stérilité»* de ces Eunuques, laquelle stérilité traduit aussi *«Sodome»* dans le code philonien. De la sorte, le résumé apporté par les § 222-224, pourra désigner nommément la *«vigne de Sodome»* : cette image fera le solde de tout ce qui aura précédé, de façon harmonieuse et significative de la conscience littéraire de Philon. Dira-t-on encore que l'on est passé d'une *Quæstio-Solutio* à une autre ?

★ ★

★

TROISIÈME PARTIE (§ 206-224) : *LA GLOUTONNERIE*

Dans l'annonce générale fournie par le début du *De ebrietate*, le troisième vice découlant de l'ivresse portait le nom assez large d'ἀπληστία, *l'«insatiabilité»* (§ 4, 6 et 22). Or, sans nous avertir, Philon passe du genre à l'espèce : le désir insatiable devient la *«gloutonnerie»*, γαστριμαργία. Ce terme humiliant réduit le désir à sa forme la plus péjorative : le mot du départ, ἀπληστία, ne figure ni dans l'introduction ni dans le développement de la troisième partie, et il faut attendre la conclusion-récapitulation pour le retrouver, comme si c'était du *désir* dans sa généralité qu'il avait été question avant le § 222. La *«gloutonnerie»* occupe donc les § 206-221, et la composition de cette brève section est très stricte. Au début (§ 206-207) et à la fin (§ 220-221), deux descriptions réalistes cernent l'exégèse intermédiaire, celle du Texte-relais, emprunté à la *Genèse*, ch. 40. Habilement, le § 222 enchaîne : Philon paraît poursuivre l'*ecphrasis* des § 220-221, mais, grâce au mot générique *«insatiable»*, il s'éloigne immédiatement et peut nouer une conclusion plus synthétique, comme nous l'avons prévu ci-dessus.

Le Pharaon ou l'esprit opérant une division erronée

Paradoxe : la perversion répugnante va devenir le révélateur du rôle de l'*esprit*, tel qu'*a contrario* la faute de Pharaon permet de l'entrevoir.

Le contenu des § 208-219 tourne le dos au réalisme des deux tableaux qui les encadrent : il arrive souvent chez Philon que l'introduction ne permette pas de présumer du développement. Il aurait ici laissé libre cours à la diatribe, que personne ne s'en étonnerait. Mais il faut à ses yeux que ce troisième vice attribué à l'ivresse, après le refus de l'éducation, après l'insensibilité tournée en arrogance du savoir, en soit comme le prolongement et compose avec eux une suite «logique». En parlant de Sodome, en conclusion, avons-nous dit, Philon signale cette continuité de l'histoire de Lot et de l'histoire des Eunuques au service du Pharaon, c'est à dire la continuité, à tout le moins, des deux derniers vices de l'ébriété, insensibilité et désir insatiable. Le développement affecté au troisième, le désir tournant à la brutale gloutonnerie, poursuivra l'analyse du savoir entreprise depuis le début du *De ebrietate*. Refuser d'apprendre, croire que l'on sait : ces deux aberrations laissent la place maintenant à une subtile analyse du cas-limite de Pharaon. Pharaon est *«roi»*, c'est à dire en principe du côté de l'Un et de l'esprit, fonction qu'il exerce en se fâchant d'abord contre les pourvoyeurs du corps, son Échanson et son Panetier; seulement, il se ravise et il se souvient de ses deux ministres emprisonnés, mais c'est pour faire alors une «division» désastreuse, en condamnant le Panetier et en graciant l'Échanson. À la rigueur, le Panetier pourvoit à la nourriture substantielle, et il suffit que son rôle ne soit pas trop gonflé pour que le corps ait le nécessaire sans le superflu. C'est lui qu'il fallait retenir. Au contraire, la grâce de l'Échanson réintroduit à la Cour les folies du vin.

Tel est le système exégétique et moral que le lecteur des § 206-221 doit avoir en tête pour suivre leur diatribe. Il peut alors s'abandonner au mouvement de cette belle page philonienne. En voici le dessin, impeccable et simple.

• Philon se porte à la conclusion de l'aventure des Ministres du Pharaon : comme nous sommes censés discourir de l'ivresse, Philon ne retient d'abord que le sort de l'Échanson, effectivement privilégié dans le texte de la *Genèse*, ch. 40, v. 20-22. La circonstance du retour en grâce de l'Échanson est l'anniversaire du Pharaon, le jour de sa *«genèse»*, en grec. Pharaon préfère sa genèse à la Genèse du Monde ! Ce premier péché de Pharaon est de l'ordre de l'esprit, et Philon montre ainsi que la perversion du désir, jusqu'à la basse gloutonnerie, relève en réalité de la perversion mentale (§ 209).

• Mais, paradoxalement, le Pharaon, soucieux de sa *«genèse»*, ignore la vraie Genèse, la production, la génération : et il s'entoure alors de ces trois *«eunuques»*, les deux déjà cités et un troisième, le cuisinier en chef qui a acheté Joseph. D'où le développement des § 211-213, sur la stérilité, rapportée à l'acquisition de la sagesse, bien entendu.

• Les § 214-219 opposent ensuite les trois offices, panetier, échanson, rôtisseur ou cuisinier, que désignent les noms simples, à leur double hypertrophié, que trahit l'emploi du superlatif *ἀρχι-* : Pharaon recourt au service des trois, *«archi-panetier, archi-échanson, et archi-rôtisseur»*. Ces raffinements dépassent les besoins naturels (§ 215).

• Mais Pharaon, de plus, sans doute guidé de façon maligne par l'homonymie de l'*εὐνοῦχος* et de l'*οἰνοχόος* donne la préférence à l'Échanson. Et nous retrouvons le tableau de l'insatiable désir de boire qui ouvrait le commentaire (§ 220b-220-221 rimant avec 206b-207). Ainsi, la diatribe répond à une forme simple d'enveloppement en chiasme :

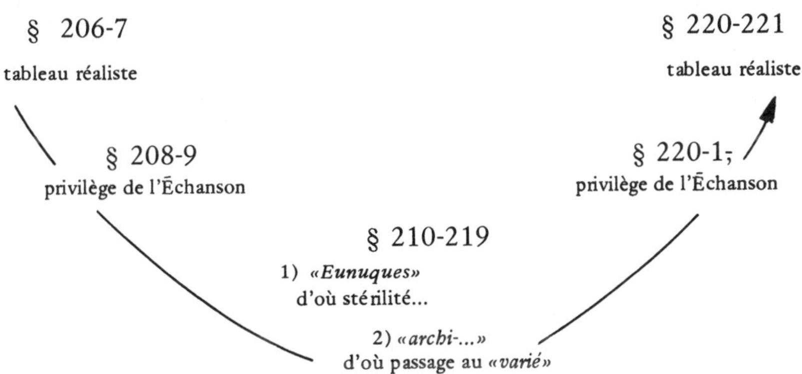

On voit qu'au milieu les deux concepts de *«stérilité»* et de *«variété»*, renvoient discrètement aux deux contextes voisins. Avec la *«stérilité»* des Eunuques, c'est la Sodome de Lot qui est évoquée; avec la *«variété»* coupable du raffinement (§ 215, 217 et 219), c'est le personnage de Joseph, lié à toute l'affaire des Eunuques, qui se profile discrètement. Philon laisse le lecteur averti toucher lui-même les cordes de sa table harmonique : il en dit assez pour situer les données, et les § 210-219 forment l'esquisse de tout un Traité sur l'histoire de Joseph aux prises avec l'Égypte, les Eunuques et leur roi, le Pharaon. La volonté d'avoir des *«archi-»*ministres fournit surtout une caricature de la vocation royale qui est en principe celle de l'esprit dans le corps, et donc celle de Pharaon. Au passage, Philon glisse la vision d'une Cité-philosophe, épargnée justement par l'ambition et la poursuite de la *«variété»*. Là, tout n'est que simplicité, et les citoyens demandent à leurs pourvoyeurs le nécessaire et non le superflu, ce superflu marqué par l'infinie «variété», le service des ministres sera *ἀποίκιλος ὑπερησία* (§ 215). N'oublions pas la Politique, avec l'ombre de Joseph.

LA FIN DU *DE EBRIETATE*, UNE VRAIE CONCLUSION

Les § 222-224 du *De ebrietate* forment paradoxalement l'une des conclusions les plus précises de toutes celles qui achèvent les traités de Philon. Rapide, nerveuse, parfaitement consciente des valeurs engagées dans le «chapitre» précédent et dans tout ce qui le préparait lui-même, la conclusion se fond tout d'abord avec le dernier développement : l'intensité du désir insatisfait devient le feu même des *«dragons et aspics»* (§ 222). Comme ces monstres redoublent les horreurs de Sodome et Gomorrhe, nous avons dit et redit que cette vision ultime accomplissait l'histoire de Lot, sujet transitoire de la deuxième partie du Traité (§ 153 — 205). Ne lassons pas le lecteur par des répétitions qui seraient pourtant salutaires.

Restons-en à ce qu'on pourrait appeler poétiquement la gerbe ou la strette, et, de façon plus grammairienne, la synthèse doublée de prétérition. Mêlant les symboles de la *«stérilité»* propre à l'eunuque de Pharaon et celle du désert auquel le feu céleste réduit Sodome et Gomorrhe, Philon décrit énergiquement, souche et fruits horribles, la plante infernale du désir (§ 223-224a). Mais c'est pour lui opposer la Plante céleste de la vertu, laquelle produit surtout la *«félicité»* — cette *εὐφροσύνη* ou même *εὐδαιμονία* qui contrebalançait sans phrase les vices issus de l'ébriété, dans l'annonce rhétorique des § 4-10. Là, Philon annonçait le refus d'éducation, l'insensibilité, le désir insatiable, la joie et la nudité. On se souvient que la *nudité,* dont il ne devait plus être question, recevait un commentaire inchoatif dans les § 6a-10. Voici, tout à la fin, une vision indirecte de la joie (§ 223-224). Elle renoue avec le bonheur de la Plante merveilleuse du *De plantatione*, et c'est ainsi que Philon oppose sans le dire clairement la vigne abominable de Sodome à celle que Noé le Juste reçut la mission d'acclimater et de faire grandir, avant même qu'Israël en soit le plant gracieux et privilégié.

Quant à la forme littéraire du § 224, une prière — « *Ὧν ἀποτροπὴν εὐχώμεθα* » — et une prière apotropaïque, elle sert et la rhétorique et la mystique. Telle la conversion précipitée du Cavalier de Dan (*De Agricultura*, § 106-123), l'apparition de la Vertu, Vigne céleste, est due à une sorte de miracle et de retournement imprévu des situations de désastre en ouverture de salut. L'œuvre de Dieu se signale par cette soudaineté. Et, par là, l'ultime prière de Moïse trouve et sa justification et son exaucement, lui qui renonce à tout mérite, à toute production du vrai par une sagesse pourtant consommée.

Enfin, dernière clarté de la rhétorique et du sens de la composition à longue portée : les deux effets de l'ivresse que Philon néglige, la nudité et la joie, se voient traités par prétérition, l'une au début, l'autre à la fin du *De ebrietate*. Mais, qui plus est, le thème de la *plante* les réunit : nous lisons, au § 8a-9, que vertu et vice s'excluent à l'image de deux germes contraires — c'est en fait le développement du dépouillement ou de la nudité; et, tout à la fin, nous voyons s'opposer les deux vignes, l'une d'amertume, et c'est celle de Sodome, l'autre, de Joie, celle de l'éducation. Cette *éducation*, est d'ailleurs, sous la forme de son refus par les insensés, le thème de la première partie du Traité.

Sans regrouper ici les correspondances évidentes, soulignons pour finir la donnée de composition qui répond au moins provisoirement à la question la plus délicate posée par l'annonce des § 4-5 du *De ebrietate* : cinq effets de l'ivresse, pour trois développpements effectifs. Ce que nous venons de rappeler permet le schéma suivant, des plus simples :

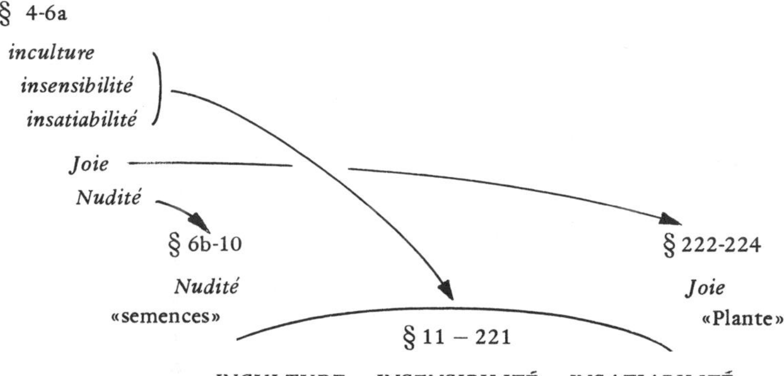

INCULTURE – INSENSIBILITÉ – INSATIABILITÉ

Quitte à regretter les «chapitres» consacrés à la Nudité et à la Joie, et qui prendraient place entre notre *De ebrietate* et le mal nommé *De sobrietate*, force nous est de saluer une intention rhétorique de Philon, une intention passée dans la composition et bien capable de conférer au *De ebrietate* le statut d'un «chapitre» accompli. La belle image qui l'achève, cette double vigne, renoue avec le *De plantatione*, et peut-être la *division* malencontreuse commise à la fin par un Pharaon trop ami de son Échanson, reçoit-elle une malignité supplémentaire du fait que le *De agricultura* nous a jadis initiés à la juste division : y a-t-il sagesse, connaissance vraie, éducation même, sans une maîtrise de la Division ?

★ ★

★

COMPOSITION DU *DE SOBRIETATE*

Traité ou «chapitre», peu importe, pourvu que l'on ne se souvienne plus du titre scolaire. Rien, en effet, ne vient ici donner la thèse qui viendrait contrebalancer un éloge de la bonne ivresse, supposé remplir le *De ebrietate*. Nous retrouvons les problèmes soulevés par le dit *De ebrietate* : le nouveau Traité est-il complet ? S'articule-t-il exactement au précédent *De ebrietate*, quel que soit le contenu de celui-ci ?

Que peut-on conclure de la première phrase, en ce qui concerne le rattachement au *De ebrietate*, ou, par choc en retour, l'intégrité du même *De ebrietate* ? Lisons : *«L'ivresse et la nudité qui la suit, telles que le Législateur en a parlé, ont été parcourues de bout en bout dans un premier temps. Mettons-nous en devoir d'ajuster à nos propos la suite du Texte.»* (§ 1). Il y a des chances qu'un développement important nous manque entre le *De ebrietate* que nous possédons et le *De sobrietate*. Mais rien n'est assuré : les résumés ou les annonces qui semblent donner aux ouvrages de Philon un cadre rhétorique ne sont pas toujours ce que nous croyons. Ainsi, pour nous en tenir à notre *De sobrietate*, le § 51 nous avertit que nous allons désormais considérer les malédictions dont Noé charge son fils Cham[1]. En réalité, il sera question des bénédictions : celle qui honore Sem, évoqué, il est vrai, dans le lemme du § 51, mais aussi celle de Japhet, dont ce § 51 ne dit rien. Les deux sujets, *«ivresse et nudité»* du résumé offert par le § 1, peuvent très bien n'être que le souvenir synthétique de l'annonce qui figure au début du *De ebrietate* lui-même : l'ivresse en est le cadre général; et la nudité en donne le dernier effet, celui que la *prétérition* des §6a-10 traite rapidement. Et surtout, le résumé du § 1 du *De sobrietate* participe peut-être autant du programme que du résumé. S'il revient sur les développements passés, et en particulier sur un commentaire du méfait de Cham, irrespectueux de la nudité paternelle, il le fait sans doute en fonction du renversement de situation qui survient : Noé se réveille et juge le coupable, *«Revenu à sobriété depuis son vin, Noé connut ce que lui avait fait son fils — le plus jeune»*, d'après la *Genèse*, ch. 9, v. 24. Cela dit, il est vraisemblable que Philon a rédigé un commentaire de l'état où le vin a réduit Noé, comme de la scène qui départage ensuite Sem et Japhet du perfide, Cham. Les *Quæstiones in Genesin*, II, 69-73 en traitent à leur manière

1. Sans préjudice de ce que nous proposerons : au par. 51, on pourrait lire εὐχάς, au lieu d'ἔχοντα à la suite d' ἀράς.

et donc sans rapport direct avec les dialectiques d'un traité : les § voisins, qui correspondent en gros au *De ebrietate*, comme d'autres au *De plantatione*, n'en donneraient pas non plus la moindre idée, si nous ne possédions pas les traités eux-mêmes.

La nudité de Noé subit ailleurs des exégèses complètes. Ainsi, avec *Legum allegoriæ*, II, § 53-70 : dans *La trame et la chaîne...*, vol. I, pages 451-455, j'ai comparé ce «chapitre» au développement consacré de même à la nudité dans le *De fuga*, § 188-193. Le «chapitre» manquant ici nous donnerait une troisième *épreuve* du sujet...

J'ai l'air de répugner à l'existence d'un traité perdu. Il n'en est rien. Mais j'insiste sur la nécessité de se retenir sur la pente des suppléances hâtives dans Philon. On ne tranchera pas de l'intégrité de tel ouvrage, sauf évidence matérielle, à partir de considérations qui répondent à notre logique. Nous avons plaidé pour qu'on admette au moins l'hypothèse faisant des § 222-224 du *De ebrietate* une conclusion véritable : ils lui donneraient alors le sceau final d'un traité. Cela suppose seulement que Philon a poussé la prétérition jusqu'au bout de son rôle pédagogique. Tout se passerait comme s'il proposait à son lecteur-disciple une sorte de retournement : J'ai décrit, dirait-il, j'ai décrit l'ivresse en trois de ses effets, les mauvais effets ? Eh bien, conclus maintenant tout seul à ce que représenterait, par exemple, la Joie dont je n'ai presque rien dit, pour une âme qui entretiendrait en elle le désir de l'éducation, au lieu de son refus, ou qui serait portée en avant par un désir insatiable d'une autre sorte que celui des intempérants et qui la ferait alors *«rayonner et vivre sous le charme»*, selon les mots que j'ai esquissés (*De ebrietate*, § 5); conclus aussi à la division subtile qu'il convient de faire devant ce mot du Texte, *«il se mit à nu»*... En observant les fins des traités de Philon, et en particulier la plus grande rapidité que le commentaire y affecte souvent, on peut se dire que Philon songe à la pédagogie : il laisse sur la fin son lecteur initié deviner les prolongements. Un autre effet, plus poussé, seulement, serait l'invitation à renverser un commentaire en sa réciproque, et l'on ne sera jamais assez prudent devant les ruses de la rhétorique, une fois mise au service de l'exégèse. Disons en tout cas ceci : la rhétorique de Philon ne correspond pas d'emblée à son système d'annonces et de récapitulations; avant de postuler un développement en dehors des limites d'un ouvrage en notre possession, il y a tout à gagner en cherchant l'amorce, l'ombre, le reflet inversé de ce développement à même les «chapitres» donnés. On approfondit au moins leur intelligence.

Ce n'est pas non plus par goût du paradoxe, mais par conviction, que je considérerai la fin de notre actuel *De sobrietate* comme une réelle conclusion, également, fût-ce la conclusion d'un «chapitre», ce qui importe grandement au parti de la cohérence philonienne. En effet, commençons par là : les § 56-68 répondent fidèlement à l'exorde du *De sobrietate*, et nous sommes ainsi en possession d'un cadre précis et ferme, qui invite à la confiance en ce qui suggérera une possible architecture de l'ouvrage.

Introduction et plan

Les § 2-5 forment à la fois l'Introduction du *De sobrietate* et le commentaire des premiers mots du lemme cité au § 1, *«Revenu à sobriété depuis son vin, (Noé) connut...»*.

Un commentaire de la sobriété, qui s'en tiendra là, d'abord. Cette sobriété prend le contrepied de l'ivresse, comme prévu. Mais le lecteur trouvera dans le § 2 une confirmation immédiate de ce que nous venons de dire, touchant les annonces rhétoriques ou les résumés philoniens. La sobriété s'y oppose en fait à deux seulement des trois vices décrits dans le *De ebrietate*, à savoir le désir insatiable et l'hébétude des sens ou insensibilité. C'est même la guérison des sens qui est au premier plan et qui va le rester : la sobriété *«aiguise les sens jusqu'aux extrêmes finesses»*. Philon estime avoir ainsi combattu tous les maux provoqués par l'ivresse (fin du § 2). Pourquoi cette réduction de trois ou quatre misères à deux, voire à une seule, l'insensibilité — si l'on retourne le principal bienfait de la vertu contraire, de sobriété ? Pourquoi, sinon parce que Philon, comme toujours, est plus soucieux de l'avenir que du passé, de ce que suppose le lemme par ses mots enchaînés, que des développements antérieurs. Ici, Philon a subrepticement rattaché les deux premiers verbes du Texte, *«Il revint à sobriété — il sut»*. Le retour à la sobriété s'identifie à la faculté de savoir, et Philon va insister sur cette acuïté : ce sera d'abord celle des sensations, en bloc (§ 2b-3a), et très vite celle de la seule *«vue»* (§ 3-5). Du coup, le «résumé» que Philon nous offre du *De ebrietate* tient compte du nouveau Texte plus que de l'ancien déploiement.

D'autre part, l'éloge de la vision commence par cette antithèse rhétorique : *«À la sobriété d'une pensée quelle valeur humaine devra-t-on préférer ? Quelle gloire ? Quelle richesse ? Quelle puissance ? Quelle force ? Songe donc que seul, l'œil de l'âme...»* (§ 3). Or, tout à la fin de notre texte actuel, dans les § 56-68, Philon revient sur les valeurs ambiguës, avec les mots de *«noblesse — richesse — gloire»* : le lot d'Abraham les contient, comme un surcroît par rapport aux valeurs essentielles et pures. Les § 67-68 montreront comment un Japhet retourne jusqu'à Sem, c'est à dire se convertit de la seule estime des biens du corps à celle des biens plus spirituels : il fait alors de l'*«opulence»* et de la *«beauté»* un tremplin pour sa préférence nouvelle du Bien. Ces mots sont des substituts des valeurs énoncées au § 3, et notons que la *«beauté»* du monde intelligible, à la Platon, achève celle de l'univers sensible, dont parle un peu plus loin le § 12. Ce faisceau de termes et de notions, la comparaison même des deux ordres des valeurs, tout ramène la fin du *De sobrietate* à son commencement. C'est une belle et simple inclusion. Or, nous venons de justifier d'un seul coup et la souplesse des «Introductions» philoniennes, et, plus au fait, la relative autonomie du *De sobrietate.*

Le Traité est divisé en trois sections, correspondant au déroulement de la scène biblique :

- la désignation du traître, le *«plus jeune»* des fils de Noé, sachant que «jeune» rime avec légèreté, révolte, passion, au contraire du Sage, le *«plus ancien»* (§ 6-29);
- le décalage de la malédiction : Noé ne maudit pas d'emblée Cham, le fils coupable, mais Canaan, héritier de Cham, comme s'il visait l'achèvement du mal (§ 30-50);
- et enfin, le contenu même de la malédiction, ou plutôt de la *bénédiction* symétrique accordée à Sem ou à Japhet, puisque Cham doit devenir leur *«esclave»* (§ 51-69).

Le déroulement de l'exégèse est linéaire. Le Texte est cité au fur et à mesure que le commentaire avance, et, d'autre part, Philon ne recourt à aucun Texte-relais de quelque importance. Mais le rapport de chaque section à l'Écriture est original. La première enchaîne une série d'«exemples» justifiant l'infériorité du *«jeune»* par rapport à l'*«ancien»*. La deuxième s'éloigne de l'Écriture : elle philosophe, du moins jusque vers la fin (les § 48-50 donnent trois «exemples» en confirmation). La troisième propose enfin une dialectique, belle et subtile, assez étroitement dépendante du Texte de base, sur le jeu des trois fils de Noé, Sem, Cham et Japhet : en contrepoint, la figure d'Abraham équilibre une composition très soignée et dont nous détaillerons en son temps l'ordonnance et la portée. Ainsi, première conclusion, les trois parties du *De sobrietate* composent entre elles : Écriture — philosophie — Écriture. Ajoutons : le premier usage de l'Écriture est apparemment plus simple que le second, prêtant à «dialectique». Cette ordonnance est naturelle. Elle donne au Traité son assiette, et au lecteur elle propose la confiance.

Seule donc, la première section se rapprocherait du genre élémentaire de la *Quæstio-Solutio*, par l'alignement des «exemples» tirés de l'Écriture. Pourtant, une simple phrase du § 26 suffit à éveiller l'attention du lecteur, fût-ce après coup. C'est une phrase de méthode, une formule où l'exégète suggère à la fois le principe majeur de la cohérence absolue de la Bible et sans doute sa propre volonté d'ordre ou de cohérence interne : «(Moïse, ou le Texte, ou le Législateur) *est conséquent avec la loi de nature* (posant la supériorité de l'ancien sur le plus jeune) *et il lance pour ainsi dire ses flèches au but placé d'avance, quand il propose logiquement l'image d'un Jacob... plus ancien qu'Ésaü...»*. Philon veut dire ceci : la législation portant sur l'héritage de deux fils, telle qu'elle est dictée par le *Deutéronome*, ch. 21, v. 15-17, fait partie de la Loi, identifiée à la Loi naturelle et, comme telle, antérieure, à l'instar d'un *«but»* fiché en terre au champ de tir; les récits de la *Genèse* seront les *«flèches»* ajustées à ce but premier. Cet appel de Philon à l'unité organique de l'Écriture, Loi et «histoire» bien proportionnées l'une à l'autre, serait mal venu si Philon l'exégète n'avait pas conscience de produire ici même une suite organique. Il y présomption en faveur d'un parti plus habile et plus intérieur quant à l'enchaînement des «exemples» de jeunes (§ 6-15), de plus «anciens» (§ 16-20), ou des exemples justifiant les rapports de ces deux catégories (§ 21-29). C'est naturellement par cette première analyse que nous ouvrirons notre propre exégèse.

PREMIÈRE PARTIE : *«NOUVEAU – ANCIEN»*

Les § 6-29 exploitent la division souvent évoquée par Philon, celle que suggèrent les rapports temporels : le *«plus jeune»* n'est pas préférable à l'*«ancien»*. Trois subdivisions —fort logiques — conduisent l'exégèse : l'infériorité des *«jeunes»* (§ 7-16a); la supériorité des *«anciens»* (§ 16b-20); le choix opéré par Moïse entre les deux catégories (§ 21-29). Suivons ce programme.

1) *L'infirmité des νεώτεροι* (§ 6-16a) :

Le § 6 commence par traduire *«jeune»* par *«révolté»*, en se référant à l'histoire même de Cham : c'est lui, le jeune, qui s'est moqué de son père. Il s'est révélé imprévoyant et léger.

La suite énumère les exemples bibliques où tel personnage, d'apparence mûre, reste un de ces «jeunes» : Ismaël, le Peuple en rébellion, Rachel et Joseph.

Cette liste n'est pas aléatoire. Notons d'abord une symétrie matérielle : l'exemple d'Ismaël et celui de Joseph, soit le premier puis le quatrième, sont plus développés que les deux exemples intermédiaires, du peuple révolté et de Rachel. Il se trouve, ensuite, que seul, le peuple en rébellion (§ 10-11) répond franchement à la définition posée au début, d'une *«jeunesse - révolte»* (§ 6); ni Ismaël, ni Rachel, ni Joseph ne sont des révoltés, et, d'autre part, ils entrent dans des couples, Ismaël-Isaac, Rachel-Lia, et même, plus subtilement, Joseph en un premier état, et Joseph en un second état. Nous allons revenir sur ce système des couples, d'ailleurs. Enfin, déjà rapprochés par la plus grande importance de leur vignette, Ismaël et Joseph, au début et à la fin, sont reliés par l'évocation d'une distinction capitale, celle qui oppose les *«bâtards»* au fils *«légitime»* ou naturel. Il faut donc y regarder de plus près. Déjà, il est loisible au lecteur de ramener les quatre exemples à trois : Rachel est la mère de Joseph, on le sait, et le § 12a ne cite aucun Texte sur Rachel, à la différence des autres exemples, de sorte que ce § 12a sert plutôt d'introduction au personnage de Joseph, qui va occuper la scène du § 12b au § 15. Le thème des valeurs du *«corps»*, opposées à celles de l'âme réunissent d'ailleurs Rachel et Joseph. Du coup, le statut particulier du *«peuple en révolte»* (§ 10), dont nous disions qu'il incarnait seul la définition exacte posée par le § 6, de la *«jeunesse - révolte»*, se trouve justifié : il est au milieu du système, et, à cette place, il désigne le point le plus bas et le plus misérable de l'hypothèse. Mais revenons aus exemples majeurs de cette première subdivision, Ismaël et Joseph.

Ismaël est plus âgé qu'Isaac, et pourtant l'Écriture le qualifie de *«jeune»*, d'*«enfant»*. Philon observe que ce qualificatif sanctionne la révolte inchoative d'Ismaël et son châtiment : lui, le *«bâtard»*, il revendiquerait l'égalité des droits avec le fils *«naturel»*, Isaac. Mais les deux fils d'Abraham s'opposent comme la sagesse achevée et l'étude propédeutique, comme la vérité et le sophisme, également. Philon parle ainsi d'un couple, qu'on peut appeler *objectif*, en ce sens qu'Isaac et Ismaël sont bel et bien deux personnages dans l'histoire biblique. Le contraste entre les deux demi-frères reste ici statique. Ismaël et Isaac représentent deux états de l'âme, et rien ne permet d'imaginer un passage de l'un à l'autre.

Au contraire, l'exégèse de l'histoire de Joseph, prise, soit dit en passant, dans son début (*Genèse*, ch. 37, v. 2), puis dans sa conclusion (ch. 49, v. 22), et dans les deux cas prise du point de vue supérieur de Jacob, laisse prévoir une évolution, un dynamisme. Joseph est *«jeune»*, mais Jacob, son père éclairé, l'appelle à plus de maturité, comme si la porte s'ouvrait entre les deux univers, d'une jeunesse à une *«ancienneté»* plus solide. Ainsi, d'Ismaël-Isaac, nous passons pour ainsi dire d'un premier Joseph à un second Joseph. Aussi le milieu de l'exégèse concernant Joseph reproduit-il en une cellule élémentaire le jeu du passage conduisant l'enfant à l'homme fait : Joseph nourrit le corps, c'est à dire l'Égypte, mais Moïse assure l'arrachement — nous avons ici en raccourci ce que les § 16-25 du *De migratione Abrahami* développent à loisir (ici, soit au § 13b du *De sobrietate*). La mention du *«chant»* de Moïse donne aux § 12-15 leur poids d'espérance et de conversion. On peut alors faire remarquer que ce couple *subjectif*, de Joseph à Joseph, reçoit un commentaire dialectique qui est suspendu à la *«vision»* : «lorsque celui qui voit — c'est à dire Israël — *voit l'Égyptien englouti et perdu...»* (§ 13b). Or, c'était l'acuïté de la vue que la sobriété procurait au Sage, dans l'Introduction (§ 3b-5). Nous restons dans le cadre prévu. Un simple tableau nous permettra de réunir les données simples et parlantes qui transforment la série des références bibliques en un faisceau ordonné. Philon va du statique au dynamique. Il lui suffit pour cela de mettre Jacob en surplomb des §

12-15 et de lui donner un rôle d'initiateur : Jacob *«appelle»* Joseph (en inclusion, § 12b et 15b). Un mouvement du corps à l'âme, ou du bas vers le haut est amorcé. Au contraire, dans la première esquisse, d'Ismaël-Isaac, le personnage qui pourrait jouer le même rôle, Abraham, mari d'Agar et de Sara comme Jacob est maître de Lia et de Rachel, ne se montre que pour *«chasser»* Ismaël avec sa mère (§ 8). Philon aurait pu évoquer le progrès d'Abraham, passant d'Agar à Sara (la fin du § 9 se paie le luxe de rappeler la distinction des études propédeutiques et de la sagesse entière). Mais en laissant dans l'ombre le progrès d'Abraham, Philon anime sa symétrie : au début, il souligne la rupture, la séparation; à la fin, il annonce un retour de Joseph, désiré, sollicité et réalisé d'avance dans la défaite de l'Égypte (§ 13, fin) — le *De migratione Abrahami*, § 17s parlera des *«ossements»* de Joseph et de leur retour en Terre promise. Ici, Philon note que Joseph n'est pas définitivement compromis avec les séductions du corps : il est bien le *«compagnon»* des réalités sensibles, mais un compagnon *«sans flatterie»* (§ 13, début).

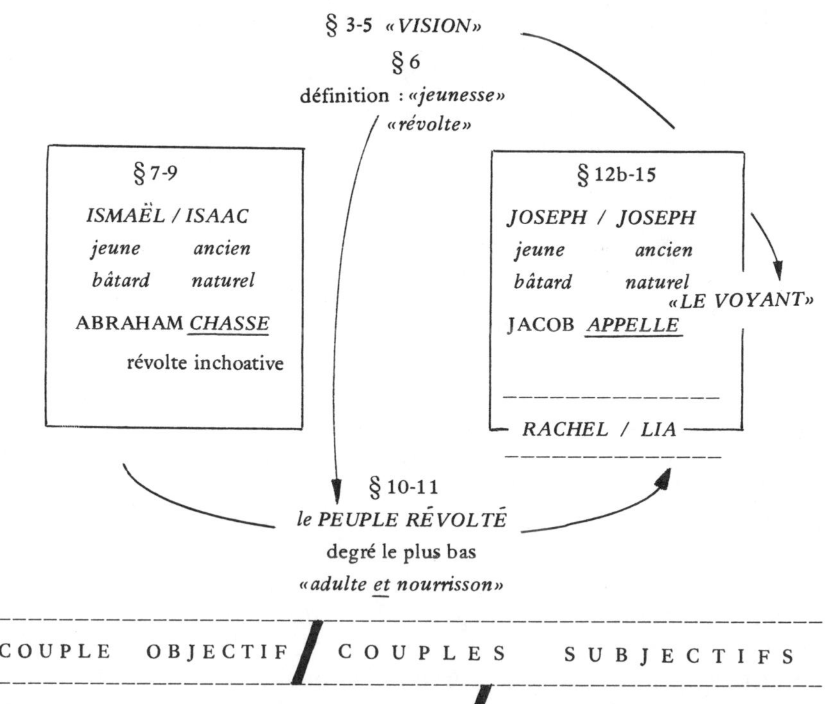

Noter que l'exemple médian est aussi médiateur. Il achève la révolte inchoative d'Ismaël, et il se rattache donc au premier volet — et comme l'exemple d'Ismaël-Isaac, il reste statique; mais il se rattache déjà au second volet, de Joseph-Joseph, en ce point précis : le couple des valeurs devient subjectif, puisque le peuple en rébellion est à la fois *«adulte»* et *«nourrisson»*, comme c'est en Joseph que la transformation est espérée, de l'enfant à l'homme.

On pourrait encore raffiner. Dans le dernier volet, le couple formé brièvement par Rachel et Lia (§ 12a) et qui sert seulement d'introduction aux «deux» Joseph, permet d'accomplir les deux systèmes, objectif et subjectif : Rachel et Lia sont deux personnages distincts, comme Ismaël et Isaac, naguère, mais leur rapprochement permet de comprendre les deux états de Joseph, un seul et même personnage.

Quant à ce passage dialectique d'un couple objectif à un couple subjectif, d'Ismaël-Isaac à Joseph-Joseph, nous en avons trouvé d'autres exemples : voir *Quis heres*, § 40-51, et mon commentaire, dans *La trame et la chaîne...*, vol. I, pages 209-221 et 555, ou encore, *De Cherubim*, § 108-119, et mon commentaire, dans *L'épée du Logos et le Soleil de Midi*, pages 77-80. Le passage d'une division extérieure, lue dans deux destins, à une tension intime, dont le champ clos est l'âme singulière, justifie sans doute aux yeux de Philon le jeu de son allégorie spirituelle : tout ce qui apparaît dispersé dans le miroitement presqu'indéfini des mots de la Bible doit être resserré, pour ainsi dire, aux dimensions de chacun en Israël. Telle pourrait être la forme, très personnaliste, du messianisme dans Philon : *un seul Juste* soutient le monde, et toute la Loi se réjouirait d'être écrite pour lui seul.

2) *La supériorité des πρεσβύτεροι* (§ 16b-20) :

Les § 16b-20 prennent les choses par l'aspect complémentaire : les *«jeunes»* une fois exclus, il faut ajouter la promotion des *«anciens»*. La division élémentaire des *«anciens»* et des *«jeunes»* ne portait pas nécessairement le mérite des *«anciens»*. C'est ce que dit clairement le second exemple ici allégué : en suggérant à Moïse de réunir soisante-dix Anciens *«parmi les anciens d'Israël»*, Dieu avertit le sage que l'on ne fait pas partie des Anciens du simple fait qu'on est ancien... Or — intériorité de l'exégèse philonienne — cet art de *diviser* d'après les critères véritables, issus de la Bible donc, est justement le mérite qui fait d'Abraham un *«Ancien»* selon la vérité : tel est le premier exemple de cette page (§ 18, dans l'ensemble des § 17-18). Je souligne comme essentiel à l'éducation d'Abraham, chez Philon, cet art de la juste division, parce qu'il touche de près à la théorie intellectualiste de Philon et en même temps à sa méthode, toute fondée sur une division des mots et des exemples de l'Écriture. En ce sens, les Traités, l'exégèse, l'allégorie relèvent de la propédeutique imposée à Abram. Notons, pour revenir à une considération plus immédiate, que le mérite d'Abraham, capable de parcourir le réel, *«non pas seulement selon un genre unique — μὴ καθ' ἓν εἶδος — mais selon toutes les applications»* (§ 18), est déduit par Philon de la redondance qu'il déchiffre dans le Texte, *«Abraham avait progressé en Ancien, et le Seigneur donna le bon logos à Abraham selon toutes choses»* (de *Genèse*, ch. 24, v. 1). Superposons les trois termes, *«Ancien»* et *«bon logos»*, d'abord : la Sagesse consistera à posséder la «Logique»; puis *«bon logos»* et *«selon toutes choses»* : la Logique consistera à suivre par juste division les ordres divers du réel en toutes ses parties.

L'alternance d'Abraham et des soixante-dix Anciens du Peuple n'a rien pour nous étonner : une fois de plus, l'*Exode* et la *Genèse* concourent à l'intelligence d'un concept. Et nous noterons simplement ici la brièveté de la notice concernant les *«anciens»*. Comme les deux développements placés de part et d'autre, sur les «jeunes» et sur le choix qu'il faut faire entre les «jeunes» et les «anciens», occupent une place bien plus grande et surtout pratiquement égale, des § 7-16a aux § 21-29, il y a des chances pour que la première partie du *De sobrietate* dans son ensemble réponde elle aussi à une forme régulière, du type A — B — A' comme la cellule précédente, des § 7-16a.

3) *Le choix nécessaire* (§ 21-29) :

C'est seulement en annonçant un complément d'information destiné à renforcer *«chacun des deux sujets précédents»* (§ 21a) que Philon marque la césure. Il ne suffisait pas de disqualifier les «jeunes»; il ne suffit pas d'exalter les «anciens» : il faut encore élucider le choix même qui tranche entre les deux catégories.

Cette section est partagée entre deux exemples, l'un tiré de la législation d'Israël sur les droits d'aînesse, l'autre, de la *Genèse*. Il n'est pas besoin de souligner le caractère retors de l'interprétation où Philon s'engage du Texte législatif. La place des mots dans la loi suggère tour à tour l'antériorité temporelle et l'antériorité morale de tel ou tel fils, de la femme *«aimée»* — trop aimée pour ce qu'elle est — ou de la femme *«haïe»* — la Vertu, incommode et rébarbative. La Loi pose ainsi le cadre ou le principe que les histoires bibliques appliquent et respectent : nous avons donné toute sa place à la phrase incidente du § 26, où la Loi est comparée au *«but»*, et l'histoire, aux *«flèches»* qu'on doit y ficher.

Comme dans le développement consacré aux «jeunes», Philon nous conduit ici encore de la séparation franche entre plaisir et vertu, ou entre «jeune et «ancien», à une composition plus souple, entre la *«Mémoire»* d'Éphraïm et le *«souvenir»* de Manassé. Un même relèvement des contrastes traduit une fois de plus l'optimisme de Philon. Il reste à interpréter le résultat global des symétries que nous avons observées. Les § 6 — 29 suivent d'abord une logique simple, par l'examen successif des trois étapes, celle du refus d'une jeunesse révoltée, celle de l'adoption de la sage ancienneté, celle du carrefour imposé par la nature, qui a mis dans l'homme les deux registres et pour ainsi dire les deux âges. Mais cette séquence linéaire s'accommode d'une mise en page plus imaginative, qu'un tableau suggère plus rapidement que la dissertation :

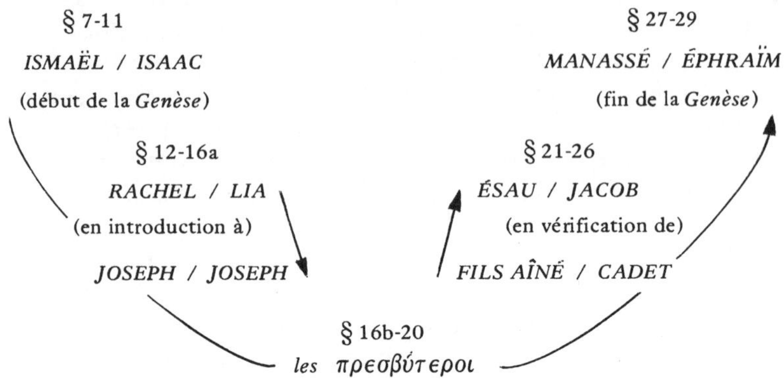

L'intérêt n'est pas celui de la composition régulière, mais du mouvement qu'elle permet. Du début à la fin de l'Histoire patriarcale, soit d'Isaac à Éphraïm, nous passons une fois de plus et de façon plus large donc, de la séparation sans remède à la dialectique. Ismaël ne rejoindra jamais Isaac; le souvenir, ou Manassé, reçoit sa bénédiction à côté de la Mémoire, ou Éphraïm. Entre temps, élégance ne nuit pas au sens, les deux brèves notices, soit de Rachel-Lia, soit d'Ésaü-Jacob (§ 12a et 26), jouent de façon symétrique un rôle ou d'introduction ou de conclusion démonstrative. Au centre de tout, la vérité des *«Anciens»* équilibre la réflexion globale des § 6 — 29. De ce point de vue, la courbe générale corrige la courbe des simples § 7-15 : là, le centre était marqué par la révolte du peuple, le point le plus bas de la formule initiale, où le fils cadet est en rébellion contre son père; le centre de la section est marqué par la sagesse des *«Anciens»*, et c'est une valeur positive, de rédemption par rapport à l'hypothèse de départ :

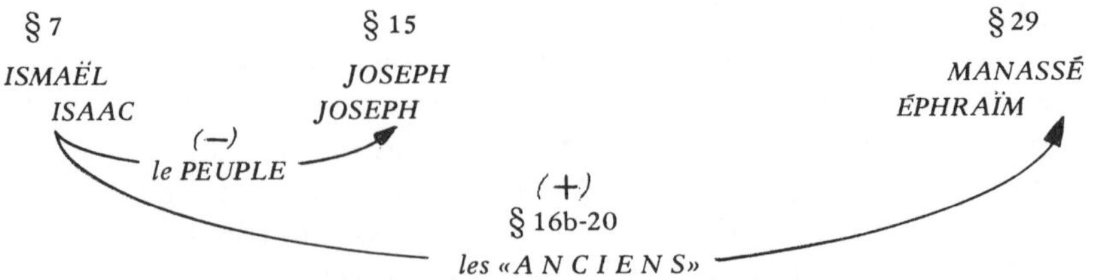

Enfin, soulignons que les deux achèvements, celui du § 15, pour Joseph, et celui des § 27-29, pour Éphraïm, sont l'œuvre du même personnage, à savoir Jacob. C'est même lui qui est le héros de la troisième section tout entière (§ 21-29) : la législation du *Deutéronome* s'ajuste à son cas, nous l'avons dit, et c'est lui qui discerne la priorité réelle d'Êphraïm, né cependant après Manassé. C'est alors le moment de faire observer que la Triade patriarcale est présente dans cette première partie du *De sobrietate* : Jacob a le rôle d'initiateur, et peut-être devine-t-on par là qu'il est Jacob-Israël, le «*Voyant*», conformément au privilège de la «*vue*» énoncé aux § 3-5; Abraham décore le centre des § 6 – 29, au titre d'«*Ancien*» ; quant à Isaac, c'est lui qui s'oppose à l'Ismaël de la première section, et il ne saurait s'avancer plus avant sur la scène, puisque l'étape théorique sur l'itinéraire moral tracé par Philon reste celle des commencements, témoin la prudence des exégèses précédentes, celles du *De ebrietate*.

DEUXIÈME PARTIE : «*QUI EST MAUDIT ?*»

Les § 30 – 50 amorcent le thème de la «*malédiction*» lancée par Noé contre son fils Cham, celui qui dans sa «*révolte puérile*» a découvert sa nudité. Philon procède en deux étapes, à propos de cette malédiction. La première prend les choses du point de vue du personnage visé, et cela assez longuement et de façon assez originale pour déterminer ainsi une partie distincte, nos § 30 – 50. À la suite, une troisième partie viendra analyser le contenu de la formule énoncée par Noé, et nous avons déjà averti le lecteur que cette dernière exploration allégorique serait surprenante, complexe et soignée. Nous savons aussi que notre deuxième partie tranche sur les deux autres, qui, de part et d'autre, font appel à l'Écriture : les § 30 – 50 se bornent à la réflexion philosophique, quitte seulement à longer, pour ainsi dire,le Texte de base à partir du § 44, et à invoquer tout de même quelques exemples bibliques, dans les § 48-50. On peut alors distinguer deux sections, clairement délimitées par la question rhétorique du § 44, «*Pourquoi ai-je parlé de cela, si ce n'est pour enseigner que le fils de Noé, Cham est le nom du vice en repos...*». La première section développe une théorie du «*mouvement*» et du «*repos*» ; la seconde applique cette théorie aux deux personnages bibliques en cause, Cham et Canaan.

• *Le mal dans la théorie de l'acte et de la puissance* (§ 34-43) :

C'est en effet le petit-fils de Noé, Canaan, et non pas son fils coupable, Cham, qui hérite de la malédiction du père. Cette anomalie signifie évidemment quelque vérité cachée. Philon se garde de donner d'emblée le point de départ de son analyse : ce point de départ étant l'étymologie des deux noms hébreux, Canaan et Cham. Il nous la donnera généreusement au § 44. C'est que cette étymologie ne procure pas directement la division que Philon va d'abord mettre en avant. Canaan et Cham signifient suivant le code, l'un, l'*«agitation»*, et l'autre, la *«chaleur»* de fièvre. Ce sont seulement deux applications du couple universalisable de l'Acte et de la puissance. Mais ce n'est pas cette nuance qui dicte à Philon son silence du § 33. Plus simplement, nous surprenons là un effet de son habitude mentale : il anticipe toujours, et c'est ce que nous appelons son exégèse *téléologique*. Parce qu'il sait où son commentaire rejoindra le Texte, il tire d'avance des chèques sur cette provision assurée.

La réflexion philosophique se divise à son tour en deux étapes. Philon commence, à la mode platonicienne, par proposer un paradigme artisanal (§ 35-36) : l'ouvrier, loin de son chantier, garde en lui la puissance correspondant à son activité. Une longue phrase, longue mais simplifiée du fait qu'il s'agit d'enchaîner les exemples, définit le jeu de l'acte et de la puissance (§ 36). Puis le § 37 en arrive à ce qui sera le nerf de l'argumentation : seul, l'acte est décisif. Et Philon passe à la seconde étape : le principe métaphysique de l'Acte et de la puissance s'applique au domaine moral, aussi. Qui, du côté de la vertu ou du côté du vice, s'en tient au *repos*, ne passe pas de la potentialité à l'acte, celui-là est moins responsable que le second, l'agent. Les § 38-41 regardent le volet du bien; le § 42, celui du mal, et le § 43 récapitule. Mais ne passons pas trop vite sur ces lieux-communs.

Notons d'abord l'optimisme de Philon : on pourrait attendre ici qu'il insiste sur le versant du mal; or, il développe avec plus d'ampleur celui des vertus cachées. Et, en second lieu, on observe que le système de pure opposition, tel qu'il joue entre la puissance et l'acte, dans la théorie précédente, est en fait détourné. Philon profite de l'occasion pour brosser un tableau du sage parfaitement équilibré, et qui allie les valeurs extérieures et la sagesse. Philon s'arrange, de plus, pour retrouver les noms mêmes des valeurs mondaines qui figuraient comme repoussoir et tentation au début du *De sobrietate*, et qui reviendront à la fin (§ 3, puis § 56-69). Du coup, cette partie médiane (celle des § 30 — 50) possède en son propre milieu les thèmes qui réunissent déjà les extrêmes, dans l'architecture du *De sobrietate*. Désordre, légèreté d'une esquisse, ou bien concertation, prévision, et donc projet et cohérence ? Facilité d'une *Quæstio-Solutio*, ou facture d'un traité ?

• *Application à Cham et à Canaan* (§ 44-50) :

Ce titre n'est pas tout à fait juste, car, je l'ai dit, Philon mène ici concurremment philosophie et Écriture. Une fois données les étymologies de Cham et de Canaan, *«chaleur»* — et donc position inchoative — puis *«agitation»* — et donc mouvement, passage à l'acte — Philon disserte encore à coup de nouveaux paradigmes, brefs mais de même usage que ceux des § 35-36. Pourtant, à partir du §

47, la Bible reprend un peu de ses droits, sans acquérir cependant une autonomie véritable. Il s'en faut, au total, que tout cela soit improvisation ou désordre. Plusieurs lignes d'organisation maîtrisent cette section. Ainsi, tout d'abord, l'exégèse, c'est à dire la lecture complète de *Genèse*, 9 : les § 44-46 parlent des deux noms propres, Cham, Canaan; mais les § 47-48 commentent le fait que Canaan soit le fils de Cham, ce que le Texte de la *Genèse* souligne deux fois (ch. 9, v. 18 et 22 — Canaan désignera l'ensemble des populations hostiles et idolâtres qu'Israël devra affronter sur la Terre promise). Au § 47, la solidarité des deux aspects du mal, en repos et en action, pourrait nous faire croire que l'état potentiel de repos est plus coupable, puisqu'il est comme la racine de ce fruit, l'action-mouvement. Mais le Texte allégué au § 48 retourne la situation : *«...faisant passer les refus de la Loi des pères sur les fils, sur les troisièmes et sur les quatrièmes»* (d'après *Exode*, ch. 20, v. 5 et d'autres passages). Philon retrouve par ce biais un thème qui lui est familier, celui de la distinction capitale à mettre entre ce qui reste enfoui dans une pensée immobile et ce qui passe au-dehors et tombe sous le coup d'une loi objective. Et le Texte de l'*Exode* reçoit alors un éclairage plus précis de la loi touchant les lépreux. C'est la loi paradoxale, largement exploitée dans les paradoxes du *Quod Deus*, § 122 — 138. Cet enchaînement de type exégétique produit un effet de composition inattendu. Car le commentaire du Texte sur la lèpre, immobile ou non, nous reconduit aux § 44-46, où Philon nous disait que la sanction juridique frappe seulement ce qui est accompli en l'acte, et par-delà, jusqu'à la première dissertation faisant le départ entre la puissance et l'acte dans le domaine du mal (soit les § 34-43). De sorte que nous avons une fois de plus la disposition en berceau double :

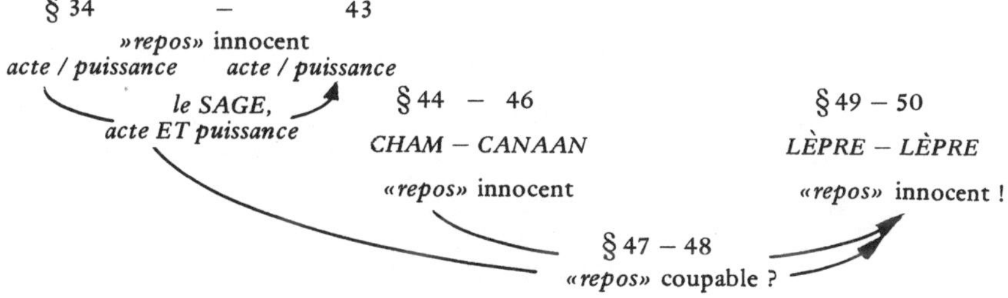

Ce jeu du for interne et du for externe sauve relativement Cham, le père de Canaan, lequel reçoit la plus lourde malédiction. Mais, ce disant, Philon applique au couple Cham-Canaan ce qui vaut de Noé : la nudité de Noé est restée *«à l'intérieur de sa maison»*; et ailleurs Philon sauve le patriarche par cette discrétion de la faute : s'il existait un «chapitre», placé entre le *De ebrietate* et notre *De sobrietate*, où Philon commentait ce passage célèbre, il devait appuyer sur ce thème, et le salut relatif de Cham, ici, devait faire écho à l'exégèse plus large sans doute qui traitait du dernier effet de l'ivresse, d'après la liste initiale du *De ebrietate*, soit *«refus d'éducation, engourdissement, gloutonnerie, Joie et nudité»*. Ce relatif relèvement de Cham nous introduit, de façon optimiste, dans l'esprit qui règnera sur la dernière partie du *De sobrietate* il relèvera la malédiction de Cham-Canaan par la bénédiction de Japhet et de Sem.

Le relèvement, enfin, atteint les limites extrêmes du mal, si l'on en croit le § 50 : là, Caïn lui-même se voit proposer un *«repos»* qui le sauverait, d'après *Genèse*, ch. 4, v. 7, *«Tu as péché : tiens-toi en repos»*. Il n'est pas impossible que ce «salut de Caïn», sommairement suggéré par Philon relève d'une exégèse globale de la grande histoire des Origines dans la *Genèse*. En effet, le Texte établit une inclusion très enveloppante entre la malédiction qui atteint en deux étapes le *«sol»*, l'*adamah* originelle, avec Adam puis avec Caïn (ch. 3, v. 17, puis ch. 4, v. 11-12), d'une part, et, d'autre part, l'arrivée de Noé, justement (ch. 6, v. 29), arrivée saluée par la prophétie du propre père de Noé, Lamech : *«Celui-ci nous fera reposer de la malédiction du sol — de l'adamah...»*. Lamech fait allusion à la Plante merveilleuse, la Vigne, qui remplacera l'ingratitude complète du sol ou la maigre production d'épines et chardons entravant la montée des céréales... Cette vue cavalière de la *Genèse* ne serait pas en contradiction avec le caractère minutieux de l'allégorie philonienne. J'ai plusieurs fois noté de pareilles possibilités. Mais il n'est pas possible d'en apporter la preuve. On peut tout au plus renvoyer le lecteur au développement du *De posteritate Caini*, § 121-123, sur les mots de l'Écriture, *«(Noé) fera reposer»* (voir aussi le *Quod deterius*, § 121-123, où il est question du même Caïn).

TROISIÈME PARTIE : *«LA MALÉDICTION DE CHAM»*

Les § 51 — 69 forment un très beau «chapitre» philonien, muni de sa dialectique. Partant de la *«malédiction»* de Cham ou de Canaan, ils rayonnent tout entiers de la *«bénédiction»*. C'est pourquoi je propose de lire, au § 51, ἀράς τε καὶ εὐχάς, mais cette correction n'est pas indispensable. Quoi qu'il en soit, Philon postule une relation de contraste, devenant équivalence comme souvent, entre les deux propositions extrêmes du Texte de *Genèse*, ch. 9, v. 25-26, et la proposition médiane :

«Maudit soit Canaan... → *Canaan servira...»*

«Béni soit le Seigneur, Dieu de Sem...

La malédiction de l'un nous conduit à la bénédiction de l'autre.Les relèvements, les sublimations, les saluts qui jalonnent le commentaires de Philon sur Noé, depuis le *De ebrietate*, et même depuis le *Quod Deus,* trouvent ici leur couronnement. Et Philon reçoit le ressort de sa dialectique dans la complexité du Texte biblique. Les v. 25-27 du ch. 9 de la *Genèse* est déjà en chiasme, et il établit une hiérarchie double, de Canaan à Japhet, à Sem — ce que l'histoire ne laissait pas prévoir, puisque Sem et Japhet partagent en indivis le mérite de la bonne conduite : ils ont recouvert la nudité de leur père, bafouée par le seul Cham. L'oracle de Noé est ainsi disposé :

«Maudit soit Canaan !
Qu'il soit pour ses frères (SEM et JAPHET)
l'ESCLAVE des esclaves !
Béni soit Yahvé, le Dieu de SEM,
et que Canaan soit son ESCLAVE;
et que Dieu dilate JAPHET,
et qu'il soit dans les tentes de SEM !
et que Canaan
soit son ESCLAVE !»

Le chiasme est savant : Canaan-esclave figure au début, au milieu et à la fin; le début annonce aussi les deux frères, c'est à dire Sem et Japhet : Sem va revenir deux fois, encadrant Cham-Canaan et Japhet (sans préjudice de leur différence); «Dieu» est nommé deux fois, symétriquement, pour Sem, pour Japhet, mais la dénomination plus haute, «Yahvé-Dieu» n'apparaît qu'à l'usage de Sem, ce qui donne à ce fils de Noé l'excellence et justifie son empire sur ses deux frères. Cet empire est proportionné aux valeurs des sujets, et cette lecture du Texte biblique suffit presque à rendre compte de tout le cheminement accompli par Philon dans nos § 51 — 69. Cette fois, l'Écriture a retrouvé toute sa domination : la lecture qu'en propose Philon est seulement plus complexe que le début du *De sobrietate* ne le laissait prévoir.

Ainsi, Philon va sauver, sinon Cham ou Canaan, du moins l'espérance de son lecteur, en ramenant Japhet vers Sem. Comme souvent chez Philon, les héros du Bien possèdent une histoire, une évolution. Et, par contraste, les héros du mal occupent difficilement la scène : ils disparaissent, même du point de vue littéraire, et Philon retourne leur venin en baume de salut [1].

Les premiers mots de notre troisième partie confirment explicitement ce que nous venons d'avancer : *«Sem est appelé 'nom', et donc d'abord le genre tout entier du 'nom'* (puisque rien ne vient particulariser le vocable 'nom'), *au lieu d'une espèce du 'nom'. C'est dire équivalemment que le Bien seul est 'nommé' et qu'il a droit à la*

1. Voir, par exemple, le *Quod deterius*, § 119-140, et mon commentaire dans *Philon exégète*, ANRW, 21, II, 1, pages 190-193. Il s'y agit précisément de Noé, inscrit dans une ronde de personnages bibliques, tous dotés d'un mouvement, alors que Caïn reste inerte et privé de toute évolution, du début à la fin du «chapitre». Voir aussi l'exécution sommaire que Philon accomplit de Lot (*De migratione Abrahami*, § 175).

Beauté de la diction ou de l'éclat, alors qu'en retour, le mal reste sans nom ou de mauvais renom» (§ 52). Cham et Canaan peuvent disparaître sans que l'exégète soit comptable de cette absence.

Notons au passage le retour de la *«beauté»* de l'*«éclat du renom»*, toutes valeurs contestées au départ (§ 3).

Cette partie se divise à son tour en deux sections, qui se répartissent les deux bénédictions, celle de Sem, celle de Japhet. Le premier personnage touchera aux confins de l'exaltation, lui, l'ancêtre d'Israël; le second permettra au sage progressant de s'établir dans un équilibre des biens intérieurs et des biens extérieurs, sous le regard du premier.

- *La bénédiction de SEM* (§ 52-58) *:*

En voici tout d'abord le rappel : *«Béni le Seigneur, le Dieu de Sem»*. Les § 52-58 donnent une exégèse condensée, dont il faut énumérer les éléments, un à un :

1) Dieu est dit *«Dieu de Sem»*, génitif prodigieux, et impliquant que Sem est l'unique partenaire, l'équivalent de l'Univers (§ 53-54);

2) Sem bénéficie de la présence double, du *«Seigneur»* et de *«Dieu»* (§ 55-56a);

3) Sem est *«béni»*, ou plutôt *«objet du bien dire»* — un peu comme si *«béni»* s'appliquait à Sem (§ 56b);

4) mais comme le Texte dit *«Béni le Dieu de Sem»*, il faut en arriver à dire que Sem rend bénédiction à Dieu de tant de bienfaits : il s'épuise en louange, parachevant la définition du Sage (§ 58).

Fond et forme, grammaire et sens participent à l'exégèse. L'enchaînement est assuré : par exemple, si Philon peut, une nouvelle fois, résorber, pour ainsi dire, la Puissance du Κύριος en celle du Θεός (§ 55b-56a), c'est qu'il a précédemment exalté Sem au-dessus de l'Univers sensible lui-même (§ 54), à la hauteur de l'Univers Intelligible, lequel ne connaît aucun mal et n'a donc pas besoin de la correction apportée par la *«Maîtrise»* divine (§ 55). L'*«amitié»* divine est plutôt le registre unique où s'établira Sem, tout Sage, tel Abraham (§ 56a).

Autre remarque : le Sage arrive au sommet de la *«royauté»* (§ 57). Sans doute est-ce là l'accomplissement obligé de toutes les grandeurs. Mais on doit aussi voir dans ce *«roi»* le terme opposé et symétrique de l'*«esclave»*. Nous avons suggéré que la bénédiction est commentée en lieu et place de la malédiction, et en voilà comme la preuve. Parce que Cham-Canaan sera esclave, c'est là sa malédiction, il faut dire que Sem sera marqué par la royauté, et c'est là sa bénédiction. Loin de former une sorte de brève *Quæstio*, ces §

53-57 ont leur logique propre, et en même temps ils la tiennent de plus haut, de la perspective qui gouverne l'exégèse de toute la troisième partie. Ce qui n'empêche pas le virtuose qu'est Philon de marier les résultats à l'emploi de ses codes ordinaires, la division des significations (de *«béni»* à *«sujet du bien dire»*, par exemple), l'alternance du fond et de la forme, et surtout l'observation des «redondances» de l'Écriture : il faut lire les mots puis les groupes de mots, parce que la cohérence de l'Écriture permet seule de donner le vrai sens.

Je ne saurais trop insister sur la réduction des deux Puissances majeures à la seule *«Bonté»* créatrice. Elle explique quantité de dialectiques dans Philon, en particulier celle du premier «chapitre» du *De mutatione nominum*; elle domine les commentaires du *Quod Deus*, également; elle donne enfin au système théologique de Philon le plus grand effet de *mouvement* qu'on puisse imaginer, puisqu'il porte en Dieu une sorte de permanente conversion, reflétant en réalité l'itinéraire moral du sage, qui va se perdre en la Création première.

• *La bénédiction de Japhet* (§ 59-68) :

En voici la teneur : *«Que Dieu élargisse Japhet, et qu'il habite-à-demeure dans les demeures de Sem — et que Canaan soit leur esclave»*. L'exégèse est plus subtile que la précédente. Suivons-en les inflexions :

1) La *«beauté»* : le nom de Japhet signifie «Beauté», et ici, il faut l'entendre de l'harmonie parfaite créée chez le Sage par l'équilibre des trois ordres, les valeurs de l'âme, celles du corps, celle des biens extérieurs (§ 60);

2) «L'*étendue»* promise à Japhet justifie précisément cette extension du Sage aux trois domaines (§ 61);

3) Mais ici surgit une question : le Texte dit *«il habitera-à-demeure dans les demeures de Sem»*, sans préciser qui représente ce «il» mystérieux. D'où les deux hypothèses :

   a) il s'agit de Dieu (§ 62b-66);

   b) il s'agit de Japhet (§ 67-68), qui reviendra jusqu'à Sem.

C'est par attention à la «redondance» du Texte que Philon propose d'emblée de parler de *«Beauté»* sans se limiter au domaine du bien (§ 60) : l'idée de son *«extension»* vient à la fois du caractère suprême où les bénédictions de Noé nous situent, et du mot qui suit dans le Texte, à savoir le verbe *«il élargira»* (§ 61).

Pour ce qui touche à l'interprétation du «il», on se souviendra ici du *Quis heres*, § 130, où le verbe *«il divisa»*, naturellement applicable à Abraham qui fait son sacrifice en partageant les quadrupèdes, finit par se voir reporté à Dieu. Nous avons vu que le § 56b commençait par attribuer à Sem une bénédiction qui avait Dieu comme objet, *«Béni soit le Dieu de Sem...»*. Ici, par un jeu symétrique, Dieu devient le sujet du verbe *«demeurer»*, qui intéresse d'abord et uniquement Japhet. Ces échanges ne restent peut-être pas sans signification symbolique pour le lecteur initié — au sens précis où j'entends cette initiation, c'est à dire comme le résultat des lectures : nous arrivons à la fin d'un «chapitre», sinon d'un ouvrage, et Philon suppose que son lecteur a pris de l'exercice et complète et poursuit. Ici, la réciprocité des *«demeures»*, Dieu logeant auprès de Sem, Sem recueillant l'errance de Japhet en sa tente, fait de Sem le centre du Monde et l'universel médiateur. Vers lui Dieu se penche; vers lui Japhet replie les navigations qu'il a menées dans les cantons du sensible, des biens du corps ou des biens extérieurs. Le Grec vient au Juif.

Car telle est la leçon la plus visible. Au point que Philon, selon un procédé classique chez lui, a infléchi sa division bipartie, habitation de Dieu - habitation de Japhet, de façon à composer une nouvelle symétrie autour de la *«maison»* ou demeure. En effet, les § 62-68 répondent au système suivant, qui met Sem au centre littéraire, comme il est moralement exalté entre les régions de Dieu et de Japhet, son frère :

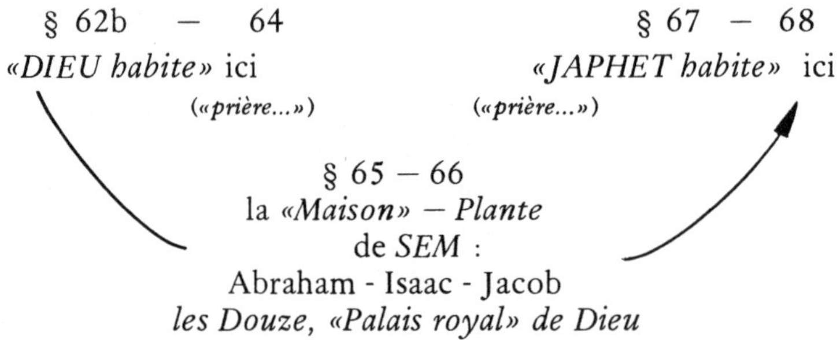

Le Peuple d'Israël est ainsi la Maison aux deux entrées. Dieu y vient, et c'est le palais royal et sacerdotal; Japhet y *«revient»*, et c'est le salut de l'âme jusqu'ici égarée dans le monde. On aura noté que la *«prière»* est évoquée par Philon au § 64, fin du commentaire donné à la présence de Dieu, et au début du § 67, en introduction à l'hypothèse qui ferait de Japhet le sujet du verbe indéfini, *«il demeura»*. Ainsi la symétrie de cet indice vient-elle renforcer la symétrie des deux hypothèses autour de leur axe commun, le personnage de Sem.

Nous tenons dans cette page un exemple simple et clair de la technique de Philon. La division en deux hypothèses ne se borne pas à sa «logique» linéaire. Par la force du Texte alors analysé, une donnée nouvelle, ici la *«Maison»*, se loge au cœur de l'exégèse et détermine un nouvel équilibre. C'est alors une dialectique, avec la médiation de cet élément moins attendu, qui remplace ou plutôt qui double le déroulement linéaire. Il offre le *mouvement* à ce qui pouvait rester relativement immobile. C'est ce mouvement qui est le propre du discours philonien, contredistingué des *Quæstiones.*

La valeur d'une conclusion

Je parle d'abord du § 69 et dernier. Il rend compte du Texte de base, en considérant enfin que toutes les bénédictions, de Sem et de Japhet, sont encadrées par la malédiction de Canaan, *alias* Cham. Mais comme le Texte fait de Canaan l'*«esclave»* de ses frères, Philon va jouer d'une nouvelle division, rapidement esquissée. Ou bien le personnage ainsi dominé profitera de la leçon et se convertira, ou bien il s'obstinera. Il ne faut pas beaucoup de philonisme pour retrouver derrière les frères de Cham l'ombre portée des deux Puissances majeures : la *Bonté* sauve et tourne l'âme vers le meilleur; la *Seigneurie* la reprend et la châtie s'il le faut. Nous avons là une réplique du § 55, soit du début même de la troisième partie. Il faudra en tenir compte pour interpréter l'ensemble de cette troisième partie, ainsi fermée dans une nouvelle inclusion.

Là en effet les symétries opèrent d'elles-même : non seulement la mémoire en est facilitée, mais le sentiment de l'itinéraire moral se dégage avec force. La division première de cette partie (§ 52-69), entre la bénédiction de Sem et la bénédiction de Japhet, est elle-même assouplie. Elle devient une dialectique, dont la *«Beauté»* achevée de Japhet occupe le centre (§ 59-61). De part et d'autre, nous retrouvons, agrandi, le jeu de miroir ou de rencontre qui gouverne la fin, les § 62-68, la *«maison»* de Sem devenant celle de Dieu puis le refuge de Japhet. Car l'essentiel du volet formé par le commentaire de la bénédiction propre à Sem (les § 56-58) tourne à la célébration de l'âme : c'est l'*homme* qui est alors désigné comme *«roi»*; et l'essentiel du volet commentant la bénédiction de Japhet (les § 62-66) tourne à la célébration de cette cellule divine, formée de Dieu même et de Sem, et qui devient *«palais du Roi»* : là, c'est *Dieu* qui prend le titre. Le premier volet dit les effets dans l'homme; le second remonte à la Cause, en Dieu. De part et d'autre, il est question d'Abraham. Au début (§ 56), de Sem à Abraham, nous restons dans l'ordre individuel, personnel. À la fin (§ 65-66), de Sem à Abraham, nous continuons jusqu'à Isaac et Jacob, jusqu'à l'Israël des Douze tribus, et l'on nous conduit ainsi au Peuple — le Nombre pur et sacré n'a rien à voir avec le multiple fâcheux qui inaugurait tragiquement le *De gigantibus* (premier ouvrage sur Noé), et il rime sans difficulté avec l'unicité propre à l'âme du Sage, Abraham ou Sem. Enfin, rappelons notre point de départ et d'arrivée : les deux Puissances, Bonté et Seigneurie, encadrent le tout (§ 55 et 69). L'élégance est au rendez-vous : c'est en revenant à ce qu'il n'aurait logiquement pas dû quitter, à savoir la malédiction prononcée contre Cham-Canaan, que Philon achève le périple. Au centre l'équilibre parfait promis à Japhet offre la perspective eschatologique. Ce n'est pas sur elle que nous terminons, puisque les § 67-68 laissent à Japhet le seul refus des valeurs mondaines comme sauvetage. Pour ceux que les pesants va-et-vient de mon paragraphe auront un peu perdus, je résume les observations précédentes sous la forme d'un tableau et, par la force des choses, d'une symétrie, quitte à ajuster ou à compléter.

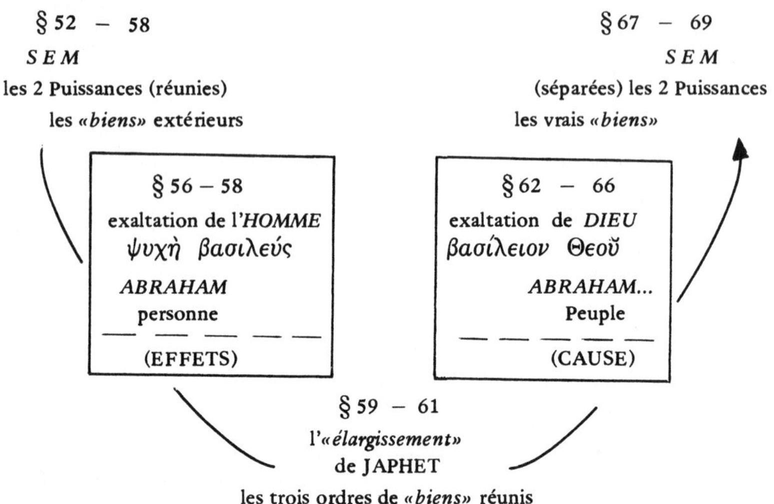

La fermeté de cette troisième partie, des § 51 – 69, assure l'équilibre de tout l'ouvrage ou «chapitre». Ajoutons que le § 69 tourne autour d'une notion, celle de l'Ἔλεγχος – qui n'est pas plus nommé que les deux Puissances. Or, plusieurs traités s'arrêtent sur cet outil de la Seigneurie. Qu'on se souvienne au moins de la fin du *Quod Deus*, ou du *De sacrificiis*. On pourrait tirer de là un argument en faveur de l'intégrité du *De sobrietate*, comme «chapitre» sinon comme Traité.

Enfin, précisément, la dernière page du *De sobrietate* souligne que Japhet doit «*revenir*» vers les demeures de Sem. Or, la première section de la première partie montrait un Jacob «*appelant*» son fils Joseph et lui conseillant de «*revenir*» (§ 12 – 15). C'est à ce passage précis de la *Genèse*, ch. 49, v. 22, que Philon revient lui-même pour achever l'exégèse du retour de Japhet (§ 68). De Joseph à Joseph, de la conversion à la conversion, le Traité me semble bien ajusté. L'harmonie que nous avons signalée dans l'introduction et qui fait alterner deux systèmes exégétiques, celui, plus libre en un sens, de la première partie (§ 3 – 30), et celui de la troisième partie (§ 51 – 69), plus visiblement dialectique, et cela autour de la dissertation plus «philosophique» de la deuxième partie (§ 31 – 50), ne fait en somme que couronner les symétries locales de telle et telle page. Qu'on entre par l'harmonie générale ou par les unités élémentaires, peu importe. Les unes renforcent l'autre, et c'est le mouvement général qui les détermine en définitive. La présence des *«biens extérieurs»* au début, au milieu de la partie médiane (§ 39b-40, le portrait du Sage maître de la puissance et de l'acte) et à la fin (portrait de Japhet, rayonnant de l'harmonieuse réunion des trois ordres de biens, § 60-61) est l'un de ces repères plus larges. Si l'on veut croire à la cohérence symbolique de cette régularité, on verra que, par position, le portrait du Sage (§ 39b-40), situé au milieu logique du *De sobrietate*, joue le même rôle, indice d'eschatologie, une eschatologie entrevue en cours de pélerinage, pour ainsi dire, que le portrait de Japhet : ce dernier portrait est lui aussi au milieu de sa section, et, comme l'autre, il annonce une réconciliation de tous les ordres de valeurs. L'ensemble et le détail conspirent. Le tout donnerait ceci :

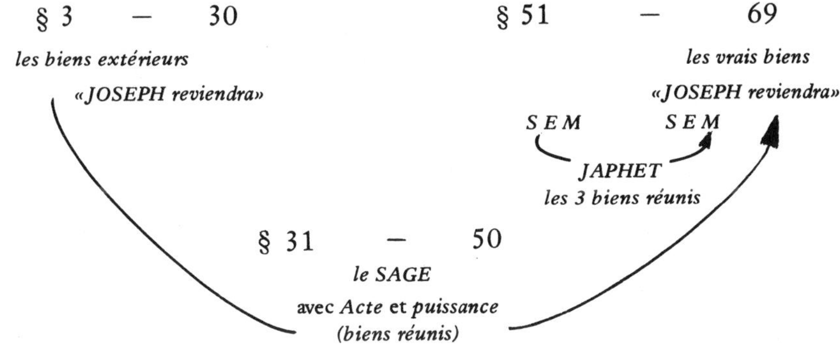

Évidemment, cette armature est étoffée, et nous proposons ci-dessous une sorte de résumé plus complet du même *De sobrietate*. Que tout le détail n'y soit pas avéré, je pense qu'il resterait assez de repères objectifs pour donner plus de confiance au lecteur[1]. Mais il sera utile de noter encore un effet de la domination que Philon semble bien exercer sur son discours, à court terme, à moyen terme et à long terme.

La dernière page, très belle en son rapprochement des deux *«Maisons»*, celle de Dieu ou celle de Japhet à son retour, trouve le biais pour reprendre le thème de la *«Plante»* divine ou cosmique (§ 64-65). Déjà, l'image de la *«pluie douce»* qui symbolise la Providence comme ailleurs chez Philon nous permet de renouer avec le monde agraire; et l'assimilation, également courante, de la Vertu à un Arbre ou de la race d'Israël à la *«Vigne»* de Dieu, encore mieux placée ici, puisque Noé en est l'inventeur, achève le retour aux thèmes majeurs du *De agricultura* et du *De plantatione*. Tout se passe comme si Phi-

1. Il est regrettable que le lecteur de l'édition française ne dispose pour l'intelligence du *De ebrietate* et du *De sobrietate* que du seul constat d'incohérence et de vague poésie dont les Introductions font précéder ces deux «chapitres», remarquables de finesse - de cohérence.

lon formait ici une sorte de *strette*, capable de faire entendre à nouveau les harmoniques dispersées dans tout le cycle de Noé. Et voici en regard un tableau, où se trouvent groupés les éléments qui assurent au *De sobrietate* une tenue ferme, un plan réel, un mouvement et une place exacte dans l'histoire du Déluge, de la Vigne et, somme toute, de Noé. On remarquera en particulier les deux grandes inclusions qui enserrent le Traité. Les biens extérieurs, tels la *«gloire»* ou la *«force»*, d'abord décriés (§ 3), couronnent au contraire à la fin la *«Beauté»*, synonyme du personnage de Japhet (§ 59-61, milieu de la troisième partie de l'ouvrage); en second lieu, une autre élégance, qui suffirait à l'honneur de Philon, lui fait commencer avec le personnage d'Abraham et terminer de même : seulement, l'Abraham du § 8 *«chasse Ismaël»*, quand celui de la fin, du § 65, *engendre «Isaac»* et, derrière Isaac, Jacob puis tout Israël. Qui ne le voit, c'est le même couple, formé d'un *«jeune bâtard»* et d'un *«ancien ou fils naturel»*, qui inaugure les divisions du *De sobrietate*, au début, et qui enveloppe l'ouvrage en sa totalité actuelle — et peut-être originelle :

Bien qu'antérieur à Abraham, le patriarche Noé converse déjà avec lui. La grande césure qui sépare en deux l'existence d'Abram devenant Abraham, passant d'Agar à Sara et donc d'Ismaël à Isaac, est déjà inscrite dans la vie de Noé. Elle est discrète et plus légèrement imprimée, au même endroit pourtant : lorsque Noé quitte l'ivresse pour la lucidité, ou qu'Abraham quitte l'étude enivrante pour la Sagesse et le désistement.

Une dernière flèche au but : le *De sobrietate* s'arrête sur la *«Maison-Plante»* (milieu de la dernière section) : par là, il rappelle le thème du *De agricultura* et du *De plantatione*, mais il rime surtout avec les tout derniers mots du *De ebrietate*...

★ ★

★

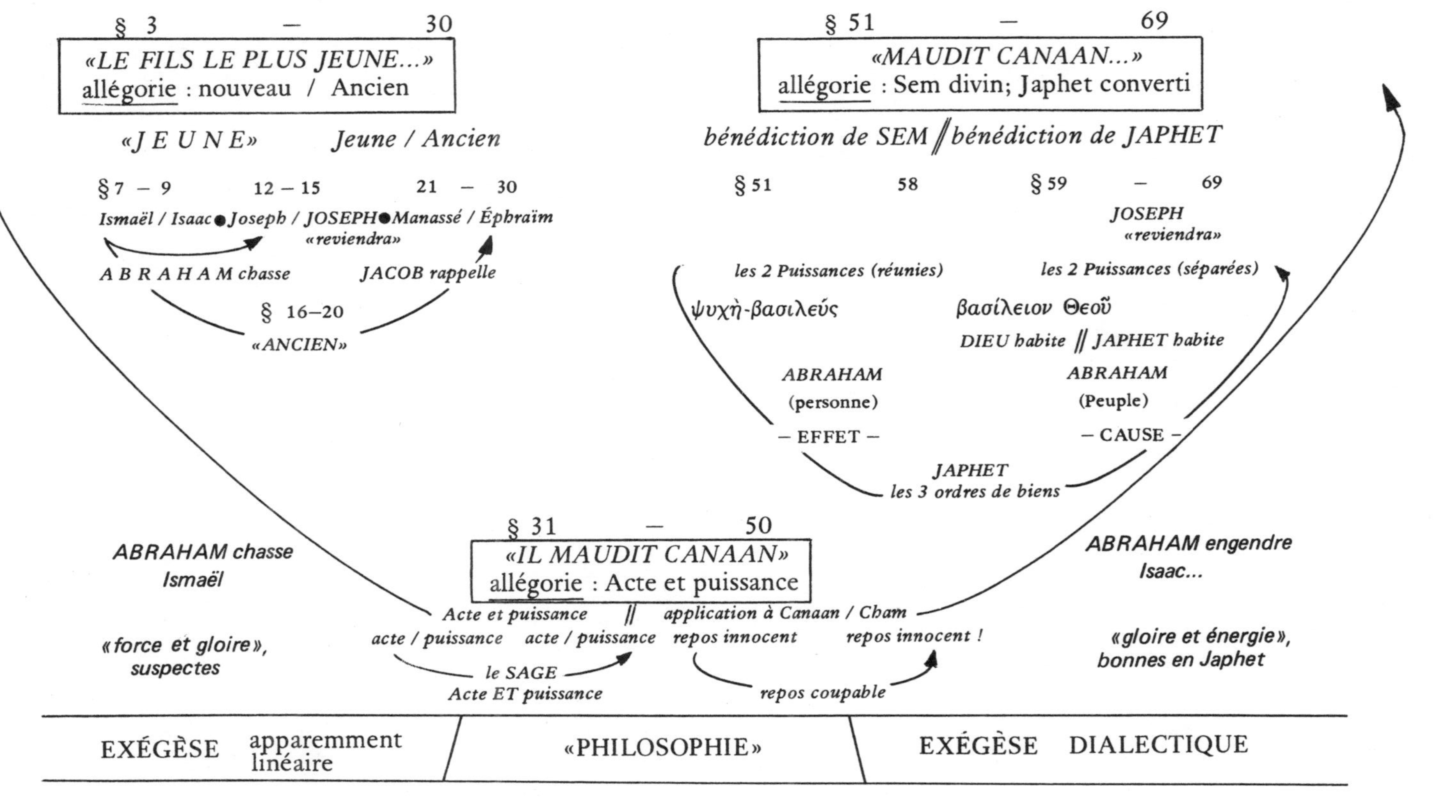
§ 3 — 30
«LE FILS LE PLUS JEUNE...»
allégorie : nouveau / Ancien
«J E U N E»
Jeune / Ancien
§ 7 – 9
12 – 15
21 – 30
Ismaël / Isaac●Joseph / JOSEPH●Manassé / Éphraïm
«reviendra»
A B R A H A M chasse
JACOB rappelle
§ 16–20
«ANCIEN»
§ 51 — 69
«MAUDIT CANAAN...»
allégorie : Sem divin; Japhet converti
bénédiction de SEM // bénédiction de JAPHET
§ 51
58
§ 59 — 69
JOSEPH
«reviendra»
les 2 Puissances (réunies)
les 2 Puissances (séparées)
ψυχὴ-βασιλεύς
βασίλειον Θεοῦ
DIEU habite // JAPHET habite
ABRAHAM
(personne)
ABRAHAM
(Peuple)
– EFFET –
– CAUSE –
JAPHET
les 3 ordres de biens
ABRAHAM chasse
Ismaël
«force et gloire», suspectes
§ 31 — 50
«IL MAUDIT CANAAN»
allégorie : Acte et puissance
Acte et puissance
// application à Canaan / Cham
acte / puissance
acte / puissance
repos innocent
repos innocent !
le SAGE
Acte ET puissance
repos coupable
ABRAHAM engendre
Isaac...
«gloire et énergie», bonnes en Japhet
EXÉGÈSE
apparemment linéaire
«PHILOSOPHIE»
EXÉGÈSE DIALECTIQUE

CONCLUSION GÉNÉRALE

LE MOT DE LA BIBLE COMME *«MAISON»* OU *«OBSERVATOIRE»* OU *«MONADE»*

«Il est enfant. Du village il voit au loin la colline, bleue d'un bleu captivant. Il faudra, dit-il, que je gagne la colline. Il part, marche, arrive sur la colline — qui est de terre grise, verte et noire, comme celle du village.

Il est jeune homme. De la colline il voit au loin la ligne des crêtes, bleue d'un bleu plus pur que le ciel et plus captivant. Il faudra, dit-il, que je gagne la ligne des crêtes. Il part, il marche, il arrive à la ligne des crêtes — qui sont de terre grise, verte et noire, comme celle de la colline.

Il est homme fait. De la crête il voit au loin la Montagne bleue du bleu le plus suave et le plus fort. Il faut, dit-il, que je gagne la Montagne. Il est parti, il a marché, il est parvenu sur la Montagne — elle est grise, noire et verte, comme la ligne des crêtes.

Il est vieux. Il se retourne, et voici : la ligne des crêtes et la colline et le champ du village sont, au loin, bleus du bleu le plus captivant.»

D'un conte africain.

La disparition de Noé

Tels sont donc les Traités ou les «chapitres» qui nous restent de Philon allégorisant l'histoire de Noé. Mais le lecteur ne doit pas attendre, ni dans Philon ni ici, le confort d'un résumé, d'une synthèse théorique qui rassemblerait les traits du personnage ou les linéaments essentiels de l'ensemble littéraire des ch. 6 — 9 de sa *Genèse*. Noé s'introduit, dans le *De gigantibus*, § 1, 3 et 5, au titre de *«Juste»* (c'est l'épithète qui revient le plus souvent, lorsque Noé se trouve cité incidemment dans les autres ouvrages de Philon — d'après *Genèse*, ch. 6, v. 9). Mais ce qualificatif reste tout formel. Philon n'explique ni ne montre cette justice de Noé par la vie de Noé, son obéissance, sa piété. C'est plutôt le «juste» en soi qui devient ici le Noé littéraire, c'est à dire un mot entre autres dans le tissu des phrases de l'Écriture. Ailleurs, Philon réfléchit sur le caractère abrupt et discrétionnaire de la grâce divine tombant sur Noé pour faire de lui un Juste (*Legum allegoriæ*, III, § 77 et sv.); dans le *Quod Deus,* § 104-110, Philon semble supposer connue sa longue dialectique des *Legum allegoriæ*, dont il donne alors une sorte d'épure. Et, là même, la justice de Noé nous est présentée comme la capacité de reconnaître la Cause unique de tous les êtres : *«Noé trouva grâce»* devient *«Noé trouva que tout est grâce»*. Le portrait de Noé fourni par la Bible, *«Il était juste, achevé, plaisant à Dieu»*, est interprété par Philon comme un arbre généalogique des vertus (comme dans le *De Abrahamo*, § 31-39). Jamais Philon, au cours de nos six traités, ne s'est arrêté pour nous faire dominer du regard l'aventure de son héros. Jamais non plus il n'y évoque Énos ou Énoch, les comparses de Noé dans la formation de la première Triade qui illustre le dessein des *lois non écrites,* comme le proposent patiemment le début du *De Abrahamo* ou celui du *De præmiis*. Si le *De sobrietate*, que nous venons de commenter, parle de cet antidote du *«mouvement»* de folie qu'est le *«repos»*, il le fait sans référence explicite au,nom même de Noé-*«Repos»*. Il ne parle même pas alors de l'*ἀνάπαυσις* qui traduit le sobriquet du patriarche, mais il use du mot philosophique, *σχέσις*. Noé reste bien discret.

En dehors de la seconde partie du *Quod Deus*, encore assez éloignée de l'histoire concrète de Noé, on peut dire que les six traités partent dans des directions toutes divergentes par rapport à la formidable épopée. Ils sont mus par une sorte de force centrifuge. À partir de Noé, ils s'élancent dans les directions essentielles de la pédagogie morale qui forme le décor habituel de l'allégorie philonienne, en négligeant le personnage. On dira que Philon procède toujours ainsi. Il semble cependant que l'histoire d'Abraham affleure davantage à même le *De migratione* et les autres traités, sans même parler du *De Abrahamo*, naturellement plus proche de la biographie, quitte à renfermer des leçons identiques et une dialectique aussi intérieure que les soi-disant traités allégoriques (renvoyons à mon livre, *L'Épée du Logos et le Soleil de midi*). Noé ne fait pas l'objet d'une *Vie*, mais les six ouvrages qui parcourent son histoire l'oublient plus complètement, me paraît-il. Ainsi, le récit réaliste du Déluge décore le *De Abrahamo*, § 41-46, ou la *Vita Mosis*, II, § 45-53, alors que le *Quod Deus* met un point d'honneur à éviter la catastrophe, comme nous l'avons assez répété.

Sans doute, nous l'avons également redit, Philon n'a jamais perdu de vue, au long des six traités ou «chapitres», la situation globale de son Noé allégorisé. Parce que Noé achève seulement la première Triade, Philon en a maintenu les vertus dans le périmètre plus modeste de cette première esquisse de la Vertu, sans lui conférer toute la splendeur qui brille déjà en Abraham. Mais cette cohérence que nous présupposons en Philon et en sa «tactique» d'exégète suppose elle-même que le lecteur sache déjà qu'il existe une association formée d'Énos, Énoch et ce Noé. Déjà : c'est à dire par le truchement des autres ouvrages du Commentaire.

Autrement dit, nous sommes placés devant ce paradoxe : pour prendre de Noé une perspective cavalière, nous devons nous éloigner des livres de Philon qui portent son emblème, ou du moins prennent comme objet d'étude les chapitres 6 à 9 de la *Genèse*. En ce sens, notre Noé a disparu.

Les apparitions de Noé

C'est en effet dans les *Legum allegoriae*, II, § 60-62, que nous avons lu un clair résumé de l'anecdote où Noé s'enivre, se réveille et sanctionne Cham. Le commentaire est alors centré sur l'opposition qu'il faut mettre entre la faute de Noé, une faute presqu'involontaire et, en tout cas, restée «cachée dans la maison», et sa divulgation «au-dehors», qui est le fait de Cham-Canaan, très coupable. Ces quelques lignes des *Legum allegoriae* sont plus directes que tout le *De sobrietate*.

C'est dans les *Legum allegoriae*, III, § 77-78, avons-nous rappelé à l'instant, que nous apprenons la quasi réciprocité de la *«justice»* de Noé et de la *«grâce»* qui lui fait *«trouver que tout est grâce»*, reconnaissant le Dieu de Bonté. Ce résumé, grammatical en quelque sorte, de l'histoire de Noé entre, de plus, comme un maillon à l'intérieur de la grande dialectique des § 75 – 103 du même ouvrage. Noé, dans le sentiment de la Cause qui est le sien, y rime à distance avec Beçaléel, par le jeu d'une vaste symétrie. Le «chapitre» prépare la formule du *Quod Deus*, bien plus concise.

C'est dans les § 121-123 du *Quod deterius*, également très ramassés, que le *«repos»* de Noé est mis en rapport avec la *«terre»*, conformément à l'oracle de Lamech, le père de Noé (voir ici dans ANRW, 21, 1, II, pages 182-194). Ce passage entre, lui aussi, dans une dialectique plus vaste (§ 119 — 140) : l'*«espérance»* symbolisée par Énos et la *«Joie»* que prépare le *«Repos»* de Noé riment entre elles (§ 120-123, et 138-139), pour stigmatiser par contraste la *«peur et la tristesse»* de Caïn. Là, Noé entre en relation avec ses partenaires de la première Triade : nous apprenons plus, du simple point de vue de l'idée allégorique et morale, que dans nos traités.

C'est dans le même *Quod deterius*, § 105, qu'en passant, nous lisons comment Noé cultiva la vigne — cette vigne si savamment contournée par la section du *De plantatione* qui devrait en parler (§ 139 et sv.). Ici, au contraire, Philon consent à donner de la culture nouvelle une description simple et positive.

De même, encore, est-ce dans le *Quod deterius*, au § 170, que la montée des couples animaux à l'intérieur de l'arche est expliquée, en allégorie, comme la domination protectrice que la Raison exerce sur les sens.

C'est dans le *De posteritate Caini*, § 173-174, qu'une théorie rapide et globale nous est offerte du rôle de Noé dans l'économie historique du salut, d'Adam jusqu'à l'ouverture de la grande époque, celle de la noble Triade, avec Abraham. Nous prenons ici bien plus de champ et de recul, en quelques lignes, que dans tous les ouvrages rédigés par Philon autour de l'histoire de Noé.

C'est dans le *De confusione*, § 105, qu'un détail concret, le revêtement d'*«asphalte»* destiné à calfeutrer l'arche de Noé, donne lieu à une interprétation de son *ἀσφάλεια* au milieu du Déluge.

C'est seulement dans le *De migratione Abrahami*, § 125, à compléter par le *De Abrahamo*, § 46 et 56 et le *De præmiis*, § 22s, que l'idée du salut de tous grâce à un seul — une notion fondamentale à la fois dans la théologie de Philon et dans l'épopée biblique du Déluge — se voit exprimée au sujet de Noé. Là encore, une brève synthèse de l'histoire de Noé introduit la seconde Triade, d'Abraham, Isaac, Jacob.

Le *Quis heres*, § 260 voit les formules imprécatoires de Noé comme des actes de *«prophétie»*, quand le *De sobrietate* ne dit rien sur l'engagement de Noé lui-même à travers ses malédictions ou ses bénédictions.

Et il faut ouvrir le *De mutatione nominum,* § 189, pour rattacher convenablement Sem, le fils, à Noé, le père. Noé engendre un fils, Sem, lequel manifeste qu'il hérite la perfection de Noé puisqu'il engendre à son tour Arphaxad à l'âge de plénitude, *«cent ans»*. Pourquoi Philon ne dit-il rien de cette génération de Sem par Noé, à l'occasion du *De sobrietate* ? La réponse est simple et instructive : Sem y représente une valeur sublimée, la race même d'Israël, au travers d'une vision pour ainsi dire eschatologique. Il serait difficile de le faire dépendre de Noé, d'attribuer à Noé une valeur supérieure ou simplement égale. La différence de contexte explique le silence.

Enfin, c'est dans le *De somniis*, II, § 223-225, que Philon propose, toujours aussi vite et de manière aussi synthétique, de rapprocher la *«justice»* de Noé, le salut qui le sauve du Déluge et l'*«alliance»* conclue par Dieu avec lui, toutes choses qui résument aussi bien l'aventure telle qu'elle est consignée dans la Bible et le parcours de l'âme.

Le *De Abrahamo*, § 27 — 47 offre la plus large présentation du personnage de Noé. Il entre alors dans la théorie des deux Triades où se réalisent d'abord les Lois. Encore non écrites, elles incarnent ces «préambules» dont, à la manière des *Lois* de Platon, le plus parfait Législateur, Moïse, a voulu que les lois proprement dites, avec leur détail emprririque et rédigé par écrit, soient noblement précédées. Philon propose là un récit complet de toute l'histoire de Noé, assortie de son allégorie essentielle : son titre de *«Juste»*. Le sens formidable de son nom, le *«Repos»*, renvoie la méditation jusqu'au grand Jour du Sabbat; le sens de sa généalogie, comme dans le *Quod Deus*, § 117s, est celui de ses vertus; on sait qu'il a *«reçu grâce»* et comment. De plus, c'est en ce passage que le Déluge reçoit sa description la plus proche de l'*ecphrasis* qu'il mérite (*De Abrahamo*, § 41-46).

C'est dans le *De præmiis*, § 22-23, qu'une nouvelle présentation de la même théorie des Triades, préparant à leur tour le divin Moïse, permet à Philon de résumer l'essentielle miséricorde : Noé se trouve, par le Déluge, mis en position de *«dernier et premier»*, et c'est la preuve qu'*«un seul juste»* l'emporte sur le *«tout»*.

Le Déluge comme récit revient dans la théorie philonienne des Préambules exemplaires, tels que Moïse les met en préface aux prescriptions légales. La *Vita Mosis*, II, § 59-65, parle de la démonstration faite par Moïse par le biais des histoires narrées en la *Genèse*. Le Monde est ainsi fait dans sa solidarité que les éléments, tels le feu ou l'eau, se révoltent contre les fauteurs d'iniquité. Le Déluge en est l'image, et Noé fonde à partir de là une race neuve.

Une dernière vision synthétique de l'histoire de Noé tout entière, bien que ce soit inévitablement du point de vue allégorique, moral, nous est procurée par le rapide passage du *De virtutibus*, § 201-202. La *«noblesse native»* de Noé l'a préservé du Déluge; mais le geste profanateur de son fils Cham donne la leçon opposée : le fils *«déchoit»*.

Ainsi, nous en apprenons davantage sur la vision synthétique qui pouvait être celle de Philon pour Noé, le Déluge, la vigne et ses effets, en lisant d'assez courtes notices, ailleurs dispersées. Noé, dans les autres Traités, paraît avec sa lumière simple et totale, voire anecdotique. Dans les six Traités le touchant de près, il reste évanescent. Peut-être pouvons-nous retrouver par là un principe majeur de la conduite du discours philonien.

Le belvédère des mots

Nombre d'exégètes de cet exégète diront que le phénomène d'*oubli*, Noé disparaissant là où il devrait s'imposer, démontre que Philon prend ses sujets comme prétexte de tous développements moraux qu'il lui plaira d'inscrire à son programme de fantaisie. Pour moi, je dirais volontiers qu'alors Noé s'oublie lui-même, par Philon interposé. L'image hautement philosophique de la *Monade* leibnitzienne pourrait rendre compte du phénomène — préparée qu'elle est ici par toutes nos analyses. Noé manifeste sa vitalité en éclairant une grande quantité d'*autres* personnages bibliques, d'*autres* situations, et cela revient à dire essentiellement d'*autres* Textes de l'Écriture divine. En elle, chaque mot, et surtout ce mot particulier qu'est le Nom propre des héros, procure à Philon un point de vue. Et, comme l'œil qui ne se voit point lui-même et voit tout, le mot biblique contemple pour Philon l'immense courbe de tout le Texte, à l'instar d'un Ciel. La gravitation associe tous les astres, en leur laissant autonomie et brillance, ces astres étant les autres mots, les figures, les idées — ces idées que d'aucuns voudraient d'abord arrêtées en une systématique hiérarchisée par philosophie. Au fur et à mesure qu'il se déplace dans la lecture continue de sa *Genèse*, Philon prend position en chaque unité. Il s'y établit comme en une place-forte. À partir d'elle, il *voit* le reste, comme d'un point chaque fois privilégié, unique, ouvert et donc ignorant de soi-même sinon en sa généreuse perception des autres. En ce sens, l'allégorie confirme que chaque mot est extatique. Mais l'oubli de soi fonde la consistance, au lieu de la ruiner. Telle est l'allégorie philonienne. L'obsession qu'elle recèle de la Totalité, désirée et visée sur tous les plans, a pour contrepartie ou pour instrument la confiance absolue que Philon accorde au plus petit canton de la Bible. Si, dans l'Univers, la Providence, celle de Platon et celle de Philon, se reconnaît au souci qu'elle prend de ce qui est situé aux confins de la justice et de la lumière et de l'existence même, inversement, l'intuition philonienne qui produit l'allégorie fait fond sur cette consistance du plus petit — de l'*«iota»* ou de l'*«apex»* dont parle l'Évangile. À partir de chaque atome, l'Univers peut être perçu. À la différence des modernes, Philon, pas plus que Jésus ou les Rabbins, ne distingue de grandes pages bibliques, de nobles formules, des scènes particulièrement dignes d'attention, ou encore moins des mots décisifs à eux seuls et précontenant leurs «notes». Il les voit tous décisifs, tels les planètes, à la fois mobiles et bien établies sur leur révolution. Il se transporte de l'un à l'autre. Ce qu'il a vu tant qu'il n'habitait pas ici puis là lui permet de déchiffrer les autres, sans fin assignable, mais avec la cohérence d'un système fermé, puisque le Texte, aussi abondant qu'il puisse être, n'est pas exactement indéfini. Il est seulement riche.

La maison des mots

La comparaison qui précède risque de faire crédit à Philon d'une froideur télescopique. Manifestement, Philon utilise sa théorie de l'âme pour cadrer les reflets divers de tous les mots offerts par l'Écriture sur chacun d'entre eux. Il parle souvent de la *«patrie»* [1] de l'âme, et par exemple dans la fin du *De sobrietate*, § 68. Il songe alors au terme du voyage mystique. Sa parabole intellectualiste de l'âme conduit les philosophes qui veulent que Philon soit d'abord philosophe à concevoir cette patrie comme le lieu des Idées. Mais les traductions des itinéraires bibliques en itinéraires intellectuels est seulement une parabole dans Philon, et il n'y a pas trace chez lui d'une quelconque gnose. Le terme où tend cette intelligence est peut-être la *lectio divina*, celle des Thérapeutes, par exemple, paisible et achevée. La jouissance de l'Écriture, fût-elle héroïque comme celle des persécutés décrits dans le *De somniis*, II, § 127 (au centre de la section des § 123-132), fait que l'exégète Philon habite comme en sa maison ou sa patrie les objets mentaux que sont tous les mots de l'Écriture. Ce sont eux ses Idées, conversant en harmonie, multiplicité mystérieuse qui forme l'envers de l'unique discours du Logos. Une vaste *Monadologie*, telle est son œuvre, ou du moins son projet [2].

Le traité ou la Question ?

C'est justement sous le rapport de la gravitation des Textes et du mouvement que le style des *Quæstiones in Genesim* portant sur les mêmes chapitres de l'histoire biblique de Noé montre leur indigence, leur nature statique. La comparaison du contenu est donc relativement inutile à l'intelligence des discours achevés que sont les Traités. Les § 69 — 72 du livre II recouvrent à peu près la matière supposée manquante dans nos traités, à savoir l'épisode de la nudité de Noé, suivie de la divulgation dont Cham se rend coupable. Le § 73 revient à la sobriété du patriarche, mais dans des termes étrangers aux développements du *De sobrietate*. Dans la *Quæstio*, la sobriété permet essentiellement de *«voir»* — comme au début du *De sobrietate*, effectivement — mais il s'agit alors de voir l'avenir, ce qui nous é-

---

1. Voir sur ce thème l'ouvrage d'A. Méasson, *Du Char ailé de Zeus à l'Arche d'Alliance...*, Éd. des Études Augustiniennes, 1986, pages 337-358 — le point sur une question importante.

2. Le *De somniis*, II, § 123-132, dont il vient d'être question, montre justement que la *lectio divina* met l'âme du Juif au centre de l'univers cosmique.

loigne, après nous avoir fait «brûler». Le § 74 donne sèchement la division paradoxale du *«neuf - ancien»*. Le § 75 prend pour base un texte de la bénédiction accordée par Noé à Sem où le mot *«Dieu»* est répété : l'exégèse se fixe sur ce redoublement, et nous nous écartons encore du *De sobrietate*, § 51-58. La *Quæstio* 76 (où il doit falloir lire *«Qu'il étende Japhet pour qu'il habite chez Sem»*) rattache avec soin l'*«extension»* au retour de Japhet jusqu'à Sem : l'allégorie, ici, veut réfréner une extension anarchique des sensations. Dans le passage parallèle du *De sobrietate*, Philon souhaite au contraire que le Sage jouisse également des trois ordres de biens, les secondaires et extérieurs étant compris; il ne rattache pas l'«extension» au «retour»,, si ce n'est peut-être tout à la fin, au § 68. Enfin, la *Quæstio* 77, la dernière qui puisse nous intéresser, argumente sur la relation de Canaan à Cham de façon libre : la traduction de *«Canaan»* par *«marchands»* correspond certes à des emplois bibliques[1], mais ne prépare nullement celle qui est donnée par l'*«agitation»* du *De sobrietate*, § 44, laquelle traduction a enfanté toute la deuxième partie de l'ouvrage, les § 31 – 49.

Ainsi nos Traités et les *Quæstiones* correspondantes évoluent-ils séparément, le plus souvent, quant au fond. Quant à la forme, les deux séries sont sans commune mesure, si l'on regarde à la dialectique, au mouvement, c'est à dire à la capacité du Texte de base de rayonner hors de soi. Au plus verrons-nous dans les *Quæstiones* un fichier de travail, les *membra disjecta* de la future composition. En philosophant à l'excès, en réduisant Philon à sa table des matières philosophique ou à des dosages de stoïcisme, de platonisme et autres, on ne fait qu'une chose : décomposer ce qu'il a voulu composer, brûler le tableau pour isoler la chimie des couleurs.

L'improbable hypothèse de V.Nikiprowetzky

L'analyse du cycle philonien de Noé que j'achève maintenant se lève d'un bloc contre ce renversement des facteurs. À comparer les exégèses de Philon, massives, répétées et... méconnues, aux hypothétiques habitudes d'une Synagogue alexandrine, on laisse échapper la proie pour son ombre. Pour comparer, il faut d'abord isoles chaque objet de l'étude en sa spécificité réelle, et, pour cela, déjouer les ressemblances trompeuses. L'allégorie philonienne revêt une originalité, celle que j'ai tenté de dégager et qui modifie substantiellement les problèmes. Bien sûr, le système existe chez Philon, des *Quæstiones-Solutiones* à la mode dans un milieu donné. Il y a même un grand intérêt historique à déterminer les contours du genre litté-

1. Voir par exemple *Isaïe*, ch. 23, v. 8; *Osée*, ch. 12, v. 8; *Zacharie*, ch. 14, v. 21, *etc.*

raire. Mais le résultat intéressera l'histoire littéraire, et nullement Philon comme tel, qui use du système comme d'une base, d'un point de départ. Bref, s'il est exact que Philon procède par commentaire perpétuel de lemmes successifs, il ne passe pas, ce faisant, d'une *Quæstio* à une autre, comme tend à l'indiquer V.Nikiprowetzky, dans l'ouvrage *Two Treatises of Philo of Alexandria*, Brown Judaic Studies, 25, pages 5-75.

Ainsi, sa page 13 taxe Philon d'imprécision et d'absence de «finalité» dans la conduite des § 6-8 du *De gigantibus*, sur la chute des âmes : le développement serait tombé là. En effet, les hommes sont déjà donnés comme des être pervers (depuis les § 1-5), et l'on nous informe donc un peu tard de la cause de leur malice, à savoir ce mariage fabuleux des mauvais anges avec les filles de la terre. En réalité, ce n'est pas Philon qui fait preuve de légèreté, mais son critique. Celui-ci souhaite chez Philon sa propre logique. Philon ici ne cherche pas à résoudre la difficulté, d'abord, ou, s'il y songe, c'est par le détour d'une intelligence globale de l'Écriture. Il veut d'abord montrer que le v. 2 du ch. 6 de la *Genèse* est en harmonie, en continuité, en conversation intérieure, avec le v. 1 et que tous deux collaborent pour former un tableau unifié. Il n'a pas d'abord la préoccupation d'éviter la superstition qui conduirait au blasphème, des Anges se mêlant à de simples mortelles. Mais il comprend d'abord que le *pluriel* dont il dira plus loin qu'il définit le monde grouillant des passions (§ 18) était déjà précontenu dans le *pluriel* du début : les hommes sont devenus *«trop nombreux»* (§ 1-5). À leur tour, ces deux pluriels, du v. 1 puis du v. 2, entrent en rapport avec le *féminin,* symbolisé par la présence de ces *«filles, ces femmes prises parmi celles qu'ils avaient choisies»*. Il faut attendre le § 18 pour lire en effet que le multiple et le féminin ont partie liée et engendrent une dispersion dans l'indéfini. Une sorte de fuite en avant marque l'exégèse de Philon. Il ne déduit pas; il prévoit et postule l'unité non pas dans une *vis a tergo*, mais justement dans cette finalité plus haute. V.Nikiprowetzky voudrait une causalité là où Philon instaure une finalité[1].

Le début du *De gigantibus* recoupe deux *Solutiones*, en ses § 1-5, puis 6-18. Très bien. Mais toutes deux s'organisent en considération du *pluriel* dont je viens de parler, et toutes deux lui opposent un symbole de son contraire, l'*Unité* transcendantale. Les § 1-5 pren-

1. Les expressions apologétiques de Philon font croire à certains que son projet est d'apologétique. Ce sont des formules qui introduisent simplement l'allégorie. Il y en a de plusieurs sortes dans Philon, mais deux, principalement : celles-ci, d'allure apologétique, *«N'allez pas imaginer que l'Écriture est assez grossière pour...»*, et celles qui traduisent rapidement les réalités objectives du Texte en réalités morales : *«Il (Moïse) ne désigne pas par le mot 'homme' tel individu de notre monde, mais bien l''esprit' en chacun de nous...», etc.* Disons que le biais apologétique est parfois plus développé et qu'il vise sans doute des objections plus brûlantes. Mais les deux clausules restent des outils fabriquant la transposition du littéral au symbolique. L'apologétique est donnée de surcroît.

nent comme symbole le *«soleil»*, et les § 6-18, le *«Ciel»*, avec les astres, le mouvement circulaire du Monde, sans parler de cet *«Air»* empli d'êtres animés. On peut aussi rappeler que la dispersion du *pluriel* reste le fait de l'homme, en son microcosme, alors que le Macrocosme clame l'Unité. Enfin, en insistant sur le couple antithétique du nombre et de l'Unité, ce qui est un trait fréquent chez Philon, obsédé de l'Unité, Philon montre que la dispersion, l'égarement ou l'agitation passionnelle, toutes folies opposées à l'*Immutabilité divine*, ne sont pas des châtiments tombant de l'extérieur, du haut de la Divinité justicière, mais bien des conséquences inscrites dans la nature du mal, toujours pluriel, toujours féminin, toujours orientée de soi vers l'infinie dispersion.

Prenons un deuxième exemple de la théorie atomisante. Il ne s'agit pas pour nous de polémiquer. Nous avons soutenu que les *Quæstiones* n'avaient rien d'un Traité : par le biais inverse, à savoir que les Traités n'ont rien des *Quæstiones*, nous confirmons nos lectures sur le terrain même où la thèse opposée a tenté sa démonstration. En sa page 13, V.Nikiprowetzky ne s'est donc pas placé lui-même au cœur de l'exégèse philonienne, avons-nous dit, et il peut alors accuser Philon d'imprécision. Mais la même page 13 propose du § 18 du *De gigantibus* un commentaire lui-même bien imprécis : *«le dernier paragraphe est consacré à l'exégèse de l'expression du lemme, ἀπὸ πασῶν ὧν ἐξελέξαντο»*. Que veut dire exactement le mot «exégèse», ici ? Une explication par quelques mots allégoriques du partitif, *ἀπὸ πασῶν*. Oui, mais pourquoi Philon s'y arrête-t-il et pourquoi dit-il *ce qu'il dit* ici ? Pour épuiser la matière du lemme ? Par entraînement ? Il faut observer déjà que Philon énumère à ce sujet les passions mauvaises, et cela en descendant des plus acceptables aux plus viles, celles qui sont liées au sexe. Ce faisant, il accentue l'idée de la dispersion indéfinie à l'œuvre dans cette page. Le spectacle des passions s'oppose alors à la belle Unité. Mieux : l'image du *«soleil»*, qui figurait dans la *Solutio 1* et qui symbolisait l'Unité et la splendeur divines, peut être considérée comme appelée par le mot *«Anges»* : Philon le visait de loin. C'est donc une dialectique vivante qui s'établit immédiatement entre le § 3 et le § 18. On ne peut plus parler de deux *Quæstiones* distinctes ou encore moins juxtaposées, comme le dit V.Nikiprowetzky, en sa page 10, *«Il n'y a pas d'autre lien entre cette partie et la partie précédente que celui qui est fourni par le texte scripturaire commenté»* — entendez : Philon passe d'un mot du texte à l'autre et repart comme à nouveaux frais. Encore ne dirons-nous rien du fait que ces § 1-18 attendent en indivis la belle conclusion du *Quod Deus*, § 140 — 183, sur la *«Voie royale»*.

Prenons un troisième et dernier exemple. L'ensemble des § 19 — 55 du *De gigantibus* est considéré par V.Nikiprowetzky comme une nouvelle *Quæstio-Solutio*. Là, dit-il, comme presque tous les mots du lemme font difficulté, Philon donnera pour chacun un *«éclaircissement exégétique»* (page 14). Le problème posé par le développement considéré est justement de savoir ce que veut dire «éclaircissement exégétique». Il est à craindre que V.Nikiprowetzky désigne par ce mot vague un commentaire quelconque. Mais, de plus, Philon ne se contente pas de ces «éclaircissements» atomisés. Pourquoi traite-t-il deux fois la «difficulté» initiale, celle qu'engendre l'expression du lemme, *«Dieu ne restera pas tout au long»* ? Il en parle au début (§ 20-21); il y revient à la fin (§ 47-54), plus abondamment. Début et fin, cette disposition d'un même sujet n'est sans doute pas un hasard. Cela s'appelle une inclusion unificatrice, qui suppose surplomb et intentionnalité. V.Nikiprowetzky souligne lui-même que la *«stabilité»* est le fait de Moïse, à la fin, alors qu'elle définissait la présence de Dieu, au début. Le transfert de Dieu à l'homme est déjà notable; et il est noté par le critique. Mais il a sans doute une portée, et V.Nikiprowetzky ne cherche pas laquelle. Il aurait mieux valu, pourtant, fût-ce au titre d'une simple hypothèse bienveillante, concevoir l'idée que l'intentionnalité recouvrait aussi le reste de la *Quæstio*. Il est à redouter que le mot dont se contente l'hypothèse atomiste, «éclaircissement exégétique» désigne essentiellement une explication de type apologétique, destinée à écarter du chemin des interprétations désobligeantes ou superstitieuses de l'Écriture. Ce système est simple, voire simpliste. Il durcit même l'idée courante d'un Philon, vague prédicant, pasteur imaginatif et frileux en même temps.

Que Philon procède *à partir* du modèle existant de la *Quæstio-Solutio,* il n'est pas possible de le nier. Qu'il serve à éclairer même ce genre littéraire, point d'objection à cela. Mais qui s'y enferme n'a pas seulement commencé de décrire Philon pour Philon. Le résultat de l'atomisme ne se fait pas attendre. V.Nikiprowetzky scande le commentaire (?) du *De gigantibus* et du *Quod Deus* de constats décourageants : *«La Quaestio et Solutio III est... une Quaestio à tiroir»* (page 16); ou encore *«Il importe tout d'abord de remarquer qu'il n'y a aucun rapport entre la Quaestio présente et la Quaestio précédente»* (page 20) — il serait pourtant facile de mentionner la présence du thème de l'*«initié»*, thème non négligeable, à la fois dans la conclusion de la dite Quæstio (§ 57) et dans la conclusion de la nouvelle Quæstio (§ 54), surtout si l'initiation de Moïse est doublée de son pouvoir d'enseigner l'exégèse... (§ 54). L'*«initiation»* implique une certaine difficulté du sujet, et ce ne sera pas en facilitant l'exégèse de Philon par sa réduction à des enchaînements mesquins qu'on fera justice à la lettre même de ce § 54... L'aveu d'impuissance repose-t-il sur un parti-pris ? On s'en étonne chez celui qui, écrivant le bel ouvrage, *Le commentaire de l'Écriture chez Philon d'Alexandrie*, Brill, Leiden, 1977, semblait ouvrir une voie raisonnable. Des options générales il est donc difficile de descendre *par juste division* jusqu'aux applications spécifiques, les seules qui soient vraiment décisives. Ou bien le désir historien d'interpréter un texte par ses causes, son auteur et son environnement l'emporte-t-il sur le sentiment de sa nouveauté imprescriptible [1] ?

Nous avons choisi le parti inverse. S'il y a des options générales dans notre commentaire de ce Commentaire, elles remontent de la patiente connivence contractée avec cet ouvrage de Philon, puis avec tel autre. Le seul préjugé — il existe — aura porté sur la cohérence. Il devient chose prouvée et certitude au terme de ces deux livres : le premier a considéré en Abraham le cycle de la seconde Triade des Héros qui s'y reflète entière; et le second aura cherché en amont les traces de Noé. Il faut croire que la systématisation opérée par Philon au début du *De Abrahamo* et du *De præmiis* n'était pas claire dans son esprit quand il rédigea nos Traités, car Noé n'entre pas en conversation avec Énoch et Énos, comme Abraham le fait avec Jacob et Isaac. Ou bien faut-il penser que la première Triade n'a pas la même fermeté ni surtout la même communicabilité intérieure que la seconde. Toujours est-il que ce Noé des Traités allant du *De gigantibus* au *De sobrietate* regarde davantage vers Abraham, et, par lui, vers Jacob, vers l'idéal en Isaac.

La tapisserie perdue

Les lacunes probables de tel ou tel ouvrage, l'incertitude relative qu'on ne peut vaincre entièrement touchant par exemple la frontière du *De plantatione* et du *De ebrietate*, empêchent toute spéculation sur l'harmonie plus étroite des six Traités, telle qu'on aurait sans doute le désir de la montrer, s'il est déjà vrai, comme je l'ai montré, que chaque Traité ou chaque «chapitre» offre l'unité, l'art et la maîtrise d'une tapisserie — pour garder mon image.

À titre d'indication, dirons-nous que le *De gigantibus*, au début du cycle, et le *De sobrietate*, à sa fin, proposent une liste commune des biens extérieurs, *«gloire - pouvoir - richesse - beauté - vigueur»* ? Il faudrait pouvoir situer exactement les deux listes analogues, celle du *Quod Deus*, § 150-154 (qui soutient de plus une séquence parallèle à celle de la fin du *De sobrietate* : liste des biens extérieurs, validité de la Plante divine, fécondation par la venue d'une pluie modérée), et celle du *De ebrietate*, § 52 et 57, pour apprécier leur symétrie éventuelle. Il reste que la *«beauté»* des filles de la terre (*De gigantibus*, § 37 — 45) et la *«Beauté»* qui traduit le nom même de Japhet (*De sobrietate*, § 60) font partie du lemme de base, et non pas seulement de l'allégorisation propre à Philon, et que les deux *«beautés»* forment une vaste inclusion. La première est entièrement

1. Voir ci-dessus, pages 34-35.

fallacieuse; la seconde est rachetée, puisqu'elle dit l'équilibre de tous les ordres de biens. Une seconde formule, capitale, renforcerait la symétrie : Philon commente le privilège extraordinaire qui fait d'Abraham une sorte de détenteur de Dieu, ἰδίᾳ Θεὸς κατ'ἐξαίρετον χάριν (*De gigantibus*, § 64). Or, l'expression se retrouve, identique, à la fin du *De sobrietate* (§ 53). à propos de Sem, cette fois, l'ancêtre du même Abraham et d'Israël. Mais de tels indices sont ténus, difficiles à accréditer sur une étendue plus vaste que le «chapitre» ou le Traité, et il faut renoncer à cette vue générale. Il n'est d'ailleurs pas sûr que cela constituerait un progrès réel. Contentons-nous de plus modestes bornages, faute de vérification. Il convient aussi que les ensembles ne couvrent pas une trop vaste étendue : l'œuvre de la mémoire en deviendrait surhumaine, et Philon n'a sans doute pas souhaité une mémoire absolue ni un disciple parfait, ni le mérite d'une seconde Bible, car seule l'Écriture inspirée tient, en son impeccable gravitation, la perfection de ses correspondances, la mémoire de soi-même [1].

Le modèle est aussi biblique

Les Textes sont comparables à des coulées de lave. Ils jaillissent, neufs et vivants : la tradition les honore, et ils deviennent habitables et refroidis. L'historien en fera un sujet d'observation ou de mesures. Il revient au critique littéraire de restituer le degré de fusion et l'incandescence. Autant dire que bien des commentaires de la Bible et de Philon s'en tiennent à la première science, l'histoire et pétrification de la matière verbale. Philon lisait-il déjà sa Bible comme eux ? Ou bien sa lenteur n'était-elle pas incompatible avec un grand sens du mouvement ? Son exégèse se fait souvent, pour ne pas dire à toutes occasions, finaliste, comme nous l'avons répété. Parce qu'il attend et donc prévoit le mot qui viendra dans le verset suivant du lemme, il traite avec les mots précédents sans perdre de vue l'avenir du Texte et donc son propre discours. C'est un premier aspect de sa rédaction, décisif puisqu'il tient lieu de grand ordonnateur : le choix de toutes les valeurs mises en jeu par l'explication locale dépend de la direction où s'engage le commentaire, en fonction de son point d'arrivée ultime. Un second aspect pourrait être appelé celui de la *transformation.* La forme générale de l'itinéraire mental, de l'itinéraire verbal qui en est le support voulu par Philon, conduit très souvent le «chapitre» philonien à adopter la forme de symétrie qu'on peut appeler un chiasme élargi ou une composition en berceau — les analyses des traités nous en ont offert des dizaines de figures. Et la symétrie n'est jamais un rangement régulier mais statique. Le mouvement y est justement un facteur de transformation. Partis d'un mot ou d'une situa-

1. À la fin du premier volume de cet ouvrage, j'ai parlé du *«livre défait»*

tion, le retour des mêmes images ou de la même préoccupation, cinq, six, vingt pages plus loin, marquera soit un progrès, soit souvent un retournement. Ce qui était dit de l'homme le sera de Dieu; ce qui était ruineux sera bénéfique; la supériorité deviendra infériorité, *etc.*

Or, je voudrais conclure par un retour personnel vers une page de cette Écriture dont Philon a vécu, et montrer que ces deux principes majeurs, finalisme et transformation dialectique (ou réglée), y sont déterminants, comme dans Philon. Je prends presqu'au hasard l'ouverture du livre d'*Isaïe*. Comme prophète, *Isaïe* s'empare lui aussi de traditions et il les commente à sa manière. Il veut critiquer le langage des habitués de la religion ou rendre aux mots de l'antique Loi toute leur vigueur volcanique, déjà. Sa mystique, à lui aussi, passe par la grammaire, et elle doit finalement son énergie à ce double ressort, de la finalité et de la transformation : il réserve pour la fin l'argument le plus fort; et, en l'espèce, il donne successivement à Jérusalem deux *noms* - deux sobriquets, dont le second achève et retourne les menaces contenues dans le premier — le tout étant mené à coup de paradoxes plus ou moins sensibles. Enfin, comme dans Philon, le discours suit deux ordres intérieurs : le premier est linéaire, pour ainsi dire, car il s'agit d'un *«procès»*, avec assignation, inculpation, arguments, réquisitoire et sentence; le second ménage sur cette ligne une dialectique plus retorse.

Voici le texte :

1, v. 2 *«Entendez, ô cieux, et tends l'oreille, ô terre : Yahvé a*
parlé.
J'ai fait grandir des fils et je les élevés. Or, ils ont été crimi-
3 *nels contre Moi. Un bœuf connaît son maître, et un âne, la crèche de*
son maître : mais Israël ne connaît pas, et Mon Peuple ne réfléchit
4 *pas ! Malheur, nation dans l'égarement, peuple lourd de mal, race de*
malfaisants, fils dégénérés ! Ils ont laissé Yahvé; ils ont méprisé le
Saint d'Israël. Ils ont reculé et ils se sont cabrés.

5 *À quel endroit pourra-t-on encore vous frapper, quand vous*
recommencez la révolte ? Chaque tête est livrée à la maladie, chaque
6 *cœur est endolori : de la plante des pieds jusqu'à la tête, il n'y a rien*
d'intact, mais blessure, meurtrissure, coups encore frais et qui n'ont
7 *pas été comprimés ni pansés ni adoucis par l'huile. Votre terre est de-*
venue solitude : vos villes sont brûlées au feu; votre sol, en votre pré-
sence, ce sont des étrangers qui le mangent; la désolation et le boule-
versement est celui (que peuvent faire) des étrangers.

8 *— Mais il est resté la fille de Sion, telle une cabane dans le vi-*
9 *gnoble, telle une hutte dans le potager — telle une ville assiégée... Et,*
si Yahvé ne nous avait pas mis en réserve comme rescapés, en petit
nombre déjà, nous serions pareils à Sodome; nous ressemblerions à
Gomorrhe.

10 *— Entendez la parole de Yahvé, capitaines de Sodome, et ten-*
11 *dez l'oreille à la loi de Dieu, citoyens de Gomorrhe ! À quoi me sert la*

quantité de vos sacrifices — dit Yahvé ? Je suis dégoûté des holo-
caustes de béliers, de la graisse de vos bêtes d'embouche; le sang des
12 taureaux, des agneaux et des boucs ne me plaît pas. Oui, vous êtes
entrés pour voir Ma Face : mais qui a sollicité de vous que vous fou-
13 liez Mes parvis ? Ne recommencez pas à y faire entrer une offrande
vide : l'encens M'est devenu une abomination. Au (premier jour du)
mois, au Sabbat, à la grande criée (des Fêtes), Je ne supporte pas(...)
les rassemblements. Je hais de toute Mon âme vos (premiers jours du)
14 mois et vos festivités : elles Me pèsent; Je suis las de les porter. Lors-
15 que vous tendez les paumes, Je fais que Mes yeux vous ignorent; lorsque même vous multipliez la prière, Je ne suis pas là pour entendre.
16 C'est que vos mains sont pleines de sang.
17 Lavez-vous, soyez propres : enlevez la malice de vos actes de
devant Mes yeux. Arrêtez le mal, apprenez à faire le bien, cherchez
le droit : guidez l'opprimé, faites droit à l'orphelin et traitez le procès
18 de la veuve ! Allez, discutons, dit Yahvé. Si vos péchés sont comme
l'écarlate, il faudra qu'ils deviennent blancs comme la neige; s'ils sont
rouges comme la pourpre, ils faudra qu'ils deviennent comme la laine.
19 Si vous mettez votre cœur à entendre, vous mangerez le bien-
20 fait de la terre, et si vous dites non et vous révoltez, vous serez man-
gés de l'épée — car la bouche de Yahvé a dit.

21 (réquisitoire) Comment est-elle devenue une prostituée, la Cité de
la rectitude, pleine de droiture et où la justice était hébergée — mais
22 maintenant (ce sont) des assassins. Ton argent est devenu scories,
23 et ton meilleur vin est coupé d'eau : tes Princes sont des hors-la-loi et
les complices de brigands. Ils aiment tous les cadeaux et courent aux
pots-de-vin : ils ne font pas droit à l'orphelin, et le procès de la veuve
n'est pas introduit près d'eux.

24 (Sentence) C'EST POURQUOI — oracle du Seigneur, Yahvé
des Armées, le Fort d'Israël : Hôy ! Je ferai rendre gorge à Mes adver-
25 saires; je prendrai Ma revanche sur Mes ennemis : Je ramènerai Ma
main contre toi; Je purifierai comme à la soude tes scories et J'ôterai
26 tous tes déchets : Je ramènerai tes juges comme au commencement,
et tes Conseillers comme autrefois. Après quoi, on t'appellera 'Ville-
27 de-la-Justice', 'Citadelle de la rectitude'. Sion sera sauvée par la
28 droiture, et ceux qui seront ramenés, par la justice. Ils s'effondreront
les criminels et les pécheurs, ensemble; et ceux qui ont abandonné
Yahvé périront.

29 Oui, ils auront honte des térébinthes de vos amours, et vous
30 rougirez des Jardins (d'Adonis), où vous vous complaisiez. Parce que
vous serez comme un térébinthe aux feuilles flétries et comme un
31 Jardin où il n'y a pas d'eau. Le fort-à-bras sera l'étoupe, et son œuvre,
l'étincelle : ils brûleront tous deux ensemble, et sans qu'on éteigne.

Nous aurons à revenir sur la dernière image, somptueuse, de l'arbre à l'arbre, du soleil au feu. Sans entreprendre ici le commentaire détaillé, qu'il nous suffise de faire tout d'abord observer que le chapitre 1 d'*Isaïe* se termine justement sur une image de transformation, et qu'ainsi elle donne peut-être un indice de la forme qui aura affecté le déroulement de tout le procès. En second lieu, il ne faut pas longtemps pour apercevoir, brochant sur les phases successives de la plaidoirie, un jeu portant sur l'emploi des *noms propres* — les nom propres dont l'allégorie en général et Philon en particulier sont férus. Les noms de *«Jérusalem»* et de *«Juda»* ne se rencontrent pas au cours de l'oracle et ils sont cités seulement en exergue, dans le titre du Livre, au v. 1. Or les seuls noms de lieux sont, aux v. 9 et 10, une phrase attirant l'autre, *«Sodome et Gomorrhe»*, comme métaphore pour désigner une Jérusalem de perdition; puis, au v. 26, nouvelle métaphore, *«Ville-de-la-Justice»*, pour désigner une Jérusalem idéale. Ajoutons qu'avant le premier surnom, *«Sodome»*, on trouve l'hypocoristique, *«Fille de Sion»* (v. 8), et, après le second surnom, *«Ville-de-la-Justice»*, on lit de même *«Sion»* (v. 27b). Entre ces deux appellations, contraires en apparence, prennent place les v. 10 — 15, où le *«dégoût»* de Dieu est soigneusement exploité, à propos des sacrifices et de tout le culte; puis les v. 16 —20, où, quittant la métaphore, *Isaïe* dénonce en clair et net les monstruosités concrètes qui détournent Yahvé de ses soi-disant adorateurs (étant entendu qu'il n'y a ici aucun mépris du culte extérieur, comme l'a vulgarisé une certaine exégèse); et enfin, les v. 21-23, que j'appelle volontiers un réquisitoire, enchaînant naturellement sur la sentence (v. 24 — 31). C'est donc à la charnière de l'accusation initiale (v. 9 et 10), d'une part, et dans la sentence, d'autre part, que nous trouvons un jeu rhétorique dans les désignations de Jérusalem, toujours indirectes.

Regardons de plus près ces deux emplois rhétoriques, les pivots du discours.

• *Jérusalem et Sodome ?* (v. 9-10) À la fin de son entrée en matière, l'oracle a prononcé un mot, *«le bouleversement»* (v. 7b), qui, en hébreu, est réservé à la destruction de Sodome et Gomorrhe — la célèbre histoire du ch. 18 de la *Genèse*. Et les auditeurs du prophète réagissent vivement : Non, nous ne sommes pas ruinés comme tu le dis, puisque Jérusalem surmonte encore le ras-de-marée assyrien (nous sommes sans doute en 701, et Sennachérib assiège Jérusalem...). Ne dis pas que *«la Fille de Sion»* est perdue, même si nous avons frôlé le sort de *«Sodome et Gomorrhe»* ! Ce serait blasphème. Mais, qu'Isaïe ait ou non prononcé le nom de «Sodome» à la fin du v. 7, comme des exégètes l'ont supposé, sans aucun appui toutefois des versions ni de Qumrân, ou bien qu'il ait simplement orienté l'esprit des auditeurs dans ce sens, eux, ils conjurent au plus vite le blasphème, mais, comme souvent, en lâchant cependant le mot fatal. Toujours est-il que le prophète relève la balle au bond et compare durement les chefs de Jérusalem aux *«capitaines de Sodome»* (v. 10). Vous ne voulez pas, dit-il en substance, être comparés à la Sodome ruinée, celle d'*après* le châtiment ? C'est que vous êtes comparables à la Sodome d'*avant* ce châtiment. Et, par un jeu inattendu et efficace, au lieu d'énumérer d'emblée les turpitudes de Jérusalem, dans la mesure où elles sont analogues à celles qui ont entraîné l'incendie de Sodome, l'oracle porte l'image abominable de Sodome dans le Lieu le plus sacré de Jérussalem, le Temple. Le *«dégoût»* qui a pris jadis le même Yahvé à la vue des infamies de Sodome le reprend devant les sacrifices, la prière vaine et toutes les Fêtes. Il faut attendre le v. 16, *«C'est que vos mains sont pleines de sang»*, pour trouver les griefs concrets, sang, injustice. Du même coup, autre effet : le *«désert»* physique, qui, tout à l'heure rapprochait Jérusalem de la solitude de Sodome et Gomorrhe (v. 7), devient un désert moral, plus terrible, puisqu'il est fait de l'absence de Yahvé : *«...lorsque vous tendez les mains, Je ne suis pas là pour entendre»* (v. 15). On le voit, les effets introduits par le nom propre de Sodome se font sentir jusqu'au v. 23, brochant sur la section suivante de l'oracle.

• *Jérusalem, «Ville-de-la-Justice» — pire insulte*

Les v. 21 — 31 sont soutenus à leur tour par le qualificatif attribué à Jérusalem, *«Ville-de-la-justice»*, au v. 26. Il est flatteur, en apparence, mais le retour des *«juges»* dans la sentine de l'injustice ne peut d'abord apparaître que comme une revanche, un châtiment (le v. 24 ne laisse aucune ambiguïté). Seulement, *Isaïe* a ménagé son effet. En commençant son réquisitoire, il a dit de Jérusalem : *«Comment est-elle devenue une prostituée, la Cité de rectitude...?»* (v. 21). Il donne là un synonyme du nom véritable de l'antique Jérusalem[1]. Et, s'il réserve le nom véritable, nom sublime et qui condamne plus sûrement Jérusalem que la comparaison avec Sodome, c'est qu'il veut justement que le Nom sublime figure dans la sentence (v. 26).

Au total, prise entre le symbole de Sodome et l'image de sa vocation de Justice, l'actuelle Jérusalem, dit *Isaïe*, est plus humiliée par la seconde : Sodome proclame la destruction physique; le titre de gloire prend à témoin de soleil de l'idéal, la vertu divine, et tout cela est plus meurtrier que la pluie de soufre.

Ainsi, le nom, finalement moins tragique, de Sodome et Gomorrhe, marque le début du chapitre; le nom idéal de *«Ville-de-la-Justice»*, hypocoristique et vocation de Jérusalem, résonne à la fin, plus dangereux. Ce n'est pas tout.

La fin de la sentence superpose les deux images. Les v. 29-31 parodient le *Psaume 1*, et ils montrent les hommes de Juda réduits à des arbres desséchés. Le *«Jardin»* sans eau renvoie à ce *«Jardin»* de Dieu que furent d'abord les quartiers de Sodome et Gomorrhe lorsque Lot jeta les yeux sur eux pour les convoiter (*Genèse*, ch. 13, v.

1. Il est possible que la ville dont Jérusalem a pris la place ait passé, jadis, pour le refuge de la justice : les noms de rois comme *Melchisédeq* (dans *Genèse*, ch. 14, v. 18) et *Adonisédeq* (*Josué*, ch. 10, v. 1) témoigneraient de cette réputation.

10). Les *«jardins»* sont aussi ceux d'Adonis, symbole de l'idolâtrie qui achève l'injustice à l'égard des hommes : ces jardins connaissent, eux aussi, la luxuriance miniature et le dessèchement. Tout s'harmonise autour du châtiment de Sodome, feu et sel, stérilité. Et *Isaïe* aura donc rapproché du désert même de Sodome sa *«Ville-de-la-justice»* abâtardie.

Il me plaît, pour finir, que ce chapitre d'*Isaïe*, tout aussi rhétorique et calculé que les «chapitres» de Philon, se trouve réunir (c'est un hasard, dont je ne tire rien de plus) l'*«ivresse»* (v. 23), la terrible image de *«Sodome»*, peut-être le souvenir de Lot (dans ces *rescapés* du v. 9), sûrement la *«Plante»* céleste, cet Arbre ici tourné en feu, et chez Philon, resté flamboyant de vertu lorsqu'il conclut toutes les allégories du *De sobrietate* après celles du *De ebrietate*. Bientôt, le ch. 5 du même prophète *Isaïe* donnera d'Israël l'image de la *«Vigne»*, celle que Philon a, par détour, sublimation et optimisme, dite et réservée en même temps.

★ ★

★

INDEX DES NOMS D'AUTEURS

INDEX DES CITATIONS BIBLIQUES

(hormis celles que Philon évoque directement dans nos Traités)

INDEX DES NOTIONS

(Il s'agit ici des procédés de l'exégèse philonienne et des grandes divisions *qui servent à bâtir le discours)*

INDEX DES TABLEAUX

★ ★

★

TABLE DES MATIÈRES

SECONDE PARTIE : ANALYSE SOMMAIRE DES AUTRES TRAITÉS DE PHILON PORTANT SUR LE CYCLE DE NOË

★ ★

★